Rechtsanwälte
Linksanwälte

Hellmut Brunn, Thomas Kirn

Rechtsanwälte Linksanwälte

Eichborn

1 2 3 4 06 05 04

Umschlaggestaltung: Christina Hucke
Lektorat: Palma Müller-Scherf
Satz: Fuldaer Verlagsanstalt, Fulda
Druck und Bindung: GGP Media GmbH, Pößneck
ISBN 3-8218-5586-X

Verlagsverzeichnis schickt gern:
Eichborn Verlag, Kaiserstraße 66, D-60329 Frankfurt am Main
www.eichborn.de

Inhalt

VORBEMERKUNG

Wer die Freiheit aufgibt,
um Sicherheit zu gewinnen,
wird am Ende beide verlieren.
Benjamin Franklin

Die Formen, in denen sich demokratische Rechtsstaaten gegen Gewalt, Unrecht und das Gewaltmonopol bestreitende Gegner zur Wehr setzen, sind nicht frei nach Gesichtspunkten der Wirksamkeit wählbar. Verfassungen und Gesetze ziehen der Wehrhaftigkeit Grenzen, die einzuhalten sind. Operationen an diesen Grenzen, die nicht willkürlich gezogen, sondern ein in geistesgeschichtlichen Prozessen, in Kriegen und in Revolutionen erobertes Terrain für Bürger und Gemeinwesen schützen sollen, werden auf der ganzen zivilisierten Welt sorgfältig und im Wortsinn kritisch beobachtet, nämlich unterscheidend nach dem jeweiligen Grad an Berechtigung. So sind Maßnahmen der amerikanischen Regierung, die nach der terroristischen Herausforderung vom 11. September 2001 ergriffen wurden, heftig umstritten, im eigenen Land, in Europa, weltweit. Über die Effektivität des »Krieges gegen den Terrorismus« wird ebenso diskutiert wie über die moralische und rechtliche Qualität jedes einzelnen Schrittes. In den Auseinandersetzungen darüber oder über das im Nahen Osten praktizierte Töten auf offener Straße oder in der neu entfachten Auseinandersetzung über das internationale Folterverbot sind einfache Antworten nicht zu haben. Staatsgewalt, die sich im Grenzbezirk ihres Rechtssystems zu handeln gezwungen sieht, hat die selbstgegebenen Normen zu berücksichtigen – oder sie läuft Gefahr, im Verteidigungskampf zu verlieren, was es zu schützen gilt.

Die alte Bundesrepublik, die Bonner Republik, hat in den siebziger Jahren Erfahrungen mit einem inneren Gegner gesammelt, der zum bewaffneten Kampf bereit war. Es waren, verglichen mit den heute anzunehmenden Dimensionen eines grenzenlos um sich schlagenden Terrors, sehr kleine Gruppen, deren bekannteste sich Rote Armee Fraktion nannte. Der herausgeforderte Staat hat die von diesen Gruppen verübten Anschläge, die viele Menschenleben kosteten, nicht als kriegerische Handlungen, sondern als Verbrechen nach dem Strafgesetzbuch betrachtet. Von der polizeilichen Arbeit abgesehen, die in ihren Bemühungen, die gefährlichen, zuweilen skrupellosen, intelligenten und entschlossenen Täter zu fassen, sowohl Strategie und Taktik als auch in Ansätzen in der technischen Ausstattung Anleihen in der militärischen Sphäre aufnahm, führte der Staat einen Kampf auf zivilem Terrain. Ihn allerdings mit einer Härte, wie sie bis dahin nicht erlebt worden war.

Das Ausschöpfen der Gesetze und ihre Verschärfung, wenn dies erforderlich schien; die Verstärkung der Polizei materiell und personell, vor allem aber auch durch politischen und ideologischen Rückhalt; die Einflußnahme auf die veröffentlichte Meinung und das Ausnutzen von vorhandener und durch die Publizistik vergrößerter Sorge in der Bevölkerung; die Bereitschaft der Mehrheit in Politik und Volk, angesichts terroristischer Bedrohung Grundwerte wie die Unschuldsvermutung, das faire Strafverfahren oder die Verhältnismäßigkeit der Mittel als zweitrangig gegenüber dem Fahndungserfolg und der Aburteilung zu betrachten; die Tendenz, jenen Sympathisantenschaft oder Komplizenschaft zu unterstellen, die in der gefährlichen Situation vor der Gefahr warnten, man setze eben jene Werte aufs Spiel, die zu verteidigen man vorgab: all diese krisenhaften, auf Streit und Entscheidung drängenden politischen und gesellschaftlichen Vorgänge hat die Bundesrepublik damals durchlebt.

Dieses Buch ist ein Annäherungsversuch. Am Beispiel von politisch und rechtspolitisch links orientierten Strafverteidigern skizziert es eine Spitze in einem Konflikt. Es war ein Streit um Grundwerte und Grundsätze und damit einer, in dem Verbitterung, Verunglimpfung des Gegners und Brutalität des Argumentierens ebenso zum Repertoire der Auseinandersetzung gehörten wie Mut, Zähigkeit und Standfestigkeit. Vieles von dem, was damals gesagt wurde, steht vor dem Panorama der Zeitumstände, bezieht aus ihm Berechtigung wie Irrtum. Doch selbst wenn das meiste verweht sein mag und manch berühmt gewordener Achtundsechziger es zu Amt und Würden gebracht hat und damit einer von denen wurde, vor denen er früher gewarnt hatte, bleibt mehr erwähnenswert, als eine Erinnerungsstunde in der ehemaligen APO-Kneipe oder im Juristentreff »Letzte Instanz« bewältigen kann.

Hellmut Brunn gehörte zu den – großzügig geschätzt – etwa 600 Rechtsanwälten, die man wortspielerisch wegen ihrer nie verleugneten politischen Orientierung Linksanwälte nannte. Er hat während der Zeit der schärfsten Kontroversen, als Linksanwälte pauschal der Komplizenschaft mit ihren Mandanten verdächtigt wurden, begonnen, Veröffentlichungen der linken Bewegung und vor allem Stellungnahmen zum Justizgeschehen zu sammeln. Das Thema einer gesellschaftspolitischen Auseinandersetzung, die sich in rechtstheoretischen und juristischen Kontroversen spiegelt, ist in Hunderten von Publikationen der viele längst nicht mehr einfach zugängliche Veröffentlichungen umfassenden Sammlung Brunns dokumentiert. Sie bietet Stoff für wissenschaftliche Untersuchungen, wie sie das vorliegende Buch vermeidet. Der Journalist Thomas Kirn, der in Frankfurt als Polizeireporter und später als Gerichtsberichterstatter ein häufig schreibender und immer lesender Zeitzeuge war, hat versucht, die zutage tretenden Konflikte vor der Hintergrundskizze eines gesellschaftlichen Wandels nachzuzeichnen. Beide Autoren haben sich die Unterschiedlichkeit ihrer Blickwinkel auf dieselben Vorgänge im Dialog verdeutlicht, um weder Eingebundenheit noch Distanz zum vorherrschenden Prinzip ihres Buches werden zu lassen.

Es ging damals und es geht heute um Einfluß, Bedeutung und Stellenwert, die freie Gesellschaften dem Terror zuzumessen bereit sind. Als nicht ignorierbare und nicht hinnehmbare Gefahr will der Terror Staat und Gesellschaft in die Feindschaft zwingen und beabsichtigt, daß im Kampf gegen ihn genau jene die eigene Illegalität angeblich legitimierenden Rechtsbrüche und Wertverletzungen vor aller Augen sichtbar begangen werden.

Die offene Bedrohung durch Terrorismus, seine Morde und Zerstörungen, birgt die Gefahr der Selbstzerstörung des Gemeinwesens durch eine zur Hysterie neigende dauernde Alarmbereitschaft, umfassende Durchsetzung von Sicherheit zu Lasten von Freiheit und nicht zuletzt durch das situationsbezogene und aus Situationen scheinbar rechtfertigbare Abweichen von rechtlichen und grundgesetzlichen Regeln. Sie einzuhalten heißt jedoch im Endeffekt nicht weniger, als dem Terror einen Teil seiner Angst erzeugenden Macht, die er über die Menschen lähmend ausübt, zu nehmen. Die Forderung, die Hydra einfach durch das Abschlagen ihrer Köpfe zu besiegen, wurde damals wie heute gestellt, aber sie verkennt die mythologische Natur dieses Untiers, dem Köpfe nachwachsen. Der bewußte Verzicht auf derartig schnelle Lösungen mag für den Augenblick als Nachteil gegenüber einem gewissenlosen Gegner erscheinen, auf Dauer verspricht die Zuflucht zu den Umständlichkeiten, die streng rechtsstaatliches Vorgehen mit sich bringt, den größeren Erfolg. Um solche Fragen nach Wert und Bestand der auf den Prinzipien des freiheitlichen Rechtsstaates beruhenden Verfassung, nach der Moral des Staates und beider Lebendigkeit und Kraft vor der Bedrohung durch eine Menschen verachtende und tötende Gesinnung wurde in den siebziger Jahren in der Bundesrepublik Deutschland gerungen.

Das Thema ist auf der Tagesordnung geblieben.

Kapitel 1
KATASTROPHE

Die Konflikte, die in den siebziger Jahren des vergangenen Jahrhunderts in der Bundesrepublik ausgetragen und meist mit dem Kürzel 68 versehen wurden, scheinen inzwischen fern. Der zuweilen schmerzhafte Ernst, mit dem rebellische junge Leute seinerzeit mit viel Darstellungslust und wenig Neigung zum Zuhören Staat, Land, Gesellschaft und Individuum neu entwarfen, ist ebenso wie das nicht selten gnadenlose Bevormundungsbedürfnis der älteren Generation zum Inhalt halb wahrer, halb humoristischer, stets aber wärmender Erinnerungsgespräche und veranstalteter Memorials geworden. Es mag gemein klingen, aber den berufenen Darstellern jener wilden Jahre, denen nämlich, die sie selbst gestaltet hatten, fiel bei den von der Deutschen Presseagentur propagierten Jahrestagen 1988 oder 1993, also 20 bzw. 25 Jahre danach, wenig leicht Faßbares ein, was denn geblieben sei. Bernstein, Eilert, Gernhardt, Traxler und andere aus der alten »Pardon«-Bande brachten mit »Die schärfsten Kritiker der Elche waren früher selber welche« die ultimative Veralberung der »Frankfurter Schule« heraus.

Wolfgang Kraushaar, der in der gefährlichen Zeit in Frankfurt Philosophie und Germanistik studiert hatte und dann zum unermüdlichen Beschreiber und Analytiker der linken Bewegung wurde, meint in dem Band »1968 – Das Jahr, das alles verändert hat«, die Bundesrepublik sei grundlegend in Frage gestellt worden: »Die Außerparlamentarische Opposition hatte zu einem wahren Sturmlauf auf die Institutionen angesetzt – auf Schulen, Universitäten, Gerichte, Behörden, Gefängnisse, Psychiatrien und Parlamente.«

Utopische Energien hätten die Kraft für lange überfällige Reformen freigesetzt. Auch wenn die Außerparlamentarische Opposition (APO) in ihren unmittelbaren Zielsetzungen »fast überall« gescheitert sei, so habe sie doch »die Einstellungen, Haltungen und Mentalitäten« nachhaltig verändert. Das darf so betrachtet werden, denn ein Großmeister des abgewogenen Politikerwortes, Richard von Weizsäcker, sagte als Bundespräsident am 3. Oktober 1990, dem ersten Tag der Deutschen Einheit neuerer Zeitrechung: »Die Jugendrevolte am Ende der sechziger Jahre trug allen Verwundungen zum Trotz zu einer Vertiefung des demokratischen Engagements in der Gesellschaft bei.«

Manche behaupten auch, ohne den erfolgten Wandel zur Zivilgesellschaft in Deutschland hätte das Militär der Sowjetunion die Bereitschaft Gorbatschows zur Wiedervereinigung einschließlich NATO-Mitgliedschaft nicht akzeptiert und mit einem Putsch reagiert.

Zu denen, die den rebellischen Jahren mehr gaben als Diskussionsbeiträge, die in ihrem beruflichen Alltag ihre Rolle, ihre Profession und ihr staatliches Gegenüber neu überdachten und zu bis dahin nicht erlebten Formen des Handelns gelangten, gehörten et-

Aufruf des AStA der Universität Frankfurt am Main zu
Denkmalsenthüllung »den reinen Anwalt darstellend« in de
Fressgasse am 6. April 197

MEHR WÜRDE

DER STAND DER RECHTSANWÄLTE WIRD VON UNWÜRDIGEN BEDROHT !!!

DIE RECHTSANWALTSCHAFT MUSS WIEDER REIN WERDEN!!! REINHEIT DER RECHTSANWÄLTE BEDEUTET: WÜRDIG SIND NUR SOLCHE ANWÄLTE,
- DIE ALS ALLERERSTES EINEN GROSSZÜGIGEN KOSTENVORSCHUSS VERLANGEN,
- DIE SICH NICHT MIT DEN INTERESSEN IHRER MANDANTEN IDENTIFIZIEREN,
- DIE RICHTERN, STAATSANWÄLTEN UND KNASTLEITERN IN DIE HÄNDE ARBEITEN,
- DIE MIT IHNEN GEFÄLLIGKEITEN AUSTAUSCHEN, WÄHREND DER MANDANT AUF DER STRECKE BLEIBT, ODER IM KNAST VERRECKT,
- DIE DIE MACHENSCHAFTEN DER JUSTIZ, DER RICHTER, STAATSANWÄLTE ODER KNASTBULLEN SCHWEIGEND HINNEHMEN,
- DIE DER AUFRECHTERHALTUNG DIESER JUSTIZ KOLLEGIAL UND FREUNDLICH, SACHLICH UND PFLICHTEIFRIG, DEVOT UND STAATSTREU DIENEN,
- DIE SCHLIESSLICH DIE ANDEREN, DIE DIESE REINHEIT BESCHMUTZEN, AUS DER ANWALTSCHAFT AUSSCHLIESSEN.

SOLCHEN ANWÄLTEN KÖNNEN WIR UNSERE BEWUNDERUNG NICHT VERSAGEN, ZUMAL SIE IHRE PFLICHT SCHON IMMER ERFÜLLT HABEN:

- SIE HABEN (UNTER DEM HITLER-FASCHISMUS) " BIS ZUM BITTEREN ENDE AUF IHREM POSTEN AUSGEHARRT" (SO LOBTE DER HESSISCHE EHRENGERICHTSHOF EINEN EHEMALIGEN BÜRGERMEISTER UND LIESS IHN ALS RECHTSANWALT ZU)
- WEIL SIE ENGE MITARBEITER VON ROLAND FREISLER WAREN UND NOCH IMMER DEM STAND DER JURISTEN ANGEHÖREN (Z.B. RECHTSANWALT SCHMIDT - LEICHNER)
- DIE ALS STAATSANWÄLTE AN NS-SONDERGERICHTEN EIN 14 JÄHRIGES MÄDCHEN IN EIN STRAFLAGER EINWEISEN LIESSEN, WEIL ES EINEM ENGLISCHEN KRIEGSGEFANGENEN 62;5 GRAMM BONBONS ZUGESTECKT HATTE (STOLTING II)
- DIE FÜR EINE, ALLLER ERFAHRUNG NACH, AUSSICHTSLOSEN KLAGE AUF ZULASSUNG ZUM MEDIZINSTUDIUM 20.000,-- DM GEBÜHREN VERLANGEN.

UNWÜRDIGE NESTBESCHMUTZER SIND:
VERTEIDIGER, DIE IHRE AKTIVITÄTEN NICHT NACH DEM GELDBEUTEL DER MANDANTEN AUSRICHTEN,
- DIE FÜR DIE INTERESSEN IHRER MANDANTEN KÄMPFEN,
- SICH IN MIET– UND ARBEITSGERICHTSPROZESSEN GEGEN SPEKULANTEN UND UNTERNEHMER STELLEN,
- DIE DIE AUSBEUTUNG UND UNTERDRÜCKUNG VON MENSCHEN AUCH IM GERICHTSSAAL BEIM NAMEN NENNEN,
- DIE IN STRAFPROZESSEN VERSUCHEN, ZU VERHINDERN, DASS DIE EXISTENZ VON MENSCHEN ZERSTÖRT WIRD,
- DIE SICH DER VERNICHTUNG VON POLITISCHEN GEFANGENEN IM KNAST WIDERSETZEN,
- DIE DAS SCHWEIGEN UM BEGÜNSTIGUNG, RECHTSBRUCH, FOLTER UND VERNICHTUNG BRECHEN UND DIE ÖFFENTLICHKEIT IN IHRE ETEILIGUNG EINBEZIEHEN.

UNWÜRDIG SIND KURZUM ALL DIEJENIGEN, DIE NICHT AN DEM BILD DER ANGEBLICH NEUTRALEN JUSTIZ STRICKEN.

DIE STAATSORGANE; DIE STAATSANWALTSCHAFT, DIE RECHTSANWALTSKAMMERN, DIE GERICHTE HABEN ERKANNT, DIE REINHEIT UND DER UNGESTÖRTE BETRIEB DER JUSTIZ SIND GEFÄHRDET. ENDLICH HABEN SIE SICH DAZU AUFGERAFFT, SOLCHE UNWÜRDIGEN FIGUREN AUS DER RECHTSANWALTSCHAFT ZU ENTFERNEN BZW. GAR NICHT ERST ZUZULASSEN.

DESHALB KÖNNEN WIR DIE NICHTZULASSUNG DER ASSESSOREN KNÖSS UND DÜX ZUR RECHTSANWALTSKAMMER NUR AUSDRÜCKLICH BEGRÜSSEN.

WIR FORDERN WEITERHIN, DASS BEI DEN NOCH AUSSTEHENDEN EHRENGERICHTSVERFAHREN Z.B. GEGEN DIE RECHTSANWÄLTE KOCH, GOLZEM, KOPP, HELDMANN, TEMMING, OBERWINDER, GROENEWOLD UND STRÖBELE UND NOCH VIELE ANDERE IM INTERESSE UNSERES STAATES UND DER JUSTIZ HART DURCHGEGRIFFEN WIRD.

DAS DEUTSCHE VOLK HAT EIN ANRECHT DARAUF, ENTDLICH WIEDER IN RECHT UND ORDNUNG, IN SAUBERKEIT, IN FRIEDE, FREIHEIT, EIERKUCHEN ZU LEBEN.
DAS DEUTSCHE VOLK HAT EIN RECHT DARAUF' ,VERDUMMT', AUSGEBEUTET, UNTERDRÜCKT, ÜBERWACHT, ABGEHÖRT ZU WERDEN.
DAS DEUTSCHE VOLK HAT EIN RECHT AUF DEUTSCHE RECHTSANWÄLTE, AUF REINE RECHTSANWÄLTE' AUF REICHE RECHTSANWÄLTE.
DAS DEUTSCHE VOLK HAT DIE RECHTSANWÄLTE VERDIENT, DIE AN IHM VERDIENEN.

wa 600 – meist junge – Rechtsanwälte, denen die überall lauernde Kalauerei bald den einprägsamen Namen »Linksanwälte« gab. Semantisch falsch gelangte mit diesem Wortspiel das Gros der wie die Mehrheit der Bevölkerung nicht im linken Lager zu findenden damals rund 30 000 Rechtsanwälte in den Ruch eines bezweifelbaren Konservatismus, obwohl Rechtsanwälte natürlich nicht wegen politischer Prägung ihren Namen tragen; Linksanwälte schon eher, und sie haben den schrägen Begriff sofort akzeptiert, als das ursprünglich abwertend gemeinte Wort irgendwann in den frühen Siebzigern aufkam. Ihr Beruf, von nicht wenigen als Berufung und Herzenssache weit über die juristische Tätigkeit hinaus begriffen, war insbesondere die Verteidigung von Angeklagten, die wegen ihrer politischen Überzeugung Straftaten begangen hatten oder in solchem Verdacht standen. Manche Mandanten waren mit einer Art gesellschaftskritischem Stolz geständig, andere schwiegen, nicht wenige wurden eilfertig aufgrund problematischer Beweise vor Gericht gebracht.

Ihrer nahmen sich Verteidiger an, um die man sie in weniger aufgeregten Zeiten beneidet hätte. Rechtsanwälte mit ähnlichen gesellschaftlichen und politischen Ansichten, die dieselbe Sprache sprechen und bereit sind, viel Zeit und Kraft für die Vorbereitung von Prozessen aufzuwenden und außerordentliche Energie auf meist hohem juristischen Niveau in der Hauptverhandlung vor Gericht zu zeigen, sind der Wunsch eines jeden, der es mit der Justiz zu tun bekommt. Es ist ein Wunsch, der allzu häufig nicht in Erfüllung geht, etwa wenn Termindruck den vielbeschäftigten Anwalt hindert oder Routine ihn nachlässig macht. Angeklagte aus der linken Szene, die in den Siebzigern den Argwohn der staatlichen Strafverfolger erregten, hatten im allgemeinen solche Sorgen nicht, sie fanden in der kleinen Gruppe der Linksanwälte Vertreter der Advokatenzunft, die sich in jeder Weise auf ihre Seite stellten und, sei es aus Überzeugung, sei es aus Leichtsinn oder Unerfahrenheit, bereit waren, sich nicht nur eines speziellen Falles anzunehmen, sondern darüber hinaus auch den Kampf mit dem Justizsystem nicht zu scheuen.

Es begann mit Delikten wie Sachbeschädigung, Hausfriedensbruch, Landfriedensbruch, Körperverletzung, im Justizjargon alsbald Demonstrationsdelikte genannt. Gerichte befaßten sich mit Randale, Schlägereien, Hausbesetzungen und wildem Plakatieren. Linksanwälte plädierten für ihre Mandanten und gegen die gesellschaftlichen Zustände, die aus ihrer Sicht auf die Anklagebank gehörten. Rupert von Plottnitz, dessen Fähigkeiten ihn von Linksaußen über Grün bis in das Amt des hessischen Justizministers getragen haben, definierte sich und seine Kollegen viele Jahre später als Generation von Anwälten, die sich unabhängig von Erscheinungen des politisch begründeten Terrors als Gegenmacht zur etablierten Gesellschaft verstanden habe. Linksanwälte seien aus dem Bedürfnis der Außerparlamentarischen Opposition nach engagierter Verteidigung entstanden: »Deshalb waren wir ja Rechtsanwälte geworden.« Neben der Strafverteidigung fanden diese Anwälte in engagiertem Einsatz Betätigungsfelder etwa im Miet-, Sozial-, Familien-, Ausländer-, Umwelt-, oder im Arbeitsrecht.

Was ist ein Linksanwalt?

Mitte der siebziger Jahre, als in Stuttgart der Prozeß gegen die führenden Mitglieder der Rote Armee Fraktion begann und die öffentliche Diskussion um die Linksanwälte hohe Wellen schlug, veröffentlichte die »Rote Hilfe Westberlin« eine Broschüre, in der eine Definition versucht wird. Das Dokument ist zugleich ein Beleg für die Postulate, die der am bestehenden Justizsystem zweifelnde Teil der jungen Genration aufstellte, ein Forderungskatalog, der sich bei den Eigengesetzlichkeiten eines gewachsenen Rechtssystems nur kurz aufhält, um es dann mit einer linken Vision zu konfrontieren. Dem Linksanwalt ist in dieser Vorstellung nicht nur die Erfüllung advokatischer Aufgaben, sondern letztlich die geschickte Auflösung des Systems auferlegt.

»Was ist ein linker Anwalt? – Die Doppelstellung des Anwalts macht ihn normalerweise zu einem nicht unwichtigen Mittler zwischen Gericht und Staatsanwaltschaft einerseits und Mandanten andererseits. Die dem Anwalt qua Organ der Rechtspflege objektiv und subjektiv zugedachte Rolle besteht eben auch darin, schon durch seine bloße Existenz und Tätigkeit als Interessenvertreter seines Mandanten von der Ausgewogenheit und Gerechtigkeit nicht nur der bürgerlichen Rechtsordnung selbst, sondern auch der ihr zugrundeliegenden gesellschaftlichen Verhältnisse zu zeugen. Seiner Stellung und seiner Tätigkeit im bürgerlichen Justizgefüge nach soll der Rechtsanwalt, auf ganz anderer Ebene als Richter oder Staatsanwalt, die bestehende Legitimität und die ihrer Durchsetzung dienenden Entscheidungen auch und gerade seinem Mandanten gegenüber als Legitimität einsichtig machen. Anders ausgedrückt: für die Verschleierung bürgerlicher Klassenherrschaft als isoliertes und individualisiertes Rechtsverhältnis kommt dem Amt und der Tätigkeit des Anwaltseins wesentliche ideologische Funktion zu. Linke Anwälte versuchen, sich dieser ideologisch-verschleiernden Funktion zu entziehen, indem sie nicht ›mitspielen‹. Das heißt, sie führen jeden Prozeß prinzipiell solidarisch mit ihren Mandanten – ohne sich politisch mit ihren Mandanten zu identifizieren, stehen sie politisch doch immer auf der Seite der verfolgten Genossen, stehen sie politisch zumindest im Grundsätzlichen dem gleichen Gegner gegenüber. Ein gewisser prinzipieller Grundkonsens ist für jeden linken Anwalt unabdingbare Voraussetzung im Verhältnis zu seinem Mandanten. Linke Anwälte durchschauen die ideologische Funktion ihrer Tätigkeit. Sie entziehen sich dem Widerspruch, in dem sie als Anwälte und gleichzeitig Genossen stehen, weder dadurch, daß sie mit revolutionärer Phrase die Fahne des militanten Kämpfers vor sich hertragen, noch dadurch, daß sie quasi hinter dem Rücken ihrer Mandanten mit der Justiz mauscheln, um da individuell möglichst viel für ihre Mandanten rauszuholen. Linke Anwälte legen vielmehr ihre ideologische Funktion stets ihren Mandanten offen und setzen auf dieser Grundlage ihr ganzes anwaltliches Handwerkszeug parteilich für ihre Mandanten ein. Parteilichkeit bedeutet dabei: Versuch, mit dem anwaltlich-juristischen Instrumentarium (Prozeßrecht etc.) das Legitimationsbedürfnis staatlicher Verfolgungsbemühungen zu unterlaufen; Versuch, den Schein der unpolitischen und unparteilichen Justiz zu zerstören.«

Linke Anwälte beständen, so heißt es weiter, auf Einhaltung rechtsstaatlicher Verfahrensweisen und ließen sich nicht darauf ein, ihre Mandanten gegeneinander auszuspielen. Ein linker Verteidiger sei verpflichtet, die Kommunikation und Absprache der gemeinsam Angeklagten in Fragen der Verteidigung zu gewährleisten.

Linksanwälte waren jung an Jahren und frisch im Beruf, den neu zu erfinden sie sich zutrauten. Ein wenig traurig und mit einem leichten Unterton des Vorwurfs stellten einige von ihnen nach Jahren fest, daß sie keinen rechten Kontakt zu älteren Kollegen hatten, ausgerechnet zu der Zeit, da ein Berufsanfänger von einem erfahrenen Mentor hätte profitieren können. Statt dessen gab es ein gegenseitiges Verhältnis herzlicher Abneigung, das die Jungen aus dem Verdacht der im Nationalsozialismus befleckten Vergangenheit speisten, was die Alten wiederum als Beleidigung auffaßten. Zudem wurden die Nerven der »bürgerlichen« Anwälte durch eine Direktheit des Auftretens der Linksanwälte strapaziert, das auch dann mit besserwisserischer Unhöflichkeit verwechselt werden konnte, wenn es lediglich dem Mangel an taktischer Geschmeidigkeit und strategischem Überblick entsprang.

Seinerzeit gern zitierte Sätze relativierten das Unrecht einer eingeworfenen Fensterscheibe mit den Tragödien der Ausbeutung des Menschen durch den Menschen, und Brechts antikapitalistische Formel, was sei denn schon ein Bankraub verglichen mit der Gründung einer Bank, machte die Runde, auch in der Adaption von Fritz Teufel, der meinte, es sei immer noch besser, ein Warenhaus anzuzünden, als eines zu betreiben. Als aber Anfang der 70er Jahre eine kleine Gruppe Radikaler – vorgeblich legitimiert als politische Revolutionäre – sich selbst zur Armee erklärte, einen roten Stern und eine Maschinenpistole im Wappen führte, als »Rote Armee Fraktion« (RAF) sich zum Herren über das Leben aufspielte und zu rauben und zu morden begann, war kein Raum mehr für mehr oder minder spielerischen Ernst.

Zehn Jahre nach dem Aufbruch zum Horizont einer gerechteren Gesellschaft hatte sich der Schwung einiger weniger, die sich ganz vorn wähnten, in rasenden Leerlauf verwandelt. Die noch folgten, waren weniger geworden, ihre Schritte zögernder, der Abstand zu denen, die am Abgrund standen, vergrößerte sich. An die Revolte der Achtundsechziger, die 1967, im Keim bereits ab 1965, begonnen hatte, erinnerten sich 1977 viele bereits mit einer gewissen Wehmut. Terror und Hysterie schienen die Wirklichkeit zu prägen. Das Katz-und-Maus-Spiel zwischen steinewerfenden Demonstranten und schlecht ausgerüsteter Polizei hatte sich in systematische, computergestützte Strafverfolgung von Mördern gewandelt, die sich als Staatsfeinde verstanden und auch für solche gehalten wurden. Gerichte tagten nicht mehr belästigt von rauchenden und grölenden Sympathisanten, von »Genossen«, deren Anklagen aus minderschweren Delikten wie Sachbeschädigung, Beleidigung, Landfriedensbruch oder Widerstand gegen die Staatsgewalt nicht als verwerflich verstanden wurden, sondern verhandelten in befestigten und kontrollierten Sonderbauten. Nicht wenige der Rechtsanwälte, die solche Angeklagte vertraten, wurden verdächtigt, selbst zu den Tätern zu gehören. Die mit der Beschwörung des Rechtsstaates auf der Einhaltung vor allem verfahrensrechtlicher Vorschriften bestanden, sahen sich einem Gesetzgeber gegenüber, der mit demselben Argument, der gefährdete Rechtsstaat müsse verteidigt werden, neue Gesetze erließ. Dies war eine der vielen ironischen Anmerkungen der Geschichte jener Zeit: Nicht die jungen Progressiven schufen im Bereich der Strafjustiz ständig neues Recht, sondern der Konservatismus; nicht die gesellschaftlichen Bewahrer drängten auf Einhaltung des Bestehenden, sondern solche, die sich eigentlich als politische Radikal-Veränderer bezeichneten. Fortschritt und Rückschritt waren wieder einmal eine Frage heftig umstrittener Standpunkte.

Sie hatten Mandanten wie jenen Berliner Spontansozialisten, der vor dem Richtertisch die Hose runterließ und buchstäblich auf die Justiz schiß. Sie setzten sich ein für angeklagte Mörder, Bankräuber und Erpresser. Sie nutzten die Medien, um das Volk, in dessen Namen ein jedes Urteil ergeht, zu beeinflussen, und sie hofften, auch die Richter außergerichtlich ein wenig beeindrucken zu können. Linksanwälte waren Rechtsanwälte wie alle anderen auch, und doch von besonderer Art. Sie wollten ihren Wirkungskreis nicht auf Kanzleien, Kontore und Gerichtssäle beschränken, sie begriffen nicht nur ihr privates Leben, sondern auch ihre berufliche Existenz politisch. Ihr Standort war links im klassischen Politikschema und sie wurden stirnrunzelnd beobachtet von den eher traditionellen Standesorganisationen, von Gesinnungsgenossen bewundert für Frechheit und Kampfesmut, von staatlichen Juristen erst belächelt, bald aber wegen ihrer wachsenden Erfahrung und Kenntnis der Strafprozeßordnung respektiert und gefürchtet. Sie pflegten nach außen das Selbstbewußtsein einer Avantgarde des Rechts, doch manch einer fühlte sich allein und einer Justizmaschinerie ausgeliefert, die ihm mit Gerechtigkeit nicht mehr viel zu tun zu haben schien. Die öffentliche Meinung vertrat weithin einen Law-and-Order-Standpunkt, der sich um rechtsstaatliche Errungenschaften wie Zurückhaltung selbst gegenüber geständigen Tätern nicht kümmerte und ihre Verteidiger gleich mit vorverurteilte.

Um kein Mißverständnis aufkommen zu lassen: Verzerrte Wahrnehmung der Medien, staatliche Überreaktionen, die Wiedererweckung von überwunden geglaubtem Verfolgungs- und Strafeifer bei der Justiz, dies alles war zum Teil auch von der radikalen Linken provoziert worden, die mit Kompromißlosigkeit, Unduldsamkeit, Rechthaberei, genereller Mißachtung der als bürgerliche Klassenjustiz abqualifizierten Strafverfolgungsbehörden und Gerichte und nicht zuletzt mit extremer Unhöflichkeit den starken Staat, vor dem sie angeblich immer gewarnt hatten, mit auf den Weg gebracht hatte. Im Rückblick aber erscheinen die Bemühungen von Verteidigern um Mandanten, die politisches Denken als Motiv für ihre Taten reklamierten, denen aber gerade diese Anerkennung verweigert wurde, weit respektabler, fast möchte man sagen, ehrenwerter als sie damals beurteilt wurden.

Am Ende des anstrengenden Jahrzehnts, der 70er Jahre, das die Bundesrepublik Deutschland als Rechtsstaat auf schwere Proben gestellt hat, sahen sich nicht wenige der auf die Wahrung der verfassungsmäßigen Ordnung vereidigten Strafverteidiger, die aber darüber hinaus als Angehörige eines freien Berufs keine Loyalitätspflichten wie Beamte haben, mit dem Vorwurf konfrontiert, sie unterstützten genau die Verbrechen, die ihren Mandanten zur Last gelegt wurden – und dies unter angeblichem Mißbrauch ihrer privilegierten Stellung als Strafverteidiger. Der Staat bezichtigte Organe der Rechtspflege, ohne deren Mitwirkung ein rechtsstaatlicher Prozeß nicht gewährleistet ist, der Komplizenschaft mit »Staatsfeinden«. Die etablierten Rechtsanwaltskammern sowie der damals monopolartige Deutsche Anwaltsverein (DAV) ließen die verdächtigten Kollegen meist ohne Unterstützung. Mit deren Zustimmung erließ der Bundestag ein Gesetz, das Strafverteidiger von Terrorverdächtigen vorübergehend von der Ausübung ihrer Tätigkeit völlig ausschloß.

Gesetz gegen Verteidiger

Dies jedenfalls war die Realität des Kontaktsperregesetzes, das allerdings nicht den Anwälten den Umgang mit ihren Mandanten für die Dauer einer aktuellen terroristischen Bedrohung verbot, sondern – handwerklich sauber formuliert – umgekehrt den Mandanten den Kontakt mit ihren Anwälten untersagte. Das Gesetz, gegen das Linksanwälte vor dem Bundesverfassungsgericht zu Felde zogen, hielt der höchstrichterlichen Überprüfung stand: »Die angegriffenen Maßnahmen richten sich nicht gegen die beschwerdeführenden Anwälte, sondern gegen ihre Mandanten«, stellte der Zweite Senat in Karlsruhe trocken und ein bißchen listig fest. Die Berechtigung der sowohl vom Gesetzgeber als auch vom Verfassungsgericht als einschneidend und tiefgreifend begriffenen Maßnahme wurde in der Gefahrenabwehr gesehen. Wenn Gefangene, »die Kreisen des organisierten Terrorismus zugerechnet werden«,

Zielvorstellungen aus den Haftanstalten heraus verwirklichen, toleriert die Verfassung »im Interesse der Selbsterhaltung des Staates und der Erfüllung der ihm obliegenden Aufgabe, Leben, Gesundheit und Freiheit der Bürger zu schützen, das Instrument der Kontaktsperre«, heißt es in dem Senatsbeschluß.

Wochenlang konnten die betroffenen Strafverteidiger eine ihrer zentralen Aufgaben nicht wahrnehmen: Schutz der körperlichen Unversehrtheit der Untersuchungshäftlinge. Als sie wieder Zugang hatten, waren drei – Baader, Ensslin und Raspe – tot, eine (Möller) schwerverletzt, die erklärte, nie an einen Selbstmord gedacht zu haben.

Die terroristischen Attacken einiger weniger Dutzend Männer und Frauen, die sich selbstherrlich als bewaffnete Kämpfer für eine gerechtere Weltordnung verstanden, haben in den Siebziger Jahren in der Bundesrepublik Deutschland, der »alten« Bundesrepublik, ein kriegerisches Klima erzeugt. Neben der RAF beteiligten sich die »Bewegung 2. Juni« und später »Revolutionäre Zellen« an Taten, die sie als Teil eines internationalen Volkskriegs begriffen, die Staat und Bevölkerung jedoch in erster Linie als beängstigenden Ausdruck von Schwerkriminalität und erst dann als soziale Kampfansage verstanden. Der Schriftsteller Heinrich Böll, ohne den Anspruch eines maßgeblichen politischen Denkers, aber ein genauer Beobachter und Moralist, sprach von einem Kampf der sechzig Millionen gegen sechs. Er wollte auf die angebliche Disproportionalität hinweisen, mit der Terrorismusverdächtige verfolgt wurden, und er geißelte den verhetzten Ton insbesondere von Boulevardzeitungen. Der Dichter lag in der Sache daneben. Der Staat ist zur Strafverfolgung verpflichtet, sie gehört zu seinen originären Aufgaben. Die Angst der Bevölkerung und die sie schürenden Veröffentlichungen in einem beträchtlichen Teil der Medien aber sind nach allen Erfahrungen nicht steuerbar. Böll, der selbst ins Visier der Fahnder geriet und einer sinnlosen Wohnungsdurchsuchung ausgesetzt war, hatte vergeblich versucht, den Problemen des damaligen Linksradikalismus und des Terrors die ihnen zukommende Dimension zuzuweisen.

Es wurde von Krieg geredet, aber trotz des Ernstes und der Vehemenz, mit der sie geführt wurde, war die Auseinandersetzung des Staates, der Publizistik, der Polizei und der Justiz mit bewaffneten Untergrundgruppen, an der Spitze die Rote Armee Fraktion, gewiß kein Krieg, auch kein Bürgerkrieg, weder erklärt noch unerklärt. Die RAF freilich betrachtete sich im Kriegszustand. Sie sah sich als Teil eines weltweiten Kampfes proletarischer Befreiungsbewegungen, Feind waren der internationale Kapitalismus, der Imperialismus und seine Agenten.

Militär kam in diesem Kampf nicht zum Einsatz, aber es wurde mit Waffen gekämpft, wie sie der Krieg erfunden und entwickelt hat: Desinformation, verleumderische Propaganda, Schmähung des Feindes, Distanzlosigkeit gegenüber der eigenen Position und Zurechtbiegen von Werten und Wahrheiten, die als unantastbar gelten. Und gerade so, wie während eines kriegerischen Konflikts die Gegner zwar ununterbrochen Meinungen, Meldungen, Lageberichte und Prognosen veröffentlichen, aber nicht miteinander verhandeln, gab es zwischen Regierung und Strafverfolgungsbehörden auf der einen Seite und den terroristischen Straftätern auf der anderen keinen Gedankenaustausch. Die Lösung des Konflikts sahen beide in der bedingungslosen Unterwerfung des Gegners. »Es gab keinen Verhandlungsspielraum«, resümierte Astrid Proll, die Anfang der siebziger Jahre zur sogenannten ersten Generation der RAF gehörte, 2002 gegenüber einem britischen Journalisten. Das Ende sei deshalb derart kompromißlos hart gewesen. Es muß vor allem den Terrorgruppen zugerechnet werden, daß sie nicht nur die Schuld für ihre Taten tragen, sondern auch eine historische Verantwortung dafür, daß der für das Leben eines Staates so wichtige politische Diskurs zeitweise in einen eloquenten, aber sinnlosen Schlagabtausch entartete, in dessen Folge die abweichende Meinung in Verdacht krimineller Komplizenschaft geriet. Auf der Seite der Mehrheit und des Staates entstand dagegen eine Art Kreuzzugsmentalität, der humanes und rechtsstaatliches Denken zuweilen allzu leichten Mutes geopfert wurde.

Ein beliebiger Polizeibeamter oder Justizwachtmeister, der noch nie etwas von Francis Drake gehört hatte, hätte sich in dieser Zeit diesen Satz »right or wrong: my country« vorbehaltlos zu eigen gemacht, wenn er sich hätte mit den vielen rechtsstaatlichen Problemen auseinandersetzen müssen, die sich aus der schließlich bedingungslosen Härte gegenüber Terroristen und Terrorverdächtigen ergaben. Die allgemeine Empfindung sehnte sich nach der verfassungswidrigen Todesstrafe und brach schamlos durch in Passantenbefragungen des Fernsehens vor dem Stammheimer Gefängnis. Was mit den Einsitzenden wohl geschehen solle, fragte der Reporter. »Auf der Flucht erschießen!«, war die Antwort von Volkes Stimme. Radikales Denken erfaßte auch Intellektuelle. Der Historiker Golo Mann in einem Rundfunkgespräch: »Der politische Mörder dieser Art hat seine Grundrechte verwirkt. Das Gesetz hat nicht so sehr den Mörder als den vom Mord Bedrohten zu schützen, das sind einfache, aber doch ewig wahre Wahrheiten. Erfüllt ein Gesetz seinen Zweck nicht, dann muß es erweitert, dann muß es verändert werden.« Der für Justiz und Rechtsstaat so bedeutungsvolle Grundsatz vom Zweifel, der sich zugunsten des Angeklagten auszuwirken hat (in dubio pro reo) hat nach Manns Auffassung nur mehr den Rang einer justiziellen Hübschheit: »Das ist eine schöne alte Regel, aber niemand kann doch an der Schuld dieser Angeklagten zweifeln.«

Auf dem Höhepunkt der Krise im Herbst 1977, die durch die Entführung des Arbeitgeberpräsidenten Hanns-Martin Schleyer, die Befreiung der Flugpassagiere der »Landshut« in Mogadischu, den – damals von vielen Linken bezweifelte – Selbstmord von drei verurteilten Terroristen in Stammheim und schließlich den Mord an Schleyer gekennzeichnet ist, schien das Land aus der Fassung und die Verfassung bedroht. Der Regierungssprecher charakterisierte, wie Kraushaar in einem Aufsatz in dem Buch »Die Skandale der Republik« referiert, aus einigem Abstand den Zustand, in dem sich der innere Zirkel der Macht befand: »Wir verfielen in einen ungeheuren Aggregatzustand, nämlich den der Wut. Wut auch wegen des politischen Anspruchs der Roten Armee Fraktion, als politische, kriegführende Partei angesehen zu werden. Die Regierung hat diesen Anspruch total abgelehnt und sich auf das Phänomen einer kriminellen Vereinigung fixiert. Aber unser Gemütszustand war Wut. Vielleicht resultiert daraus die Dämonisierung der RAF im späteren Verlauf der Schleyer-Krise und auch die Neigung, in der RAF eine wirklich existentielle Bedrohung des Rechtsstaates zu sehen. Die Einlassungen der Opposition waren ja kaum anders.«

Ein Sondergremium

Klaus Bölling, der Verfasser dieser analytischen Sätze, gehörte damals einem Krisenstab an, der sich selbst die Bezeichnung »Kleine Lage« gegeben hatte, um jede Assoziation mit dem Wort Staatskrise zu vermeiden. Bundeskanzler Helmut Schmidt, Innenminister Werner Maihofer, Justizminister Hans-Jochen Vogel, Kanzleramtschef Manfred Schüler, Regierungssprecher Bölling, Generalbundesanwalt Kurt Rebmann und der Präsident des Bundeskriminalamts Horst Herold waren ständige Mitglieder des Gremiums, Außenminister Hans-Dietrich Genscher, Staatsminister Hans-Jürgen Wischnewski und Staatssekretäre nahmen situationsbezogen an den Beratungen teil. Das Gremium kam fast täglich zusammen, um eine Krise zu bewältigen, von der sich die Verantwortungsträger nicht klarmachen durften, daß sie durch ihre Gratwanderung an der Grenze des gesetzlich Erlaubten selbst Teil des Problems geworden waren. Kanzler, Minister und die Spitzen der Strafverfolgungsbehörden bildeten einen in der Verfassung des Landes nicht vorgesehenen Entscheidungsträger. Die »Kleine Lage« traf sich ein-, zweimal in der Woche mit dem Großen Krisenstab, dem zusätzlich führende Politiker der CDU/CSU-Opposition angehörten. Nach dem Willen des Bundeskanzlers sollten alle Entscheidungen zwar im engen Kreis, dort aber mit breiter Zustimmung getroffen werden. Schmidt selbst hatte als Hamburger Innensenator beim Bewältigen einer Flutkatastrophe die Erfahrung gemacht, daß im Erfolgsfall niemand mehr nachfragt, welche Vorschriften möglicherweise mißachtet oder umgangen worden waren.

Die Entführung Schleyers durch RAF-Terroristen am 5. September 1977 in Köln hatte den Sonderausschuß der Exekutive hervorgebracht. Meinungsbildung und Entscheidungsfindung waren nach dem Vorbild militärischer Lagebesprechungen strukturiert und folgten einem festen Schema. Herold trug zunächst Fahndungsergebnisse vor und schilderte das aktuelle Kräfteverhältnis, anschließend wurden die Justizlage, die auswärtige Lage und die Medienlage besprochen. Den Schluß bildeten Analysen von Terroristen-Schreiben, eine gemeinsame Beurteilung der Gesamtlage und das Festlegen des weiteren Vorgehens. Der in den Medien »Kleiner Krisenstab« genannte Regierungsausschuß wollte die politischen, rechtlichen, kriminalistischen und nicht zuletzt die publizistischen Probleme in der Hand haben, um die eklatante Herausforderung durch die Terroristen zu meistern. Für diese Aufgabe war das Gremium bereit, jedenfalls für die Dauer der Krise erfolgversprechende Maßnahmen nötigenfalls über den gesetzlichen Einwand zu stellen. Ausdrücklich waren Teilnehmer an den Beratungen auch um solche Vorschläge gebeten, die exotisch erschienen. Nach Darstellung zeitgenössischer Presseveröffentlichungen soll etwa Herold vorgeschlagen haben, die Gefangenen zum Schein auszufliegen, ihnen vorzuspielen, man lande im Jemen, in Wirklichkeit aber sich nach Israel zu begeben. Dem Generalbundesanwalt wurde die Idee zugeschrieben, die Todesstrafe wieder einzuführen, und Franz-Josef Strauß hat angeblich die Terroristen dadurch unter Druck setzen wollen, daß von einem bestimmten Zeitpunkt an stündlich ein Gefangener erschossen werden sollte. Keines dieser Denkspiele wurde weiterverfolgt, doch sie sind ein Indiz sowohl für Verzweiflung als auch Entschlossenheit, wie sie die veröffentlichte Meinung dem Gremium zuschrieb. Sicher ist: Die Bundesregierung war unter keinen Umständen bereit nachzugeben. Eine solche strategische Position stellt allergrößte Anforderungen an ihre taktische Umsetzung und eröffnet ein weites Feld für riskante Entscheidungen, auch für Fehlentscheidungen, auch für Mißverständnisse.

Schleyer selbst hatte wenige Tage vor seiner Entführung gegenüber seinem Freund, dem damaligen Oppositionsführer Helmut Kohl, der ebenfalls Ziel der RAF war, erklärt, der Staat dürfe sich nie wieder erpressen lassen. Eine Woche nach dem Verbrechen von Köln erreichte Kohl ein Tonband. Schleyer offenbart dem Freund darin seine tiefe Enttäuschung über die in seinen Augen mangelnden Kenntnisse der Regierung und der Polizei über den wahren Charakter des Terrorismus. Wegen des Versagens der Verantwortlichen sei es nun an der Opposition, Klarheit zu schaffen. Und Schleyer sagt, wie Kohl in seiner Autobiographie zitiert: »Ich habe nie um mein Leben gewinselt. Ich habe immer die Entscheidung der Bundesregierung, wie ich ausdrücklich schriftlich mitgeteilt habe, anerkannt. Was sich aber seit Tagen abspielt, ist Menschenquälerei ohne Sinn. Es sei denn, man versucht mit naiven Tricks, meine Entführer zu fangen. Dies wäre zugleich mein sicherer Tod, und ich kann mir nicht vorstellen, daß man zwar die offizielle Ablehnung der Forderungen scheut, aber Vorbereitungen trifft, um mich still um die Ecke zu bringen, das man dann vielleicht als technische Panne ausgeben könnte.«

Helmut Kohl teilt dazu in seinen Memoiren (»Erinnerungen 1930 bis 1982«) mit, die Tonbandaufzeichnung habe ihn ungemein hart getroffen. »Verzweifelt rief ich mir immer wieder unsere Diskussion bei dem letzten gemeinsamen Abendessen ins Gedächtnis, als wir – freilich unter ganz anderen Voraussetzungen – auch für uns ganz persönlich einen Austausch gegen Terroristen abgelehnt hatten. Sollte ich nun dennoch für ein Einlenken des Staates gegenüber den Erpressern plädieren? Konnte und durfte ich in dieser Notsituation meine Meinung ändern, daß der Staat nicht erpreßbar sein darf?

Nein, das konnte und wollte ich nicht, so sehr mir das Leid meines Freundes Hanns-Martin und seiner Familie unter die Haut ging und die schlaflosesten Nächte meines Lebens bereitete.«

Im Namen des Entführten stellte die Familie beim Bundesverfassungsgericht den Antrag auf Erlaß einer einstweiligen Anordnung, der die Bundesregierung und die Regierungen der Länder Baden-Württemberg, Bayern, Nordrhein-Westfalen und den Hamburger Senat verpflichten sollte, auf Forderungen der Entführer einzugehen, um das Leben Hanns-Martin Schleyers zu retten. Der Erste Senat unter Vorsitz des früheren Justizministers Ernst Benda lehnte ab. Auf welche Weise und mit welchen Mitteln die staatlichen Organe ihre Verpflichtung zu einem effektiven Schutz des Lebens erfüllten, sei von ihnen grundsätzlich in eigener Verantwortung zu entscheiden. Das Grundgesetz begründe eine Schutzpflicht nicht nur gegenüber dem einzelnen, sondern auch gegenüber der Gesamtheit der Bürger. Eine wirksame Wahrnehmung dieser Pflicht setze voraus, daß die zuständigen staatlichen Stellen und Organe in der Lage sind, auf die jeweiligen Umstände des Einzelfalles angemessen zu reagieren. Dies schließe die Festlegung auf ein bestimmtes Mittel aus. Das Urteil schließt damit, daß das Bundesverfassungsgericht in einer Lage, wie sie sich durch die Entführung ergeben hat, den staatlichen Organen keine bestimmten Entschließungen vorschreiben kann. Welche Maßnahmen zur Erfüllung der Schutzpflichten, die dem Staat obliegen, zu treffen sind, liege in der Entscheidung der Exekutive.

Die Täter, die sich »Kommando Siegfried Hausner« nannten und bei der Entführung Schleyers vier Menschen ermordeten, verlangten Einstellung der Fahndung und die sofortige Freilassung von zehn inhaftierten Komplizen, darunter die in Stuttgart-Stammheim am 28. April wegen Mordes zu lebenslanger Freiheitsstrafe verurteilten RAF-Gründer Andreas Baader, Gudrun Ensslin und Jan-Carl Raspe. Es war eine offene Aufforderung zum staatlichen Rechtsbruch. Die Regierung sollte gezwungen werden, sich zu verhalten, wie im Entführungsfall des Berliner CDU-Vorsitzenden Peter Lorenz, der 1975 von der »Bewegung 2. Juni« entführt und gegen fünf militante Linke und zwei ebenfalls inhaftierte Teilnehmer einer Gewaltdemonstration ausgetauscht worden war; ein Vorgang, den Kanzler Schmidt mitgetragen, aber im Grund immer für falsch gehalten hatte.

In der neuen Lage einer militant staatsfeindlichen Herausforderung stand Schmidt wie kein Bundeskanzler vor oder nach ihm vor der Verantwortung, über Leben und Tod von Bürgern entscheiden zu müssen. Dies war ihm bewußt, als er den Sturmangriff der Bundesgrenzschutzgruppe (GSG) 9 anordnete, die ein von palästinensischen Untergrundkämpfern in den Sudan entführtes Lufthansa-Flugzeug mit mehr als hundert Menschen an Bord gewaltsam aus der Hand der Täter befreien sollte. Die Aktion, die keine unschuldigen Opfer forderte, hätte zu einem entsetzlichen Blutbad führen können.

Kein Verhandeln mit Terroristen

Aus grundsätzlichen Erwägungen der Staatsräson und beraten von BKA-Chef Horst Herold legt sich die Führung des Landes frühzeitig auf eine Strategie fest, deren Ziel es ist, Schleyer zu befreien, die Täter festzunehmen, die Gefangenen nicht freizulassen und den Staat nicht ein zweites Mal als erpreßbar dastehen zu lassen. Die Zielsetzung schloß ein Verhandeln mit dem Gegner und seiner Umgebung aus. Die Taktik bestand während der Krise im wesentlichen aus Zeitgewinn durch Scheinangebote. Herold, hatte bereits zwei Jahre zuvor in einer Rede, die Dieter Schenk in seinem Buch »Der Chef« wiedergibt, über den Terrorismus erklärt: »Zum ersten Mal ergibt sich doch in der Betrachtung dieses Phänomens, das ein Jahrhundertphänomen ist, das ein Todesphänomen ist, das nicht auf Deutschland beschränkt ist, die reale Chance, wegen der Zwänge, die dem Gegner gestellt sind, im gebündelten, aufeinander abgestimmten Zusammenwirken aller Beteiligten diese Erscheinung auszurotten.«

Schleyers Entführung und den damit verbundenen Morden waren die Ermordung des Generalbundesanwalts Siegfried Buback und seiner beiden Begleiter in Karlsruhe und der gewaltsame Tod des Frankfurter Bankiers Jürgen Ponto vorausgegangen. Die späteren Ermittlungen ergaben, daß die RAF Ponto, der am 30. Juli in seinem Haus erschossen wurde, ursprünglich das Schicksal Schleyers zugedacht hatte. Er sollte in einem »Volksgefängnis« genannten Versteck als Geisel zur Durchsetzung erpresserischer Forderungen gefangen gehalten werden. Bedroht mit der Waffe und aufgefordert mitzukommen, soll Ponto zu den Eindringlingen gesagt haben: »Sie sind wohl verrückt geworden!« Wegen seiner Weigerung wurde er erschossen. Schleyers Entführung war ein minutiös geplantes Verbrechen von großer Dynamik und Gewalt. Die Täter töteten ohne Zögern alle vier Begleiter des Arbeitgeberpräsidenten, betäubten ihr Opfer, verstauten es in einem Fluchtfahrzeug und fuhren zu einem Versteck an der Peripherie der Großstadt.

Die »Kleine Lage« ordnet noch in der Nacht nach Schleyers Entführung am 6. September die Durchsuchung von achtzig Zellen von Verdächtigen, Beschuldigten, Angeklagten und Verurteilten der Terrorszene an – natürlich auch in Stammheim. Die Waffen, mit denen die dortigen Häftlinge kurze Zeit später zu Tode kamen, werden nicht gefunden. Zugleich wird ohne gesetzliche Grundlage – trotz einmalig hastiger Behandlung in Bundestag und Bundesrat steht sie erst am 1. Oktober als Ergänzung des Gerichtsverfassungsgesetzes im Bundesgesetzblatt – jeglicher Kontakt der Gefangenen untereinander, mit Besuchern und mit ihren Verteidigern unterbunden. Den Rechtsanwälten wird damit nicht nur die Möglichkeit genommen, sich um die prozessualen Belange ihrer Mandanten zu kümmern, sie sind auch von jeder Möglichkeit abgeschnitten, sich schützend vor die Inhaftierten zu stellen. Der Bundesjustizminister begründet die Maßnahme gegenüber seinen zuständigen Kollegen in den Ländern mit dem Paragraphen 34 des Strafgesetzbuchs und dem darin angeblich enthaltenen Rechtsgedanken des rechtfertigenden Notstandes auch für den Staat. Ein höchst fragwürdiges Konstrukt, wonach der Staat selbst für sich ein Recht gegen Bürger wahrnehmen dürfe, das in der Geschichte des Rechtsstaates allein als Rechtfertigungsgrund für den Bürger konzipiert war.

Nicht alle Landesjustizminister folgen, in einigen Fällen heben Gerichte bereits angeordnete Eingriffe als rechtswidrig wieder auf.

Die Grundüberlegung, Gefangene von ihrem Recht auf Verteidigung jedenfalls vorübergehend abzuschneiden, basierte auf der Annahme der Strafverfolgungsbehörden, inhaftierte Terroristen steuerten über ihnen ergebene Verteidiger den Kampf gegen den Staat. Es gab eine Reihe von Anhaltspunkten für diese These, doch hat es trotz strafbaren Verhaltens, dessen sich weniger als eine Handvoll Verteidiger von Terroristen im Rahmen ihrer Anwaltstätigkeiten laut Gerichtsurteilen schuldig gemacht haben, das Phänomen der »Zellensteuerung« vermutlich nie gegeben. Es gab keinen Beweis im kriminalistischen Sinn und schon gar keine gerichtsfesten, jeden vernünftigen Zweifel ausschließenden Indizien. Jeder, der dies damals anders sah und von dringendem Handlungsbedarf sprach, hatte sich von der herrschenden Stimmung aus Angst und Aktionismus anstecken lassen. Es war leider die Mehrheit, sowohl in der Bevölkerung als auch im Parlament.

Justizminister Vogel, ein Hauptinitiator der Kontaktsperre, sagte bereits ein Jahr später in einem Fernsehinterview: »Eine Planung oder überhaupt eine Steuerung im Detail aus der Zelle heraus, dafür gibt es keine Beweise.« Derselbe Minister war, als er für das Gesetz im Bundestag sprach, von der Notwendigkeit der einschneidenden Paragraphen überzeugt. Der Vorgang verdeutlicht die Macht, die Vorstellungen auf den Gang von Ereignissen haben können. Der Gedanke allein, daß Verteidiger, deren Beruf es ist, Mandanten zu helfen, im besonderen Fall von Terroristen zu Helfern im strafrechtlichen Sinne werden könnten, genügte zum Bruch mit Grundsätzen. So, wie Gesinnung auf der Seite der Täter zu einer tödlichen Macht geworden war, brachte die bloße Projektion von furchterregenden Möglichkeiten staatliches Handeln hervor.

Das Kontaktsperregesetz ist bei den meisten aus der tiefen und bedrückenden Befürchtung in Politik und öffentlicher Meinung zustande gekommen, zwischen den Inhaftierten und ihren Verteidigern bestünde eine Handlungsallianz. An diesem Eindruck, der sich in seiner globalen Verdächtigung letztlich als unhaltbar erwiesen hat, waren einige wenige Verteidiger nicht unschuldig. Aus einem

Selbstverständnis, das mit anwaltlichen Gewohnheiten und gewohnter Bravheit des auf die verfassungsmäßige Ordnung öffentlich vereidigten Rechtsanwalts gebrochen hatte, traten diese für ihre Mandanten nicht nur vor Gericht auf, sondern nutzten die erahnten Regeln der heraufdämmernden Informationsgesellschaft nach Kräften. So führten Gefangene, deren Angehörige, weitere Sympathisanten draußen und auch Anwälte mit außerordentlicher Wirkung gemeinsam öffentliche Kampagnen etwa gegen die Haftbedingungen.

Verteidiger als Feindbild

Das Engagement solcher Verteidiger veränderte das öffentliche Bild vom Rechtsanwalt, wie es lange Jahre Gültigkeit gehabt hatte. Als Organ der Rechtspflege und ziviles Korrektiv gegenüber der staatlichen Justiz genoß die Anwaltschaft pauschal hohes Ansehen und noch in der abwertenden Bezeichnung des einen oder anderen »Winkeladvokaten« drückte sich so etwas wie widerwillige Hochachtung gegenüber dem gewieften Fachmann aus. Es gab keine ernsthaften Zweifel an der Bedeutung des Strafverteidigers in allen Phasen des Verfahrens, an seinem Recht auf Information und Mitwirkung. Mochte es im Einzelfall Kritik an Verteidigerstrategien geben, so galt doch als fraglos erlaubt, wenn zum Wohl von Mandanten Pressekampagnen geführt oder sonst außergerichtlich Lösungen gesucht wurden. Rechtsanwälte, auch problematische Charaktere, schienen kein Problem.

Mit Auftritten von Verteidigern des linken Spektrums – von Linksliberalen über Spontis bis zu Mitgliedern wohl organisierter und ideologiefester kommunistischer Gruppen – endete der Konsens. Sie selbst zogen die traditionelle Definition des Anwalts als Organ der Rechtspflege in Zweifel. Sie schien ihnen weniger eine Garantie der Gleichstellung gegenüber ihren staatlich bediensteten Juristenkollegen, als vielmehr ein Gängelband, das sie in Staatsnähe und Mandantenferne halten sollte. Ihre Erläuterungen politischer Motive und darüber hinaus gehende Erklärungen wurden ihnen als Komplizenschaft mit Mandanten ausgelegt und Gegenstand nicht nur öffentlicher Kritik, sondern auch der Strafverfolgung bis hin zur Inhaftierung. Die massive Kritik führte dann zu einer Präzisierung des Leitbildes des Rechtsanwaltes. In der Rechtsanwaltsordnung heißt es seit 1997: »Der Rechtsanwalt übt seinen Beruf frei, selbstbestimmt und unreglementiert aus, soweit Gesetz oder Berufsordnung ihn nicht besonders verpflichten. Die Freiheitsrechte des Rechtsanwalts gewährleisten die Teilhabe des Bürgers am Recht. Seine Tätigkeit dient der Verwirklichung des Rechtsstaates.« Zu den Aufgaben des Anwalts gehört laut Berufsordnung ausdrücklich, Mandanten »vor Fehlentscheidungen durch Gerichte und Behörden zu bewahren und gegen verfassungswidrige Beeinträchtigung und staatliche Machtüberschreitung zu sichern.«

In diesem Sinne hatten damals die Linksanwälte argumentiert, doch im Frühjahr 1977 listet eine in Hamburg von Verteidigern veröffentlichte Dokumentation – ohne Anspruch auf Vollständigkeit – vierzig Rechtsanwälte mit strafrechtlichen oder standesrechtlichen Verfahren einzeln auf. Vom Stuttgarter Prozeß gegen Baader, Ensslin, Raspe und – bis zu ihrem Suizid 1976 – Meinhof waren die Verteidiger Klaus Croissant, Hans-Christian Ströbele und Kurt Groenewold ausgeschlossen worden, ihre Tätigkeit diene »nicht der Verteidigung, sondern dem umfassenden Austausch von Mitteilungen und Instruktionen zur Fortsetzung des gewaltsamen Kampfes«, hieß es in der gerichtlichen Begründung. Gegen Rechtsanwalt Otto Schily, der gut zwanzig Jahre später Bundesinnenminister wurde, waren unter anderem Verfahren wegen wissentlich falscher Anschuldigung und Beleidigung anhängig. Rechtsanwalt Rupert von Plottnitz, in den neunziger Jahren hessischer Justizminister, hatte sich in Frankfurt vor einem Ehrengericht zu verantworten. Hamburger Anwälte, darunter Betroffene, publizierten im Eigenverlag eine Dokumentation mit dem Titel »Die Verteidigung auf der Anklagebank.« Darin wird die These vertre-

Titel einer 150seitigen Broschüre vom März 1973.
Der Anhang enthält eine Liste von Knasthilfen in 26 Städten
sowie 71 Strafverteidiger (davon fünf weiblich).

nternationale Marxistische Diskussion

Arbeitspapiere No. **11**

Merve Verlag

SCHILY STRÖBELE

PLÄDOYERS einer politischen Verteidigung

Reden und Mitschriften aus dem Mahler-Prozeß

rote hilfe

DM 5.-

ten, das Verfolgungsinteresse des Staates richte sich »in erster Linie gegen Strafverteidiger, die sich nicht der staatlich verordneten Räson unterwerfen, sondern sich rückhaltlos für die Interessen der von ihnen verteidigten Mandanten einsetzen. Es richtet sich ferner gegen Rechtsanwälte, die sich außerberuflich in politischen Organisationen organisieren, die sich für die Schaffung einer sozialistischen Gesellschaft einsetzen.«

Spätestens mit der Entführung Schleyers und der in menschenverachtendem Ton übermittelten Erpressung erreichen Stimmen, die rechtsstaatliche Bedenken erheben und zur Zurückhaltung mahnen, kaum noch ein Publikum. Bei der Lesung des Kontaktsperregesetzes im Bundestag führt der Kölner Rechtsanwalt und SPD-Abgeordnete Dr. Hubert Weber bei der Erläuterung der Gesetzesvorlage unter anderem aus: »Die Ereignisse der letzten Zeit haben gezeigt, daß eine Kommunikation zwischen inhaftierten und noch in Freiheit befindlichen Terroristen unmittelbar das Leben, die Gesundheit und die Freiheit von Personen gefährden und den Entscheidungsspielraum staatlicher Stellen in erheblichem Umfange beeinträchtigen kann. Zwischen diesen Gruppen bestehen mannigfache Beziehungen. Wir haben Beweise dafür.« Der letzte Satz ist eine kühne Behauptung, die sich nie bewahrheitet hat. Es wurde – trotz u.a. monatelanger, heimlicher Abhöraktionen aller Verteidigergespräche in der U-Haft in Stammheim – nicht bewiesen, daß RAF-Verbrechen von inhaftierten RAF-Mitgliedern gesteuert wurden. Ominös bleibt auch der Hinweis auf die angebliche Gefährdung des Entscheidungsspielraums staatlicher Stellen. Der Abgeordnete betont die Rechtsstaatlichkeit des Gesetzentwurfs und zitiert einen aktuellen Beschluß des Bundesverfassungsgerichts. Darin heißt es, die Verletzung eines Rechts müsse in Kauf genommen werden, »wenn es nur so möglich ist, ein höheres Rechtsgut zu retten«. Konkret geht es darum, den Gefangenen für die Zeit einer laufenden Terroristenaktion, höchstens für dreißig Tage, den Kontakt zu ihren Verteidigern zu verweigern. Das Recht auf anwaltlichen Beistand wird vorübergehend suspendiert. Dies stellt eine Verletzung sowohl der Rechte von Gefangenen dar als auch einen weitreichenden Eingriff in die Berufsausübung von Rechtsanwälten. Das höherrangige Rechtsgut ist laut Kontaktsperregesetz »Leben, Leib oder Freiheit einer Person«.

Die bedenkentragende Gegenposition ist nicht wohl gelitten in der Debatte. Der SPD-Abgeordnete Manfred Coppik, Rechtsanwalt aus Offenbach, wird bei seiner Rede gut zwei Dutzend mal aus den Reihen der CDU-Opposition durch Zwischenrufe unterbrochen. »Pfui!« schallt es, als der Abgeordnete seine von der überwiegenden Mehrheit der eigenen Fraktion abweichende Auffassung vom Gesetz erläutert: »Nach dem vorliegenden Entwurf sollen bei terroristischen Anschlägen die Gefangenen, die der Zugehörigkeit zu einer terroristischen Vereinigung verdächtigt werden, von jeder Verbindung untereinander und mit der Außenwelt isoliert werden. Das hört sich zunächst unproblematisch an. Die Probleme werden aber besonders deutlich, wenn man bedenkt, daß diese Regelung auch für die nach einem Anschlag neu Verhafteten gilt. Und wer da auch noch sagt, was geht mich das an, was habe ich mit Terroristen zu tun, dem muß deutlich gesagt werden, daß nach dem neuen Gesetz niemand, und sei er noch so unschuldig, davor sicher sein kann, etwa aufgrund einer Denunziation verhaftet zu werden und für Wochen und Monate ohne jeden Kontakt zu einem Rechtsanwalt oder auch nur zu einem Familienangehörigen in einem Gefängnis zu verschwinden.« Die Wochenzeitung »Die Zeit« schreibt, das Gesetz diskriminiere jeden Anwalt, der sich bereit fände, Menschen zu verteidigen, die der Zugehörigkeit zu einer terroristischen Vereinigung beschuldigt würden. Es bedürfe nicht einmal mehr des individuellen Verdachts: »Das Gesetz hat ihn ein für allemal zum Verdächtigen per Mandat erklärt.« Der Frankfurter Strafverteidiger Erich Schmidt-Leichner, wahrhaftig kein Linker, sprach von einer »ausgesprochenen Notstandsregelung«.

Die »Änderung des Einführungsgesetzes zum Gerichtsverfassungsgesetz« wurde mit der überwältigenden Mehrheit des Hauses bei nur drei Gegenstimmen und einigen Enthaltungen angenommen und von den meisten Zeitungen und Zeitschriften mindestens als notwendiges Übel, oft auch als längst fällige Maßnahme begrüßt.

Die vorbehaltlose Bereitschaft demokratischer Abgeordneter, innerhalb kürzester Zeit Vorschriften zu erlassen, die fundamentale Rechte einengen, dürfte ihre Ursache in Gewaltereignissen haben, die das Jahr 1977 zum annus horribilis in der Geschichte der Bundesrepublik gemacht haben. Am 7. April wird Generalbundesanwalt Siegfried Buback auf dem Weg von seiner Wohnung zum Büro in Karlsruhe erschossen, zwei Begleiter sterben ebenfalls. Ein RAF-Kommando »Ulrike Meinhof« bekennt sich auf diese Weise zu dem Verbrechen: »Buback war direkt verantwortlich für die Ermordung von Holger Meins, Siegfried Hausner und Ulrike Meinhof. Er hat in seiner Funktion als Generalbundesanwalt – als zentrale Schalt- und Koordinationsstelle zwischen Justiz und den westdeutschen Nachrichtendiensten in enger Kooperation mit der CIA und Nato-Security-Committee – ihre Ermordung inszeniert und geleitet.« Die Mitteilung über die »Hinrichtung Bubacks« endet: »Wir werden verhindern, daß die Bundesanwaltschaft und Staatsschutzorgane sich an den gefangenen Fightern rächen für die Aktionen der Guerilla draußen. Wir werden verhindern, daß die Bundesanwaltschaft den vierten kollektiven Hungerstreik der Gefangenen um die minimalen Menschenrechte benutzt, um Andreas, Gudrun und Jan zu ermorden, wie es die psychologische Kriegführung seit Ulrikes Tod offen propagiert.«

Der Propagandatext, wie noch folgende zitiert nach der Internet-Web-Seite www.nadir.org, enthält wesentliche Grundtöne der RAF-Öffentlichkeitsarbeit, er selbst ist psychologische Kriegführung. Die Unterstellung, Buback oder irgendein Generalbundesanwalt sei je Koordinationsstelle zwischen Justiz und in- oder ausländischen Geheimdiensten gewesen, bleibt Behauptung. »Mord« an Meins, Hausner oder Meinhof lag nicht vor. Meins starb 1974 im Gefängnis an den Folgen von Unterernährung nach einem zum Äußersten getriebenen Hungerstreik. Meinhof tötete sich 1976 selbst in der Untersuchungshaft, und Hausner war 1975 von der Polizei während der Besetzung der deutschen Botschaft in Stockholm durch Schläge so schwer verletzt worden, daß er später in einem deutschen Gefängniskrankenhaus starb. Die Behörden haben allerdings den Vorwurf nie aus der Welt schaffen können, dem schwer verletzten Gefangenen die notwendige medizinische Hilfe nicht in ausreichendem Maß gewährt zu haben.

»Mescalero«-Skandal

Das Schreiben enthüllt die intellektuelle Unschärfe, in die sich die RAF durch ihre Selbstdefinition als kriegführende Partei begeben hatte: Sie selbst war nicht bereit, eigene Opfer als Kriegstote zu bezeichnen, sondern sprach nun von Mord. Terminologisch traf sie sich mit dem Staat, der die »Aktionen« der RAF ausschließlich unter die Begriffe des Mordes, der schweren räuberischen Erpressung, der Brandstiftung, des Herbeiführens einer Sprengstoffexplosion und unter andere einschlägige Paragraphen des Strafgesetzbuchs einordnete. Den Kämpfern der Stadtguerilla, wie sich die RAF begriff, wurde jeglicher politisch ernstzunehmende Anspruch abgesprochen. Die rechtstechnisch mögliche Anklage wegen Hochverrats wurde nie ernsthaft erwogen oder gar erhoben.

Kaum ein Zeitdokument spiegelt die Auffassung breiter Teile der radikalen Linken so anschaulich wider wie der kurz nach der Ermordung des Generalbundesanwalts in der Göttinger Studentenzeitung erschienene Text »Buback – Ein Nachruf«. Die politische Linke und die außerparlamentarische Opposition standen zwar in scharfem Widerspruch zu der Verfolgung von Terrorverdächtigen, terroristische Aktionen lehnte sie jedoch letztlich ab. Dies nicht wegen moralischer Verwerflichkeit, sondern wegen des Schadens, den sie der linken Sache zufügten. Der »Nachruf« war unterzeichnet mit »ein Göttinger Mescalero«, eine Assoziation auf Stadtindianer und Stadtguerilla. Wegen Verunglimpfung des Andenkens Toter, einer nicht häufig bemühten Vorschrift im Strafgesetzbuch, wurde die Verbreitung sofort gerichtlich untersagt, eine große Anzahl von Berliner Hochschullehrern hat ihn trotz des Verbots nachdrucken lassen. Die Zeitungen sprachen von Ausgeburt eines kranken Gehirns, auch die linksliberale »Frankfurter Rundschau« entdeckte »blanken Faschismus«.

Der Text des lange Zeit unbekannten Autors ist anstößig vor allem wegen eines einzigen, allerdings auch ungeheuerlichen Satzes gleich am Anfang: »Ich konnte und wollte (und will) eine klammheimliche Freude nicht verhehlen.« Es folgen einige Beleidigungen und Beschimpfungen des Toten, die zum seinerzeit üblichen Vokabular eines radikalen Linken zählten. Dieser Absatz endet mit dem Bedauern, Buback nun nach der Revolution nicht mehr in das Verbrecheralbum aufnehmen zu können. Die Angehörigen des Ermordeten, seine Freunde und Kollegen – der Autor war davon ausgegangen, daß sein Text nie über seine Zielgruppe, die linken Genossen der Göttinger Uni, hinausdringen würde – waren entsetzt und abgestoßen von soviel Gefühlskälte.

Die wirkliche Besonderheit des Textes aber liegt in seinem Abschluß, zu dem viele der damaligen Leser aus Abscheu vor dem schnoddrigen, dem Ereignis unangemessenen Grundton vermutlich nicht gelangt sind. »Mescalero«, der sich als radikaler Linker darstellt, sagt der Gewalt ab: »Wir alle müssen davon runterkommen, die Unterdrücker des Volkes stellvertretend für das Volk zu hassen, so wie wir allmählich schon runter davon sind, stellvertretend für andere zu handeln oder eine Partei aufzubauen. Wenn Buback kein Opfer des Volkszorns wird, dann geht die Gewalt, die so ausgeübt wird, ebensowenig vom Volk aus, wie Bubacks Gewalt vom Volk ausging.« Und wenig später: »Unser Zweck, eine Gesellschaft ohne Terror und Gewalt (wenn auch nicht ohne Aggression und Militanz), eine Gesellschaft ohne Zwangsarbeit (wenn auch nicht ohne Plackerei), eine Gesellschaft ohne Justiz, Knast und Anstalten (wenn auch nicht ohne Regeln und Vorschriften oder besser: Empfehlungen): dieser Zweck heiligt eben nicht jedes

Mittel, sondern nur manches. Unser Weg zum Sozialismus (wegen mir: Anarchie) kann nicht mit Leichen gepflastert werden.«

Den verächtlichen Ton, die beleidigenden und kränkenden Inhalte von Textteilen, die als feige empfundene Anonymität hat die Geduld fast aller in der Bundesrepublik nicht hinnehmen wollen. Daß der dröhnende Revoluzzer, der selbst von einem »Rülpser« spricht, trotz seiner rohen Formulierungen in der Frage der Gewaltanwendung eindeutig bleibt, daß er vermutlich keine Einzelmeinung, sondern die Auffassung der meisten seiner Gesinnungsgenossen vertreten könnte: dies blieb unbeachtet. Bevölkerung, öffentliche Meinung und Politik hatten begonnen, in ihre Abscheu vor den Terrormorden und ihren Tätern solche Mitbürger einzubeziehen, die nicht aufhörten, nach Hintergründen und Motiven der Taten, dem Herkommen und den Lebensumständen der Täter zu fragen. Wer wissen wollte, was das Terrorphänomen hervorgebracht haben könnte oder gar Mutmaßungen darüber anstellte, war in Gefahr, als Sympathisant verdächtigt zu werden.

Die Medien beschränkten sich – vor allem in ihren Kommentaren – auf die ständig wiederholte 1. Zeile mit der »klammheimlichen Freude«; betrachteten es nicht als Problem, daß sie den gesamten weiteren Text nicht mehr nachlesen und überprüfen können. Professoren, die später dann als Herausgeber zusammen mit einigen Anwälten »Mescalero« hatten komplett nachdrucken lassen, um die Diskussion zu versachlichen, wurden – in Hannover wurden einige veranlaßt, eine peinliche Unterwerfungserklärung zu unterschreiben, der Psychologie-Professor Peter Brückner wurde sofort suspendiert – in Berlin, Bremen, Hamburg und anderen Orten unter der Anklage der Verunglimpfung des Staates vor Gericht gestellt. In Oldenburg nannte im Februar 1979, nach einer fast zweijährigen Hängepartie, ein 34 Jahre alter Rechtsanwalt namens Gerhard Schröder in seinem Schlußvortrag den Prozeß ein »Stück politischer Justiz«. Das gerichtsförmige Verfahren sei dem Zweck dienstbar gemacht worden, den politischen Gegner zu treffen. Es sei durch massiven Einsatz der veröffentlichten Meinung gegen die Angeklagten belastet, und es diene letztlich dazu, die angeklagten Professoren aus dem Dienst des Landes Niedersachsen zu entfernen. »Daß dabei eines der wesentlichen Prinzipien der freiheitlich-demokratischen Grundordnung, nämlich das Prinzip der Gewaltenteilung, massiv verletzt wurde, liegt angesichts der Erklärungen führender Repräsentanten des Landes Niedersachsen auf der Hand«, wetterte der heutige Bundeskanzler. Immerhin, im Gegensatz zu totalitären Staaten, hätten Richter in der Bundesrepublik die Möglichkeit, sich zu widersetzen, wenn sie der Staatsgewalt verfügbar gemacht werden sollen. »Sie sind unabhängig, keinen Weisungen und auch keinen Wünschen der Regierung unterworfen. In gleichem Maße wie Sie, meine Herren Richter, sich den Wünschen der Regierenden, die ich zitiert habe, widersetzen, ist Rechtsstaat in diesem Lande oder nicht. Gegenüber dem Ansinnen der Mächtigen, die Verurteilung wollen, haben Sie kühl und distanziert auf das Gesetz und die Verfassung hinzuweisen. Daß dies diejenigen nicht begriffen haben, nicht begreifen wollen, die massiv interveniert haben, ist klar, daß Sie es wissen und auch tun, ist der einzige Schutz, den die Betroffenen hier, den der Rechtsstaat hat.« Das Gericht sprach die Angeklagten aus Rechtsgründen vom Vorwurf der Verunglimpfung des Staates frei.

Weitgehend unbeachtet von den Medien – als »vierte Gewalt« eigentlich sensibel gegen Einschränkung der in Art. 5 Grundgesetz eigens geschützten Meinungsfreiheit – hatte sich bereits ab November 1975 eine Prozeßlawine wegen des Buches von Bommi Baumann »Wie alles anfing« entwickelt. Es ist eine verwirrende, widersprüchliche Publikation eines Ex-Terroristen: Wenige Seiten nach der Wertung der Lorenz-Entführung als »wirkliches Meisterwerk der europäischen Stadtguerilla« fordert er seine ehemaligen Mitkämpfer auf, »die Knarre wegzuschmeißen«, spricht später von einer »völlig sinnlosen Bomberei jede Nacht irgendwo«, um dann zu verlautbaren: »ich stehe immer noch hinter allen Sachen, die ich gemacht habe«. Statt, daß Staat und Öffentlichkeit diese hilflosen, aber ehrlichen Bekenntnisse für eine offene, inhaltliche Auseinandersetzung nutzen, befürchtet man eine »Gewaltverherrlichung« beim Durchschnittsleser, verbietet das Buch und läßt knapp vier Jahre lang Anwälte – weitgehend honorarlos – für die Freiheit kämpfen.

Auch Klaus Wagenbach stand mit seinem Verlag seinerzeit mit 150 000 DM Prozeßkosten kurz vor dem Konkurs, weil die Berliner Polizei nur durch ein hartnäckig über mehrere Gerichte erkämpftes Strafurteil gegen ihn ihre Ehre wiederhergestellt sah. Wagenbachs kriminelle Tat bestand darin, daß er als Herausgeber des »Roten Lehrlingskalender« eine Passage nicht zensiert hatte, in der die unter dubiosen Umständen erfolgte Erschießung des Anarchisten Georg von Rauch durch einen Berliner Polizisten als »Mord« bezeichnet worden war; korrekt wären, so wird Wagenbach belehrt, die Formulierungen gewesen: »Putativnotwehr«; »tragischer Schußwechsel«; »tödliche Verletzung« sowie »gerechtfertigte Tötungshandlung«.

Stärker noch als in den Jahren zuvor gerieten Strafverteidiger, die Verdächtigten, Beschuldigten, Angeklagten und Verurteilten rechtlich beistanden, in den Verdacht der Komplizenschaft. Die Rechtsanwälten aller Zeiten nach einem besonders verwerflichen Verbrechen stets gestellte Frage: »Wie können Sie so einen auch noch verteidigen?« war zu jener Zeit nicht bloß die von Empörung unterstützte Denkfaulheit, sondern erschien gerechtfertigt. Hatten sich nicht einige Verteidiger als mißverständliche Propagandisten betätigt, waren ihnen nicht Mandate entzogen worden, bliesen sie nicht die rechtlich verbrämte Sturmtrompete gegen den Staat?

Die sich selbst am stärksten exponierende, Mandanten und sich selbst glänzend inszenierende und damit die angreifbarste Figur im Kreis der ironisch wie selbstironisch Linksanwälte genannten Verteidiger, der Stuttgarter Rechtsanwalt Klaus Croissant, hatte schon früh mit Veröffentlichungen im Stil politischer Pamphlete den Grundton angeschlagen. Seiner Auffassung nach setzte die »Staatsjustiz« auftragsgemäß »unkontrollierbare Informationen« der Geheimdienste, des Verfassungsschutzes, der politischen Polizei und des Bundeskriminalamts in Urteile um. Schärfer ist die Justiz der Bundesrepublik nie angegriffen worden. In Croissants Vorstellung war die Dritte Gewalt zu einem bloßen Vollzugsorgan in einem

»offen faschistischen Staat« verkommen. Es fällt im nachhinein schwer zu entscheiden, ob derartiges Zeug tatsächlich geglaubt wurde oder in Propagandaabsicht überspitzt provozierend formuliert war. Jedenfalls findet sich Croissant, der den Faschismus-Vorwurf häufiger als andere erhob, so in einem 1975 erschienenen Buch wieder, in dem auch Groenewold, Ulrich K. Preuß, Otto Schily und Christian Ströbele als Autoren auftauchen. Im Juli 1977 hatte Croissant, gegen den ein Ermittlungsverfahren wegen Unterstützung von RAF-Terroristen eingeleitet war, die Bundesrepublik verlassen und in Frankreich um politisches Asyl gebeten. Er wurde auf Antrag der deutschen Justiz festgenommen und nach Deutschland ausgeliefert. Vor einer Strafkammer des Stuttgarter Landgerichts legte ihm der Staatsanwalt zur Last, durch Bücher, Broschüren, Notizen, Anweisungen und Dokumente aller Art ein Informationssystem aufgebaut und damit eine strafbare Vereinigung begünstigt zu haben. Der Angeklagte nahm in einer Prozeßerklärung ausführlich Stellung zu dem Anklagevorwurf.

Bevor er Gefangene aus der RAF »bis zur letzten Konsequenz« verteidigt habe, sagte Croissant, habe er Lehrlinge, Schüler und Studenten vertreten, die gegen den Völkermord in Vietnam und seine Unterstützung durch die Bundesrepublik demonstriert hätten. Es seien Proteste gegen die »zunehmend reaktionäre Formierung von Staat, Gesellschaft und Institutionen« gewesen, »gegen das Wiederaufleben nationalsozialistischer Strömungen und gegen die Komplizenschaft der Bundesrepublik mit faschistischen Diktaturen in Europa, damals Spanien, Portugal und Griechenland«.

Radikale Thesen

Für Croissant war es einige Jahre später »selbstverständlich, diejenigen zu verteidigen, die den bewaffneten Kampf gegen ein System aufgenommen hatten, das auch unter einer sozialdemokratischen Regierung fortfuhr, den Genozid der USA in Vietnam vom Staatsgebiet der Bundesrepublik aus zu dulden und zu unterstützen«. Er wiederholte vor Gericht seine schon früher eingenommene Position, auch ein Revolutionär habe Anspruch auf Achtung. Ausdrücklich hob er hervor, er habe Verständnis für Mandanten, die mit der bürgerlichen Gesellschaft gebrochen und einen Schlußstrich unter ihr bisheriges Leben gezogen hätten. Der Kampf der RAF stehe in der Tradition des Widerstandes gegen den deutschen Faschismus: »Zu dem bewaffneten Widerstand gegen das System, den sie nach 1968 aufgenommen hatten, führt eine durchgängige Linie vom Widerstand gegen den Nationalsozialismus über den Kampf gegen die Wiederbewaffnung und atomare Aufrüstung, gegen das KPD-Verbot, Notstandsgesetze und Vietnamkrieg. Der Widerstand der RAF richtet sich gegen den nahezu perfekten, militant antikommunistischen Polizei- und Überwachungsstaat.« Croissant zusammenfassend über die RAF: »Es sind Menschen, die ihre Aufgabe darin sehen, den imperialistischen Nachfolgestaat des Dritten Reiches ... auf allen Ebenen anzugreifen.«

Dies ist das für einen Strafverteidiger durchaus ungewöhnliche Bekenntnis der Identifizierung mit straffällig gewordenen Mandanten. Die Prozeßerklärung Croissants geht weit über die gewohnte Rolle des Verteidigers hinaus. Zu seinem Bild der RAF gelangt er über ein Geschichtsbild, das die unbezweifelbaren und ungezählten Mängel im Umgang mit der nationalsozialistischen Vergangenheit zum absichtsvollen System erklärt. Die sozialen, ökonomischen und ideologischen Strukturen, die dem deutschen Faschismus zugrunde lagen, seien nach Gründung der Bundesrepublik nie beseitigt worden. In Croissants Augen war die Bundesrepublik ein Opposition nicht zulassender Nachfolgestaat der Nazidiktatur mit lediglich verfeinertem Verfolgungsapparat und verbrämt durch scheindemokratische Gesetze: ein Staat der Berufsverbote, ein Überwachungsstaat, ein Staat auf dem Marsch in einen neuen Faschismus, »raffinierter und gefährlicher als der braune und bornierte von anno dazumal«.

Die Staatsanwaltschaft Stuttgart legte dem Angeklagten Croissant zur Last, er habe unter Ausnutzung seiner Stellung als Rechtsanwalt die kriminelle Vereinigung Baader-Meinhof-Bande in deren Fortbestehen gefördert und für sie geworben. Er habe Bandenmitglieder über geplante Polizeimaßnahmen informiert und sich nach der Festnahme der Rädelsführer Baader, Ensslin, Meinhof und Raspe diesen Rädelsführern voll untergeordnet. Croissant habe wesentlich dazu beigetragen, den organisatorischen Zusammenhalt der Bande aufrechtzuerhalten. Gemeinsam mit den Rechtsanwälten Ströbele und Groenewold habe er unter Mißbrauch des Instituts der unkontrollierten Verteidigerpost und der nicht überwachten Verteidigerbesuche im Gefängnis »bei dem Aufbau und der Unterhaltung eines organisierten Informationssystems« mitgewirkt. Auf diese Weise habe er zu der ungehinderten Kommunikation der inhaftierten Bandenmitglieder sowohl untereinander als auch mit Personen außerhalb der Vollzugsanstalten beigetragen, »somit eine Fortsetzung der Bandentätigkeit« ermöglicht.

Im Rahmen seiner Mitwirkung an dem Informationssystem habe Croissant ein von den inhaftierten Kadern ausgearbeitetes Schulungsprogramm zur Vermittlung von taktischem und operativem Wissen im Guerillakampf weiterverbreitet. Er habe Buchbestellungen erledigt, die zum Beispiel die Herstellung von Sprengstoffen, den Bau von Bombenzündern und Möglichkeiten von Nachtsichtgeräten oder Minispionen zum Inhalt hätten (Informationen übrigens, die heute auf stramm revolutionären Internet-Seiten frei zugänglich sind). Außerdem habe der Angeklagte den Zusammenhalt der Bande durch die Organisation von Hunger- und Durststreiks gefördert. Diese Maßnahmen hätten nicht nur der Durchsetzung von Hafterleichterungen gedient, sondern »waren auch öffentlicher Werbefaktor für die strafbaren Zielsetzungen und Mittel zur Aktivierung anderer Gefangener«.

Das Thema »Hungerstreik« hatte im Kampf der inhaftierten RAF-Mitglieder einen Stellenwert, der über seinen Wert als Solidarisierungs-Instrument hinausging. Die Gefährdung des eigenen Lebens und die von Holger Meins sozusagen bewiesene Entschlossenheit, sich nur durch den Tod besiegen zu lassen, sollte die öffentliche

Meinung beeinflussen. Dies ist in beträchtlichem Umfang gelungen. Noch 1976 und 1977, zu einer Zeit, als die Haftbedingungen der Angeklagten von Stammheim weitaus günstiger waren als die eines Durchschnittsgefangenen, wähnten viele Leser und Hörer und Fernsehzuschauer die RAF-Gefangenen in scheußlicher Repression und unmenschlicher Qual. Im Land bildeten sich »Anti-Folter-Komitees«, die Medien mit scheinbar unwiderleglichen Beweisen speisten, daß in Stammheim großes Unrecht geschehe. Doch die wahren Verhältnisse im berühmten siebenten Stock, wo die Zellen Baaders und der Mitgefangenen lagen, waren mit dem berüchtigten »Toten Trakt« im Gefängnis von Köln-Ossendorf, von dem noch die Rede sein wird, nicht vergleichbar, von Isolationsfolter konnte keine Rede sein. In einer gespenstischen Begegnung des Generalbundesanwalts Kurt Rebmann, Bubacks Nachfolger, der mit Mitarbeitern Baader im Gefängnis besuchte, wurde das Thema Folter in Anwesenheit von Vollzugsbeamten erörtert. Auf die offen ausgesprochene Frage nach der Folter soll Baader nach der Erinnerung eines Teilnehmers der Runde gesagt haben. »Nee, nee, meine Herren, der Vorwurf der Folter ist nicht wörtlich zu nehmen.«

Der lebensgefährliche Streit um Verbesserung der Haftbedingungen erscheint aus heutiger Sicht als propagandistische Kampfmethode, als letzte Möglichkeit der ihrer Freiheit beraubten RAF-Mitglieder, ihren selbst erklärten Krieg gegen den Staat fortzusetzen. In dem Sinn, daß die Beeinflussung der öffentlichen Meinung einen Wert darstellt, ist diese Schlacht mit Hilfe von Verteidigern wie Croissant erfolgreich geführt worden. Die für die Ausgestaltung der Haft verantwortlichen Richter haben sich im Lauf der Zeit und unter dem Druck der öffentlichen Diskussion zu immer weiteren Vergünstigungen im siebten Stock bewegen lassen. Folgt man einem Buch, das auf den Erinnerungen des zuständigen Vollzugsleiters Horst Bubeck beruht, waren letztlich die gefängnisüblichen Machtverhältnisse ins Gegenteil verkehrt: Was zu geschehen hatte, bestimmte nicht der Vollzug, sondern der Gefangene. Nach dem Selbstmord rieb sich die Öffentlichkeit erstaunt die Augen über die als geradezu luxuriös empfundene Zellenausstattung. In diesen Zusammenhang einer von Gefangenen geleiteten Gefangenschaft gehört auch der Verdacht, Baader habe in der Endphase der Schleyer-Entführung geplant, Kanzerlamts-Chef Manfred Schuler unter dem Vorwand einer Diskussion von Lösungsvorschlägen für die Krise nach Stammheim zu locken, um ihn dort als Geisel zu nehmen. Als zweite Geschichte kursiert bis auf den heutigen Tag, Baader habe während eines ungestörten Gesprächs mit einer Wahlverteidigerin ein Kind gezeugt.

In seinem eigenen Prozeß sagte der Angeklagte Croissant über das Info-System, es habe zu keiner Zeit dem Kontakt zwischen RAF-Gefangenen und der »Guerilla draußen« gedient. »Das Info war ein notwendiges Mittel, um die gemeinsame Verteidigung gegen eine Anklage vorzubereiten, die ihre Beweiskonstruktionen hauptsächlich auf die behauptete Zugehörigkeit der Gefangenen zu einer illegalen Organisation aufgebaut hatte.« Der Informationsaustausch, wie ihn Croissant darstellte, war Teil kollektiver Diskussion und zur Darlegung sowohl des Selbstverständnisses als auch einer gemeinschaftlichen, solidarischen und politischen Verteidigung unerläßlich.

Klaus Croissant war der radikale Parteigänger des radikalen Kampfes gegen den bestehenden Staat. Strafverteidigung für Mandanten, denen terroristische Verbrechen angelastet wurden, hieß für diesen Rechtsanwalt: »Verteidigung ist nie Selbstzweck, sondern ein Mittel, über das Gericht als öffentliches Tribunal den revolutionären Bewußtseinsprozeß voranzutreiben.« In seinem eigenen Prozeß zitierte Croissant am 46. Verhandlungstag aus einer RAF-Kampfschrift des Jahres 1972. Revolutionäre, heißt es da, lernten 24 Stunden am Tag, auch in der Gefangenschaft. Der Revolutionär habe für alle Lebens- und Arbeitsbereiche dieser Gesellschaft nachzuweisen, »wie sich das Mehrwertaussaugen in ihnen abspielt, wie es sich zur Ausbeutung im Betrieb verhält, was jeweils genau der Punkt ist«. Wenn es gelinge, den »24-Stundentag auf den imperialistisch-antiimperialistischen Begriff« zu bringen, »können wir dazu kommen, die tatsächlichen Probleme des Menschen in diesem so zu formulieren und darzustellen, daß wir von den Menschen verstanden werden. (…) Dem Volke dienen!«

Wenn es an anderer Stelle des Papiers heißt, dies sei noch keine Analyse, sondern ein Postulat, offenbaren die Autoren immerhin, daß ihnen Umfang und Schwierigkeit des Vermittlungsproblems bewußt waren. Das Zitat belegt unter anderem, daß den Verfassern auch die Umgestaltung der Sprache ein Ziel gewesen sein mag. Vorläufig allerdings auf Kosten der Verständlichkeit. Die authentischen Äußerungen der Rote Armee Fraktion sind unter anderem durch schwer durchschaubare Grammatik und das Lesen und Verstehen erschwerenden Rekurs auf eine als selbstverständlich vorausgesetzte Ideologiefestigkeit gekennzeichnet. Sie waren weniger ein Dialogangebot als ein Selbstgespräch. Das Nachrichtenmagazin »Der Spiegel« hat mehrfach Originaltexte der RAF gedruckt. Sie waren seinerzeit schon schwer verständlich und Gegenstand abendelanger Diskussionen ohne Einigung, heute wirken sie nicht selten wie absurde Dokumente der Selbstüberschätzung und Selbstüberforderung. Zu keiner Zeit dürfte es viele Bürger der Bundesrepublik gegeben haben, »in« denen RAF-Denken »so formuliert« war wie bei Rechtsanwalt Croissant. Er freilich war in der Lage, seiner Auffassung von revolutionärem Denken Ausdruck und Form zu verschaffen.

Seinen Fähigkeiten, prägnant zu sprechen und pressewirksame Ereignisse zu organisieren, verdankte Croissant Bekanntheit und breite Veröffentlichung. Er gestattete ausgewählten Journalisten, sich in seiner Kanzlei aufzuhalten, und vermittelte ihnen den Eindruck authentischer Zeitzeugenschaft, wenn sie den Telefonaten oder Diktaten des großen Mannes lauschen durften. Sein größter publizistischer Erfolg war wohl, den französischen Schriftsteller Jean-Paul Sartre Ende 1976 nach Stammheim zu holen, ihn mit Baader sprechen zu lassen und ihn anschließend zum Kronzeugen für angebliche Folterungen und unmenschliche Haftbedingungen zu machen. Sartre hat Baaders relativ komfortable Zelle mit Büchern, Radio, Fernsehen und dem Plattenspieler nie betreten, in dem wohl die Schußwaffe versteckt war, mit der Baader sich das Leben nahm. Der schlechte Gesundheitszustand Baaders, den Sartre als Folterfolgen anprangerte, ging nach Aussagen glaubwürdiger Zeugen auf die wiederholten Hungerstreiks zurück, und der fensterlose Raum, den der weltberühmte Gast gesehen hatte, war ein gegen Fluchtversuche gesichertes Besprechungszimmer.

Jüngere Juristen, vor allem solche, die seine vornehmlich auf publizistische Wirkung bedachte Arbeitsweise nicht kannten oder nicht wahrhaben wollten, bewunderten Croissants Mut und sahen in Strafverfolgungsmaßnahmen gegen den Stuttgarter Kollegen das Heraufdämmern künftiger eigener Kämpfe mit dem Justizapparat. Verteidiger, die mit Croissant gemeinsam Mandanten vertraten, hatten nicht selten Schwierigkeiten mit seinem Postulat des absoluten Engagements für RAF-Prozesse im allgemeinen und Stammheim im besonderen, der Tag- und Nachtarbeit für nur diese wichtige Klientel, des Zurückstellens finanzieller Überlegungen. Sein vergeblicher Versuch, Anfang 1976 bei einem ersten Treffen von etwa hundert sich politisch definierenden Anwälten die Teilnehmer auf die Etablierung eines »Stammheim-Komitees« zu verpflichten, führte zu einem Eklat und zur weitgehenden Isolierung. Zu einer nach außen deutlichen, breiten Entsolidarisierung mit dem Verteidiger, der die realen Möglichkeiten einer Mandatierung überspannte und für den strafprozessual taktisches Verhalten hinter der Idee der Hauptverhandlung als politischem Tribunal rangierte, haben Croissants Charakter und Auftritte freilich nicht geführt.

Dies hieß nicht, daß sich das Gros der Linksanwälte, wie ihnen unterstellt wurde, mit den Methoden der RAF oder anderer militanter Gruppen identifiziert hätte. Frankfurter Verteidiger, darunter Armin Golzem und Rupert von Plottnitz, verwahrten sich nach einem mißglückten Anschlag auf den Präsidenten der Rechtsanwaltskammer durch eine »Revolutionäre Zelle« im März 1977 gegen diese Art der Solidarität. Gegen Golzem, Plottnitz und andere lief zu dieser Zeit ein Ehrengerichtsverfahren vor der Anwaltskammer. Die Täter reklamierten für ihre Aktion zynisch das Prädikat aktiver Kritik: »Wir haben das Büro des Präsidenten der Rechtsanwaltskammer Frankfurt mit etwas Sprengstoff renoviert.« Die Kammern seien Komplizen der Bundesanwaltschaft und unterdrückten die Verteidiger von linken Angeklagten. Die Anwälte erklärten, sie ließen sich nicht von ihrer Auseinandersetzung mit fragwürdigen Praktiken abbringen, die sich gegen sie und ihre Mandanten richteten. Gewalt aber leiste nur jenen Kräften Vorschub, die Verletzung von Grundrechten und Demontage von Verteidigerrechten betrieben.

Croissant, der den ihm zur Last gelegten Aufbau eines Informationssystems für RAF-Gefangene für legitim im Sinne des politischen Kampfes und als nicht gegen Vorschriften verstoßend erklärt hatte, wurde zu zweieinhalb Jahren Freiheitsstrafe und fünf Jahren Berufsverbot verurteilt. Seine radikalen Ansichten über die angeblich bruchlose Kontinuität deutscher Geschichte sind von Bedeutung für das Verständnis der Linken der siebziger Jahre. In seiner allumfassend negativen Sicht und seinem von den Mandanten ungefiltert übernommenen Urteil, bewaffneter Kampf sei erlaubt, hatte Croissant vermutlich nicht viele Anhänger. Sein Grundthema aber, daß der Nationalsozialismus eine bleibende Gefahr bilde und eine personelle Kontinuität bestehe, fand große Akklamation.

Trauma Nationalsozialismus

Noch heute sehen Erinnerungsbücher an die Studentenrevolte der späten sechziger Jahre in der Auseinandersetzung mit dem Nationalsozialismus einen Hauptmotor der Bewegung.

Dies übergeht, welche Anstrengungen Staat und Gesellschaft der Bundesrepublik bereits viel früher begonnen hatten, sich mit Fragen deutscher Schuld und der Katastrophe des von Deutschland entfesselten Zweiten Weltkrieges zu befassen. Die deutsche Nachkriegsliteratur, die mit Wolfgang Borcherts »Draußen vor der Tür« einen ersten Höhepunkt hatte, der in vielem unzulängliche Nachkriegsfilm, der immerhin mit »Die Mörder sind unter uns« begann, das noch junge Fernsehen und nicht zuletzt die Lehrpläne der Schulen haben sich mit dem Nationalsozialismus beschäftigt. Werke berühmter Autoren wie Grass und Böll befaßten sich mit dem Nationalsozialismus, es gab den viel gelesenen und gelobten Roman »Am grünen Strand der Spree« von Hans Scholz mit einem Kapitel über Verbrechen der deutschen Wehrmacht an der Ostfront. Die Justiz verfolgte Morde, die in Konzentrationslagern begangen worden waren. Der Frankfurter Auschwitz-Prozeß und weitere Gerichtsverhandlungen machten das Grauen der Mord- und Raubfabrik öffentlich. Der erste, sogenannte große Auschwitz-Prozeß »gegen Mulka und andere« Anfang der sechziger Jahre vor dem Landgericht hat mehrere Schriftsteller beschäftigt, Peter Weiss schrieb ein viel gespieltes Theaterstück aufgrund der Verhandlungsprotokolle und der ausführlichen Berichterstattung des Journalisten Bernd Naumann in der Frankfurter Allgemeinen Zeitung.

In der Wahrnehmung der Achtundsechziger jedenfalls wirkten die Bilder und Abbilder über die nationalsozialistische Zeit, die sie in den 50er und frühen 60er Jahren erlebt hatten, nicht wie die aufrichtigen Bemühungen der älteren Generation um Wahrheit, eigenes Versagen und eigene Schuld. Sie wurden als unzulänglich, soziologisch nicht fundiert und politisch naiv zur Kenntnis, aber nicht ernst genommen. Die Linke reklamierte die Entdeckung des mörderischen Unrechtsstaates für sich und warf der Elterngeneration vor, mitgewirkt oder mutlos alles geduldet zu haben. So berechtigt und anständig die emotionale Empörung über den Nazismus gewesen war, so sehr verfehlte sie jedoch die behauptete historisch-kritische Auseinandersetzung mit den Spezifika des Nazi-Staates.

Obwohl dies auch damals aufgrund der vorliegenden Literatur möglich gewesen wäre, blieben die Besonderheiten der Hitler-Diktatur gegenüber anderen zeitgleichen faschistischen Strömungen und Manifestationen faschistischer Staatsmacht fast unbeachtet.

Der Historiker Ernst Nolte hatte Mitte der sechziger Jahre seine analytisch-vergleichenden Studien »Der Faschismus in seiner Epoche« und »Die faschistischen Bewegungen« vorgelegt. Der Wert dieser Bücher wird nicht dadurch geschmälert, daß Nolte dreißig Jahre später in den begründbaren Verdacht geriet, in der unseligen Diskussion um die Größe der Verruchtheit von Stalinismus und Nationalsozialismus eine unrühmliche Position zu vertreten. Die Arbeiten Noltes und anderer Historiker hätten wissenschaftlich und politisch interessierten Menschen Anlaß zu differenzierter Betrachtung von Geschichte geben können, denn sie boten auch, freilich nicht einfache, Erklärungen dafür an, warum die ihrem Wesen nach rückschrittliche Ideologie faschistischer Prägung in einigen Ländern Erfolg haben konnte.

Geschichtsstudium oder doch wenigstens umfassendere Informiertheit hätte weiter erkennen lassen, daß die berühmte Brecht-Sentenz, »der Schoß ist fruchtbar noch, aus dem das kroch«, vielleicht einen moralischen, aber keinen historischen Wert besaß.

Als politische Kraft hatten Faschismus und Nationalsozialismus 1945 aufgehört zu existieren. Entwicklungen zu einem autoritären Staat bestanden dennoch und stellten ein Risiko dar, das aus heutiger Sicht leicht unterschätzt wird. Erwähnt seien das durch Krieg gegen eine legitime, frei gewählte Linksregierung in Spanien zur Macht gelangte Regime Francos, der 1967 mit Billigung der NATO erfolgte Putsch der Obristen in Griechenland, die von den USA gebilligten autoritären Herrschaftsformen anderswo auf der Welt, die Tatsache, daß ungezählte Akteure und Mitläufer der braunen Diktatur in Deutschland den Untergang überlebt hatten und nur wenige von der Teilhabe am politischen, wirtschaftlichen und publizistischen Leben der Bundesrepublik auf Dauer ausgeschlossen waren.

Es war der Blick auf die Verbrechen der nationalsozialistischen Diktatur, der die Jugend ängstigte und zugleich wütend machte. Es schien keinen Ausgleich gegeben zu haben für den Genozid an den Juden, das Entfesseln eines Krieges, der sechzig Millionen Menschenleben, die meisten von ihnen Zivilisten, gefordert hatte. Es schien, als sei das Land, das die Todesfabriken von Auschwitz, Maidanek und Treblinka errichtet hatte, ohne Reue zu einer selbstzufriedenen, fetten Normalität zurückgekehrt, das Land, das in den zwölf Jahren der Hitler-Diktatur nicht nur alle religiösen, philosophischen und geistigen Werte mit Füßen getreten hatte, sondern die Heimat der Barbarei und damit der Schrecken Europas und der Welt geworden war. Und waren Napalm-Bomben auf vietnamesische Bauern nicht gleichfalls Kriegsverbrechen? Was war daran anders als das Abfackeln russischer Hütten durch Waffen-SS oder Wehrmacht?

Das Entsetzen über die Verbrechen des Nationalsozialismus, die Empfindung, daß sich die Elterngeneration bereitwillig in den Dienst von Angriffskrieg, kollektivem Obrigkeitswahn und Völkermord hatte nehmen lassen, und der moralische Anspruch, dies kein zweites Mal zuzulassen, überlagerte die Ursachenforschung und trieb die junge Generation an. Hinzu kamen bei vielen persönliche Enttäuschungen im Elternhaus. Die dem Tod auf den von Hitler bereiteten Schlachtfeldern entronnenen Väter verweigerten das Gespräch über ihre Zeit in der Wehrmacht, in der SS oder in der Verwaltung des Unrechtsstaates, ließen ihrem Gewissen keinen Raum und zogen sich auf den Schlußstrich zurück, das alles sei doch nun vorbei, erledigt und keiner Erörterung mehr wert. An den Biographien vieler junger Menschen, die in der Gegnerschaft zum Staat der Bundesrepublik ihre Aufgabe sahen, ließe sich neben intellektuellem Engagement auch die tiefe seelische Verletztheit von Töchtern und Söhnen zeigen, die zu Hause ohne Antworten auf berechtigte Fragen geblieben waren – verstärkt noch bei vielen, die später Linksanwälte wurden, deren Väter im Krieg geblieben waren.

So, wie es der Text eines Achtundsechzigers beschreibt, dachten viele: »Jetzt sterben sie langsam aus – man sah sie plötzlich wieder auf dem Bildschirm, als die Beerdigung des Großadmirals Dönitz gezeigt wurde oder damals, als sie den Flieger Ernst Rudel zu Grab trugen. Sie, diese Herren in ihren untadeligen dunklen Mänteln, in straffer Haltung, mit ihren knappen militärischen Bewegungen und den herrisch hochgereckten Köpfen. Aber sie waren auch alt geworden, müde und ihre Blicke blitzten machtlos. Sie – das sind die Vertreter der Jahrgänge um die Jahrhundertwende, eine Generation, die sich in ihrer Jugend so viele Gedanken machte über das Land, in dem sie lebten, das ihnen mit den Begriffen von Vaterland, heiliges Deutschland, Reich, eine zentrale Bedeutung für ihre Lebensaufgabe gab – und dem es mit Haut und Haar unter Einsatz des Lebens zu dienen gelte, hinter dessen Bedürfnissen die eigenen, privaten Wünsche zurückzustehen hätten und die dies nicht nur proklamierten, sondern auch lebten. Dabei haben sie wie keine Generation in der Geschichte Deutschlands das Land verwüstet. Ich höre schon das ›du mußt doch verstehen, Versailles, Weltwirtschaftskrise, bolschewistische Gefahr‹. Ein Schmarrn! Es sollte doch soviel Abstand zu 1945 entstanden sein, um nüchtern zu konstatieren, was das Ergebnis eures bewußt gestalteten Lebens war: ein Trümmerhaufen im wahren Sinn des Wortes. Und jetzt kommt ihr noch mit dem Wegräumen der Trümmer und eurem Wirtschaftswunder! Auf was wir, die Söhne, bis zum heutigen Tag warten, ist die Aufarbeitung der geistig-moralischen Zerstörung. Diese Generation mit ihrem entschlossenen Willen, ihrem Vaterland mit höchstem Einsatz zu dienen, hat dieses Land zertrümmert, in den Schmutz gezerrt und dort liegengelassen – bis heute. Das Schlimmste für uns Söhne war nicht die Nachkriegszeit des Elends, der Wohnungsnot und des Hungers, sondern eure Unfähigkeit, erst euch selbst gegenüber und dann euren Nachkommen Rechenschaft abzulegen: darüber, was geschehen ist und vor allem, warum.

Es ist frappierend, mit welcher Selbstsicherheit und Selbstverständlichkeit diese Männer unsere Erziehung bestimmten und oft auch handgreiflich exekutiert haben. Sie, die die halbe Welt in Brand gesteckt und sich dabei mit den grausamen Folgen für Millionen Menschen ausgetobt haben, sie, die immer nur auf ihre Leiden an der Ostfront verwiesen: nicht erwähnen sie die Jahre der Etappe, des Lebens in Frankreich und den anderen besetzten Ländern, wo sie die Freuden des Lebens genossen. Ausgerechnet sie erzogen uns oder ließen uns über die Mütter, Lehrer, Pfarrer auf das strengste abrichten. Moral war bei ihnen nicht die quälende Frage nach dem millionenfach verübten Unrecht, sondern war der Kampf gegen unsere sexuellen Bedürfnisse und Probleme als Heranwachsende. Es war eine auf das Sexuelle beschränkte Moral und eine Moral des Gehorsams, den Eltern gegenüber, der Schule, der Kirche. Und wer nicht spurt, fliegt raus!

Welchen Aufstand gab es wegen unserer harmlosen Schwärmereien für Elvis, Rock, die ›Niggermusik‹ oder die Kloppereien der Halbstarken. Nur ihr, die ihr euch ja ausgetobt hattet, und eure Wünsche waren der allgemein gültige Erziehungsmaßstab.

Die Generation, die jetzt abtritt, hatte für ihr Tun praktisch nur einen Maßstab, nämlich die von den Vätern freudig und bereitwillig übernommene Aufgabe, die Niederlage im Ersten Weltkrieg wieder wettzumachen, koste es, was es wolle. Ihr wart ja gehorsame Söhne, die nicht an den persönlichen Vorteil, auch nicht an die Zukunft der Kinder dachten, sondern nur rückwärtsgewandt, unfähig, nach dem Desaster Trauerarbeit zu leisten, die auch einem Volk nach dem Verlust eines Krieges unumgänglich bleibt.«

Verfaßt 1986, fügen sich diese Zeilen ein in die Ratlosigkeit und moralische Empörung eines jungen Menschen, der seit 1966 gegen den Vietnamkrieg angeschrien hatte. Warum, so wird gefragt, habe sich niemand gegen den Krieg von 1939 bis 1945 empört, und als Ursache benennt der Verfasser eine völlige Orientierung der Vätergeneration, die Scharte des Ersten Weltkrieges auszuwetzen, undifferenzierten Nationalismus, Untertanengeist und sozialpolitische Sünden, die zu wiederholen er nicht bereit war.

Der linken Bewegung gerieten freilich Faschismus, Nationalsozialismus, Kapitalismus, Imperialismus in eins: der Vorwurf »Faschismus« wurde inflationär erhoben. »Kapitalismus führt zum Faschismus – Kapitalismus muß weg!«, lautete die große Vereinfachung. Ein unbekannter Demonstrant brachte es auf die denkbar kürzeste Formel zum Mitbrüllen: »USA, SA, SS«. Daniel Cohn-Bendit, Revoluzzer, Sponti, Chefredakteur, Grüner und Europa-Abgeordneter, hat sich sehr viel später für diesen auf Demonstra-

Titelblatt einer 82seitigen Broschüre, München 1968
Der Verdacht, Angehörige des Staatsapparates seien für den To
zweier Menschen verantwortlich, verdichtet sich
ein eindeutiger Beweis kann nicht erbracht werde

er die Demonstrationen

München Ostern 1968

Heft I

Juni 1968

röffentlichungen der

chtshilfe der Außerparlamentarischen Opposition

tionen häufig skandierten Dummspruch entschuldigt. Die unzulässige Gleichsetzung von Übergriffen amerikanischer Soldaten im Vietnamkrieg – die übrigens im Prinzip von der US-Justiz verfolgt wurden – mit den vom nationalsozialistischen Staat angeordneten Kriegsverbrechen und Verbrechen des Völkermordes gehörte zum geistigen Inventar des anti-amerikanischen Protests. Die äußerste Steigerung der Ansicht, deutscher Faschismus und amerikanischer Imperialismus seien Zwillinge, bringt eine von Gudrun Ensslin verfaßte Erklärung der Rote Armee Fraktion, in der die Reizwörter Auschwitz, Dresden und Hiroshima als Ausdruck ein und desselben Vernichtungswillens benutzt werden. Über die militärische Rechtfertigung respektive Sinnlosigkeit, über die Unmoral der Bombardierung Dresdens durch die englische und die amerikanische Luftwaffe kurz vor Ende des Zweiten Weltkrieges wird bis heute gestritten. Der Atombombenabwurf auf die japanischen Städte Hiroshima und Nagasaki im August 1945 hat eine Fülle apologetischer wie anklagender Literatur hervorgebracht. Es bleibt jedoch Außenseitern wie Ensslin vorbehalten, die Mordfabriken der Nazis mit militärisch fragwürdigen Entscheidungen von Nationen zu vergleichen, die angetreten waren, Hitler-Deutschland und das aggressiv-expansive japanische Kaiserreich zu besiegen. Die gelegentlich noch heute zu vernehmende Relation, was den Deutschen ihr Giftgas, sei den Amerikanern ihre Radioaktivität, ist bösartiger Unsinn.

Die berechtigte moralische Verurteilung der Nazidiktatur kümmerte sich nicht um Details. Aus der für fundamentalistische Staatskritiker eigentlich recht reizvollen Tatsache, daß der entführte Arbeitgeberpräsident eine anrüchige nationalsozialistische Vergangenheit als Wirtschaftsfunktionär in der von der Wehrmacht besetzten Tschechoslowakei hatte, schlugen weder die RAF noch ihre Sympathisanten politisches Kapital. Ein Vierteljahrhundert später gaben Entführer Schleyers bedauernd zu, daß ihnen nie die Idee gekommen war, ihre Geiselnahme politisch umzusetzen, etwa zu dem Zweck von Wiedergutmachungsmaßnahmen gegenüber zwangsenteigneten Tschechen oder, besser noch, gegenüber

Zwangsarbeitern, die der deswegen in Nürnberg hingerichtete Generalbeauftragte für den Arbeitseinsatz Fritz Sauckel in den besetzten Ländern zusammengetrieben und nach Deutschland verschleppt hatte.

In einem anrührenden Bildband über Baader, Ensslin, Meinhof, Raspe, Meins und sich selbst, einer Arbeit, die den verachteten deutschen Terroristen ihre Menschenwürde wiedergibt, kommt Astrid Proll 1998 zu dem ernüchternden Ergebnis, daß es am Anfang der RAF im Jahr 1967 und am Ende der sogenannten ersten Generation seltsamerweise immer nur darum ging, Baader zu befreien: »Die RAF war so betrachtet eine BBF, eine Befreit-Baader-Fraktion«, schreibt sie in »Hans und Grete«. Proll, Mitgründerin der RAF, im Mai 1971 in Frankfurt festgenommen, nennt 25 Jahre später die Vorstellung von der Revolution in der Bundesrepublik eine Illusion, die Gruppe habe abgehoben im leeren Raum agiert. Die ungezählten Schwierigkeiten des Lebens in der Illegalität, der Geldbeschaffung durch Banküberfälle und die Planung vermeintlich revolutionärer Attacken hätten für politische und weltverbesserische Diskussionen keine Zeit mehr gelassen. Diese Selbstbeobachtung wird durch eine ganze Reihe öffentlicher Stellungnahmen der RAF bestätigt, die fast immer einen seltsam gehetzten Eindruck hinterlassen, so als hätten die Verfasser nur unter Zeitdruck darlegen können, worum es ihnen ging.

Die Erpressermemoranden blieben auf das Wiederholen der Forderung nach Freilassung, die Drohung, Schleyer zu erschießen, und auf Geldforderungen beschränkt. Die Erpressung gegenüber dem Staat wurde am 13. Oktober durch die Entführung der Lufthansa-Maschine »Landshut« über dem Mittelmeer aufs äußerste verschärft. Vier palästinensische Terroristen brachten Flug LH 181 von Mallorca nach Frankfurt mit neunzig Passagieren und Besatzungsmitgliedern in ihre Gewalt.

Der Terror der RAF, die noch einige Jahre zuvor vehement mit politischer Begründung (»dem Volke dienen«) den Vorwurf zurückgewiesen hatte, sie, die RAF, habe eine Bombe in einem Schließfach des Stuttgarter Hauptbahnhofes zur Explosion bringen wollen, offenbarte im Herbst 1977 nunmehr seine Entschlossenheit, nicht nur die vermeintlichen Köpfe des verhaßten Systems zu Geiseln zu machen und zu opfern, sondern auch völlig unbeteiligte Menschen in das Todesspiel einzubeziehen. Der Krisenstab beschloß zu versuchen, die Flugzeuggeiseln zu befreien. Die Freilassung der Gefangenen kam weiterhin nicht in Frage. Das Flugzeug wurde in einem dramatischen Wechsel von Forderungen und Gegenvorschlägen über Zwischenlandungen in mehreren Ländern schließlich auf den Airport der somalischen Hauptstadt Mogadischu geleitet. Der Krisenstab signalisierte den Gefangenen in Deutschland und den Flugzeugentführern, dort könne ein Austausch stattfinden. Staatsminister Wischnewski flog nach Mogadischu und hielt die palästinensischen Entführer der »Landshut« hin, die unterdessen den Kapitän der Maschine, Jürgen Schumann, erschossen hatten. Kurz nach Mitternacht am 18. Oktober stürmte die Grenzschutzgruppe (GSG) 9 das Flugzeug.

Die Spezialeinheit unter Führung von Ulrich Wegener war nach dem palästinensischen Anschlag auf israelische Teilnehmer der Olympischen Spiele in München 1972 aufgebaut worden, weil sich die Polizei im Kampf gegen eine terroristische Herausforderung als ungenügend vorbereitet erwiesen hatte. Die dreißig Männer, die das Flugzeug stürmten, verwendeten Blendgranaten und gingen mit großer Schnelligkeit vor. Der Chef der Terroristen wurde im Cockpit erschossen, wenige Minuten später waren zwei weitere Entführer tot, eine Frau schwer verletzt. Passagiere und Besatzung kamen mit dem Schrecken davon, viele litten jedoch jahrelang unter den psychischen Folgen des tagelangen Terrors und ungezählter Drangsalierungen durch die Täter. Die erfolgreiche Befreiung der

Flugzeuginsassen wurde bereits eine halbe Stunde später zum ersten Mal in Rundfunkmeldungen verbreitet.

Am Morgen desselben Tages lag Jan-Carl Raspe sterbend an einer Schußverletzung in seiner Zelle in Stammheim, Andreas Baader war tot durch einen Schuß in den Hinterkopf, Gudrun Ensslin hatte sich mit einem Lautsprecherkabel am Fensterkreuz erhängt. Irmgard Möller war schwer verletzt durch Messerstiche und hat überlebt. Die These der Linken, die Gefangenen seien ermordet worden, machte die Runde und kreist noch heute auf Internetseiten. Doch obwohl nicht alle Umstände der Tode in Stammheim geklärt werden konnten, ist die offizielle Darstellung der Behörden nicht widerlegt, Baader, Ensslin und Raspe hätten nach dem Scheitern ihrer Befreiung in der Nacht von Mogadischu nur noch ein letztes Mittel zur Förderung ihres Kampfes gesehen: den Selbstmord, um den Staat zu desavouieren.

Ihr Sterben bedeutete den Tod der Geisel Schleyer. Mit einem zynisch-kalten Schreiben teilte das »Kommando Siegfried Hausner« am 19. Oktober die Ermordung mit: »Wir haben nach 43 Tagen Hanns-Martin Schleyers klägliche und korrupte Existenz beendet. Für unseren Schmerz und unsere Wut über die Massaker von Mogadischu und Stammheim ist sein Tod bedeutungslos. Andreas, Gudrun, Jan, Irmgard und uns überrascht die faschistische Dramaturgie der Imperialisten zu Vernichtung der Befreiungsbewegungen nicht.«

Aus Fallakten ergibt sich, daß Baader, Ensslin, Raspe und Möller bereits im September 1977 gegenüber dem BKA-Beamten Alfred Klaus Bemerkungen gemacht hatten, die als Entschlossenheit zum Selbstmord verstehbar waren. So trug Ensslin dem Beamten einen handschriftlichen Text vor, den er zu Protokoll genommen hat. Darin heißt es: »Wenn diese Bestialität hier, die ja auch nach Schleyers Tod nicht beendet sein wird, andauert – und die Repressalien im sechsten Jahr der U-Haft und Isolation – und da geht es um Stunden, Tage, das heißt nicht mal ne Woche –, dann werden wir, die Gefangenen in Stammheim, Schmidts Entscheidung aus der

Hand nehmen, indem wir entscheiden, und zwar jetzt, wie es noch möglich ist, als Entscheidung über uns.« Ensslin fuhr fort, solch eine Entscheidung bedeute zwangsläufig eine weitere Eskalation der Situation und dann könne man wirklich von Terrorismus reden. Klaus bekam auf seine Frage, was dies bedeuten solle, die Antwort, das sei doch wohl ziemlich klar. In seinem Bericht über die Unterredung, die er in ähnlicher Form mit anderen Gefangen hatte, schrieb er, nach den Umständen sei anzunehmen, daß Selbstmord gemeint sei. Den wichtigsten Einwand gegen die These vom kollektiven Selbstmord trug Irmgard Möller bei. Sie hat in einem als Buch erschienenen Interview mit Oliver Tolmein bestritten, ein Speisemesser der Anstalt zum Suizid gegen sich verwendet zu haben. Sie sei verletzt aus Bewußtlosigkeit erwacht und habe keine Erinnerung, was mit ihr geschehen sei.

Auch aus Berichten über Sitzungen der Krisenstäbe, soweit Mitglieder sich später darüber überhaupt äußerten, geht hervor, daß das Thema Selbstmorddrohung der Stammheimer Gefangenen besprochen wurde. Der damalige Chef der CSU-Landesgruppe in Bonn Friedrich Zimmermann, Teilnehmer im Großen Krisenstab, hat unter dem Datum 10. Oktober notiert: »Die Häftlinge drohen mit Selbstmord. Das wiederum könnte den Tod Schleyers bedeuten, denn das einzige Ziel der Entführer war ja die Befreiung der Häftlinge – und genau das war offensichtlich Baaders Kalkül, uns unter Druck zu setzen. Maihofer bemerkt, daß diese Taktik abgesprochen sein muß.« Die letzte Bemerkung weist darauf hin, daß die Kontaktsperre, die sich ja auch auf die Gefangenen untereinander bezog, nicht funktioniert hatte.

Die drohenden Hinweise der Gefangenen auf einen bevorstehenden Selbstmord sowie die Bereitschaft der staatlichen Adressaten, einen derartigen Schritt nicht als den Ausdruck von existentieller Verzweiflung, sondern als neuen Akt strategischer Infamie zu begreifen, entsprechen dem Klima der Zeit. Der Terror und die Reaktionen darauf hatten Formen angenommen, die nicht immer rationalen Analysen, Schlußfolgerungen und Planungen entstammten, sondern ihren Ursprung auch in den unbewußten und schwer kontrollierbaren inneren Schichten der Persönlichkeit der Akteure gehabt haben können. Über die RAF-Gründer liegen keine umfassenden gerichtspsychiatrischen Erkenntnisse vor, doch es bedarf keiner Expertise, um vermuten zu dürfen, daß der seelische Zustand der Gefangenen nicht gut gewesen sein kann.

Sie hatten Jahre der Untersuchungshaft hinter sich, die ihnen subjektiv als eine einzige Quälerei vorkamen. Es mag im nachhinein erscheinen, daß die Kampagnen gegen die »Isolationsfolter« und andere Verschärfungen der Haftbedingungen – die übrigens mit großem öffentlichen Erfolg und mit Ergebnissen geführt wurden –, die wirkliche Situation dramatisierten. Letztlich zeigt auch der Selbstmord in den Zellen, daß es mit Kontrollen und Überwachung im Stammheimer Hochsicherheitstrakt nicht sehr weit her gewesen sein kann. Es bleibt festzuhalten, daß die RAF-Gefangenen nicht wie andere Menschen in Untersuchungshaft behandelt wurden. Der berechtigte Einwand, sie hätten sich Kontrollmaßnahmen, Mißtrauen und Fernhalten vom Anstaltsalltag durch ihr propagandistisches Verhalten und die ihnen noch in der Haft unterstellte Gefährlichkeit letztlich selbst zuzuschreiben, ändert nichts an einer Ausnahmesituation, die sich zwangsläufig zuungunsten der Menschen auswirkte, die ihr ausgesetzt waren.

Baader, Ensslin und Raspe haben in diesem Herbst voller Schicksal und Tod zudem eine jahrelange Hauptverhandlung hinter sich, die im April 1977 mit der Verurteilung zur lebenslangen Haftstrafe wegen Mordes endet.

Der Prozeß dauert fast zwei Jahre und bringt den Angeklagten keine Hoffnung auch nur auf Verständnis. Verhandelt wird in einem festungsartigen Betonbau, umgeben von starken Polizeikräften und Stacheldraht und überflogen von Hubschraubern. Der Gesetzgeber hat die Strafprozeßordnung auf eine Weise geändert, die nicht nur von den Angeklagten und ihren Verteidigern als unzulässige Einzelfallregelung und Sondergesetzgebung beanstandet wird. Zu Beginn der Hauptverhandlung kommen bedrückende Umstände aus der Anfangszeit der Untersuchungshaft zur Sprache. Die Angeklagten erklären, sie seien durch Isolation gefoltert worden, die Verteidiger fordern vergeblich, den Prozeß wegen gesundheitsbedingter Verhandlungsunfähigkeit der Mandanten auszusetzen. Während der Hauptverhandlung stirbt die RAF-Sympathisantin Katharina Hammerschmidt in West-Berlin an einem Tumorleiden. Sie hätte wahrscheinlich gerettet werden können, wäre ihr in der Untersuchungshaft die erbetene ärztliche Hilfe zuteil geworden. Am 8. Mai 1976 nimmt sich die Angeklagte Ulrike Meinhof in ihrer Zelle das Leben. Raspe erklärt vor Gericht: »Wir glauben, daß Ulrike hingerichtet worden ist.« Er sagt, sie hätte einen Selbstmord als letzte Möglichkeit, sich gegen die langsame Zerstörung in der Isolation zu behaupten, den Kampfgefährten mitgeteilt.

Isolation in der Haft

An vielen Prozeßtagen werden die Haftbedingungen thematisiert. Sie bilden den öffentlichkeitswirksamsten Teil im Kampf um Gehör. Die möglicherweise propagandistisch übertriebenen Schilderungen völliger Isolation verstärken in der Sympathisantenszene die Bedenken gegen einen Staat, der nicht mehr nach Recht und Gesetz, sondern allein aus einem jede Menschlichkeit mißachtenden Sicherheitsdenken heraus handelt. Äußerungen angesehener deutscher Gerichtspsychiater und internationale Stimmen weisen mit dem Stichwort der sensorischen Deprivation auf die Gefährlichkeit rigider Abschirmung eines Menschen vor jeglichem sozialen Kontakt und Minimierung von Sinneseindrücken hin. Das Schreckensbeispiel des sogenannten Toten Traktes der Köln-Ossendorfer Haftanstalt, in der Ulrike Meinhof und Astrid Proll 1972 zeitweise in weiß lackierten Zellen und ständigem künstlichen Licht in einem sonst leeren Gebäudeteil untergebracht waren, macht erneut die Runde.

Meinhof hatte über die Kölner Zeit Symptome schwerer psychischer und geistiger Erkrankungen beschrieben: das Gefühl, es explodiere der Kopf, es würde einem das Rückenmark ins Gehirn gepreßt, man stünde unter Strom, man werde ferngesteuert, das Gefühl, die Zelle fahre; Verlust des Gefühls für Raum und Zeit und rasende Aggressivität. Auf die Untersuchungshaft während des Stammheimer Prozesses trafen diese rigiden Bedingungen zwar längst nicht mehr zu, aber die Justiz hat gutachterliche Äußerungen, die den Angeklagten nur mehr eingeschränkte Verhandlungsfähigkeit attestierten, nicht wichtig genommen oder mit dem Hinweis darauf beiseite gelegt, sie hätten sich ihren Zustand selbst zuzuschreiben. Vielleicht haben Behörden und Justiz auch die Geduld verloren gegenüber Gefangenen, die ihre Gesundheit mit Nahrungsverweigerung schädigten, ihren Zustand aber über die Verteidiger den Haftbedingungen zuschrieben. Der Frage allerdings, welche bleibenden körperlichen oder seelischen Schäden die Angeklagten möglicherweise bereits erlitten haben könnten, als auf einen Teil ihrer Forderungen reagiert wurde, ist nie ernsthaft nachgegangen worden. Antje Vollmer hat als Bundestagsabgeordnete der Grünen viel später einmal erklärt, für die Hochsicherheitstrakte und die Isolation, »für dies hygienisch saubere Wegschließen der RAF-Gefangenen wird sich unsere Zivilisation einmal schämen müssen wie das Mittelalter für seine Inquisition und Scheiterhaufen. Die Hochsicherheitstrakte waren der Einstieg, alle Haftanstalten in ein nahezu perfektes System der Totalabschottung der politischen und gesellschaftlichen Problemfälle zu verwandeln, mit denen sich die offizielle Politik bloß repressiv und die Linke lieber gar nicht befassen wollte. Es war immer widersinnig, jegliche Gesprächsmöglichkeit der RAF-Gefangenen untereinander zu unterbinden. Nichts wäre dringender gewesen, als daß gerade sie miteinander diskutiert hätten, untereinander und mit Besuchern von draußen, die mit ihnen auch politisch zu streiten in der Lage gewesen wären. Sicherheitsgründe waren es nie, die dies verhindert haben. Es war die deutsche Hysterie und der Wunsch nach dem unerschütterlichen Feindbild, nach Menschen, die keine Geschichte haben dürfen.« Es muß offen bleiben, ob Diskussionszirkel mit Politikern und RAF-Gefangenen als Teilnehmern zu einer Entspannung der von Vollmer zu Recht als hysterisch qualifizierten Gesamtsituation geführt hätte.

Der Stammheimer Prozeß ist kein Ruhmesblatt der Rechtsprechung und der Justiz der Bundesrepublik. Selbst wenn man der Überzeugung ist, daß die Probleme der Schuldfeststellung letztlich ordentlich, nach den Regeln der Kunst, gelöst worden seien, so fehlt diesem Verfahren die üblicherweise von allen Gerichten gezeigte, für den Wahrheitsfindungsprozeß notwendige Bemühung um ganz einfache Kategorien: menschliches Verständnis, Einfühlung, Nachsicht mit prozeßtaktischen Torheiten. Solch eine im Justizbetrieb selbstverständliche Haltung hätte am Ergebnis der harten Verurteilung wegen Mordes, versuchten Mordes, Raubes und anderer schwerer Straftaten, die den Angeklagten nachgewiesen worden sind, nichts geändert, aber von der Hauptverhandlung den bleibenden Makel genommen, es sei auch in ihr um eine Demonstration des starken Staates gegangen. Speziell im Hinblick auf diesen Prozeß hatte der Gesetzgeber Vorschriften zuungunsten der Angeklagten und besonders ihrer Verteidiger geändert. Neben Zweifeln an der Verhandlungsfähigkeit der Angeklagten wurden Zweifel an der Zuständigkeit des 2. Strafsenats des Oberlandesgerichts Stuttgart und Zweifel an der Bestellung seines Vorsitzenden Theodor Prinzing geäußert. Gegen Ende des Prozesses wurde öffentlich bekannt, daß Beamte des Bundeskriminalamtes mit Zustimmung des baden-württembergischen Justizministers Traugott Bender und seines Kollegen Karl Schieß vom Innenressort heimlich Gespräche zwischen Angeklagten und Verteidigern abgehört hatten. Verteidiger Otto Schily drohte daraufhin mit Niederlegung seines Mandats, Pflichtverteidiger Manfred Künzel beantragte förmlich die Entpflichtung. Der Senat kam dem Antrag nicht nach.

Dem mit unterschiedlichen Begründungen im Prozeßverlauf mehr als achtzig Mal vorgebrachten Antrag, den Senatsvorsitzenden Richter Prinzing wegen Besorgnis der Befangenheit abzulösen, wurde schließlich am 20. Januar entsprochen. Anlaß war ein Privatgespräch des Richters mit Pflichtverteidiger Künzel über einen bereits früher gestellten Befangenheitsantrag. Prinzing hatte dem Anwalt erklärt, den Angeklagten sei der Antrag wohl ziemlich egal, »das kommt doch alles von Rechtsanwalt Schily«. Aus Sicht der Angeklagten, fanden die Kollegen Prinzings im Senat, sei die Befürchtung nicht unbegründet, der abgelehnte Vorsitzende Richter Prinzing messe Anträgen geringere Bedeutung zu, als ihnen zukomme.

Der Hintergrund der Ablösung des Vorsitzenden war indessen weit beunruhigender als der formale Gesichtspunkt, der ihn am Ende aus dem Prozeß katapultierte. Prinzing hatte Verfahrensakten des 2. Strafsenats an einen Bundesrichter vom 3. Strafsenat des Bundesgerichtshofs in Karlsruhe gesandt, von genau dem Spruchkörper, der für das Revisionsverfahren in nächster Instanz zuständig gewesen wäre. Es handelte sich um Ermittlungsakten, die, wie Schily rügte, noch nicht in die Hauptverhandlung in Stammheim eingeführt worden waren. Bundesrichter Albrecht Mayer bot das Material der Tageszeitung »Die Welt« an. In einem Brief an deren Chefredakteur, der mit der Anrede »Lieber Cartellbruder Kremp« beginnt, regt der ranghohe Jurist an, daß sich »Die Welt« unter dem Aspekt neuer Erkenntnisse, die sich aus den übersandten Akten ergäben, noch einmal mit einem Artikel des »Spiegel« aus dem Jahr 1972 auseinandersetze. »Nicht um meinetwillen«, schrieb der Richter, »sondern um einmal wieder die Haltung und die Praktiken dieses Blattes (»Der Spiegel«) deutlich werden zu lassen.« Das Nachrichtenmagazin habe sich 1972 mit eilfertiger Bereitwilligkeit Entlastungslegenden der Angeklagten zu eigen gemacht und den Baader-Meinhof-Leuten »soviel publizistische, gelegentlich sogar materielle Unterstützung« zuteil werden lassen. Der Vorgang ist nicht nur bemerkenswert, weil ein Richter die seinem Beruf auferlegte öffentliche Zurückhaltung mißachtet hatte. Das äußerst kritikwürdige Verhalten eines angesehenen und erfahrenen Bundesrichters ist vielmehr ein weiterer Beleg für das vergiftete Freund-Feind-Denken, das sich in allen Gesellschaftsschichten als Folge der Furcht vor Terror breitgemacht hatte.

Die Behauptung des Richters, er schreibe völlig uneigennützig an den Chefredakteur, ist auch nicht besonders überzeugend. Mayer gehörte eben jenem BGH-Senat an, der im August 1972 den Ausschluß Schilys von der Verteidigung Gudrun Ensslins gutgeheißen hatte. Die Begründung lautete, der Verteidiger habe einen Kassiber seiner Mandantin aus der Haft geschmuggelt. Einen Beweis gab es nicht, nur einen Umkehrschluß: Außer dem Anwalt und Staatsbediensteten habe niemand Zugang zu der Untersuchungsgefangenen gehabt, und es sei schlechthin undenkbar, daß Beamte gegen staatliche Interessen handelten. Dagegen seien Beschuldigte und Anwälte durch »in erheblichem Umfang gleichgerichtete Interessen miteinander verbunden«. Das Bundesverfassungsgericht hob die Entscheidung zwar auf, aber die Unterstellung, Linksanwälte kollaborierten auf kriminelle Weise mit ihren Mandanten war so schnell nicht mehr aus der Welt zu schaffen. Rechtsanwalt Werner Holfort, Jahre später Initiator des Republikanischen Anwaltsvereins, kritisierte die bestehenden Standesorganisationen dafür, daß sie die bloßen Verdächtigungen der Strafverfolgungsbehörden ungeprüft übernommen und noch einen draufgesetzt hatten. Verteidiger in Terroristenprozessen wurden pauschal als »Schwarze Schafe« bezeichnet, die den Ruf des Anwaltsstandes schädigten.

Gelassenheit, Souveränität und juristische Brillanz, wie sie einem Verfahren wie dem gegen Baader und andere angemessen gewesen wären, sucht man auch auf Seiten der Verteidigung eher vergebens. Ihre Rolle war freilich besonders schwer. Aus Sicht der staatlichen Juristen waren die Anwälte neben den Angeklagten die Schurken im Stück. Doch die Verteidiger in Stammheim sahen sich nicht nur letztlich ungerechtfertigtem Mißtrauen des Gerichts und der Ankläger ausgesetzt, sondern auch vielfältigem Druck von seiten der Mandanten.

Linksanwälte waren zeitweise mit allen denkbaren Belastungen zugleich konfrontiert, wie sie im normalen Berufsalltag vereinzelt vorkommen mögen: zynische Pressekommentare für die Verteidigung von Mordangeklagten, schlechtes Prozeßklima wie gelegentch in Wirtschaftsverfahren, offene und heimliche Feindschaft von taatlichen Juristen und außerdem noch unzufrieden nörgelnde Aandanten.

Der Frankfurter Rechtsanwalt Mike Knöss, der in Stammheim ls junger Rechtsassesor – was nach der Strafprozeßordnung StPO) möglich ist – tätig war, beschrieb den Zustand selbstiroisch aus einem Abstand von vielen Jahren in einem den Autoren lieses Buches zur Verfügung gestellten Text: »Der Baader-Meinhof-Verteidiger lebte in dem Gefühl, daß ihn niemand liebhatte. Die vereinigte Linke bedauerte sein lebensgeschichtlich erklärbares Abdriften in schwarz-weiß-seherisches Lamentieren. Die Bundesanwaltschaft war der festen Überzeugung, daß nur er noch die Fortsetzung des Terrors gewährleistete, das Gericht erklärte ihn statt Filbinger zum fürchterlichen Juristen, und zu guter Letzt nahm ihm Andreas Baader in einem Moment der Unachtsamkeit die neue Lederjacke ab, als Prinzing gerade den 37. Ablehnungsantrag zurückwies. Abends dann endlose Tiraden der frustrierten Freundin, die den Idealismus dieses Tuns in Frage stellte und bösartig argwöhnte, Gudrun Ensslin müsse ihm im Hochsicherheitstrakt den Kopf verdreht haben.«

Zwar zeugt die Vielzahl von verfahrensrechtlichen Anträgen, die während des Prozesses in der Bemühung um Fairneß gegenüber den Angeklagten gestellt worden sind, von einem hohen Grad an Engagement, Kenntnis der häufig komplizierten Vorschriften und Gründlichkeit der Argumentation. Gegenüber diesem Teil der Arbeit wirken die damals als »politische Verteidigung« verstandenen Verteidigervorstöße gegen die Bundesanwaltschaft als Anklagebehörde, gegen das ermittelnde Bundeskriminalamt und gegen den Justizapparat eher verfehlt. Die Hauptkritik förderte Anhaltspunkte zutage, aber keine Beweise für das Aushebeln der Unabhängigkeit der Richter durch Machenschaften der Exekutive. Ziemlich abwegig erscheint aus heutiger Sicht auch der Versuch, den Angeklagten den Status von Kombattanten in einem weltweiten Krieg gegen Kapitalismus und Imperialismus zu verschaffen.

Der Antrag legt dann auf vielen Seiten Kriegsverbrechen dar, wie sie amerikanisches Militär in Südostasien begangen habe. Rechtsanwalt Dr. Hans Heinz Heldmann stellte einen ähnlichen Antrag und schlug den Bogen von den Vorwürfen gegenüber den Vereinigten Staaten zur Bundesrepublik, die Kriegsverbrechen des mächtigen Verbündeten geduldet und politisch unterstützt habe.

Während Amerika als in Vietnam kriegführendes Land insoweit Bezug zum Prozeß hatte, als den Angeklagten Mordanschläge auf amerikanische Einrichtungen in Deutschland vorgeworfen wurden, verkämpfte sich der Darmstädter Rechtsprofessor Axel Azzola mit kriegshistorischen und kriegstheoretischen Thesen. Er hatte bereits früher für Ulrike Meinhof den Status einer Kriegsgefangenen verlangt. Dabei führte er aus, die RAF habe sich im Kriegszustand »mit dem Imperialismus des internationalen Kapitals und seiner Agenten« befunden.

Merkmal des von Azzola definierten neuen Krieges, in dem sich keine Nationalstaaten mehr feindlich gegenüberstehen, ist die »vom Klassenkampf zu Klassenkrieg gesteigerte Auseinandersetzung«. Die RAF, die einen Klassenkrieg in den Metropolen führe, falle also unter den Schutz der Genfer Konvention. Der Strafprozeß um Mord und Mordversuch solle sofort abgebrochen werden, und die Angeklagten seien »unverzüglich in Kriegsgefangenschaft zu überführen«. Das war Baader-Ideologie reinsten Wassers. Als Antrag im Strafverfahren waren die Ausführungen freilich wertlos.

Ein denkwürdiger Disput

Den Mangel an Stil, der zuweilen durch unwürdige Zänkerei ersetzt wurde, illustriert ein wörtlicher Auszug vom 11. November 1975. Es ging darum, die wegen Ungebühr vor Gericht ausgeschlossenen Angeklagten für die Vernehmung zur Person wieder zuzulassen. Baader und Ensslin, die in dieser Szene die Hauptfiguren sind, wollten der Hauptverhandlung fernbleiben. Richter Prinzing machte ein Problem daraus.

Prinzing (zu Baader): »Es ist keine Frage Ihres persönlichen Wunsches. Sie haben die Pflicht, als Angeklagter hierzubleiben.«

Baader: »Na, schön, dann machen Sie eben diese lächerliche Prozedur. Ich werde stören, solange ich hier drin bin.«

Prinzing: »Bis jetzt stören Sie noch nicht.«

Baader: »Na, schön ...«

Prinzing: »Sie können auch im Stehen mit solchen Erklärungen an der Verhandlung teilnehmen. Wenn es dann störend wird, dann werden wir schon weitersehen, aber jedenfalls weise ich Sie darauf hin, das wissen Sie ja, im Falle von Störungen müßten Sie erneut ausgeschlossen werden.«

Baader: »Na ja, ich weise Sie darauf hin, Prinzing, daß Sie mich jetzt ausschließen werden, sonst sehe ich mich gezwungen, Sie zu beschimpfen.«

Prinzing: »Herr Baader.«

Baader: »Ja, wollen Sie es unbedingt hören? Also Sie können das hören, Sie können das in verschiedener Form haben.«

Prinzing: »Ich will es nicht hören.«

Baader: »Na ja, Sie können auch von mir hören, daß Sie ein faschistisches Arschloch sind.«

Prinzing: »Aha, ein faschistisches Arschloch.«

Baader: »Schließen Sie mich jetzt aus, ja?«

Ensslin, die hereingeführt wird: »Und mich gleich mit, altes Schwein.«

Prinzing: »Frau Ensslin, ich darf Sie auf folgendes hinweisen, Moment, daß sowohl Herr Raspe wie Frau Meinhof wie Herr Baader darüber unterrichtet worden sind, daß sie jetzt unter Aufhebung des vorherigen Ausschlusses die Möglichkeit haben«,

Baader: »Ich stelle nochmals ausdrücklich fest, Prinzing, Sie sind ein faschistisches altes Arschloch.«

Prinzing: »Herr Baader, bitte das Wort abzustellen.« (zu Ensslin) »Daß Sie die Gelegenheit haben, sich zur Person zu äußern.«

Die Angeklagte nennt Prinzing nochmals »altes Schwein«, Prinzing erkundigt sich bei den Angeklagten, ob er sich nicht verhört hat (»Herr Baader, Sie haben mich ein faschistisches Arschloch geheißen«) und läßt endlich beide aus dem Saal und zurück in ihre Zellen bringen.

Wer diesen Auszug aus einem Stammheim-Dialog seinem Datum des 11. 11., des alljährlichen Beginns der Fastnachtszeit, zuschreiben mag, darf ihn rasch vergessen. Es gibt genug Ernstes. Der Prozeß und der juristische Stoff, aus dem Stammheim gemacht war, stellte sich kritischen Rechtsanwälten, betroffenen wie beobachtenden, als feingesponnenes Netzwerk dar, sie an ihrer Arbeit zu hindern und über den Fall der RAF-Gründer hinaus die Rechtskultur des Landes zu verschlechtern. Rechtsanwalt Heinrich Hannover sprach vom Musterbeispiel eines politischen Prozesses, man habe es mit einer Justiz zu tun, die über Leichen gehe. In einem Vortrag vor Kollegen listete der Verteidiger mit der Überschrift »Der Gesetzgeber als Sekundant einer Prozeßpartei« Schläge auf, die dem rechtsstaatlichen Verfahren versetzt worden seien, allein, um der Anklagebehörde Bundesanwaltschaft die Sache einfacher zu machen und die politisch erwünschte Verurteilung zu garantieren. Hannovers Schlußfolgerungen braucht man nicht zu teilen, die Fakten aber, die er anführt, sprechen eine einschüchternde Sprache. Die Aufzählung beginnt mit dem Ausschluß von Verteidigern unmittelbar vor Prozeßbeginn, setzt sich fort mit der neu in die Strafprozeßordnung aufgenommenen Vorschrift, die gemeinschaftliche Verteidigung mehrerer Angeklagter untersagt, führt an, wie der 2. Strafsenat dem neu in die Hauptverhandlung eintretenden Verteidiger Hans Heinz Heldmann keine Einarbeitungsfrist gewährt. Rechtsanwalt von

Plottnitz flog wegen angeblich unbotmäßigen Verhaltens aus dem Prozeß, und eine weitere Gesetzesänderung ermöglichte es, in Abwesenheit von verhandlungsunfähigen Angeklagten zu prozessieren. Begründung: Wer durch Hungerstreik seine Gesundheit ruiniert, hat die Folgen zu tragen.

Nach medizinischen Gutachten waren die Angeklagten nur eingeschränkt verhandlungsfähig, die tägliche Prozeßdauer hätte darauf Rücksicht nehmen können. Der OLG-Strafsenat, der zuvor von uneingeschränkter Verhandlungsfähigkeit ausgegangen war, erklärte nun, das selbstverschuldete Handikap rechtfertige das Weiterverhandeln in Abwesenheit der Angeklagten. Der 3. Senat des BGH, auf dem Weg der Beschwerde angerufen, fand diese Auffassung in einer Zirkelschlußentscheidung für rechtskonform. In der Karlsruher Entscheidung heißt es, die Bezeichnung »Isolationsfolter« für die wegen der Gefährlichkeit der Angeklagten notwendigen Haftform könne »nur agitatorische Verleumdung« sein. Die Angeklagten wüßten genau, daß sich die Haft, deren Bedingungen sie selbst verantworteten, schlecht auf ihre Gesundheit auswirke. »Wenn sie gleichwohl das Verhalten fortsetzen, das die staatlichen Organe zur Anwendung dieser Haftbedingungen zwingt, so haben sie somit die Herbeiführung ihrer Verhandlungsunfähigkeit in Kauf genommen.«

Die durch die Haft kranken Angeklagten sind also auf jeden Fall selbst schuld an ihrer Situation.

Die Angeklagten Ensslin, Baader und Raspe wurden am 28. April 1977, dem 192. Verhandlungstag, wegen Mordes in vier und versuchten Mordes in 39 Fällen schuldig gesprochen und zu lebenslanger und zusätzlich 15 Jahren Freiheitsstrafe verurteilt. Die Entscheidung entsprach dem Antrag der Bundesanwaltschaft. Die Pflichtverteidiger, von ihren Mandanten nicht akzeptiert und als »Zwangsverteidiger« beschimpft, hatten relativ kurz und erkennbar müde auf Einstellung des Verfahrens plädiert. Die Wahlverteidiger Heldmann und Schily hielten einen Tag vor der Urteilsverkündung Plädoyers auf Freispruch vor der Presse in einem

Stuttgarter Hotel. Sie hatten sich aus dem Prozeß zurückgezogen, weil ihnen durch die Abhörmaßnahmen des Staates die Grundlage einer rechtsstaatlichen Verteidigung und damit eines Verfahrens nach Recht und Gesetz zerstört schien: das vertrauliche Gespräch zwischen dem Anwalt und seinem Mandanten. Ensslin-Verteidiger Schily hatte mit dieser Begründung bereits am 17. März seine Unterlagen gepackt und den Verhandlungssaal ein- für allemal verlassen. Im Hotel-Plädoyer, das insgesamt betrachtet keine günstige Presse hatte, wurde argumentiert, die Angeklagten hätten ihre Verbrechen im politischen Widerstand gegen Völkermord in Vietnam begangen, sie seien als Kriegsgefangene zu achten und zu behandeln, jedoch als Opfer einer Hexenjagd bereits vor Prozeßbeginn verurteilt gewesen. Der Vortrag geriet eher zu einem Beitrag zum Weltbürgerkriegsmythos, den die RAF für sich ersonnen hatte, als zu einer in die Breite wirkenden Abrechnung mit einer kritikwürdigen Hauptverhandlung. Es wäre vermutlich für jeden abgewogenen Diskussionsbeitrag zu spät gewesen, denn Bundesanwalt Buback und seine beiden Begleiter Georg Wurster und Wolfgang Göbel waren Anfang des Monats ermordet worden. Die kritische Bemerkung Schilys über den Stammheim-Prozeß, er sei nichts anderes gewesen als ein Instrument der psychologischen Kriegführung des Staates gegen die RAF, verfehlte vor dem Faktum der Karlsruher Verbrechen die Aufmerksamkeit vieler Zuhörer.

Nach dem Urteil wandte sich Justizminister Vogel über die SPD-Zeitung »Vorwärts« an Kritiker des Verfahrens. Er begründete den Stammheimer Verhandlungssaal und die strikten Sicherheitsmaßnahmen mit der Gefahr für die Prozeßbeteiligten durch mögliche Terroranschläge, rechtfertigte die gesetzlichen Regelungen zum Ausschluß von Verteidigern und neu geschaffene Möglichkeiten, in Abwesenheit von Angeklagten zu verhandeln. Vor allem aber sagt Vogel dies: Es werde beanstandet, daß in Stammheim ein unpolitischer Urteilsspruch gefällt und versäumt worden sei, sich mit der literarisch, rechtlich und politisch geführten Diskussion über Gewalt und Gegengewalt auseinanderzusetzen. »Was genau damit gemeint ist,« fährt Vogel fort, »weiß ich nicht. Hingegen weiß ich, daß die Gerichte nach unseren Gesetzen konkrete Sachverhalte und die Schuld oder Unschuld festzustellen, nicht aber Zeitgeschichte oder Politologie zu treiben haben.«

Für die zugelassenen Verteidiger bedeutete Stammheim nebenbei einen beständigen Kampf um Grundlagen des Verfahrensrechts und nicht zuletzt die eigene Reputation. Croissant, Ströbele und Groenewold waren schon vor Beginn der Hauptverhandlung von der Verteidigung Baaders ausgeschlossen worden. Grundlage bildete der neue Paragraph 138 a der Strafprozeßordnung. Der Bundestag hatte die Vorschrift fast einstimmig beschlossen. Die sofort laut werdende Kritik an dem Gesetz hebt hervor, es sei einzig zur störungsfreien Durchführung der Stammheimer Hauptverhandlung formuliert und erlassen worden. 138 a legt fest, daß Verteidiger von der Mitwirkung am Verfahren auszuschließen sind, wenn sie »dringend verdächtig« sind, ihre anwaltlichen Privilegien zur Mitwirkung an Straftaten zu mißbrauchen oder die Sicherheit in Strafanstalten zu gefährden. »Dringend verdächtig« ist ein rechtstechnischer Ausdruck, der einen die Untersuchungshaft begründenden Grad von Tatverdacht ausdrückt. Der Vorwurf, der den ausgeschlossenen Anwälten gemacht wurde, lautete konkret auf Unterstützung einer kriminellen Vereinigung.

Für diesen Verdacht gab es seinerzeit nur geringe Anhaltspunkte. So wurde Ströbele zur Last gelegt, er habe sich selbst als Sozialisten bezeichnet, die Mandanten mit »Genossen« angeredet und von »politischer Verteidigung« gesprochen. Solche Vorwürfe von seiten einer Anklagebehörde lagen bedenklich nahe an Gesinnungsschnüffelei und voreiliger Subsumierung unter eine Strafrechtsbestimmung – Unterstützung einer terroristischen Vereinigung – die es noch gar nicht lange gab und mit der die Justiz keine fundierte Erfahrung hatte.

Die Kritik von Rechtsanwälten an der Ausweitung staatlicher Macht ist in Mengen von Broschüren, Tagungsbeiträgen und Zeitungsinterviews formuliert. Sie reicht von der Unterstellung eines die gesamte kapitalistische Welt umfassenden, insgeheim abgestimmten Konzepts eines Anti-Subversions-Apparats aus Geheimdiensten, Polizei, Anklagebehörden und Justiz bis zu Einzelerörterungen von Paragraphen.

»Den Schleier der Dignität zerreißen«

Anfang des Jahres 1977 erscheint in Frankfurt eine Dokumentation zum Thema »Ausschaltung der politischen Verteidigung«, die wegen ihrer Bemühung um eher realistische denn ideologische Analyse bemerkenswert ist. Der radikalen These, die Bundesrepublik erscheine als eine Art Nachfolgestaat der Nazi-Diktatur und bediene sich lediglich verfeinerter Verfolgungsmethoden zur Ausschaltung der Opposition, wird eine klare Absage erteilt. Es gelte vielmehr, die sich offenbarende Legitimationskrise des politisch-administrativen Systems zu benennen und die Funktion aufzuzeigen, die staatliche Repression gegenüber den Verteidigern habe. Nicht ein militärisch organisierter Anti-Subversions-Apparat nach dem amerikanischen Denkmodell der Counter-Insurgency sei der Gegner. Staatliche Repression sei vielmehr die Folge mangelnder Glaubwürdigkeit und damit Angreifbarkeit der politischen Institutionen. Politische Verteidiger würden verfolgt, weil sie im Strafprozeß imstande seien, »die abgewetzte Glaubwürdigkeit einer vorgeblich neutralen Institution, der Justiz, aufzuzeigen«. Diese Form der Verteidigung ergebe sich gleichermaßen wie ihre Angreifbarkeit aus der ambivalenten Stellung des Rechtsanwalts im Strafprozeß: Zum einen ist er ein Organ der Rechtspflege und damit konstitutiv für das rechtsstaatliche Verfahren, den Bestand und das Funktionieren der rechtsprechenden Gewalt. Zum anderen aber ist der Verteidiger Interessenvertreter seines Mandanten und zu Einseitigkeit zu dessen Gunsten verpflichtet. »Will man nicht zwischen der bewaffneten Resignation und dem unbewaffneten Selbstmitleid wählen müssen, ist es nötig, anhand der These von der Legitimationskrise des politischen Systems weiter zu diskutieren.« Für den Kampf im Gerichtssaal bedeute dies, den sich der Rechtsform bedienenden politischen Maßnahmen des Staates »den Schleier der in der Rechtsform liegenden Dignität zu zerreißen«. Mit anderen Worten: Politische Verteidigung kämpft nicht nur für die Rechte der Mandanten, sondern sie bekämpft den Mißbrauch formalen Rechts durch die Justiz.

Diese Art der Konfliktauffassung ist in ihrem Kern konsensfähig bis heute geblieben. Es gehört zu den Aufgaben qualifizierter Verteidigung, Rechtsfehler und Nachlässigkeiten der Strafverfolgungsbehörden zu erkennen, im Verfahren aufzuzeigen und zugunsten der Mandanten auszunutzen. Ob rechtliche Mängel der Terroristenverfahren, wie sie von Verteidigern – in späteren Kapiteln an einigen Prozessen exemplifiziert – offengelegt wurden, auf wie auch immer gearteten politischen Willen der Richter und Staatsanwälte, Voreingenommenheiten und Vorverurteilungen zurückzuführen waren und/oder schlicht Ausdruck von Überarbeitung und professionellen Fehlern waren, bleibt eine Herausforderung an berufene Personen. Für die Verteidigung bedeutete der so verstandene Kampf gründlichere Kenntnisse des Verfahrensrechts, als sie zuvor vonnöten waren.

In den Jahren der schärfsten Konfrontation, der Lagerbildung und gegenseitigen Verdächtigungen beginnt auch der lange und schwierige Weg zum Ausgleich von Spannungen, die sich, für alle Seiten erkennbar, ins Unerträgliche gesteigert hatten. Es gab keine vernünftige Möglichkeit der Rechtfertigung der RAF-Taten, weder historisch noch soziologisch, weder marxistisch noch trotzkistisch, schon gar nicht juristisch. Die Bundesrepublik befand sich, dies begann damals auch die Linke zu begreifen, in keiner revolutionären Phase, sie war nicht in der von den Bombenlegern behaupteten Weise in Ungerechtigkeiten gegenüber Entwicklungsländern verstrickt, sie war auch keine Kolonie des US-Imperialismus. Das Land versuchte mit allen ihm zur Verfügung stehenden Mitteln Mörder zu fassen, die begonnen hatten, seine Repräsentanten zu töten. Worüber man streiten konnte, waren Formen, in denen der Staat reagierte, über möglicherweise wenig sinnvolle Verschärfungen im Gesetz, über den Ausbau von polizeilichen Befugnissen, über das von staatlichen Stellen unterstützte Zerrbild, das die Medien über fast alle vom Hauptstrom abweichenden politischen Meinungen verbreitete, die man links nennt.

Rechtsanwalt Heinrich Hannover schreibt rückblickend, die Verteidigerrolle in politischen Strafsachen sei ein mit essentiellen Gefahren verbundenes Unternehmen. »Das staatliche Mißtrauen gegen den Verteidiger, der das Vertrauen des Angeklagten genießt, ist in Gesetzen institutionalisiert, die ihn entwürdigenden Kontrollen unterwerfen. Durchsuchungen, Postkontrolle, Trennscheibe, Ausschluß von Vertrauensverteidigern, Zwangsverteidiger und Kontaktsperre signalisieren eine Rückentwicklung zu polizeistaatlichem Sicherheitsdenken.« So werde der Verteidiger, der eine prozessuale Schutzfunktion für erklärte Staatsfeinde übernehme, zum »einzigen Buhmann der Nation«. Mit Bitterkeit weist Hannover darauf hin, daß aus der 1972 aus Quellen der Strafverfolgungsbehörden gespeisten Pressekampagne, die mehr als vierzig Rechtsanwälten pauschal Komplizenschaft mit terroristischen Straftätern vorgeworfen hatte, fünf Jahre später letztlich zwei Rechtsanwälte aus dem Büro Croissant übrig blieben, die von der Justiz rechtskräftig verurteilt wurden. Und selbst hier äußert Hannover Zweifel. Neben den Aussagen der Kontrollbeamten, nie hätte – wie im Urteil dargestellt – ein Anwalt an ihnen vorbei mit ihren stets peniblen Kontrollen eine Pistole in einem Aktenordner verbergen können, weist der erfahrene Anwalt auf einen fast immer übersehenen Umstand: Eine der benutzten Pistolen war mit Material so in einer Zellenwand verborgen, daß man dies trotz Zellendurchsuchungen nicht entdeckt hatte. Hatten die verurteilten Anwälte auch Mörtel und Spachtel geschmuggelt?

Spätestens nach 1977 wäre es höchste Zeit gewesen, die bleierne Zeit zu beenden und ins Gespräch zu kommen, doch die Kommunikation kam nur mühsam voran.

Kapitel 2
AUFBRUCH

Der Mangel an Kommunikation außerhalb des eigenen Lagers bei gleichzeitig höchstem Aufwand an Megaphon-Reden, an Demonstrationen und an Agitprop-Ständen, in Flugblättern, einigen Wochenzeitungen, Monatsblättern, Broschüren, erstaunlich wenig Büchern, von nachdenklicher Prosa bis zur blanken Propaganda ist ein Kennzeichen des Jahrzehnts, das der Historiker und Mitkämpfer Gerd Koenen das rote genannt hat. Eines war das rote Jahrzehnt gewiß: laut und bei aller Schärfe der vertretenen Standpunkte merkwürdig gesprächsarm. Was die Demokratie auszeichnet und letztlich konstituiert, der auf einen erträglichen Kompromiß ausgerichtete gesellschaftliche Diskurs, kam von Anfang an entschieden zu kurz. Allseits herrschten Meinungsstärke und Faktenfülle und die Gewißheit, im Recht zu sein. Die junge Generation schien es der älteren fast übelzunehmen, daß sie die Nazidiktatur überlebt hatte, die Eltern und Großeltern, die Hitler und seinen Krieg und die Schande, die er über alle gebracht hatte, durchlitten hatten, mochten sich von studentischen »Faulenzern und Kommunisten« weder die Welt erklären lassen noch dulden, daß man ihnen zum Rückzug aus der Verantwortung und der Gesellschaft riet. Eine Episode vom Rand des beginnenden Jahres 1968 illustriert den Konflikt.

Am 5. Januar will Rudi Dutschke vom SDS Berlin in Baden-Baden sprechen. Der achtzigjährige Bürgermeister der Kurstadt sorgt dafür, daß kein Saal zur Verfügung steht. Seine Begründung bezeugt die erwähnte Meinungsstärke: »Diese Leute sind verrückt, sie gehören in ein Irrenhaus. Die Stundenten, die im Kurhaus diskutieren wollen, sind Rabauken und Flegel.« Es kommt zur Konfrontation zwischen Menschen, die Dutschke hören wollen, und der Polizei, die aufmarschiert, eben dies zu verhindern. Der Studentenführer spricht im Kurpark über Megaphon, die Polizei zeigt akustische Stärke und übertönt den mißliebigen Gast per Lautsprecherwagen mit »Humba-Täterä«. Die Versammlung zieht vor das Haus des Bürgermeisters, wo Dutschke ihn einen »armen alten Bürger« nennt, der am besten zurücktrete. Er selbst hat zu bieten: »Wir haben die Aufgabe, den Kapitalismus in der Bundesrepublik zu stürzen und eine Demokratie aufzurichten, die nicht mit der in der DDR identisch ist.« Dann bittet er um Spenden für seinen Rückflug nach Berlin. Die Polizei, wieder launig, nachdem zuvor bei einem Schlagstockeinsatz ein Demonstrant verletzt worden war, bedankt sich über Lautsprecher für »diszipliniertes Verhalten«. Die in den Jahren zuvor besonders in Berlin erdachten, erprobten und weiterentwickelten »phantasievollen« Demonstrationsformen und eine sie begleitende Besprechungsliteratur hatten irgendwie auch die Baden-Badener Polizei erreicht. 35 Jahre später wird die Episode in deutlichem Anflug von Stolz auf die Weltläufigkeit der Kurstadt auf der Internet-Homepage mit einem Portraitfoto Dutschkes unter der Überschrift »Baden-Baden und die Revolution 1968« sozusagen lobend erwähnt.

Der Konflikt zwischen den Generationen hatte Mitte der Sechziger Jahre an den Universitäten begonnen. Parallel zu einem allgemeinen Unbehagen an der aktuellen politischen Entwicklung des dumpfen Antikommunismus (»Wohin treibt die Bundesrepublik«, Jaspers), Freiheitsinteressen (Schwabinger Krawalle wegen spätabendlichem Gitarrenspielen; SPIEGEL-Affäre; Free-Speech-Movement an der FU-Berlin), fehlender Sensibilität mit Ländern der 3. Welt (Kongo; Vietnam) entwickelte sich auch eine vehemente Auseinandersetzung um die Gestalt einer zeitgerechten Hochschule, in der auch die Studenten an der Planung, Entwicklung und Vermittlung des Lehrstoffes angemessene Beteiligung forderten, was sich ausweitete in eine allgemein gesellschaftliche Konfrontation.

Universitäten pflegten seinerzeit das akademische Jahr mit feierlichen Einzügen ihres Lehrpersonals zu beginnen, das in Traditionskostümierung mit samtbesetzten Umhängen und güldenen Amtsketten auftrat. Die Diskrepanz zwischen solchen Formen akademischen Lebens und der sich mit unheimlichem Tempo in ganz andere Richtungen entwickelnden technischen, sozialen und politischen Wirklichkeit erkannten und verspotteten die Studenten: »Unter den Talaren der Muff von tausend Jahren«. Einige weltoffene Hochschullehrer wie der Soziologe Eugen Kogon, Autor des frühen Standardwerks »Der SS-Staat« über das Konzentrationslagersystem der Nazis, der an der TH Darmstadt lehrte, aber auch ein politisches Fernsehmagazin moderierte, kritisierte seine Kollegen, die im altertümlichen Universitätsjargon noch immer in lateinischer Sprache »spectabiles« (»Ehrwürden«) genannt wurden, mit der Bemerkung, wenn er das höre, müsse er immer an etwas Fettiges denken.

Im Gegensatz zu ihrem würdige Tradition hervorhebenden öffentlichen Auftritt mit dem dazugehörigen Bild im Lokalblatt war die Universität vor allem in den Großstädten zu einer Wissenschaftsfabrik verkommen, deren Studenten und Assistenten sich von der Professorenschaft vernachlässigt, einsam und ausgenutzt vorkommen mußten. Der Protest gegen diese Zustände weitete sich aus und betraf bald alle Lebensbereiche einer als fett, gierig und unsensibel empfundenen Bundesrepublik. In Frage standen Bildung und Erziehung, Wirtschaftsform und Konsumverhalten, Sexualität und Kriminalität, Verwaltung und Justiz. Die einzelnen Elemente des Streits kristallisierten an den Knotenpunkten von Politik und Moral. Für die Älteren erschreckend, geriet nicht nur ihre akklamierende und im besten Fall indifferente Haltung in den zwölf Jahren der deutschen Diktatur in die Kritik, sondern es stieg aus der (am düsteren Beispiel der DDR vermeintlich gegen die Erlösungsversprechen des Kommunismus gewappneten) westdeutschen Gesellschaft eine Jugend empor, die sich an Marx, Lenin und Mao Tse-Tung orientierte, den marxistischen Philosophen Herbert Marcuse als großen Lehrer verehrte und die in dem nordvietnamesischen Führer Ho Chi-minh einen gegen den Imperialismus kämpfenden Helden hatte.

Der Halbgott der Bewegung war der in Argentinien geborene Kubaner Ernesto Che Guevara, dessen Baskenmützenportrait in ungezählten Wohnungen hing. Che, Teilnehmer an der siegreichen kubanischen Revolution Fidel Castros Ende der fünfziger Jahre, war ein begabter Berufsrevolutionär, der sich nach einer ihn langweilenden Zeit als kubanischer Minister erst nach Afrika, dann nach Südamerika gewandt hatte, um dort gemäß seiner Forderung, »schafft zwei, drei, viele Vietnams« die sozialistische Revolution zu initiieren. Ein Verehrungslied des in seinem Heimatland DDR verfemten Wolf Biermann über den Comandante Che Guevara war im Westen geläufig. Das Revolutionsidol wurde im Oktober 1967 in Bolivien erschossen, aber seine aufregenden Texte waren in deutscher Sprache erhältlich. Er forderte den absoluten Krieg der Guerilla gegen den weltweiten imperialistischen Feind, und seine Versprechung war: »Dann wird sich ein wahrer proletarischer Internationalismus herausbilden, mit internationalen proletarischen Armeen, in denen gekämpft wird unter der Fahne einer heiligen Sache, der Erlösung der Menschheit. Unter den Feldzeichen von Vietnam, Venezuela, Guatemala, Laos, Guinea, Kolumbien, Bolivien, Brasilien zu sterben – um nur die gegenwärtigen Schauplätze der bewaffneten Auseinandersetzung zu zitieren –, müßte gleich ehrenvoll und wünschenswert für einen Amerikaner, einen Asiaten, einen Afrikaner, ja sogar einen Europäer sein.«

Wenige Jahre später werden in Deutschland eine Germanistikstudentin, eine Journalistin, ein Rechtsanwalt und ein viriler Revoluzzer eine bewaffnete Gruppierung gründen, die sich in den imaginierten internationalen Brigaden Guevaras als Rote Armee Fraktion zur Stelle meldet.

Der von der Weltmacht der Vereinigten Staaten mit wachsendem Einsatz und steigender Entschlossenheit geführte Krieg in dem kleinen fernöstlichen Vietnam war für die Protestbewegung das weltpolitische Ereignis, zu dem sie nicht schweigen wollte. Dieser Krieg erschien ungerecht, schmutzig und verbrecherisch. Er war in den Augen der jungen Generation die brutale Gewaltanwendung durch einen imperialistischen Superstaat, der sich am Volk der Vietnamesen vergriff. Dieser Krieg, der als erster in der Geschichte beinahe zeitgleich allabendlich durch das Fernsehen Abermillionen von Augenzeugen zu haben schien, erschütterte junge Leute und brachte sie zum Aufschreien. Es war dieselbe Jugend, die sich vor dem Wegsehen und Schweigen der Eltern in der Nazizeit ekelte und die nicht auf ähnliche Weise schuldig werden wollte. Daß sie zwangsläufig die Partei der vietnamesischen Feinde der USA ergriffen, des in der Wahl seiner Mittel im »Volkskrieg« keineswegs zimperlichen Vietcong, erschien ihnen nicht fragwürdig. Die USA waren aus dieser Sicht der Feind von fairen Entwicklungsmöglichkeiten und Gerechtigkeit für die Dritte Welt – und ihre Verbündeten im In- und Ausland Komplizen eines amerikanischen Kolonialkrieges. Die politische Position der Weltmacht, die von der Bonner Regierung geteilt wurde und auf einen Abwehrkampf gegen einen expandierenden Kommunismus hinauslief, fand keinen Glauben. Anti-Kriegs-Demonstrationen, universitäre und öffentliche Versammlungen, erste Gehversuche mit »phantasievollen Aktionen« wie Unterbrechung von Theatervorstellungen oder Sprengung von Honoratioren-Treffen mit der Forderung, über Vietnam zu diskutieren bis hin zu Geldsammlungen »Waffen für den Vietcong« verschafften unterschiedlichen Menschen tief beeindruckende Gemeinschaftserlebnisse. Nicht wenige empfanden bei einer solchen Vietnam-Aktion zum ersten Mal, was ein abstrakter Begriff wie Solidarität bedeuten kann: das überwältigende Gefühl, nicht allein zu sein, sondern in Gesellschaft von Gleichgesinnten, auf die Verlaß ist.

»Polizeistaatsbesuch«

Eines der verdächtigen Komplizenländer der USA war der Iran unter der Feudalherrschaft des Schahs Mohammed Resa Pahlevi. Die deutsche Regenbogenpresse hatte diesen Mann in den fünfziger Jahren wegen seiner Ehe mit (der aus Deutschland, genauer aus der Ehe zwischen einem iranischen Adeligen und einer Berlinerin, stammenden Tochter) »Kaiserin Soraya« umschwärmt und umkitscht, die Scheidung (wegen Kinderlosigkeit) als Tragödie verklärt, rasch vergessen und sich der nächsten Frau an seiner Seite, Farah Diba, zugewandt. Weniger schien der deutsche Durchschnittsbürger davon bewegt zu sein, daß Resa Pahlevi, durch einen CIA-gestützten Putsch gegen eine nationale Regierung, die die Erdölquellen verstaatlicht hatte, an die Macht gekommen, diktatorisch herrschte, sich auf seine gefürchtete Geheimpolizei »Savak« stützte und für die militärische Stärke seines Landes Hunger, Armut und hohe Kindersterblichkeit in Kauf nahm. Im Sommer besuchte der Schah mit seiner Frau offiziell die Bundesrepublik Deutschland, ein Ereignis, das der Dokumentarfilmer Roman Brodmann im Deutschen Fernsehen später den »Polizeistaatsbesuch« nannte. Als der persische Herrscher nach Berlin kam, stand ein Besuch der Deutschen Oper in der Bismarckstraße auf seinem – und Protest auf dem Programm der jungen Linken: Der Staatsgast war ein Tyrann. Es kommt zu mehreren Demonstrationen, zu Schlägereien mit der Polizei wie mit bestellten Schahanhängern, den rasch so genannten »Jubelpersern«, die mit den langen Stöcken ihrer Transparente auf Studenten losgehen, während die Polizei zusieht.

Am Abend des 2. Juni 1967 wird der Schuß aus einer Polizeipistole zum Urknall eines sich rasch ausdehnenden Universums. In einer Situation, die nie genau beschrieben, unter Umständen, die nicht mehr aufgeklärt wurden, schoß Kriminaloberkommissar Karl-Heinz K. während eines Einsatzes in der Nähe der Deutschen Oper auf den Theologiestudenten Benno Ohnesorg und verletzte ihn tödlich. Die Polizei verbreitete zunächst Falschmeldungen, schob dem angeblich bewaffneten Studenten die Schuld zu, gab als Todesursache fälschlich »stumpfe Gewalt« an und versäumte auf diese Weise den ihr gebotenen Beitrag zur Aufklärung des Sachverhalts. Die Zeitungen Berlins – mit wenigen Ausnahmen im Eigentum des Verlags von Axel Springer – berichten über gewalttätige Demonstranten und geben ihnen die Schuld am Tod Ohnesorgs: »Die Krawalle forderten gestern ein Todesopfer«, heißt es am Morgen nach der Schlacht in »Bild«, und die »BZ« konstatiert, »wer Terror produziert, muß Härte in Kauf nehmen«.

Die Fehl- und Falschmeldungen beruhen auf Darstellungen der Polizeiführung und entsprechen in ihrem Ton einer auch im Berliner Senat gepflegten undifferenzierten Barschheit, die schon seit Monaten gegenüber der Protest- und Demonstrationsszene herrscht. Als klar ist, daß ein Polizeibeamter von der Schußwaffe Gebrauch gemacht hat, findet der Leitartikel der »Berliner Morgenpost« einen Weg der Exkulpation des Beamten: »Wer wäre nicht betroffen davon, daß die Krawallgier einiger radikaler Halbstarker eine Situation heraufbeschworen hat, in deren Hysterie das Unglück geschah.« Und einige Sätze weiter: »Das Maß ist nun voll. Die Geduld der Berliner Bevölkerung ist erschöpft. Wir sind es endgültig leid, uns von einer halberwachsenen Minderheit, die noch meist Gastrecht bei uns genießt, terrorisieren zu lassen.« In ihrer Selbstherrlichkeit spricht die Springer-Zeitung auch gleich das Urteil über die Demonstranten: sie hätten sich der Zusammenrottung, des Aufruhrs und des Landfriedensbruchs schuldig gemacht.

Gegen den Todesschützen K. ermittelte die Staatsanwaltschaft und klagte ihn wegen fahrlässiger Tötung an. Am Ende der Hauptverhandlung beantragte der Ankläger acht Monate Freiheitsstrafe, die zur Bewährung ausgesetzt werden sollte. Apo-Anwalt Mahler, der als Nebenklagevertreter auftrat, hielt das Strafmaß für angemessen, wollte aber die Bewährungs-Chance wegen der aus seiner Sicht falschen Signalwirkung nicht einräumen. Das Gericht sprach mit Bedenken frei. Im Urteil der 14. Großen Strafkammer des Landgerichts Moabit heißt es: »K. weiß mehr, als er sagt, und er macht den Eindruck, als wenn er in vielen Dingen die Unwahrheit gesagt hat.« Im Ergebnis kam die Kammer zu der Auffassung, daß es keine Hinweise für eine vorsätzliche Tötung oder eine Körperverletzung durch einen gezielten Schuß gab. Der Schütze habe sich bedroht gefühlt und möglicherweise einen Warnschuß abfeuern wollen, der dann unglücklicherweise, aber dem Angeklagten nicht schuldhaft zuzurechnen, den Studenten getroffen habe. Auf den Revisionsantrag von Nebenkläger Otto Schily, damals der zweitwichtigste Anwalt der APO in Berlin, wurde das Urteil vom Bundesgerichtshof aufgehoben und die zweifelhafte Warnschußtheorie Ende 1970 in einem neuen Prozeß erörtert. Doch K. wird mit allen Zweifeln an seiner Schuldlosigkeit wieder und diesmal endgültig freigesprochen.

Studenten informieren

Empört über die Desinformation der Öffentlichkeit durch die Polizei hatten die Studenten Rat bei dem Berliner Rechtsanwalt Horst Mahler gesucht. Noch in der Nacht, in der Ohnesorg getötet worden war, organisierte der 31 Jahre alte, doch in Wirtschaftsverfahren und im internationalen Recht bereits erfahrene Jurist einen »Ermittlungsausschuß« und nahm an der Obduktion am nächsten Morgen teil, bei der ein Kopfdurchschuß als Todesursache festgestellt und das Projektil aus der Dienstwaffe des Beamten gesichert wurde. Der gerichtsmedizinische Befund widerlegte auch die nachgeschobene Polizeierklärung, der Student sei durch den Querschläger eines Warnschusses getroffen worden. Um möglichen weiteren Verfälschungen von Ermittlungen zu begegnen, sammelten Mahler und sein Ausschuß Zeugenaussagen, werteten Fotos aus und fütterten die Medien mit den fundiert dokumentierten Resultaten. Die »Frankfurter Allgemeine Zeitung«, die der Revolte generell sehr skeptisch gegenüberstand, nennt den von dem studentischen Untersuchungsausschuß vorgelegten Bericht »sachlich und verantwortungsbewußt zusammengetragen«. Im eigenen Verständnis handelte es sich um den ersten organisierten Widerstand gegen Übergriffe von Staatsapparat und Justiz. Rechtsanwalt Schily, der mitgearbeitet hat, sagte, es gelte, den Rechtsstaat gegen Übergriffe der Polizei zu verteidigen. In späteren Betrachtungen über die Außerparlamentarische Opposition findet sich die Meinung, der Ermittlungssausschuß zum Tod Benno Ohnesorgs sei vielleicht das Beste gewesen, was die Bewegung hervorgebracht hatte.

Die Behandlung des Falles K./Ohnesorg durch staatliche Stellen und die Widerlegung durch Außenstehende, die sich als die Betroffenen empfanden, hat jedenfalls das Personal der radikalen Kritik schlagartig vergrößert. Ein vom Berliner Senat eingesetzter Untersuchungsausschuß konnte das Mißtrauen nicht mehr besänftigen. Dort erläuterte der Berliner Polizeipräsident Duensing, der Räumungseinsatz um die Deutsche Oper nach Beginn der Galavorstellung für den Schah sei vorsorglich erfolgt, um erwarteten Schwierigkeiten bei der späteren Abfahrt des Staatsgastes zum Hotel aus dem Weg zu gehen. Der Polizeipräsident war allen Bemerkungen unzugänglich, daß es vielleicht andere Möglichkeiten der Konfliktlösung gegeben hätte. Unverkennbar war, daß Duensing den Demonstranten vorführen wollte, die Polizei lasse nicht mit sich spaßen. Er blieb letztlich bei seiner grobschlächtigen Beschreibung polizeilicher Taktik, einem Satz, der ihn berühmt gemacht hatte: »Nehmen wir die Demonstranten als Leberwurst, nicht wahr, dann müssen wir in der Mitte hineinstechen, damit sie an den Enden auseinanderplatzt.«

Das denkbar gute Zeugnis, das der Staatsrechtsprofessor Roman Herzog der Berliner Polizei ausstellte, stand in krassem Gegensatz zur Leberwurstäußerung Duensings. Herzog hatte vor dem Ausschuß erklärt, er müsse »zur eigenen Überraschung« feststellen, daß die Berliner Polizeivorschriften, die sich von denen der Bundesrepublik unterschieden, »in einer geradezu unglaublichen Weise« vollständig und rechtsstaatlich seien. Über die in der Realität möglicherweise auffallende Diskrepanz zwischen Vorschriften und einem Polizeieinsatz gegen demonstrierende Studenten sagte der spätere Verfassungsrichter und Bundespräsident Herzog als Gutachter nichts.

In den Augen der Studenten und der Linken hatten sich Polizei, Justiz und politische Macht so verhalten, wie schon immer vorhergesagt: rücksichtslos, rechtsstaatsfremd und verlogen. Als weitere Reaktion auf staatliches Verhalten bildet Mahler mit Klaus Eschen eine neue Kanzlei, die ab dem 1. Mai 1969 gemeinsam mit Ströbele – in einer Berliner Wohnung, in der einst der Schriftsteller Heinrich Mann gelebt hatte – als »Sozialistisches Anwaltskollektiv« zum Vorbild der linken Anwaltsszene wird; unter Berliner Linken genügte seitdem als Chiffre »die Meierottostraße«. Das »Sozialistische Anwaltskollektiv« verteidigt, bald unterstützt durch neue Jung-Anwälte und Referendare, kenntnisreich und systematisch angeklagte Demonstranten und Kommunarden, berät einen »Zentralen Ausschuß« der Berliner APO, verklagt Springer oder die Berliner Polizeiführung und hilft in zivilrechtlichen Angelegenheiten, etwa wie ein Kinderladen oder ein Kneipenkollektiv vereinsrechtlich korrekt zu gründen sei. Otto Schily tritt dem Anwaltskollektiv trotz Aufforderung nicht bei. Nach Darstellung seines Biographen Stefan Reinecke hält der durchaus systemkritische junge Anwalt eine kollektive Ausübung seines Berufs für »Quatsch«.

In der politischen Linken besteht Mahlers Ruf als einer der ihren lange. Obwohl Mitgründer der RAF und 1973 zu einer hohen Freiheitsstrafe verurteilt, feiert ihn eine KPD-Broschüre 1975 als Anwalt der Ausgebeuteten und Unterdrückten, der sich »von den Fleischtöpfen der Bourgeoisie« gelöst und den Kampf seiner Mandanten zunehmend als den seinen betrachtet habe. Die KPD hatte zwar schon aus Konkurrenzgründen immer auf Distanz zur RAF geachtet, aber zur Zeit der Veröffentlichung galt es ihr als großer Erfolg, daß Mahler sich zeitweise für diese Partei entschieden hatte und die KPD-nahe »Rote Hilfe« sich für ihn einsetzen konnte. Als die »Bewegung 2. Juni« nach ihrer Entführung des Berliner CDU-Vorsitzenden Peter Lorenz auch die Freilassung von Mahler verlangt, verbittet der sich in einer KPD-konformenen Erklärung derartiges: »Nur das revolutionäre Volk kann mich befreien.« 1980 wurde Mahler vorzeitig auf Bewährung aus dem Gefängnis entlassen. Der damalige Vorsitzende der Jungsozialisten, Rechtsanwalt Gerhard Schröder, vertritt Mahler, als er 1988 die entzogene Zulassung als Rechtsanwalt zurückbekommt. Der Anwaltssenat des Bundesgerichtshofs hat sich von einer »echten Wandlung« des Antragstellers Mahler überzeugt.

Von Wandlung kann man reden: Heute ist Mahler ein Rechtsradikaler mit einer eigenen umfassenden Propagandaseite im Internet, die er mit der Phantasieflagge eines »Vierten Reichs« schmückt. Gegenüber der Journalistin Heide Platen von der »tageszeitung« hat der im Berliner Vorort Kleinmachnow lebende Rechtsanwalt geschildert, wie er im Lauf seines Lebens immer wieder in Widersprüche zu Widersprüchen geriet. Als ganz junger Student der Rechtswissenschaften an der FU trat er in die Schlagende Verbindung »Thuringia« ein. Ihm behagte die Geselligkeit, vor allem aber, daß Verbindungszugehörigkeit als verpönt galt. Tatsächlich intervenierte die »Studienstiftung des deutschen Volkes«, die Mahlers Hochbegabten-Stipendium finanzierte. Mahler ging zur SPD, wurde Leiter der Charlottenburger Jungsozialisten und ging von dort zum SDS. Über 1968 sagt er: »Wir dachten wirklich, die Revolution steht vor der Tür.« Noch heute prophezeit er den bevorstehenden radikalen Umschwung, das Volk werde sich erheben. Sein Volks-Begriff hat sich gewandelt, der Anti-Kapitalismus ist geblieben. Die westlichen Staaten müßten überwunden werden, sie seien in der »Gefangenschaft des Geldes« zu »Polizeistaaten im Dienste des internationalen Kapitalismus« verkommen. Sehr weit entfernt von der Kapitalismusbeschimpfung der frühen Nationalsozialisten ist das nicht. Wie auch dieses Mahler-Wort nicht: »Dieses Volk ist zu weiteren Großtaten berufen. In ihm schlummern alle Fähigkeiten, um der Welt den Weg aus der Katastrophe zu zeigen. Es ist sein Geist, der die Rettung bringt.«

In seinem Prozeß wegen Mitgliedschaft in der RAF und anderer Straftaten hatte Mahler 1973 eine Rede gehalten, die Wurzeln seines Denkens freilegte. Er bezeichnete die »Bande von General Motors, Ford, ARAMCO, General Electric, ITT, Siemens, AEG, Flick, Quandt, BASF, Springer, Unilever, United Fruit und einige andere« als »die monströseste kriminelle Vereinigung der Geschichte. Diese mit allen notwendigen und erreichbaren Mitteln zu zerstören, ist eine Lebensnotwendigkeit für mehr als drei Milliarden Menschen. Die einzige Anklage, die ich gelten lasse, ist die, daß wir dafür zu wenig getan haben, daß wir zu lange gezögert und nicht unser Bestes gegeben haben, daß wir zu lange versucht haben, die Falschen vom Richtigen zu überzeugen statt das Richtige selbst zu tun. (...) Die Rote Armee Fraktion hat den Gedanken der Volksbewaffnung aufgegriffen. Wir haben – wie unvollkommen auch immer – durch unsere Praxis den Volkskrieg in der Bundesrepublik und Westberlin auf die Tagesordnung geschrieben. Das war der notwendige erste Schritt.«

»Wir müssen uns bewaffnen«

Der gewaltsame Tod des Studenten Ohnesorg löste neben Empörung Angst aus. In der Literatur wird mehrfach eine Szene beschrieben, von der nicht sicher ist, ob es sie gab oder ob sie nur Teil der Mythologie ist. Sie stellt jedoch in knapper Form treffend dar, wie Ohnesorgs Kommilitonen dachten und fühlten. Während einer begreiflich aufgeregten Versammlung mit Demonstrationsteilnehmern, die kurz zuvor von der Polizei verprügelt worden waren, soll es Gudrun Ensslin gewesen sein, die im Republikanischen Club geschrien habe: »Sie werden uns alle umbringen. Es sind Schweine, die Generation von Auschwitz, mit denen können wir nicht diskutieren. Die haben Waffen und wir haben keine. Wir müssen uns bewaffnen!«

Verzichtet man auf die dramaturgische Schönheit dieser Erwekkungsgeschichte über Gudrun Ensslin zur Symbolfigur des Kampfes gegen den faschistischen Staat, der seine Gegner auf offener Straße erschießt, findet sich ein anderer möglicher Ausgangspunkt für den Weg, den sie genommen hat.

Bereits im Mai 1967 hatte die Berliner Kommune I Flugblätter verbreitet, die den verheerenden Brand in einem Brüsseler Kaufhaus zum Anlaß für Politclownerie nahm. Zunächst hieß es, das Feuer, bei dem 251 Menschen umkamen und viele hundert verletzt wurden, sei ein amerikanischer Werbegag: »Ein brennendes Kaufhaus mit brennenden Menschen vermittelt zum ersten Mal in einer europäischen Großstadt jenes knisternde Vietnamgefühl (dabeizusein und mitzubrennen), das wir in Berlin bislang noch missen müssen.«

Ein zweiter Absatz schreibt den Brand im Kommune-Humor »unseren belgischen Freunden« zu, die einen Dreh gefunden hätten, die Bevölkerung am »lustigen Treiben in Vietnam wirklich zu beteiligen«. Den Staatsanwalt ruft dann dieser Absatz auf den Plan: »Wenn es irgendwo brennt in der nächsten Zeit, wenn irgendwo eine Kaserne in die Luft geht, wenn irgendwo in einem Stadion eine Tribüne einstürzt, seid bitte nicht überrascht. Genausowenig wie beim Überschreiten der Demarkationslinie durch die Amis, die Bombardierung des Stadtzentrums von Hanoi, dem Einmarsch der Marines nach China. Brüssel hat uns die einzige Antwort darauf gegeben: Burn ware-house, burn!«

Rainer Langhans, Fritz Teufel und weitere Mitglieder der Kommune I wurden wegen Aufrufens zur Brandstiftung angeklagt. Das Berliner Landgericht sprach sie am 22. März 1968 frei. Verteidiger

Horst Mahler hatte Sprachwissenschaftler der Freien Universität Berlin als Gutachter des Textes aufgeboten. Die Fachleute trugen als Ergebnis ihrer Textanalyse vor, es handele sich nicht um eine wörtlich zu nehmende Aufforderung zu einer Straftat, sondern um satirische Kunst, eine typische Provokation im Stil des Surrealismus. Die Kommune I sei möglicherweise Objekt für Soziologie und Literaturwissenschaft, nicht aber für die Justiz. Teufel verteidigte sich damit, niemand außer dem Staatsanwalt habe die Flugblätter für bare Münze genommen. Aber der habe ebenfalls kein Warenhaus angesteckt, sondern eine Anklageschrift verfaßt. Das Gericht schloß sich den Ausführungen zum Kunstvorbehalt ein wenig stirnrunzelnd an und sprach frei. Die Angeklagten und die Öffentlichkeit, sowohl die von tiefer Skepsis für die Justiz geprägte Sympathisantenszene als auch die empörten bürgerlichen Zeitungen, waren überrascht. Allseits war mit Verurteilung gerechnet worden.

Knapp zwei Wochen später, am Abend des 2. April 1968, wird aus dem nicht justitiablen Scherz feurige Realität. Es brennt in den Frankfurter Kaufhäusern M. Schneider und Kaufhof. Keine Kunden, aber Reinigungskräfte und Wachleute befinden sich noch in den Gebäuden, verletzt wird niemand. Ein Unbekannter hatte kurz zuvor das Frankfurter Büro der Deutschen Presseagentur angerufen und von einer geplanten Brandlegung informiert. Nachdem Sprinkleranlagen und Feuerwehr funktioniert haben, stellen die Firmen Sachschaden in Höhe von mehr als zwei Millionen Mark fest. Als mutmaßliche Täter werden keine 24 Stunden später festgenommen: Andreas Baader, Gudrun Ensslin, Thorwald Proll und Horst Söhnlein. Die Polizei stellt Beweismaterial sicher, die Staatsanwaltschaft erwirkt Haftbefehl. Ermöglicht wurde der rasche Fahndungserfolg durch Baaders Großmäuligkeit im Frankfurter Club Voltaire, wo er unvorsichtige Bemerkungen zum Übergang vom revolutionären Reden zur revolutionären Tat machte, und aufgrund der Geschwätzigkeit einer Bekannten, in deren Wohnung im Frankfurter Stadtteil Bockenheim die Berliner Gäste logiert hatten.

Menschengefährdende Brandstiftung legt die Staatsanwaltschaft den vier Angeklagten zur Last. Dies ist als ein sogenanntes abstraktes Gefährdungsdelikt ein besonders schwerwiegender Verbrechenstatbestand mit entsprechend hoher Strafandrohung von ein bis zehn Jahren Zuchthaus:

Während das deutsche Strafrecht in der Regel nur die konkret vorgefallene Tat anklagt und bestraft, genügt bei einer bewußten Brandlegung – man denke an die verheerenden Feuersbrünste im Mittelalter – schon eine mögliche Gefährdung von Menschen.

Frankfurter Brandstifter-Prozeß

Im Oktober stehen die Angeklagten vor der 4. Großen Strafkammer des Frankfurter Landgerichts. Gudrun Ensslin, die sich für die Prozeßtage eine rote Lederjacke hat besorgen lassen, wird von Professor Ernst Heinitz und Schily verteidigt. Schily und Ensslin kennen sich aus Berliner Zeiten. Sie erklärt am dritten Prozeßtag, sie und Baader hätten Feuer gelegt aus Protest gegen die Gleichgültigkeit, mit der die Menschen dem Völkermord in Vietnam zusähen. Baader ergänzt, es hätten weder Menschen gefährdet werden noch ein »wirklicher Brand« entstehen sollen. Sie betonen, daß sie den mit Zeitzünder versehenen Brandsatz zu zweit, also ohne die Mitangeklagten, in das Kaufhaus gebracht hätten. Im übrigen hat sich ihre Einstellung zu der Tat verändert, sie halten sie im politischen Sinn nicht mehr für sonderlich brauchbar. Das Thema des Protests flammt später noch einmal auf, als Ensslin bei der Erörterung von Schäden in die Verhandlung hineinruft, sie interessiere sich nicht für verbrannte Schaumstoffmatratzen, sie rede von verbrannten Kindern in Vietnam. Wer umfangreichere Stellungnahmen von den Angeklagten erwartet hatte, wurde enttäuscht.

Heinitz sagt im Plädoyer, seine Mandantin sei eine Gewissenstäterin und auch einem irrenden Gewissen komme Respekt zu. Schily spricht von einer unschuldigen Gewissenstäterin, der das Schlüsselerlebnis Vietnam die Augen für den Widerspruch zwischen bürgerlichen Idealen und der Wirklichkeit geöffnet habe. Der Strafantrag der Staatsanwaltschaft – sechs Jahre Zuchthaus – sei maßlos. Mahler erinnerte sich an eine leidenschaftliche Rede für Ensslin und daran, daß Schily am Ende seines Plädoyers geweint habe. Mahler selbst, der für Baader plädiert, weist auf Beweggründe der Außerparlamentarischen Opposition hin, auf ihr Mißtrauen gegenüber einer Generation, die millionenfachen Mord geduldet habe. Die Protestbewegung werde nicht aufhören, die in Vietnam begangenen Verbrechen zu benennen: man wolle nicht derselben Lethargie verfallen wie die Eltern. Klaus Eschen und Armin Golzem fordern Freisprüche, Proll und Söhnlein sei keine Tatbeteiligung nachgewiesen.

Die Kolumnistin der Hamburger Zeitschrift »konkret« Ulrike Meinhof führt ein Gespräch mit Gudrun Ensslin. Sie kommentiert den Prozeß in Ausgabe 14 des Blattes. Gegen Brandstiftung, so schreibt sie, spreche, daß Menschen in Gefahr gerieten, die nicht gefährdet werden sollten. Gegen den Spezialfall des Anzündens eines Kaufhauses wendet Meinhof ein, ein Feuer nütze letztlich den Kaufhauseigentümern, weil die Waren vernichtet seien und die Versicherung zahle. Also: »Das progressive Moment einer Warenhausbrandstiftung liegt nicht in der Vernichtung der Waren, es liegt in der Kriminalität der Tat, im Gesetzesbruch.« Das Gesetz schütze Eigentum, nicht Menschen. Nach einigen näheren Erläuterungen, die Ulrike Meinhof als gegenüber den Regeln des Strafrechts eher unempfindlich erscheinen lassen – angeklagt ist doch gerade menschengefährdende Brandstiftung und nicht irgendeine Form der Sachbeschädigung – fragt die Autorin, ob das von ihr geortete progressive Moment auch vermittelt, »in Aufklärung umgesetzt werden kann«. Sie hat da ihre Zweifel und formuliert einen umständlichen Schluß: »So bleibt, daß das, worum in Frankfurt prozessiert wird, eine Sache ist, für die Nachahmung – abgesehen noch von der ungeheuren Gefährdung der Täter, wegen Drohung schwerer Strafen – nicht empfohlen werden kann.« Weder die Angeklagten noch die kritisch mit ihnen sympathisierende Journalistin lassen sich auf das Strafgesetz ein, das Brandstiftung in Gebäuden wegen der unberechenbaren Gefahren nicht nur für Eigentum, sondern gerade für Menschen, äußerst ernst nimmt.

Die Strafkammer verhängte für jeden der Angeklagten drei Jahre Freiheitsstrafe, damals noch Zuchthaus. Das Strafmaß ist von einem Teil der veröffentlichten Meinung als zu hoch kritisiert worden. Im Gegensatz zum Gericht folgte diese Auffassung Ausführungen des Verteidigers Schily, der vorgetragen hatte, schließlich habe nur ein Schrank gebrannt, es habe lediglich eine Sachbeschädigung vorgelegen. Einer der Verteidiger, der Berliner Rechtsanwalt Klaus Eschen, gab rückblickend der Spekulation Ausdruck, wenn man die Verhandlung unter dem Aspekt eines jugendlich-naiven Protests gerichtlich tiefer gehängt hätte und die Strafe nicht so streng ausgefallen wäre, hätten sich Baader und Ensslin möglicherweise nicht in den kämpfenden Untergrund begeben.

Dagegen läßt sich einwenden, daß Gudrun Ensslin zur Zeit des Anschlags eine 27 Jahre alte Studentin der Germanistik war und der 24 Jahre alte Andreas Baader Justizerfahrung sowohl als Gerichtsreporter als auch durch eigene Straftaten hatte. Thorwald Proll, 26 Jahre alt, hatte das Architekturstudium geschmissen und betätigte sich im weitesten Sinn literarisch, Horst Söhnlein leitete in München gemeinsam mit seiner Frau ein kleines alternatives Theater und wurde im Oktober in der Untersuchungshaft 25.

Gudrun Ensslin war nach allen Berichten eine eindrucksvolle und willensstarke Persönlichkeit, die sich ihres Tuns bewußt war. Der Schriftsteller Günter Grass, der Ensslin Mitte der sechziger Jahre im Wahlkampf-Unterstützungsbüro für die SPD kennengelernt hatte, formulierte: »Sie hatte ein Verlangen für das Absolute, die perfekte Lösung.« Der Frankfurter Gerichtspsychiater Professor Reinhard Redhardt, der sich mit der Angeklagten Ensslin unterhalten hat, sprach von Starrheit und heroischer Ungeduld.

Als Germanistikstudentin hatte sie vor, über den sperrigen Dramatiker und Romanautor Hans Henny Jahnn wissenschaftlich zu arbeiten. Die Wahl ausgerechnet dieses 1959 im Alter von 64 Jahren verstorbenen Schriftstellers, der trotz höchster literarischer Auszeichnungen nie ein großes Publikum fand, läßt sich aus dem Interesse für eine Sprache von selten zu findender Überstilisierung ebenso begründen wie aus der geheimnisvollen, fast priesterhaften Aura, mit der sich Jahnn als Kulturkritiker umgab und gegen den aus seiner Sicht verheerenden Rationalismus der wissenschaftlich-technischen Moderne anschrieb. In seinem letzten Drama, das unter dem Titel »Der staubige Regenbogen« erst nach seinem Tod uraufgeführt wurde, befaßt sich der Autor mit der Bedrohung der Welt durch Kernenergie und skrupellose Politik. Das Weltuntergangsstück spielt kurz vor der atomaren Katastrophe, die Menschen gebären bereits durch Radioaktivität mißgebildete Kinder, und die Machthaber bereiten den Präventionskrieg mit dem eiskalten Kalkül von Milliarden von Toten vor. Einige junge Leute wollen sich dem allen irgendwie entgegenstellen, auch wenn es fast keine Hoffnung mehr gibt. Einer der Protagonisten formuliert gegenüber seiner Mutter die Absage an die bestehende Ordnung so: »Wir Jungen sollen die Werkzeuge sein. Aber man hat uns nicht gefragt, ob wir bereit sind; man hat Gewalt organisiert; der Zwang hat alles durchdrungen; die Ungerechtigkeit hockt an jeder Straßenecke.« Gegen Gewalt und Ungerechtigkeit wollte auch Gudrun Ensslin ein loderndes Zeichen setzen.

Andreas Baader, der sowohl zu Lebzeiten als auch nach seinem Tod häufig abwertend als letztlich kleinkrimineller Dummkopf mit rücksichtslosen Manieren beschrieben wird, hat jedenfalls keine Veranlassung gegeben, an seiner Entschlußkraft zu zweifeln. So erscheint die Erwartung trügerisch, die beiden hätten ein milderes Urteil als Signal zur Umkehr verstanden.

Einigermaßen unbekümmert übergingen meinungsfeste Kritiker – etwa Rudolf Walter Leonhardt in »Die Zeit« – sowohl die für Brandstiftung sehr strengen gesetzlichen Vorschriften als auch die Urteilsgründe. Der Schuldspruch lautet auf versuchte schwere Brandstiftung und berücksichtigt, daß nicht mehr zu klären war, ob tatsächlich Gebäudeteile und nicht nur Mobiliar und Waren gebrannt hatten: Damit fehlte das Merkmal der vollendeten Tat, es blieb der strafbare Versuch. Im Fall Kaufhof sprach das Gericht sogar frei, weil nicht mit letzter Sicherheit nachzuweisen war, ob diejenigen, die einen Brandsatz mit Zeitzünder zu M. Schneider gebracht hatten, auch für das zweite Feuer und den erheblich höheren Schaden verantwortlich waren.

Gegen die Verurteilung Ensslins ist eingewandt worden, das Gericht habe ihr als geständiger Ersttäterin – nach einem halben Jahr Untersuchungshaft und der Einordnung ihrer Tat als versuchter Brandstiftung – durchaus eine Bewährungschance einräumen können.

Anders sieht es mit Proll und Söhnlein aus. Sie wurden trotz der Aussagen von Ensslin und Baader schuldig gesprochen und gleichrangig verurteilt. Dieser Teil des Urteils läßt Zweifel zu, denn sie haben während des Prozesses geschwiegen und waren nur durch wenig aussagekräftige Indizien belastet. Baader und Ensslin haben erklärt, den Brand bei M. Schneider allein gelegt zu haben, jedoch nicht zu wissen, was es mit dem Feuer im Kaufhof auf sich habe. Bei der Verurteilung von Proll und Söhnlein hat es sich die Kammer zu leicht gemacht und das erst sehr viel später in Form des Paragraphen zur terroristischen Vereinigung ins Gesetz aufgenommenen Prinzip des »Mitgefangen, Mitgehangen« vorweggenommen. Von einer Absicht der Justiz jedoch, »den vier Angeklagten auf Biegen und Brechen mit einer drastischen Strafe zu kommen, weil es galt, einen Angriff auf die herrschende Ordnung zu ahnden«, wie Uwe Nettelbeck ebenfalls in der »Zeit« meinte, kann ernsthaft die Rede nicht sein.

Die Urteilsverkündung ist von Tumulten begleitet. Zuhörer singen die »Internationale« und geraten in gesteigerte Solidaritätsstimmung, als Landgerichtsdirektor Gerhard Zoebe ausführt, die Angeklagten hätten ohne Bindung an die Außerparlamentarische Opposition gehandelt. Daniel Cohn-Bendit ruft, die Entscheidung der Zugehörigkeit zur APO habe ein Stundentenparlament zu treffen, die Angeklagten wollen nicht mehr zuhören und den Saal verlassen, werden von Wachtmeistern gehindert, die Zuhörer werden hinausgeworfen, die Polizei wird eingesetzt, es fliegen Rauchkörper. Als sich der Qualm verzogen hat, verhängt das Gericht zunächst einmal drei Tage Ordnungshaft gegen Cohn-Bendit und zwei Begleiter und setzt anschließend die Urteilsbegründung fort. Am nächsten Tag bietet der Frankfurter SDS, aus politischer Überzeugung Gegner der Brandstiftung, den Verurteilten eine Art Ehrenmitgliedschaft an.

Cohn-Bendit sagte 2002 in einem Gespräch mit der »tageszeitung« über den Spielfilm »Baader« von Christopher Roth: »Zwei Stunden nach der Kaufhaus-Brandstiftung konnte jeder im Club Voltaire die Geschichte von den Teilnehmern selbst hören. Das war noch das Ausrasten in einem antiautoritären, aktionistischen, provokativen Rahmen. Die wollten damals wirklich niemand verletzen. Wenn man bedenkt, daß Baader nur sechs Monate vor der Zeit, zu der er aus dem Gefängnis entlassen worden wäre, befreit wurde! Da haben wir gesagt: Seid ihr verrückt? Der wäre doch sowieso bald frei.«

Während die Revisionsanträge beim Bundesgerichtshof in Karlsruhe anhängig sind, bleiben die Angeklagten bis zum Frühsommer 1969 in Untersuchungshaft und werden dann bis zur Entscheidung des BGH von der Haft verschont. Ensslin, Baader und Thorwald Proll engagieren sich in der »Staffelberg-Kampagne«. In Staffelberg, einer Gemeinde bei Biedenkopf in Nordhessen, steht ein Erziehungsheim für straffällig gewordene Jugendliche, kritikwürdig wie bis auf den heutigen Tag sind alle derartigen Einrichtungen. In den Augen des sozialrevolutionären SDS gilt es, den »Heimterror zu zerschlagen«. Zweihundert Studenten rücken am 28. Juni auf Staffelberg vor und kehren mit 28 Heimzöglingen zurück, die in Frankfurt jubelnd begrüßt werden. Einer der »Befreiten« ist Peter-Jürgen Boock, der zehn Jahre lang konsequent seinem Mentor Baader treu bleiben und zu den Tätern der Entführung und Ermordung Schleyers gehören wird. In der studentischen Universitätsöffentlichkeit gilt Staffelberg als emanzipatorischer Akt. Leitender Oberstaatsanwalt Hubert Harth aus Frankfurt erinnert sich, daß ihm seinerzeit als Student an der juristischen Fakultät im Rahmen von einer Art wissenschaftlichem Praktikum ein Staffelberg-Zögling zur Betreuung anvertraut wurde. Harth habe sich von dem jungen Mann trennen müssen, als der ihm berichtete, er bestreite seinen Lebensunterhalt durch das Plündern von Zigarettenautomaten. Unbewiesen und unwiderlegt sind Gerüchte, Baader, »bei dem immer etwas los war«, habe Staffelberger Zöglinge zur Geldbeschaffung in Drogendelikte verwickelt.

Der Bundesgerichtshof verwirft die Revisionsanträge der Kaufhausbrandstifter im November. Für die Angeklagten heißt dies, daß sie eines nicht zu fernen Tages zum Haftantritt von 22 Monaten Reststrafe geladen werden. Die geringe Hoffnung auf eine Begnadigung durch den hessischen Justizminister Horst Hempfler versiegt Anfang 1970. Söhnlein und Proll gehen ins Gefängnis, Baader und Ensslin tauchen unter. Baader wird am 4. April bei einer Verkehrskontrolle in Berlin entdeckt und verhaftet. Seine spätere Befreiung, an der Ulrike Meinhof beteiligt war, führt direkt zur Gründung der Rote Armee Fraktion. Es bleibt die Legende von der übertrieben hart strafenden Justiz, die vom rechten Weg abgekommene Idealisten endgültig in den Abgrund gestoßen habe.

Unruhen an Ostern 1968

Doch kehren wir zurück ins Berlin von 1968. Am Nachmittag des 11. April, Gründonnerstag, feuert der aus München angereiste 24 Jahre alte Hilfsarbeiter Josef Bachmann drei Pistolenschüsse auf den an der Ecke von Kurfürstendamm und Johann-Georg-Straße auf seinem Fahrrad sitzenden Rudi Dutschke ab. Bachmann hat den Studentenführer nach seinem Namen gefragt, »dreckiges Kommunistenschwein« hervorgepreßt und geschossen. Dutschke erleidet zwei lebensgefährliche Kopfverletzungen und wird ins Krankenhaus gebracht. Der Täter flüchtet in einen Neubau und wird nach kurzem Feuergefecht, bei dem er schwer verletzt wird, von der Polizei festgenommen.

Noch am selben Abend gehen in West-Berlin, Frankfurt, Hamburg, München, Essen und anderen Städten Zehntausende auf die Straße. Sie ziehen vor Verlags- und Druckhäuser, in denen »Bild« und andere Springer-Zeitungen hergestellt werden, und wollen die Auslieferung der Blätter verhindern. Erst während der Demonstrationen erkennen die Teilnehmer, daß sie vergeblich gekommen sind: Sie können nicht verhindern, was nicht stattfindet. Redaktionen und Druckereien von Tageszeitungen arbeiten an Gründonnerstag nicht, weil an Karfreitag keine Zeitung erscheint.

In Frankfurt, wo in der Societäts-Druckerei neben »Bild« die »Frankfurter Neue Presse« und die »Frankfurter Allgemeine Zeitung« ihren Druckstandort haben, vernimmt ein einsamer Hausmeister, der sich an einem Fenster des Druckereigebäudes an der Mainzer Landstraße zeigt, den Ruf aus vielen tausend Kehlen: »Drucker, laß das Drucken sein, komm herunter, reih dich ein!« In Berlin setzen Demonstranten die von einem Peter Urban, der später als Verfassungsschutzagent enttarnt wurde, bereitgestellten Brandmittel ein und zünden damit Lieferfahrzeuge bei Springer an.

Nach der mißglückten Generalprobe geraten Aufführungen an den folgenden Tagen zu einem als »Osterunruhen« noch lange nachhallenden Kapitel in der Geschichte der Auseinandersetzung der Generationen. Die Polizeistatistik berichtet von bundesweit mehr als sechzigtausend – andere Quellen sprechen von mehreren Hunderttausend – jungen Menschen, die sich an Blockaden beteiligen, 20 000 Polizeibeamte kämpfen den Zeitungslastwagen den Weg durch die tobenden Mengen frei, es werden 400 Verletzte gezählt, und in München kommen der Fotograf Frings durch einen Stein und der Student Schreck durch eine Bohle ums Leben. In der Presse wird verbreitet, es seien Demonstranten gewesen, die Verbrechen begangen hätten. Ein von der Rechtshilfe der Münchner APO gebildeter Untersuchungsausschuß, dem neben Jurastudenten unter anderem Wim Wenders, Ralf Reinders und Brigitte

Mohnhaupt angehören, sammelt Zeugenaussagen. Mehrere schildern Polizeibeamte, die mit Bohlen geworfen haben sollen, ein Kriminalbeamter soll zum Durchbrechen einer Polizeikette provoziert haben, und andere Beobachtungen, die nicht zur offiziellen Darstellung passen. Schließlich stellt der Ausschuß aber fest: »Die uns mitgeteilten Berichte verdichten sich zu keiner Gegentheorie.«

Die Polizei nimmt Tausende Demonstranten unter dem Verdacht des schweren Landfriedensbruchs, der Sachbeschädigung, des Widerstands gegen Vollzugsbeamte und anderer Delikte fest. Demonstranten und Beobachter berichten von einem außerordentlich harten Vorgehen der Polizei. Mehr als 800 Ermittlungsverfahren werden eingeleitet. In einigen Fällen reagiert die Justiz ungewohnt rasch, so in München, wo ein gewalttätiger Demonstrant bereits eine Woche nach den Unruhen zu sieben Monaten Freiheitsstrafe ohne Bewährung verurteilt wird. Die Verlage verklagen die örtlichen SDS-Vorsitzenden auf Schadensersatz durch verzögerte Auslieferung der druckfrischen Zeitungen: Die Autos erreichten über Ostern nicht die minutiös geplanten Flugzeug- und Eisenbahnanschlüsse. In Frankfurt sind von den Störungen neben »Bild« auch die bürgerlichen Blätter betroffen. Rechtsanwalt Mahler, der sich bei den Blockaden in Berlin exponiert hat, wird im Strafverfahren zu zehn Monaten mit Bewährung und von einem Zivilgericht zu 250 000 D-Mark Schadensersatz verurteilt.

Die Parolen lauteten »Bild hat mitgeschossen« und »Springer – Mörder!« Tatsächlich hatten das Millionenblatt und die vom Axel Springer Verlag geformte Berliner Zeitungslandschaft mit jahrelang durchgehaltenem Kampagnenjournalismus gegen die politisierten und rebellierenden Studenten angeschrieben und nicht selten direkt oder indirekt die Grenzen überschritten, die selbst auf dem Boulevard gezogen sind. Peter Boenisch, als »Bild«-Chefredakteur und regelmäßiger Kolumnist einer der schärfsten Stimmungsmacher, hat dies sehr viel später mit Bedauern eingeräumt. Einige der schrecklichen Vereinfachungen und verhetzten Formulierungen stammten freilich vom Berliner Senat selbst, etwa das

»Wir lassen uns nicht länger von einer Minderheit terrorisieren« von Heinrich Albertz oder das »Ihr müßt diesen Typen nur ins Gesicht sehen« von Klaus Schütz.

In einer von beiden Fernsehprogrammen übertragenen Ansprache sagt Bundesjustizminister Gustav Heinemann, wer mit dem Zeigefinger allgemeiner Vorwürfe auf vermeintliche Anstifter deute, solle daran denken, daß stets drei Finger dieser Hand auf ihn selbst zurückwiesen: »Damit will ich sagen, daß wir uns alle zu fragen haben, was wir selber in der Vergangenheit dazu beigetragen haben, daß Antikommunismus sich bis zum Mordanschlag steigerte und daß Demonstranten sich in Gewalttaten der Verwüstung bis zur Brandstiftung verloren haben.« Der spätere Bundespräsident fragt, ob Kritik nicht auch dann ernst genommen werden müsse, wenn sie aus der jungen Generation komme. Die Aufforderung zur Besinnung wird allgemein begrüßt und gelobt. Daran gehalten hat sich allenfalls eine Minderheit.

Das Pistolenattentat eines dumpfen Antikommunisten traf einen Mann, dessen scharf geschnittenes Gesicht, eine merkwürdig akzentuierte Sprechweise und eine selbst von Gegnern anerkannte Aufrichtigkeit jenseits aller möglichen Winkelzüge ihn zu einer Ikone der studentischen Rebellion gemacht haben. Rudi Dutschke, geboren 1940 in Schönefeld bei Berlin, wurde wegen seiner kritischen Haltung zum SED-Staat dort der Zugang zum Studium verweigert, er absolvierte die Hochschulreife ein zweites Mal in West-Berlin und nahm 1961 das Studium der Soziologie an der Freien Universität auf. Mitbegründer der »Subversiven Aktion«, die sich 1964 dem SDS anschloß, war Dutschke ein Gesellschaftstheoretiker basiskommunistischer Prägung, zugleich aber ein Praktiker der aufsehenerregenden Aktion. Sein Satz, »ohne Provokation werden wir überhaupt nicht wahrgenommen«, prägte Demonstrationen und Versammlungen, denen seine eigenen Auftritte Schärfe verliehen. Er forderte gegen die in Bonn regierende Große Koalition die Außerparlamentarische Opposition und fand damit einen einprägsamen Begriff für die komplexe, aus vielen Wurzeln gespeiste Gegnerschaft zum bestehenden Staat, zur bestehenden Ordnung, zum bestehenden Denken, kurz zum Establishment. Er organisierte im Februar 1968 einen internationalen Vietnam-Kongreß in Berlin und zeigte sich in der Tschechoslowakei auf der Seite derer, die einen Sozialismus mit menschlichem Antlitz ersehnten. Nachdem er sich von den Folgen des Attentats erholt zu haben schien, studierte Dutschke in England und Dänemark weiter und promovierte 1973 im Fach Soziologie mit einer Arbeit über unterschiedliche Wege zum Sozialismus in Asien und Westeuropa. Er engagierte sich in der Anti-Atomkraft-Bewegung und näherte sich der Partei der Grünen. 1979 starb er unerwartet an Spätfolgen der Schüsse. Wer sich an Dutschke erinnert, findet treffend, was George Orwell über Mahatma Ghandi bemerkt hat, dessen religiöse Inbrunst dem Autor suspekt war, dessen Ehrlichkeit, Konsequenz und Zähigkeit jedoch »einen Geruch von Sauberkeit« hinterlasse.

Das Drama dieser unruhigen Jahre, das auf ungezählten Bühnen aufgeführt wurde, in Hörsälen und auf öffentlichen Plätzen, auf der Straße und in den sprichwörtlich verräucherten Hinterzimmern, in winzigen Blättchen und international in hohen Auflagen verbreiteten Presseorganen, auf Messen und Verleihungen, an Feiertagen und zum Schulbeginn wortgewaltig aufgeführt wurde, dieses Ungeheuer von einem Gesamtkunstwerk litt freilich im Grunde an Zuschauermangel.

Kursbuch

Sein am meisten beachtetes Forum war die von Hans Magnus Enzensberger im Suhrkamp Verlag von 1965 an herausgegebene Publikation »Kursbuch«, eine Streitschrift und Zeitschrift im Buchformat. Sie hatte von Anfang an den Zuschnitt eines internationalen Diskussionsforums mit politischem und moralischem Anspruch und versammelte weltberühmte wie unbekannte neue Autoren. Band 1 enthält unter anderem eine Szene von Samuel Beckett, erste Texte von Peter Weiss zu seinem Stück über den Frankfurter Auschwitz-

Prozeß (»Die Ermittlung«), den Essay »Unser Auschwitz« von Martin Walser, Lyrik von Martina Werner und ein »Dossier« über Jean-Paul Sartre.

Das »Kursbuch« stellte Ordnungen in Frage und war immun gegen die zu allen Zeiten postulierten, ungeschriebenen Regeln, die heute »political correctness« genannt werden. Es ist eine Haltung, die im angeblichen Besitz der Korrektheit den anstößigen Begriff, den vom großen Meinungsstrom abweichenden Gedanken und die fremde Ideologie nicht nur nicht akzeptiert, sondern gar nicht erst zum Ausdruck kommen lassen will. So begegnete das breite Spektrum der veröffentlichten Meinung dem »Kursbuch« zurückhaltend und kritisch, »süßsauer und sauertöpfisch«, wie es in einer eher freundlichen frühen Besprechung hieß. Der verstörende Blick der Zeitschrift auf eine Erde, deren Bewohner anscheinend keine größere Lust kannten, als ihre Mitmenschen auszubeuten, wurde in der aus der sogenannten Stunde Null zu Wohlstand, Wohlanständigkeit und Bravheit aufgestiegenen Bundesrepublik Deutschland allgemein nicht gern gesehen. Um so neugieriger warteten alle, die sich im selbstzufriedenen Klima eines Landes, das seinen Lebenszweck im Konsum zu haben schien, nicht so wohlfühlten, auf die neue Ausgabe der Zeitschrift.

Nummer 9 stellte 1967 auf mehr als zweihundert Seiten »Vermutungen über die Revolution« an und veröffentlichte Texte über die Niederschlagung des Aufstands von Kronstadt 1921 und die aktuelle chinesische Kulturrevolution. Herbert Marcuse ließ sich über die Idee der Revolution als Mystifikation befragen und Martin Walser erläuterte sein Engagement gegen den Krieg in Vietnam. »Auskunft über den Protest«, eine knappe und skeptische Betrachtung, schließt mit diesen Sätzen: »Was immer man mir erzählen mag über die Aussichtslosigkeit des Protests, ich habe ihn mir nicht ausgedacht, ich habe ihn nicht zu verantworten, er ist erzeugt vom kriegführenden Amerika und vom verhohlen zustimmenden Bonn. Für mich ist der Protest so notwendig geworden wie für die Kriegführenden ihr Krieg.«

Günter Herburger kommentiert im »Spiegel«: »Hat man das

Kursbuch 9 gelesen, so kommt einem Belletristik völlig belanglos vor. Das Anschauungsmaterial des Buches ist überwältigend. Wir haben keine Zeit mehr für Ästhetik.« Der »Spiegel«-Herausgeber Rudolf Augstein äußert sich im selben Heft weniger begeistert: »In Enzensbergers letztem Kursbuch, das die Revolution und den Protest untersuchen will, habe ich herausgefischt, welche konkreten Hinweise uns gegeben werden. Ich fand, anders als Herburger, wenig ... Manch einer von uns älteren Angepaßten wüßte gern einen Weg, wie dem tödlichen Zyklus des Bonner Apparates ein Weg ins Freie eröffnet werden könnte. Aber wenn die jungen Doktoren der Soziologie uns gleich eine Revolution vorschlagen wollen, dann bitte eine mit Hand und Fuß. Man verlangt ja nicht geradezu den Kopf eines Lenin.«

Für die Mehrheit der Deutschen blieben die Ausbeutung der Dritten Welt oder der Krieg in Vietnam jedoch fern wie ein fremder Stern, und grausige Einzelheiten über Schandtaten und Ungerechtigkeiten beschäftigten eine Generation nicht, die glaubte, mit der Niederlage Deutschlands im Zweiten Weltkrieg ihren Beitrag an Leidensfähigkeit geliefert zu haben. Man verbat sich von Kindern, denen es doch »gut ging«, naseweise Belehrungen. Dies war gewiß ein bornierter Standpunkt, doch wenn man bedenkt, daß der Krieg, den Deutschland begonnen und der es zerstört hat, allein unter der deutschen Zivilbevölkerung zehnmal mehr Todesopfer gefordert hat als amerikanische Soldaten in Vietnam gefallen sind, mag den Mangel an Erregung immerhin begreiflich finden.

Hinzu kam der im Treibhaus des Kalten Krieges neu gezüchtete Antikommunismus, der im von der Roten Armee der Sowjetunion umzingelten West-Berlin besonders gut gedieh. Die Stadt, die von Stalin Ende der vierziger Jahre blockiert worden war und ohne die Hilfe der westlichen Alliierten verhungert und erfroren wäre, hatte für Revolutionsparolen, hatte für den Aufbau eines neuen sozialistischen Landes, hatte für Dutschke und Genossen nichts übrig. Das Gespenst des Kommunismus ging um und erschreckte Konservative und Sozialdemokraten gleichermaßen. Und der real existierende Sozialismus der DDR und der Sowjetunion? Den mochten nicht einmal der Großteil der westdeutschen Linken haben. Ihre Träume lagen eher in China, waren aufgeschrieben in einem in rotes Plastik gebundenes Büchlein mit Sentenzen Maos, das Aktivisten – etwa Gudrun Ensslin in ihrem Frankfurter Prozeß – als sichtbares Gesinnungszeichen in der Hand trugen wie Pfarrer ihr Gesangbuch.

Die Protestbewegung speiste sich aus Quellen des Marxismus-Leninismus, des Trotzkismus, zuweilen aus anarchistischem Denken und aus der Kapitalismuskritik der modernen Soziologie. Sie war in der Tiefe zerstritten, an der Oberfläche jedoch geeint in der Gegenposition zum Bestehenden. Das Verständnis der feineren Verästelungen ihres Denkens und die Wahrnehmung ihrer vielen diskussionswürdigen Ansätze zur Gesellschaftskritik waren häufig erschwert durch einen politologisch-soziologischen Jargon, der höchsten Anspruch mit eigenartiger Unlust an schneller Verständlichkeit verband. Den Theoretikern und ihren Nachahmern schien es zwar unter ihrer Würde, selbst schlichte Vorgänge unerklärt zu lassen, doch im Grunde erklärten sie alles nur sich selbst und ihresgleichen. Die vielbeschworene Masse der Bevölkerung wurde nur selten wirklich angesprochen und fühlte sich auch nicht angesprochen in des Wortes doppelter Bedeutung. Ein Textausschnitt der SDS-Zeitschrift »neue kritik« über das Demonstrieren zeigt das Problem: »Direkte Aktion kann nur Teil einer universalen Strategie der Demokratisierung sein, die an der konkreten historischen Totalität ansetzt. Sie kennt die beiden Variationen des sit-in und des teach-in: der theoretischen Kritik der Aktivbürger und der praktischen Kritik breiter Bevölkerungsgruppen.« Und ein paar Sätze weiter: »Direkte Aktion nistet sich am Herzen der inneren Widersprüche des Systems ein, um die Irrationalität seiner Logik zu demonstrieren. Ihre Immanenz transzendiert das System, indem sie seine inneren Widersprüche, durch die es funktioniert, vorantreibt.«

Es handelt sich um die umständliche Umschreibung eines Konzepts der vermeintlich steuerbaren Regelverletzung. Wer zum Beispiel im Rahmen einer Diskussionsveranstaltung in der Universität Stellung gegen den Vietnam-Krieg bezieht, erreicht die Teilnehmer der Versammlung und vielleicht noch über Hörensagen den einen oder anderen Kommilitonen. Wer auf die Straße geht, darf auf eine Meldung im Lokalteil hoffen. Wer aber durch eine Regelverletzung, etwa das Abweichen von der mit den Behörden vereinbarten Marschroute, einen Polizeieinsatz provoziert, ist publizistischer Beachtung sicher. Die journalistische Begleitung von »Studentendemos« gehörte jahrelang zur Routine der Medien, und zwangsläufig fielen bei der Beschreibung von Steinewerfern und ihren Schlagstock schwingenden Gegnern auch einige Sätze über das eigentliche Ziel des Protestes ab.

Nicht zu unterschätzen ist die psychische Kraft, die von einer von den Teilnehmern als gelungen betrachteten Demonstration auf sie selbst zurückstrahlt. Ein die Straßen einnehmender Protestmarsch, ein menschengefüllter Innenstadtplatz, dazu zündende Reden und Formeln vermögen dem einzelnen in der Menge starke Impressionen und das Bewußtsein zu vermitteln, auf der richtigen Seite zu stehen und dieser Position Ausdruck geben zu dürfen. Dieser Zustand innerer Bewegung mag zu jener gewalttätigen Episode beigetragen haben, die als »Schlacht am Tegeler Weg« in den Demonstrationskalender des Jahres 1968 einging.

Auslöser ist ein vom Berliner Generalstaatsanwalt beantragtes Berufsverbot gegen Rechtsanwalt Mahler. Gegen die Verhandlung protestieren am Morgen rund tausend, meist Studenten, aber auch erstmalig eine größere Zahl von nicht-studentischen Jugendlichen unter dem Motto »Hände weg von Mahler«. Die staatliche Seite legte ihm zur Last, er habe sich als Rädelsführer an Gewaltaktionen gegen den Axel Springer Verlag beteiligt. Mahler wehrt sich mit einem im »Spiegel« abgedruckten scharfen Artikel über »die Würde des Anwalts« und weist insbesondere auf die ungeahndete »Würdelosigkeit« der Anwälte im Dritten Reich.

Die Polizei marschiert mit 400 Beamten auf, die zum letzten Mal ihren – danach durch weiße Integralhelme ersetzten – unpraktischen Tschako tragen. Es zeigt sich, daß die Ordnungsmacht zu schwach gegenüber einer unerwartet aggressiven Menge ist. Die Beamten werden mit Farbeiern und Steinen beworfen. Als diese Munition auszugehen droht, wird auf einem Lastwagen Nachschub herangekarrt. Die wütende Menge kapert sogar einen Wasserwerfer und setzt ihn gegen die hilflos wirkende Polizei ein. Mehr als 120 Beamte und 20 Demonstranten werden verletzt, eine Bilanz, die das übliche Verhältnis nach schweren Krawallen umkehrt. Die Ereignisse am Tegeler Weg verschärfen die Debatte über angeblich erlaubte Gewalt, Gewaltverbot und staatliches Gewaltmonopol. Teilnehmer an der Auseinandersetzung haben nachträglich bekannt, daß sie es einfach satt hatten, immer wieder Prügel von der Polizei zu beziehen, und fast glücklich waren, als sie den Spieß umdrehen konnten. In der FU begeisterten sich ältere Soziologie-Semester wie Christian Semler an der endlich gefundenen Zusammenarbeit von Geist und jungem Proletariat.

Gegen die Notstandsgesetze

Das große innenpolitische Thema der studentischen und linksintellektuellen Kritik, der Streit um die Notstandsgesetze, bildet einen nie recht gewürdigten Beitrag zur Geistesgeschichte der Bundesrepublik. Bei all den ungezählten Möglichkeiten, sie mißzuverstehen, stand die Protestszene gegen die einschneidendste Veränderung der Verfassung seit der Wiederbewaffnung weder abseits noch auf verlorenem Posten.

Die Verfassung der Bundesrepublik Deutschland, das Grundgesetz von 1949, enthält eine Reihe von Freiheitsgarantien gegenüber dem einzelnen Staatsbürger. Dazu zählen die Meinungsfreiheit, die Freiheit der Wissenschaft, die Freiheit der Berufswahl, die Versammlungsfreiheit, die Vereinigungsfreiheit, die Freizügigkeit und Rechtsgarantien für den Fall, daß einem Bürger die

Freiheit entzogen wird. Der Gesetzgeber sah spätestens mit dem Wiedererlangen der staatlichen Souveränität 1955 die Notwendigkeit, Vorsorge für den Ausnahmezustand zu treffen: Aufgrund welcher Gesetze darf der Staat in die garantierten Rechte eingreifen, wenn Krieg, Naturkatastrophen oder andere verhängnisvolle Ereignisse das normale Leben unmöglich machen? In einem mehr als zehn Jahre währenden Diskussionsprozeß auf allen Ebenen von Politik und Gesellschaft wurde Ende Mai 1968 das »17. Gesetz zur Ergänzung des Grundgesetzes« mit der notwendigen Zweidrittelmehrheit vom Deutschen Bundestag verabschiedet. Neben Einschränkungen und Außerkraftsetzung von Freiheitsgarantien sind nun Eingriffe in das Post- und Fernmeldegeheimnis möglich, der Staat wird berechtigt, Bürger zum Dienst zu verpflichten, die Wehrpflicht ist verschärft, das Prinzip der Länderhoheit über die Polizei verliert an Geltung, der Bundeskanzler wird im Kriegsfall Oberkommandierender der Streitkräfte, der Bund kann in die Gesetzgebung der Länder eingreifen, und Sonderausschüsse entscheiden, wenn die eigentlich erforderlichen Gremien nicht zusammentreten können. Zusammen mit einer Reihe weiterer Bestimmungen lassen sich die Grundgesetzergänzungen als ein legalistisches Gerüst zur Ausübung der Diktatur lesen. Wer mit der Kritik so weit nicht gehen mochte, konnte Politiker zitieren, die den Notstand als »Stunde der Exekutive« verbrämten. Der Staatsrechtler Carl Schmitt, der vor der Nazi-Diktatur erfolgreiche Politik als Ausübung eines klar definierten Freund-Feind-Verhältnisses beschrieben hatte und nicht zuletzt deshalb auch als Wegbereiter des Hitlerstaats galt, wurde ein weiteres Mal als geistiger Anstifter für staatliches Unrecht zitiert.

Die Verabschiedung der Notstandsgesetze war seit 1966 möglich geworden, seit die Bundesrepublik von einer Großen Koalition aus CDU/CSU und SPD regiert wurde, zuvor war die Zweidrittelmehrheit im Bundestag nicht erreichbar. Die von einem praktisch oppositionslosen Parlament nicht mehr kontrollierte Regierung, so schien es ihren radikalen Kritikern, war auf dem Weg zur Abschaffung der Demokratie. Der Frankfurter Soziologiestudent und Doktorand bei Adorno Hans-Jürgen Krahl formulierte im Mai 1968 kurz vor der Verabschiedung der Grundgesetzänderungen, die Notstandsgesetzgebung sei ein terroristisches Instrument zur Aufrechterhaltung der kapitalistischen Wirtschaftsordnung. »Regierung und Bundestag«, sagte Krahl vor 15 000 Kundgebungsteilnehmern am Frankfurter Rathaus Römer, »versuchen uns einzureden, die Notstandsgesetze treffen Vorsorge für die Demokratie in Notzeiten. In der Tat, die Notstandsgesetze treffen Vorsorge, aber Vorsorge für einen neuen Faschismus, Vorsorge für Zwangs- und Dienstverpflichtung, für Schutzhaft und Arbeitslager. Die Notstandsgesetze, sagt man uns, ergänzen das Grundgesetz, in Wirklichkeit sind sie das Grundgesetz einer zur Kaserne abgeriegelten Gesellschaft. Dieser Staat ist bereit, sich selbst zum faschistischen Führer zu machen.«

Dies war eine historische Anspielung auf Hitlers Ermächtigungsgesetz von 1933, das der Reichstag gegen die Stimmen der SPD verabschiedet und mit welchem sich dieser selbst abgeschafft hatte. Der Regierung wurde ermöglicht, Gesetze ohne parlamentarische Kontrolle zu erlassen. Es bedeutete das Ende der Weimarer Verfassung und den Anfang von zwölf Jahren Gewaltherrschaft.

Krahl war mit seiner Auffassung nicht allein. So wurden etwa auf gewerkschaftlichen Demonstrationen gegen die Verabschiedung der Notstandsgesetze Transparente gezeigt, auf denen die absichtsvolle Abkürzung »NS-Gesetze« stand. NS war die seinerzeit gebräuchliche Kurzformel für »nationalsozialistisch«. Mit diesem Blick auf die Bonner Notstandsgesetze war nicht verwunderlich, daß die Kritik dem staatsrechtlichen Gedanken wenig Beachtung schenkte, gerade für die Ausnahmesituation von Krieg, Aufruhr und Katastrophe habe die demokratische Verfassung klar beschriebene Regeln vorzuhalten.

Krahl, ein zuletzt ungeliebter Lieblingsschüler Adornos, gehörte zu den Studenten, die das Rektorat der Universität besetzt hatten und als zentrales Streikbüro verstanden. Die Johann-Wolfgang-Goethe-Universität wurde umbenannt in Karl-Marx-Universität, und Aktivisten boten Lehrprogramme unter anderem zur »Geschichte der APO«, über »Autoritäre Schule und Widerstand« oder »Politik und Psychoanalyse« an. Nach wenigen Tagen und einigem Zögern der Universitätsleitung beendete die Polizei die Rektoratsbesetzung. Die Presse publizierte das Thema freilich weniger unter dem Aspekt der Bedenken gegen die Notstandsgesetze und des unbeholfenen Versuchs einer Gegen-Universität. Der ausgesoffene Schnapsschrank von Magnifizenz und ein vollgekotzter Teppich – dies sei kein revolutionärer Akt, mutmaßte die »Frankfurter Rundschau«.

Um die Person und den Mythos Krahls, des »Robbespierre von Bockenheim« nach dem Stadtteil, in dem die Uni liegt, kristallisierten sich auch die juristischen Auswirkungen, die Regelverletzungen zwangsläufig haben. Anfang 1969 führte der Student die Besetzung des Instituts für Sozialforschung an. Der geschäftsführende Direktor, Professor Ludwig von Friedeburg, fragt die Eindringenden, was sie wollten, Krahl antwortet, das ginge ihn nichts an. Friedeburg, der sich mit Universitätsrektor Walter Rüegg bespricht, holt die Polizei zu Hilfe.

Vom Polizeieinsatz in der Myliusstraße gelang der Fotografin Barbara Klemm ein Bild, das bis zum heutigen Tag zum visuellen Inventar der Studentenrevolte gehört. Es zeigt Theodor W. Adorno und einen weiß behelmten Einsatzleiter der Schutzpolizei: ratlos. 76 Personen werden vorübergehend festgenommen und nach Feststellung ihrer Personalien wieder freigelassen, einzig Krahl kommt in Untersuchungshaft. Der richterliche Haftbefehl legt ihm schweren Hausfriedensbruch in Tateinheit mit Nötigung zur Last, als Haftgrund ist Fluchtgefahr angegeben. Formal ist diese Begründung nicht falsch, denn der Doktorand hat in Frankfurt keinen festen Wohnsitz, ein Umstand, der für die Feststellung der Fluchtgefahr ausreichen mag. Heute jedoch würde vermutlich kein Untersuchungsrichter einen solchen Haftbefehl gegen einen renitenten Studenten erlassen, auch kaum ein Staatsanwalt würde ihn beantragen.

Krahls Verhaftung löst eine Reihe von Demonstrationen aus, eine davon erschreckt samstags Gäste des feinen Café Kranzler mitten in der Stadt, das von einigen Dutzend jungen Leuten mit roten

Fahnen gestürmt wird. Man ruft »Ho, ho, holt den Krahl« statt »Ho, Ho, Ho Chi-minh« und stiehlt Torten vom Kranzlerporzellan. Es handelt sich nicht um Mundraub, die Kuchen fliegen, es kommt die Polizei. Diejenigen, derer sie habhaft wird, setzen in Zellen, in die sie vorübergehend gebracht werden, ihre Rufe nach »Freiheit für Krahl« fort. Die meisten sind Schüler.

Ein erster Versuch, den Fall Krahl vor Gericht zu erörtern, scheitert am 5. Februar 1969. Der Saal, in dem das zuständige Schöffengericht tagt, ist überfüllt mit wütenden Demonstranten, die nach dem Absingen der »Internationale« die Verhaftung des Staatsanwalts verlangen: »Uchmann, diese alte Sau, steckt ihn in den Drahtverhau.« Im Tumult geht der Versuch einer Hauptverhandlung unter. Rechtsanwalt Johannes Riemann erreicht einen Tag später als Verteidiger Krahls immerhin die Aufhebung des Haftbefehls.

Am 18. Juli beginnt die Hauptverhandlung neu. Fünfzig Zuhörer werden auf Anordnung von Amtsgerichtsrat Rolf Schwalbe des Saals verwiesen, weil sie beim Eintreten des Gerichts nicht aufstehen. Schwalbe läßt die so gemaßregelten Unbotmäßigen später wieder zu. Ihre Aufmerksamkeit und die des Gerichts gelten den Aussagen der Institutsdirektoren Adorno und von Friedeburg, die gegen Krahl und Genossen die Polizei zu Hilfe gerufen hatten. Krahl nutzt die Gelegenheit, seinen Doktorvater Adorno einer Art Kreuzverhör zu unterziehen und entfaltet die These, es sei doch wohl immer umstritten gewesen, wo die theoretische Debatte ende und die direkte Aktion beginne. Die Zuhörer empören sich darüber, daß Adorno erklärt, er werde bald seinen Urlaub antreten und für weitere Vernehmungen nicht mehr zur Verfügung stehen. Dem angeblich kritischen Professor komme es nur darauf an, möglichst schnell ins Tessin zu kommen, während dem Genossen Krahl das Gefängnis drohe. Zur Zeit des Prozesses war der Philosoph Adorno bei den radikalen Studenten endgültig in Ungnade gefallen. Im April war er bei Beginn seiner Vorlesung zur Einführung in das dialektische Denken von einem Studenten nach stalinistischer Manier zur öffentlichen Selbstkritik aufgefordert worden. Im Lauf der chaotischen Debatte treten plötzlich drei Studentinnen auf, streuen Blumen und entblößen ihre Oberkörper. Die meisten Zuhörer sitzen wie erstarrt und betrachten das unwürdige Spektakel, Adorno flieht in Hut und Mantel. Im Saal bleiben Flugblätter zurück. Darauf steht »Adorno als Institution ist tot«. Adorno starb am 6. August in Visp im Kanton Wallis an einem Herzinfarkt. Der Prozeß Krahl ist nie rechtskräftig abgeschlossen worden, der Angeklagte kam 1970 bei einem Autounfall ums Leben. Ludwig von Friedeburg wird hessischer Kultusminister.

Die ungewöhnliche Begleitung traditionell ernsthafter und förmlicher Gerichtsverhandlungen durch lautes Publikum und unkonventionelle Auftritte auch von Prozeßbeteiligten war kennzeichnend für ungezählte Termine in dieser Zeit. Daß sich darin auch kritisches Interesse an der Justiz ausdrückte, konnten oder wollten Richter und Staatsanwälte, die nur Störung und Regelverletzung sahen, nicht erkennen. Das grundlegende Mißverständnis drückt sich anschaulich in der bereits erwähnten Forderung Cohn-Bendits im Frankfurter Brandstifterprozeß aus, als der »Störer« bestimmte Feststellungen nicht von der Justiz, sondern von einem Studentenparlament getroffen wissen will.

Ungeliebtes Rechtssystem

Deutschland war und ist zwar ein Land mit einer ungeheuer umfangreichen juristischen Fachliteratur, aber weder seine Belletristik noch die hier erscheinende Trivialliteratur hat je sonderliches Interesse für Justiz, Juristen, Recht und Gesetz an den Tag gelegt.

Die ernsthaften Romane, die sich mit der Justiz beschäftigen, stehen in der imaginären Gesamtbibliothek über die Gesellschaft und ihre Rechtsbrecher in einem kleinen Regal hinten in der Ecke, und die einzigen ansehenswerten Filme über die Dramen, die vor Gericht stattfinden, kommen aus Amerika, das freilich ein völlig anderes Verfahrensrecht hat. Das Mißverständnis zwischen Justiz und Öffentlichkeit war programmiert, als es in den späten sechziger Jahren zum Ärgernis wurde – übrigens für beide Seiten. Enzensberger rang der Misere eine komische Seite in seinem Gedicht »Vorschlag zur Strafrechtsreform« ab, das ausschließlich aus Formulierungen des Strafgesetzbuchs (32. Auflage) besteht und den Leser in einer Mischung aus Ratlosigkeit und höchstem Amüsement an der Weisheit der Justiz und ihrem Rang als Ordnungsinstrument doch erheblich zweifeln läßt. Die durch Enzensberger aus Strafgesetzbuchformeln herrlich verdrehte Botschaft der Juristen in diesem Gedicht (Erstveröffentlichung Kursbuch 10, 1967) ist das allumfassende Verbot, denn bestraft wird, wer »eine Handlung herbeiführt oder abwendet / oder vornimmt oder unterläßt / oder verursacht oder erschwert / oder betreibt oder verhindert / oder unternimmt oder verübt oder bewirkt oder begeht / oder befördert *oder* beeinträchtigt / oder befördert *und* beeinträchtigt / oder befördert *und nicht* beeinträchtigt / oder beeinträchtigt *und nicht* befördert / oder *weder* befördert *noch* beeinträchtigt. / das nähere regelt die Bundesregierung«.

Richter, die Herren der Verhandlung und des Hausrechts, reagierten in den Siebzigern auf tatsächliche oder vermeintliche Verstöße unterschiedlich, häufig nach ihrer Vorstellung von Deeskalation, die sich in Gesprächen mit Zuhörern ausdrücken konnte oder in bittenden Appellen an irgendeine Vernunft. Andere ließen bei ersten Zeichen von Unruhe den Saal räumen und nahmen Rügen von Seiten der Verteidiger, das Öffentlichkeitsprinzip sei verletzt, gelassen zu den Akten.

Innerhalb der Frankfurter Justiz ist die Kontroverse zwischen Schöffenrichter Schwalbe und dem damals dem Kommunistischen Bund Westdeutschlands (KBW) angehörenden Strafverteidiger Eberhard Kempf legendär. Schwalbe stellte einen Haushaltswekker auf seinen Richtertisch und verkündete, das Klingeln beende die Redezeit des Rechtsanwalts. Als es soweit war und Kempf gar nicht daran dachte, sich in seinem Vortrag unterbrechen zu lassen, ließ der Richter mehrere Wachtmeister antreten und den sich mit Händen und Füßen wehrenden und vergeblich »Tun Sie etwas, Herr Staatsanwalt« rufenden Advokaten aus dem Gerichtssaal tragen. Die Staatsanwaltschaft leitete ein Ermittlungsverfahren gegen den Richter wegen des Verdachts der Rechtsbeugung ein. Es wurde letztlich aus Rechtsgründen eingestellt, zeigt aber doch auch, daß die Justiz jedenfalls nicht immer nach der ihr unterstellten einseitigen Betrachtungsweise verfuhr. Und ganz folgenlos blieb die Angelegenheit auch nicht, der Richter wurde zu einer Außenstelle des Amtsgerichts versetzt. Er hat sich dort als Familienrichter offenbar besonnen und wurde später Vorsitzender einer Großen Strafkammer des Landgerichts. Die Uhr war sein untauglicher Versuch, linksverdächtige Rechtsanwälte zu disziplinieren und ihnen das vermeintlich nicht zum Prozeß gehörende politische Wort abzuschneiden.

Rechtsanwalt Kempf entwickelte sich dann zu einem Strafverteidiger, dessen juristische Kenntnis und intellektuelle Befähigung heute gern auch von Männern der Wirtschaft in Anspruch genommen wird, wenn sie in prozessualen Nöten sind. Der hagere und großgewachsene Verteidiger, der im Gerichtsaal leise und sehr deutlich spricht, selten die Stimme erhebt und den Prozeßstoff stets mit beinahe professoraler Präzision bereithält, ist davon überzeugt, daß »Konfliktverteidigung ein Ehrentitel« sei. Den Konflikt sieht er im Strafanspruch des Staates und der Unschuldsvermutung, die für jeden Angeklagten gilt, solange er nicht rechtskräftig verurteilt ist. In einem Beitrag für die »Stuttgarter Zeitung« führte Kempf im November 2000 aus: »Damit ist nichts darüber gesagt, in welchen Formen der Konflikt ausgetragen wird. Ein früher Konsens über das Verfahren einschließlich seines Ergebnisses kann für den Angeklagten und seine Sache ebenso die richtige Art sein, den Konflikt auszutragen, wie es der Konflikt eines anderen Angeklagten erfordert, das Unerhörte zu Gehör zu bringen, sich dem hochgemuten, voreiligen Griff nach der Wahrheit entgegenzustellen und sich dafür, wenn es der Wahrheitsfindung dient, sogar aus dem Saal tragen zu lassen (der Autor weiß, wovon er schreibt).« Kempf hat sich rechtspolitisch engagiert, steht unter anderem an der Spitze des Strafrechtsausschusses im Deutschen Anwaltsverein und ist vielfach vom Rechtsausschuß des Bundestages als Sachverständiger gehört worden. In seiner Frankfurter Kanzlei arbeiten junge Fachanwälte für Strafrecht. Sie sind 1967 und 1968 geboren, genau zur Zeit des rebellischen Umbruchs, in der Kempf Jura studierte.

In vielen der frühen Prozesse, die sich um im weitesten Sinn politisch motivierte Straftaten der neuen Linken bewegen, sind bereits Grundzüge der späteren dramatischen Konflikte angelegt. Der Stoff, um den sich die Strafjustiz bemüht, läßt sich mit Definition der Gesetzesverletzung, mutmaßlichem Täter, der Angeklagter genannt wird, Beweisführung, Schuldfeststellung und Festlegung eines der Schuld angemessenen Strafmaßes umschreiben. In diesem letzten Akt unternehmen es die Gerichte zuweilen, die Strafe auch unter dem Gesichtspunkt ihrer öffentlichen Wirkung festzulegen. Der dafür gebräuchliche Ausdruck Generalprävention besagt, daß der potentielle Nachahmer abgeschreckt und der Allgemeinheit justitielles Durchsetzungsvermögen bewiesen werden soll. Schon dieser gerade eben ausreichende Umriß umfaßt an jedem der genannten Begriffe die Möglichkeit, nicht selten die Notwendigkeit zum juristischen Streit. Kritiker bezeichnen dieses von konservativen Richtern immer wieder gebrauchte Konstrukt als reine, aus dem Gefühl geborene Behauptung, für deren Richtigkeit bisher jeglicher wissenschaftlich saubere Nachweis nicht erbracht werden konnte; im übrigen könne man damit in jedem Prozeß eine Strafverschärfung begründen, was die Gefahr der Willkür bedeute.

Die Formel »Strafverteidigung ist Kampf« hat ihre Berechtigung. Sie verleitet freilich zu vergessen, daß jeder Strafprozeß auch in der schärfsten Konfrontation in hohem Maß mit von einem gewissen konsensualen Verhalten auf der Basis der Anerkennung gemeinsamer Regeln und Gesetze aller, mindestens aber der professionellen Beteiligten, abhängig ist. Wer die Justiz als Feind definiert, wird geringe Chancen haben, gegen ihr Regelwerk zu einem Erfolg zu gelangen.

Linke Strafverteidigung, die Aussage sei gewagt, hat innerhalb des Rechtssystems ihre besten Resultate dann erzielt, wenn sie lege arte, nach den Regeln der juristischen Kunst, scharfsinnig und jederzeit nachvollziehbar etwa höhere Ansprüche an das von der Staatsanwaltschaft vorgelegte Ermittlungsergebnis stellte, unabweisbare Beweisanträge formulierte oder souveräne Kenntnisse der Strafprozeßordnung zeigen konnte. Wer an die Problematik des Zeugenbeweises erinnerte und die Techniken der Zeugenbefragung beherrschte, vermochte so manches scheinbar erschütterungssichere Beweisgebäude der Anklagebehörde zum Einsturz zu bringen. Im Lauf der Zeit ist es solchen Strafverteidigern vom kleinen Demonstrantenprozeß bis hin zu Großverfahren um terroristische Delikte gelungen, nachhaltig die stets lauernde Gefahr der Aktengläubigkeit zu erschüttern und deutlich zu machen, daß auch Polizeibeamte und Staatsanwälte irren können. Und selbst wenn der unmittelbare juristische Erfolg sich nicht einstellte, säten Linksanwälte den für Recht und Gerechtigkeit so wichtigen Dünger des Zweifels. So etwa in dem Versuch, einen Polizeibeamten wegen Freiheitsberaubung im Amt vor Gericht zu bringen, weil er einen Tag nach dem Tod Benno Ohnesorgs mit höchst zweifelhaften Gründen in Hamburg einen friedlich demonstrierenden Studenten festgenommen hatte.

Demo vor dem »Atlantic«

Der Mann stand mit einem Plakat »2. 6. 67 Benno Ohnesorg zum Schutz des Schahs erschossen« vor dem Hotel »Atlantic«. Staatstreue Perser nahmen Anstoß an dem Text und wurden zunächst von der Polizei belehrt, daß der Student das Recht habe, seine Meinung frei zu äußern. Die Perser gaben keine Ruhe und drohten, handgreiflich zu werden. Statt den Demonstranten zu schützen, forderte die Polizei ihn auf, den Platz zu verlassen und sein Plakat nicht mehr zu zeigen. Als der Student die Aufforderung nicht befolgte, nahm ihn ein Beamter fest. Er wurde erst nach sechs Stunden aus dem Gewahrsam entlassen. Rechtsanwalt Hannover formulierte eine Strafanzeige, die Staatsanwaltschaft stellte das Ermittlungsverfahren mit dieser Begründung ein: »Zwar war der Student W., der an dem von ihm gewählten Aufstellungsort hinter den Absperrgittern lediglich das Plakat zeigte, selbst nicht der Störer. Gleichwohl aber hatte er eine Gefahr für die öffentliche Sicherheit verursacht. Denn er hatte sich gegenüber dem Atlantic-Grill neben einer Gruppe schahfreundlicher Personen aufgestellt.« Dabei habe W. »billigend in Kauf genommen, daß die in diesem Bereich versammelten schahfreundlichen Perser und die mit ihnen sympathisierenden Personen ihn angreifen und sich selbst polizeiwidrig verhalten würden«. Hannover scheiterte mit der Beschwerde beim Generalstaatsanwalt, der die windige Einstellungsverfügung hielt. Der Fall wurde im »Kursbuch 12« (1968) veröffentlicht und wird noch heute gelegentlich mit Spott und Hohn über Strafverfolgungsorgane zitiert, die nicht das Grundrecht der Meinungsfreiheit schützten, sondern daraus eine Art ordnungswidriger Provokation von Andersdenkenden herausdestillierten.

Die Strategie einer politisch verstandenen Verteidigung hat Hannover in einem zweibändigen Erinnerungsbuch (»Die Republik vor Gericht«) vielfältig erläutert. Als Beispiel mag hier der Fall des Journalisten Hermann S. erwähnt werden, der 1968 in Frankfurt wegen Beleidigung des Bundeskanzlers Kiesinger als Angeklagter vor Gericht stand. Der Redakteur des Jugendmagazins »elan« hatte ein Plakat gezeigt, das in der Aufmachung eines Steckbriefs den amerikanischen Präsidenten Lyndon B. Johnson einen Mörder nannte und Kanzler Kiesinger als Helfer bezeichnete. Die vom Staatsanwalt beanstandete Passage lautete: »Gesucht wird ferner Kurt-Georg Kiesinger, Bundeskanzler, wegen Beihilfe zum organisierten Völkermord durch politische, finanzielle und moralische Hilfe bei der Aggression der USA in Vietnam. Kiesinger und sein Kabinett unterstützen einen Mörder.«

Um Johnson brauchte sich die Justiz nicht zu kümmern, er hatte nicht, wie Kiesinger, den erforderlichen Strafantrag gestellt. Der Angeklagte und sein Anwalt nutzten die Verhandlung, wenn man so will, erfolgreich, um über Beweisanträge die Realität eines mit chemischen und bakteriologischen Waffen geführten Krieges in den Gerichtssaal zu holen.

Sie wollten den Wahrheitsbeweis für die Behauptung des Völkermordes antreten, sprachen von einer Million toter oder verwundeter vietnamesischer Kinder, von einer Bombenlast auf Vietnam, die in zehn Monaten das Maß des während des Zweiten Weltkriegs auf Deutschland gefallenen Todes überstieg, sie sprachen von Napalm, Phosphor und Entlaubungsmitteln. Sie zitierten Ergebnisse des von dem britischen Schriftsteller und Philosophen Bertrand Russell im Jahr zuvor tagenden »Russell-Tribunals«, einer Kongregation von Intellektuellen aus aller Welt, die Amerika als Nation wegen Völkermordes und Kriegsverbrechen symbolisch verurteilt hatte. Der Anklagevertreter war nicht unbeeindruckt, forderte am Ende der Hauptverhandlung gleichwohl Bestrafung wegen Beleidigung. Der Plakattext für sich genommen stelle eben keine differenzierte Auseinandersetzung mit dem Vietnamkrieg dar, sondern sei ein beleidigendes Werturteil: Der Verfasser habe den Kanzler scharf treffen wollen und dabei seine Ehre verletzt. Verteidiger Hannover konterte, wer sein Recht auf freie Meinungsäußerung gebrauche und gegen einen Politiker den Vorwurf des Völkermordes erhebe, »muß zwangsläufig seine Ehre verletzen«. Das Gericht verhängte 500 Mark Geldstrafe und erklärte in der Begründung, es sei nicht strafbar zu sagen, der Bundeskanzler unterstütze mit seiner Politik den organisierten Völkermord, strafbar sei es aber, Kiesinger wie einen gemeinen Verbrecher auf einem Steckbrief zu zeigen. Die Stellungnahme des Urteils zum Vietnamkrieg war dem Angeklagten und seinem Anwalt mehr wert, als die Möglichkeit, das Urteil mit dem Rechtsmittel der Revision anzufechten.

Versuche der Neuschöpfung von Entscheidungskriterien wie etwa die Überbetonung von Tatmotiven trugen im Lauf der Zeit jedoch zur Ausweitung und zu sowohl die Beteiligten als auch interessierte Zuhörer ermüdenden Prozessen bei. Es knirschte im Getriebe, doch auch der noch so emphatisch, mit Überzeugungskraft und innerer Berechtigung vorgetragene hundertste Vietnam-Diskurs in einem Demonstranten-Prozeß Ende der sechziger Jahre änderte nichts an der Pflicht des Gerichts, einen bewiesenen Fall von Sachbeschädigung oder Widerstand gegen Vollzugsbeamte oder des Verstoßes gegen das Versammlungsgesetz mit der dafür vorgesehenen Strafe zu belegen. In Prozessen, die sich um Rechtsverletzungen im Zusammenhang mit Hausbesetzungen bewegten, haben nicht wenige Richter entgegen ihrer moralischen und menschlichen Sympathie mit Angeklagten zu deren Ungunsten entscheiden müssen.

Letztlich unbeeindruckt von der Justiz blieben Freunde, Genossen und Sympathisanten der Angeklagten. Die Gerichte mochten auf welchen Wegen auch immer entscheiden, was sie wollten oder mußten, in den Gerichtssälen und nachher auf prozeßbegleitenden Flugblättern wurde häufig an den juristischen Gegebenheiten vorbei argumentiert. Verurteilungen galten als Beweis von Klassenjustiz, Freisprüche als Sieg revolutionärer List. Die aus den Reihen der Zuhörer scharf, meist unsachlich und ungerecht kritisierte Justiz hat auf der anderen Seite kaum je den Versuch unternommen, ihr Wirken diesen juristischen Laien gegenüber verständlich zu machen, die doch immerhin auch zu jenem Volk gehörten, in dessen Namen der Richter sein Urteil verkündet. Die staatlichen Juristen behielten ihre Rituale und ihre Sprache bei und kümmerten sich nur selten um eine klärende Übersetzung.

Als Institution blieb die Justiz ohnehin wegen ihres eklatanten Versagens angreifbar, die in ihren eigenen Reihen während der Nazi-Diktatur begangenen Rechtsbrüche zur verfolgen, anzuklagen und vor Gericht zu erörtern. Mit juristischer Argumentation, die hier nicht nachzuvollziehen ist und von der feststeht, daß sie Justiz-Unrecht nachträglich in scheinbares Recht umgemodelt hat, wurden alle zaghaften Anstrengungen vereitelt, fanatische Nazi-Staatsanwälte oder ihre Richterkollegen, die für ungezählte Justizmorde verantwortlich waren, ihrer Bestrafung zuzuführen. Kein einziger Richter ist wegen seines Handeln in der NS-Zeit jemals bestraft worden.

Zur empörenden »Qualität« von Urteilen der deutschen Justiz

während der Hitlerdiktatur braucht man sich nicht einmal die berühmt-berüchtigten Inszenierungen eines Roland Freisler vor dem »Volksgerichtshof« in Erinnerung zu rufen. Es genügt daran zu denken, daß eine Zwangsarbeiterin, die sich ein Tischtuch genommen hatte, wegen Aneignung von Volkseigentum zum Tode verurteilt und hingerichtet wurde: ein einziger von Tausenden derartiger Unrechtssprüche, die zu ahnden die Justiz der Bundesrepublik sich als nicht bereit, nicht in der Lage, vermutlich aber einfach nicht willens gezeigt hat.

Drauf geschissen

Die plakativste Form, Verachtung gegenüber der Justiz auszudrücken, fand am 4. September 1968 der ehemalige Student Karl-Heinz P. vor dem Moabiter Kriminalgericht. Als Angeklagter, dem Hausfriedensbruch, Richterbeleidigung und Widerstand gegen Vollzugsbeamte vorgeworfen wurde, begab er sich zum Richtertisch, verrichtete seine mit Hilfe eines Abführmittels programmierte Notdurft und säuberte sich mit einer Kopie der gegen ihn verfaßten Anklageschrift. Man kann nicht sagen, daß die Justiz auf diese Schweinerei gelassen regiert hätte. P., ein Mitglied der Berliner Kommune 1, wurde einige Tage später wegen Beleidigung und Verwahrungsbruchs – dies betraf die hinterrücks unbrauchbar gemachten Aktenblätter – in einer Verhandlung unter Ausschluß der Öffentlichkeit und ohne Verteidiger zu zehn Monaten Freiheitsstrafe ohne Bewährung verurteilt. Der Vorfall und die Reaktion der provozierten Justiz zeigen auf drastische Weise, daß zwischen manchen Tätern und der Justiz mehr als eine Welt von Mißverständnissen lag. Zum Ausdruck kam neben Verachtung auch blanker Haß. Die Reaktion mit einem Verwehren der Chance auf Bewährung entsprach eher dem Bedürfnis nach Rache, denn einem angemessenen Schuld- und Urteilsspruch. Es wurde betont, Gerichte dürften nicht zu öffentlichen Bedürfnisanstalten herabgewürdigt werden. Dies traf, bei allem, was sich gegen das alsbald so genannte »shit-in« sagen ließ, die Sache nicht.

Für Angeklagte, die ihre Rolle politisch verstanden, bot spätestens die Hauptverhandlung die Chance zum öffentlichen Auftritt. Das Prozeßrecht begünstigt den im übrigen wenig zu beneidenden Menschen, »gegen« den ein Strafprozeß geführt wird. Angeklagte haben in jeder Phase der Verhandlung das Recht auf Erklärungen, sowohl zur Sache als auch zur Person. In der Praxis gibt es kaum einen Weg, einem Angeklagten diese umfassende Möglichkeit der Darstellung und Selbstdarstellung zu schmälern. Schlicht gesagt, der Angeklagte darf so lange er will reden und argumentieren worüber er will. Dieser Vorteil des gegenüber dem Strafverfolgungs- und Justizapparat letztlich benachteiligten Menschen ist vor den Schranken der Gerichte einmal mehr, einmal weniger häufig genutzt worden, hatte aber zweifellos Konjunktur bei akademisch gebildeten Angeklagten, die von Gesinnungsgenossen anwaltlich beraten wurden. Ungezählte Darstellungen und Interpretationen der Welt- und Wirtschaftsgeschichte sind in Verhandlungen, etwa über das Rätsel einer eingeworfenen Schaufensterscheibe, eingegangen, umfassende Vorträge über die alte und die neue Gesellschaft haben Prozesse begleitet, die sich mit angeblichen Verstößen gegen das Versammlungsgesetz befaßten.

Die Gerichtsverhandlung als Tribunal – dies war das wiederentdeckte Konzept, das schon der Rechtsanwalt Georges Danton, ein Kopf der französischen Revolution, 1794 als Angeklagter nutzte. Er wurde zum Ankläger und man wird noch heute seinen Mut, seine Eloquenz und seine Schärfe bewundern, mit der er die Zustände anprangerte, an denen der junge Staat litt. Geköpft wurde er gleichwohl, im übrigen nach unfairen Verfahrensregeln, die er als kurzzeitiger Justizminister Frankreichs selbst eingeführt hatte.

Im Frankreich von 1968 begann der Revolutionskalender der Maiunruhen, die General de Gaulle an den Rand des Machtverlusts brachten, mit dem 19. April. Das Attentat auf Dutschke brachte im Pariser Quartier Latin Tausende von Teilnehmern einer

Solidaritäts-Demonstration auf die Straße, die den Verleger Springer als Mörder und Bundeskanzler Kiesinger als Komplizen bezeichneten. Der radikalen Linken in der französischen Hauptstadt, zersplittert in höchst unterschiedliche Revolutions- und Ideologievorstellungen, erschien der deutsche SDS und sein charismatischer Vormann Dutschke wie ein erstes europäische Modell. »Das Prestige des SDS«, so schrieben die Revolutions-Chronisten Samuel Schirmbeck und Malte J. Rauch, »war in diesen Tagen bei den französischen Studenten fast ins Legendäre gewachsen.« Pressefotos von umgestürzten Zeitungsautos wurden für Barrikaden gehalten, von denen herab der SDS den Kampf gegen die bürgerliche Gesellschaft führte. »Im deutschen SDS sah man zum ersten Mal in Europa eine Gruppe, die vom verbalen Protest zum aktiven Widerstand übergegangen war; hier waren Aktionsformen entwickelt worden, die von einer nur noch durch massiven Druck zu bewegenden bürgerlichen Gesellschaft endlich als Bedrohung ernst genommen wurden. Die kleinen und isolierten revolutionären Gruppen (in Frankreich) schöpften Kraft und Mut aus dem Gefühl, Teil einer internationalen Studentenrebellion zu sein, die durch so verschiedene Länder wie Polen, Tschechoslowakei, Italien, Spanien, Japan und die Vereinigten Staaten hindurch sich fortsetzte. Das lähmende Gefühl der Ohnmacht gegenüber dem Massenmorden in Vietnam, dem Hunger in der Dritten Welt und der politischen und kulturellen Verarmung im eigenen Land machte sich Luft in der Begeisterung für die Aktionen des SDS und der radikalen Jugend in Deutschland.« Anerkennender ist die deutsche Rebellion selten aufgefaßt und beschrieben worden.

Studenten der Frankfurter Universität feierten den aus Frankreich ausgewiesenen Daniel Cohn-Bendit, als er vom SDS zu einer großen Versammlung eingeladen wurde und eine Rede hielt, als Helden einer fast schon gewonnenen Revolution. Frankreich im Mai erschien damals als der rosige Dämmer einer neuen, einer roten Zeit. Die Bewegung hatte sogar die Filmindustrie erfaßt, und viele bekannte Regisseure bildeten hochgemut die »Generalstände des französischen Films«. Sie seien, hieß es in einer Grundsatzerklärung, »geboren aus einer Volksbewegung des Widerspruchs und des Kampfes gegen die bestehende wirtschaftliche, gesellschaftliche und ideologische Ordnung, die des vom Staatsapparat unterstützten Kapitals. Die Generalstände haben zum Ziel, aus dem für das Leben der Nation wesentlichen kulturellen Leben, also auch dem Film, einen gemeinnützigen öffentlichen Dienst zu machen.«

Frankreich erschien als der Beweis dafür, daß Studenten, Arbeiter, Künstler, wären sie nur einig, die Macht hätten, ein überkommenes Regime zu Fall zu bringen. Daß die deutschen Arbeiter, in Bezahlung und Rechten gegenüber ihren französischen Kollegen ungleich besser gestellt, im allgemeinen nicht daran dachten, sich als Ausgebeutete und Unterdrückte zu begreifen, lernten studentische Aktivisten in einem langen und sie tief enttäuschenden praktischen Versuch als Mitarbeiter an den Fließbändern etwa bei Opel in Rüsselsheim oder AEG in Berlin. In der Rüsselsheimer Automobilfabrik etwa heuerte ein Dutzend Männer aus dem Frankfurter SDS an, die sich zunächst Betriebsprojektgruppe und später Revolutionärer Kampf nannten.

Zur politischen Geschichte des Jahres 1968 gehört die Gründung der Deutschen Kommunistischen Partei (DKP), die Kurt Bachmann Ende September bekanntgibt. Er sagt, die Partei wolle »die Traditionen der revolutionären deutschen Arbeiterbewegung« aufnehmen und »im Geiste des antifaschistischen Widerstandes gegen die Nazi-Diktatur« wirken. Bachmann beruft sich auf Marx, Engels, Bebel, Luxemburg, Liebknecht, Thälmann und läßt mit Solidaritätsadressen gegenüber der DDR und den Unterdrückern des Prager Frühlings keinen Zweifel daran, daß die neue Partei im alten Gewand keinen Anschluß an die Revolte der Jungen sucht. Die DKP ist eine Nachfolgeorganisation der 1956 als verfassungsfeindlich verbotenen KPD, wird jedoch nicht mit einem Verbotsantrag verfolgt; eine Inkonsequenz, die sich letztlich als Lehre aus dem hoch umstrittenen KPD-Verbot ergab, das sowohl rechtlich als auch vor allem politisch nie überzeugend gewirkt hatte. Wenige Tage nach der Gründung wird das Bonner DKP-Büro von einem

Mitglied der rechtsradikalen NPD mit einem Gewehr beschossen. Die Furcht, es würden sich Weimarer Zeiten mit ihren mörderischen Auseinandersetzungen zwischen bewaffneten Nazis und Kommunisten wiederholen, erweist sich jedoch als unbegründet. DKP und NPD bleiben Splitterparteien mit kurzfristigen regionalen Erfolgen.

Der blamable »Fall Rehse«

Und auch dies geschah in dem Jahr 1968, »das alles verändert hat«. Die deutsche Justiz bereitete sich ihre blamabelste Niederlage, indem sie den ehemaligen Kammergerichtsrat Hans-Joachim Rehse, der im berüchtigten Volksgerichtshof an 231 Todesurteilen mitgewirkt hatte, vom Vorwurf der Beihilfe zum Mord freisprach. Die Marschrichtung hatte der Bundesgerichtshof vorgegeben, als er eine Verurteilung Rehses zu fünf Jahren Zuchthaus mit der Begründung aufhob, ein Richterspruch könne rechtsdogmatisch den Tatbestand der Beihilfe zum Mord nicht erfüllen. Im zweiten Prozeß begründete ein Berliner Schwurgericht den diesmal ergangenen Freispruch: »Jeder Staat, auch ein totalitärer, hat ein Recht auf Selbstbehauptung. Es kann ihm in Krisenzeiten kein Vorwurf daraus gemacht werden, wenn er zu außergewöhnlichen und abschreckenden Mitteln greift.« Wem dieses Ausweichen vor dem Problem krassen Unrechts, das die Justiz in der Nazizeit begangen hatte, nicht genügte, den belehrte Kammervorsitzender Ernst-Jürgen Oske mit einer nicht anders als abenteuerlich zu bezeichnenden Parallele. Beweis für das Recht des Staates auf Außergewöhnliches sei »auch in der jüngsten Zeit das Beispiel der Bundesregierung mit der Verabschiedung der Notstandsgesetze«.

Abgesehen von der verfassungsrechtlichen Ahnungslosigkeit und der falschen Darstellung, die unterschlägt, daß nicht die Regierung, sondern das Parlament die Notstandsgesetze verabschiedet hatte, stellt der Richterspruch zwischen einem nationalsozialistischen

Terrortribunal und einer demokratischen Mehrheitsentscheidung eine direkte Verwandtschaftslinie her, die so nicht einmal von den schärfsten Gegnern der Notstandsgesetze gezogen wurde. Der Fall Rehse, der selbst aus seiner Nazigesinnung nie ein Hehl gemacht hatte und aus seiner Überzeugung, als Beisitzer Freislers jede Entscheidung mitgetragen zu haben, war wie der Schlußstein in einem Justizgebäude, das ein Trümmerhaufen war.

Man mag die Verfolgung von Nazitätern durch die Nachkriegsjustiz trotz ihrer Bilanz von rund 10 000 Urteilen als unzulänglich beklagen, man mag kritisch anmerken, daß der Frankfurter Auschwitzprozeß erst durch die Bemühungen des hessischen Generalstaatsanwalts Fritz Bauer gegen mannigfache Widerstände zustande gekommen ist: Es bleiben immerhin noch im Scheitern respektable Auseinandersetzungen der Justiz mit Verbrechen im Namen des Staates. Daß dieselbe Justiz die Täter aus den eigenen Reihen nicht bestraft hat, ist ein schmerzliches Versagen und hat auch ungerechter Kritik an Richtern und Staatsanwälten, die während der unruhigen Jahre ihrer Arbeit nachgingen, Tür und Tor geöffnet. Denn über der völlig gerechtfertigten Kritik am unnötigen Scheitern der Justiz an ihrer eigenen Geschichte wurde der Faschismusvorwurf undifferenziert gegen die Justiz als ganze gewendet. Jeder, der mehrere Verhandlungen vor Amts- und Landgerichten mit Angeklagten aus dem linken Spektrum erlebt hat, erinnert sich an sympathisierende Zuhörer, die schon die Bitte eines Richters um Ruhe mit dem Ruf »Faschist« quittierten. Die so Gescholtenen wehrten sich und verhängten Ordnungshaft.

Der Wahrheitsfindung haben solche Spielchen nicht gedient, jener Wahrheitsfindung, um derentwillen Fritz Teufel, häufig angeklagt und anfangs der pointenreichste Widerborst aus der Kommune 1, sich lachend von seinem Stuhl erhoben hatte: wenn die Justiz auf Kinkerlitzchen wie Aufstehen bestehen wolle, na denn in Teufels Namen!

Eine unmittelbare Wirkung auf die Steifheit des Hauptverhandlungsrituals und das in jenen Jahren häufig noch gespreizte Gebaren nicht weniger Richter und Staatsanwälte hatten die Flegeleien der Rebellen lange Zeit nicht. Es ging der Justiz so, wie fast allen anderen Gruppierungen und Schichtungen der Gesellschaft. Eines Tages, vielleicht zwanzig Jahre später, schauten sie hin und stellten fest, daß sich das Land doch geändert hatte. Die Apologeten der APO schreiben diese Wende dem legendären Jahr 1968 und seinen Wurzeln im Jahr 1967 zu und meinen damit, die Studentenrevolte habe zwar nicht die angestrebte Revolution erreicht, aber eben doch Deutschland verändert. Sie verweisen auf Fortschritte in der betrieblichen Mitbestimmung oder im Mietrecht, auf die Wirkung ungezählter Bürgerinitiativen, auf ein gestiegenes Selbstbewußtsein der Bürger und eine höhere Bereitschaft, sich einzumischen, statt sich Behörden blind zu unterwerfen; zuletzt auch darauf, daß 2002 ein Politiker Bundeskanzler blieb, weil er die deutsche Beteiligung an einem amerikanischen Krieg ablehnte.

Ziel Demokratisierung

Wer die historische Rolle der Jugendrevolte von 1967 und 1968 einordnen will, hat es nicht leicht. Sie ist eingebettet in eine Zeitströmung, die uneindämmbar Altes wegreißt. Nackte militärische Gewalt, wie sie die Sowjetunion gegenüber den Reformkommunisten in der CSSR anwendete, mochte vorübergehenden Stillstand bewirken, den Geist der Jahre hat sie nicht verödet. Die Zeichen stehen Ende der sechziger Jahre weltweit auf Kampf um mehr Rechte für den einzelnen, um Mitsprache, Kontrolle der Herrschenden, um Demokratisierung. Willy Brandts berühmter Satz in seiner ersten Regierungserklärung 1969, »Wir wollen mehr Demokratie wagen«, ist kein anbiedernder Reflex auf SDS-Aktionen, sondern tiefe Empfindung eines Politikers, der Verkrustungen aufbrechen will. Konservative haben übrigens auch auf Brandt eher beleidigt reagiert und ihn einen Illusionisten genannt. In einem zuvor nicht akzeptierten Umfang gewinnt das Grundrecht der Meinungsfreiheit an praktizierter Bedeutung. Moralisch wie politisch Anstößiges wird publiziert, und in den Fällen, die vor Gericht gelangen, obsiegen regelmäßig die Publizisten. Verbote des Gedachten sind nicht durchsetzbar. Der Darmstädter Melzer Verlag veröffentlicht Pornographie und druckt den Grundgesetzartikel zur Meinungsfreiheit auf die Schutzumschläge der in hessischer Mundart rasch »Wutzebücher« genannten Sextexte.

Es erscheinen Kompilationen über Strategie und Taktik des Bürgerkrieges, Erinnerungen des vietnamesischen Generals Giap, natürlich Aufsätze von Che Guevara und im Untergrund ungezählte Anleitungen zum Bau von einfachen Kampfmitteln. Ullstein macht »Das Kapital« von Karl Marx in einem fast tausend Seiten starken Taschenbuch wieder allgemein zugänglich; es ist in eine Art graubraunes Packpapier gebunden und gehört in dieser proletarisch gemeinten Aufmachung zu einer umfänglichen Reihe, die den sozialistischen und kommunistischen Bewegungen der ganzen Welt gewidmet ist.

In der bildenden Kunst sagt schon der Name der Stilrichtung Pop Art, daß sie sich populär gibt, sich nicht an ein elitäres Publikum wendet und keine exquisiten Themen zum Gegenstand haben will. Leicht reproduzierbar stellen amerikanische Künstler Autos, Reklametafeln, Vorstadtgesichter dar oder blasen kleine Comic-Bilder oder Zeitungsfotos zu wandfüllendem Format auf. In Deutschland fliegt ein Kunstprofessor aus der Düsseldorfer Hochschule: Joseph Beuys sagt, jeder Mensch sei ein Künstler. Eine Musikergruppe aus der Arbeiterstadt Liverpool wird zu einer Weltmacht, den Beatles liegen Millionen buchstäblich zu Füßen. Die Modehauptstadt Paris mit ihrer Schneiderkunst verliert ihren Platz eins, den nun der Londoner Stadtteil Chelsea einnimmt. Mary Quant, das spindeldürre Mannequin Twiggy und der Minirock tragen zur Befreiung der Frauen nicht nur aus der Modediktatur bei. Comics, ein paar Jahre zuvor noch behördlich unter dem Verdacht von Schmutz und Schund beargwöhnt, werden zu einem Kommunikationsmittel und als künstlerische Ausdrucksform erkannt. Als Gegengesellschaft etabliert sich für eine Weile »Flower-Power«, eine kleine, aber auffällige Bewegung, die von den Vereinigten Staaten aus modische Ableger auf der ganzen Welt bildet. Sie ist eine Absage an die Leistungsgesellschaft und in ihrem politischen Kern eine anarchistische Spielart: die erträumte neue Welt soll ohne Führung, Ordnung und Repression auskommen, sie reguliert sich allein durch den guten Willen ihrer Bewohner. Die kommerzielle Ausschlachtung des Phänomens liefert das Musical »Hair«, das die schlunzige Mode, den esoterischen Glaubensersatz und den Drogenkonsum der Blumenkinder auf die Bühne bringt. Stichwort Drogen: daß die Einnahme von natürlichen oder künstlich erschaffenen Substanzen, die auf das Zentralnervensystem wirken und das Bewußtsein verändern, ein Akt von Freiheitsbehauptung und ein Aufsteigen des Menschen in einen höheren Zustand bedeuten soll, gehört zu den weniger berauschenden Ergebnissen der Aufbruchszeit. Aber, man lese Marshal McLuhan nach, auch dies wurde geglaubt und fand in dem Studentenspruch »Haschu Haschisch inne Taschen, haschu immer was zu naschen« einen ironischen Kommentar.

Der Aufbruch in die Zukunft, die unser Heute geworden ist, hatte nicht nur politische Gestalt, aber die Zeitgenossen wurden von der Avantgarde aufgefordert, das Politische in allen Lebensäußerungen zu sehen. Nachdem das Tabu gebrochen war, über Sexualität nicht nur zu munkeln, sondern offen zu reden, geriet manchen ideologiefesten Theoretikern wie unbekümmerten Praktikern der Akt fast über Nacht zur politischen Tat und damit im Wortsinn zur Lachnummer. »Make Love Not War« konnte man in poppigen Farben als Plakat erwerben und neben das politisch noch korrektere mit Marx, Engels, Lenin und dem Bundesbahn-Werbespruch »Alle reden vom Wetter – Wir nicht« hängen. Der Frankfurter SDS reimte für eine Vietnam-Demonstration durch das Rotlichtviertel um den Hauptbahnhof ein wenig holprig, aber nicht unkomisch: »Nutten, runter vom Balkon, vögelt für den Vietkong!« Etwas ängstlich nahmen die Kommilitonen zur Kenntnis, daß die Kommilitoninnen ihre Büstenhalter wegschmissen, und machten sich Mut mit dem berühmt gewordenen Satz: »Wer zweimal mit derselben pennt, gehört schon zum Establishment.«

Es darf nachträglich bezweifelt werden, ob es mit der Promiskuität der Achtundsechziger sonderlich weit her war. Jedenfalls hat man über Rainer Langhans viele Jahre nach dem Verschwinden der im Ruch der Sündhaftigkeit als führend geltenden Berliner Kommune 1 lediglich gehört, er sei doch immer nur hinter Uschi Obermaier her gewesen. Ernsthaft haben die Männer der Revolte zur Emanzipation der Frau fast nichts beigetragen. Sie hat sich selbst befreit, in einem langsamen Prozeß, dem es an schrillen Tönen nicht mangelte, der aber durch Zähigkeit und Klugheit weit vorangekommen ist.

Ende der sechziger Jahre beginnt unsere Gegenwart. Damals wurden die heute nicht mehr bestehenden Schranken abgebaut, die den öffentlichen Diskurs einengten. Man braucht sich nur Interviews im populärsten Medium, dem Fernsehen, vergleichend anzusehen, um zu erkennen, daß ein Reporter, der etwa 1967 mit Adorno sprach, vor lauter »Herr Professor« hier und bildungsbeflissener Unterwürfigkeit da kaum noch zum Fragenstellen kam. Als weiteres Beispiel der tiefgreifenden und deshalb an der Oberfläche erkennbaren Veränderung mag die Nachrichtensendung »Tagesschau« dienen, die zu jener Zeit keine journalistische Produktion unter vielen war, sondern in strengem Ton zelebriert wurde wie eine Regierungserklärung und von vielen auch dafür gehalten wurde.

Um ein publizistisches Gegenprogramm mühten sich viele, aber keiner mit soviel Erfolg wie Günter Wallraff. Er erfand einen neuen Typus des Reporters, er war eine Art Undercoveragent im Auftrag seiner Wahrheit. Unter falscher Identität schlüpfte er in die Rollen von Industriearbeitern und kleinen Angestellten, deren Tätigkeit, so schien ihm und so führte er es seinen Lesern vor, auf klassisch kapitalistische Weise ausgebeutet wurde. An den Fließbändern und anderen trostlosen Arbeitsplätzen fand Wallraff keine soziale Marktwirtschaft, sondern schwere Arbeit bei mäßiger Bezahlung und herablassender Behandlung. Seine »Industriereportagen«, »Neue Reportagen« und »13 unerwünschte Reportagen«

sind inzwischen Klassiker der sozial engagierten Publizistik. Ihre Stärke liegt gewiß nicht im ideologischen Beiwerk, sondern in der genauen Schilderung.

Wallraffs berühmteste Verkleidung war die des Journalisten Hans Esser, der bei »Bild« in der Hannoveraner Redaktion beschäftigt war. Das Buch handelt von Erlebnissen mit Nachrichtenmanipulation und Fälschung, vom Zynismus der Redakteure, die wider besseres Wissen Schlagzeilen formulieren und die unempfindlich für die seelischen Grausamkeiten sind, die sie tagtäglich den Menschen zufügen, über die sie herziehen. Wallraff schreibt über das Boulevardblatt zornig wie nie, was dem Manuskript an einigen Stellen nicht gut bekommen ist. Es verfällt in den Fehler, den fast alle Kritik der Massenblätter begeht: sie nimmt den Quatsch, der im Mäntelchen der Pressefreiheit daherkommt, ernster als die meisten der Millionen von Lesern. Soziologische Untersuchungen haben herausgefunden, daß die Konsumenten durchaus wissen, sie werden nicht informiert, sondern lediglich unterhalten. Der Einwand, »Bild«-Leser lachten und weinten weit unter ihrem Niveau, ist berechtigt, hat aber diesem und den anderen Revolverblättern nichts anhaben können.

Wallraff, wen mag es wundern, ist vielfach angezeigt worden und hat oft vor Gericht gestanden. Eine fast heitere Begegnung mit der Justiz entwickelte sich bereits 1968 aus der Veröffentlichung von Telefongesprächen, die der Autor in der Gestalt eines erfundenen Ministerialrats Kröver aus dem ebenfalls fiktiven Zivilschutzausschuß des Bundesministeriums des Inneren mit den Firmen Henschel in Kassel und Continental in Hannover geführt hatte. Der Ministerialrat erkundigte sich, ob die Betriebe in der Lage seien, »wilden Streiks entgegenzutreten oder anderen Unruhen, die zum Beispiel aus lohnpolitischen Maßnahmen entstehen«.

Die erstaunlichen Auskünfte von Firmenbeauftragten, die dem vermeintlich hohen Staatsbeamten beflissen zu Diensten waren, liefen darauf hinaus, daß es bewaffnete Werkschutzgruppen gab. Der Enthüllungstext erschien in der Frankfurter Satire-Zeitschrift »Pardon« und brachte den Autor unter der Anklage der Amtsanmaßung und des Mißbrauchs einer Dienstbezeichnung vor das Frankfurter Amtsgericht. Bundesinnenminister Lücke hatte Anzeige erstattet.

Information per Amtsanmaßung

Dem Autor und seinem Verteidiger Rechtsanwalt Hannover gelang es, den eigentlichen Skandal, die Existenz illegaler und deshalb geheim gehaltener Werkschutzgruppen, vor Gericht zu thematisieren. Wallraff griff gleich zu Beginn der Verhandlung die Justiz an und monierte, sie versuche, sich mit der Anklage wegen Amtsanmaßung um das eigentliche Thema zu drücken, und sagte dann: »Ich wählte das Amt des Mitwissers, um ein Stück weit hinter die Tarnwand von Verschleierung, Dementis und Lügen Einblick nehmen zu können. Die Methode, die ich wählte, war geringfügig im Vergleich zu den rechtsbeugenden Maßnahmen und illegalen Erprobungen, die ich damit aufdeckte.«

Verteidiger Hannover schlug dem Gericht vor, wenn es nicht schon bei der Abwägung mit dem Grundrecht der Presse- und Informationsfreiheit zur Nichtanwendung des angeklagten Paragraphen komme, dann doch ein Notwehrrecht für Wallraff anzunehmen. Schutzwürdiges Rechtsgut sei der Informationsanspruch der Öffentlichkeit über illegale Notstandsvorbereitungen. Wallraff habe mit seiner Rollentechnik einen Mißstand aufgedeckt, und auf andere Weise sei dies nicht möglich gewesen.

Das Gericht sprach Wallraff frei, er sei der Amtsanmaßung nicht schuldig. Zur Ausübung eines öffentlichen Amtes gehöre die Wahrnehmung von Hoheitsrechten unter Anwendung von Machtmitteln. Die Telefonate Wallraffs könnten jedoch nicht als Hoheitsakte betrachtet werden. Für den zweiten Anklagepunkt – Mißbrauch der Amtsbezeichnung »Ministerialrat« – legte sich das Gericht nach ausführlicher Darlegung, Wallraff habe den einschlägigen Paragraphen verletzt, zum freisprechenden Urteil auf die Annahme des Verbotsirrtums fest: der Angeklagte habe irrtümlich angenommen, so handeln zu dürfen, wie er gehandelt hat.

Das war nun zwar auch nicht ganz das Ergebnis, das Wallraff sich gewünscht hatte, aber er hat es hingenommen. Rechtsanwalt Hannover schrieb dazu in »Die Republik vor Gericht«, Band 1, sein Mandant habe immer wieder hervorgehoben, er habe sich nicht im Verbotsirrtum befunden. »Er wollte sich nicht in künftigen Fällen entgegenhalten lassen, er wisse ja nun Bescheid, daß seine Art journalistischer Arbeit verboten sei. Wir wollten eine Grundsatzentscheidung, die ein für allemal klarstellte, daß es in einem seiner Verfassung nach freien Land erlaubt, ja geradezu geboten sein muß, daß Journalisten die geheime illegale Komplizenschaft zwischen Staatsapparat, Großkapital und Militär mit der von Wallraff praktizierten Methode der teilnehmenden Beobachtung und des Rollenspiels entlarven und ans Licht der Öffentlichkeit ziehen dürfen. Aber ein solches Jahrhunderturteil war von dem Frankfurter Amtsgerichtsrat Scholz und seinen beiden Schöffen nicht zu haben. Und so mußten wir uns mit der juristischen Hausmannskost des Frankfurter Urteils begnügen, immerhin ein Freispruch, gegen den die Staatsanwaltschaft kein Rechtsmittel einlegte.«

Wallraffs Schärfe der Beobachtung und die Lesbarkeit seiner Veröffentlichungen wurden im politischen Diskurs über den Zustand der Bundesrepublik nicht nur im Kreis seiner Bewunderer wahrgenommen. Vernehmen ließ sich auch immer wieder Rolf Hochhuth, der mit seinem Drama »Der Stellvertreter« über das angebliche Versagen des Papstes Pius XII. gegenüber der Judenvernichtung einen Welterfolg geschrieben hatte. Der Dramatiker nutzte seine Berühmtheit und mischte sich immer wieder mit provozierenden Thesen in die Politik ein.

Bundeskanzler Ludwig Erhard erfand für Hochhuth den unrühmlichen Pinscher-Vergleich, der ihm selbst mehr schadete als dem Geschmähten. Hochhuth hatte 1965 unter dem Titel »Der Klassenkampf ist nicht zu Ende« einen Aufsatz über die Vermögensverteilung in der Bundesrepublik veröffentlicht, über Ungleichheit von Lebenschancen und Verkleisterung solch unbequemer Fakten durch die Politik. Erhard hatte daraufhin im Radio gewettert: »Ich habe keine Lust, mich mit Herrn Hochhuth zu unterhalten über Wirtschafts- und Sozialpolitik. Ich meine, das ist alles dummes Zeug. Die sprechen von Dingen, von denen sie von Tuten und Blasen keine Ahnung haben. Sie begeben sich auf die Ebene eines kleinen Parteifunktionärs und wollen doch mit dem hohen Grad eines Dichters ernst genommen werden. Nein, so haben wir nicht gewettet. Da hört der Dichter auf, da fängt der ganz kleine Pinscher an.«

Der scharfe Ton der Rebellen hat die alten Formen zerstört. Den Inhalten hat dies vermutlich nicht geschadet. Podiumsdiskussionen mit Beteiligung von Zuhörern, Bürgerinitiativen, das Spiel mit den Medien, der von Verwaltungen tatsächlich häufig gesuchte Dialog mit den Bürgern – diese Manifestationen von Selbstbewußtsein haben ihren schrillen Anfang in jener Zeit. Doch auch die dunklen Seiten werden hier zum ersten Mal aufgeblättert. Revolutionäre Ungeduld verführt einige auf den Abweg der terroristischen Tat, und der Staat setzt sich mit allen seinen Machtmitteln dagegen ein.

Einige der Entwicklungslinien schneiden sich vor Gericht. Dies ist der Ort, über die Strafbarkeit von Regelverletzungen zu entscheiden. Vor Gerichten ist jedoch mehr besprochen worden, als der jeweils einschlägige Paragraph des Strafgesetzbuchs. Justiz, Angeklagte und Verteidiger wurden zu Mitspielern auf einer Bühne, die Geschichte aufführte. Das starke Regelwerk der Strafprozeßordnung hat die Aufführungen überschaubar gehalten, ihnen aber nichts von ihrer Dramatik genommen. Verteidiger, die sich als Linksanwälte verstanden, sahen sich vor kaum lösbaren Aufgaben. Von einigen Anwälten abgesehen, die den kriminellen Weg gegangen sind, traten sie innerhalb eines Rechtssystems, das ihre Mandanten nicht nur verletzt hatten, sondern aus tiefer Überzeugung verachteten, für deren Rechte ein. Sie gerieten daher in Erklärungszwänge nicht nur gegenüber der Justiz, sondern gegenüber der eigenen Partei. Dort sah man nicht in der Tat, sondern in der Anklage den gesellschaftsschädlichen Akt.

Sie sympathisierten aus Gründen der politischen Einstellung nicht selten mit den Mandanten und waren gequält von Fragen, ob hundert Jahre alte Gesetze den Fällen angemessen waren, die sie vertraten. Sie sahen sich gezwungen, staatsanwaltlichen Ermittlungsergebnissen eigene entgegenzusetzen und zu Experten im Stellen von Beweisanträgen zu werden.

Die Justiz warf ihnen Prozeßverschleppung vor, die Mandantenschaft Obrigkeitsgläubigkeit und das Publikum Komplizenschaft. Zur fehlenden Anerkennung gesellte sich eine Bezahlung, die den zeitlichen und nervlichen Aufwand nur selten aufwog. In ganz ungünstigen Fällen kam es dazu, wie es dem bereits erwähnten Frankfurter Rechtsanwalt Knöss erging. Er verlor die Prozesse, seine Reputation, seine Kanzlei, die Mandanten und schließlich – für fünf Jahre – sogar das Recht auf Zulassung zum Anwaltsberuf.

Anstößiger Vergleich

Seine Beschreibung des Ehrengerichtsverfahrens von 1976 zeigt den Konflikt: »Rechtsanwalt E., der Vertreter der Anwaltskammer, der mich mehrfach als ›der Angeklagte‹ bezeichnete und keine Gelegenheit ausließ zu provozieren, hätte gerne unter Ausschluß der Öffentlichkeit verhandelt. Mitten in einer Zeugenvernehmung, die ruhig verlief, deutete er auf einen Prozeßbesucher und erklärte mit gespielter Entrüstung, dieser habe auf ihn gedeutet und die Handbewegung des Erschießens gemacht. Der Genosse wurde abgeführt, obwohl klar war, daß die Bewegung des Erschießens nur im Kopf von Herrn E. herumgeisterte. Dann wurde ich belehrt: meine Intoleranz sei unerträglich. Deshalb könne ich, im Gegensatz zu ihm, auch nicht Anwalt werden. Mein Vergleich der Prozeßführung Richter Schwalbes mit dem Volksgerichtshof zeige, daß ich damals gar nicht dabei war (was stimmt) und keine Ahnung hätte … Man habe nichts dagegen, daß ich streng einseitig Mandanten verteidige, … ich aber hätte mich mit meinen Mandanten identifiziert. Das sei besonders deutlich geworden im Kaiserslauterer ›kleinen BM-Prozeß‹ gegen Grashof, Grundmann und Jünschke. Anstatt dort Ausführungen über den neuen Paragraphen 231 a zu machen, hätte ich unerträglich polemisiert. In meinem Antrag (der sich gegen die Haftbedingungen der Gefangenen gerichtet hatte) sei kein einziges juristisches Wort, aber dafür Sätze wie ›deshalb ist der Paragraph 231 a Teil der konterrevolutionären Politik gegen die Stadt-Guerilla und hat keine andere Funktion, als hier und heute in der Bundesrepublik politische Gefangene foltern zu können und die Auswirkungen dieser Folter zu verheimlichen‹. Von Sprache und Inhalt her sei ich mit einem solchen Satz als Rechtsanwalt untragbar. An diesem Punkt wurde dann endlich deutlich, daß es der Justiz um ganz andere Dinge geht, als mir ursprünglich vorgeworfen wurden. Von Demonstrationen und Hausbesetzungen kein Wort mehr, aber dieser eine Satz, den ich in Kaiserslautern gesagt habe und der aus dem Zusammenhang gerissen zitiert wurde, reicht aus. Meine Verteidiger, Assessor Dr. Düx und Assessor Dr. Temming, hielten daraufhin glanzvolle Plädoyers, was mir aber nichts nützte und ihnen auch nichts mehr nützen wird, denn Düx ist seit zwei Wochen ebenfalls ›unwürdig den Rechtsanwaltsberuf auszuüben‹, und Temming wird es wohl in zwei Wochen so gehen.«

Zum Schluß wird Knöss wütend: »Da sind die Herrschenden in der BRD an ihrem Ziel angelangt: Wie in jedem Fall Solidarisierung mit den politischen Gefangenen verfolgt wird, sollen die auch nicht mehr das bißchen Schutz noch haben, das nach der europäischen Menschenrechtskonvention jedem Gefangenen zusteht. Und die linken Juristen hier halten zu allem das Maul, lächeln einen verlegen an, wenn sie uns treffen und hoffen insgeheim, daß es sie nicht trifft. Dahinter steckt doch die Überlegung, hätten wir – Düx, Temming und ich – uns nur etwas vorsichtiger verhalten, dann wären wir auch zugelassen worden. Diesen Vorwurf kann ich zurückgeben: Hätte die ›Kritische Justiz‹ sich nicht zu Stammheim ausgeschwiegen, sähe es vielleicht ein bißchen anders aus. Und hätte sie eine Berufsverbotskampagne zur Unterstützung der Rechtsanwälte, die da verteidigt haben (Croissant, Ströbele, Groenewold, Plottnitz, Heldmann usw.), initiiert, sähe es vielleicht noch einmal anders aus! Aber lieber haben sie meinen Antrag an den Ehrengerichtshof kleingedruckt unter der Rubrik ›besonders lesenswerte Schriftsätze‹ oder so abgedruckt. Zum Widerstand gehört eben auch, daß man sich wehrt.«

Die Jahre 1967 und 1968, in denen sich das Bewußtsein der zur Revolution entschlossenen Rebellen bildete, enthalten sowohl den Keim dauerhafter evolutionärer Veränderung der Gesellschaft als auch den radikalen Anstoß, der, soweit es das Vorhaben der Revolution betrifft, letztlich gescheitert ist und dessen Weg der terroristischen Aktion in und durch Gewalt endete. Die Außerparlamentarische Opposition hat außer revolutionären Gesten des Wortes zu keiner revolutionären Tat gefunden und hätte im Fall, ihr wäre etwas derartiges gelungen, gleichwohl keine Basis in der Bevölkerung gehabt. Die intellektuelle Durchdringung des Themas Revolution führte bald über die Lektüre der lebenden und toten Theoretiker und Praktiker des gewaltgetragenen Umsturzes zu der Erkenntnis, daß es ohne den Besitz militärischer Macht, vor allem aber ohne die Sympathie und tatkräftige Unterstützung großer Bevölkerungsteile keine Möglichkeit gibt, einen bestehenden Staat und seine Ordnung zu Fall zu bringen. Die Arbeiter und Angestellten der Bundesrepublik aber mochten zwar beim Bier über »die Politiker« oder »die da oben« schimpfen, doch ihre wirtschaftlichen Verhältnisse, die ihnen gutes Essen, Wohnungen, Autos und alljährliche Urlaubsreisen ins Ausland garantierten, machten sie zu gänzlich ungeeigneten Ansprechpartnern für die Revolution.

Die von der RAF reklamierten revolutionären Grundsätze, ihre Vorstellung, der Vorläufer kommender Möglichkeiten zu sein und durch gezielte Nadelstiche den bekämpften Staat in jenes Ungeheuer zu verwandeln, dem sich dann die Mehrheit, nun endlich den menschenverachtenden Charakter der Herrschenden erkennend, erfolgreich entgegenstellen werde, diese RAF-typische Mischung aus Illusion und Handeln um des Handelns willen hat wenig Resonanz gefunden.

Der historische Beitrag der RAF zur Geschichte der linken Bewegung in der Bundesrepublik war gänzlich negativ. Die von der sogenannten ersten RAF-Generation begangenen Morde an amerikanischen Soldaten, die als Zufallsopfer von Bombenattentaten unschuldige Tote waren, und die von den Nachfolgern begangenen Verbrechen an ausgesuchten Opfern unter Repräsentanten des deutschen Staates und seiner Wirtschaft haben wegen ihrer Verwerflichkeit und ihres sensationellen Charakters zeitweise alle anderen Formen der Kritik überlagert und in Mißkredit gebracht. Der arrogante Anspruch, berechtigte Herrschaft über Leben und Tod zu haben, brachte in weiten Teilen der veröffentlichten Meinung eine Tendenz zur Ausrottung mit Stumpf und Stiel hervor, die weit über die Bekämpfung der Täter hinausging. Die RAF wurde zuweilen als zwangsläufige Entwicklung aufgefaßt, die mit dem Tragen eines Roten Sterns an der Mütze beginne und am Abzug einer Maschinenpistole ende.

Es ist die historische Schuld der RAF, der nicht gewaltbereiten Linken vor jeder politischen Äußerung eine dann doch nur als floskelhaft empfundene Verzichtserklärung aufgenötigt zu haben. Niemand hat der Linken mehr geschadet als diese Avantgarde von eigenen Gnaden, deren wortgewandteste Protagonistin Ulrike Meinhof im »Spiegel« Polizeibeamte pauschal als »Schweine« bezeichnet und hinzugefügt hatte: »Natürlich kann geschossen werden.«

Kapitel 3
SOLIDARITÄT

»Hoch die internationale Solidarität«, das war einer der auf jeder Demonstration der Linken skandierten Sprüche. Er rekurrierte nicht nur auf die früheren Jahre mit ihrer weltumspannenden Utopie der diversen Internationalen und ihrem berühmten deutschen Solidaritäts-Lied »Vorwärts und nicht vergessen ...«, er forderte und behauptete auch eine die Länder und Nationen überwindende Gleichgestimmtheit des antikapitalistischen Denkens und Handelns. Beschworen wurde die Gemeinsamkeit aller Gegner des Vietnamkriegs, der Feinde der Ausbeutung der Dritten Welt und auch die Idee der menschheitsumfassenden Brüderlichkeit, ein Wort, das neben Freiheit und Gleichheit das Staatswappen der allerersten, aus der Revolution hervorgegangenen, Französischen Republik ziert, neben Liktorenbündel, Jakobinermütze und einem eisigen »ou la mort«, Republik oder Tod. Solidarisch gegen die, die da demonstrierten, den Berufsverkehr aufhielten, Scheiben einschmissen und überhaupt im Verdacht standen, die Innere Sicherheit zu gefährden, waren aber auch die Parteien, die Mehrheit der Bürger, Regierung und Opposition, Strafverfolgungsbehörden und Justiz; solidarisch in ihrem Urteil über Krawallbrüder und wirklichkeitsfremde Intellektuelle, über faule Studenten und den einen oder anderen Professor, der auf Staatskosten Feindpropaganda betreibe. Es herrschte eine gesellschaftliche Atmosphäre der Unversöhnlichkeit, in der Appelle an vernunftgesteuerte Gelassenheit nur selten eine Chance zu haben schienen.

So lag angesichts einer Protestbewegung, die auf den Unrechtsgehalt von Gesetzesübertretungen pfiff und zwangsläufig immer öfter auf der unbequemen Anklagebank landete, der Gedanke im Grunde nah, auch das Juristische irgendwie zu organisieren. Warum sollten sich Rechtsanwälte, die ähnliche politische Ansichten vertraten wie die rebellierenden Jugendlichen und Studenten, nicht zusammenschließen und Sozietäten gründen? Zumal Kanzleien mit mehreren Anwälten weder ungewöhnlich sind noch waren. Die Gemeinsamkeit mag im klassischen Sinn auf ähnlichen oder einander ergänzenden Rechtsgebieten liegen, doch eine die Partner verbindende Sicht auf die Welten des Rechts und der Politik konnte ebensowenig von Nachteil sein wie die sich nun doch häufenden Fälle, die sich aus der Strafverfolgung von Demonstranten, Hausbesetzern und anderen Mandanten ergaben, denen Rechtsbrüche zur Last gelegt wurden.

In Frankfurt wird Anfang der Siebziger die Idee einer großen Kanzlei debattiert, in der ausschließlich Linksanwälte tätig sein sollten. Doch der Individualismus erweist sich als stärker denn die Kollektividee. Statt eines großen Verbundbüros entstehen mehrere kleine. Armin Golzem, Rupert von Plottnitz, Helmut Riedel und Bernd Koch lassen sich in der Hochstraße nieder. Johannes Riemann, Inge Hornischer und der vom Beruf des Astronomen in die Juristerei gewechselte und bereits etablierte Edwin Herzog tun sich zusammen. Daneben existiert noch ein linkes Büro mit Bergmann und Demski. Auf die Gründung eines weiteren der KPD/(AO) nahestehenden Büros von Gottfried Krutzki und Hellmut Brunn Mitte der siebziger Jahre folgen rasch mehr als ein Dutzend weitere Neugründungen durch frischgebackene Anwälte, die sich politisch mehr oder weniger den Frankfurter Spontis verbunden fühlen. Im Rahmen des Umzugs des Kommunistischen Bundes Westdeutschlands (KBW) nach Frankfurt ergänzt die Sozietät mit Eberhard Kempf, Jürgen Borowsky und Lothar Baier die rote Palette.

Der Berliner Rechtsanwalt Klaus Eschen – 1967 als Anwalt zugelassen und mit Horst Mahler und Christian Ströbele in Berlin Gründer der ersten Kanzlei neuen Typs, die sich bald den programmatischen Namen »Sozialistisches Anwaltskollektiv« gab, erklärtermaßen linksorientierter Anwälte mit dem Ziel, ähnlich denkenden Mandanten, die mit dem Gesetz in Konflikt lagen, zu raten und zu helfen – hat aus dem Abstand von zwei Jahrzehnten eine Analyse seiner Situation und der Zeitumstände versucht. Als Vorsitzender des Republikanischen Anwaltsvereins (RAV) nahm er in einem Wiederzulassungsverfahren für einen Kollegen Stellung und führte unter anderem aus, die Verteidigung vor allem von inhaftierten Mandanten in Verfahren, die sich meist über Jahre hingezogen hätten, bedeuteten überdimensionale Belastungen und Probleme, deren Lösung nicht selten einer Gratwanderung geglichen habe. Die Rechtsanwälte befanden sich laut Eschen in Verfahren, die Ausdruck und Folge einer neuen politisch-oppositionellen Bewegung waren, der sich die in ihnen tätigen Kollegen verbunden oder zugehörig fühlten. Die Betroffenen dieser Verfahren hätten sich mit Hilfe ihrer Anwälte nicht nur gegen die gegen sie erhobenen Vorwürfe im eigentlichen Sinne verteidigt, sondern die Legitimation der gegen sie anzuwendenden Normen und der Gerichte grundsätzlich in Frage gestellt. Erschwerend sei hinzugekommen, daß die in dieser Weise tätigen Kollegen in der überwiegenden Mehrzahl als Berufsanfänger mit einer von ihnen zu verarbeitenden Realität in Politik und Justiz konfrontiert gewesen seien. Die etablierten politischen und juristischen Gruppierungen und Institutionen hätten allzu häufig mit Unverständnis, aber auch mit radikaler, diffamierender Ablehnung und Verfolgung reagiert. Das habe auch für die traditionell verfaßte Anwaltschaft, also die ältere, erfahrene Anwaltsgeneration gegolten. Der Anwaltsberuf sei in der Folge weniger unter dem Aspekt der Rechtmäßigkeit als dem der politischen Opportunität diskutiert worden.

Junge Linksanwälte machten sich das Leben nicht leicht. Es ist nicht nur Romantik und Erleichterung über gehabte Schmerzen, wenn der eine oder andere Jahrzehnte nach den bestandenen Schwierigkeiten von sorgfältig nach günstigen Mietkonditionen ausgesuchten Altbauwohnungen für die neue Kanzlei berichtet, vom fragwürdigen Vergnügen, mangels Geld die Renovierung selbst zu erledigen, von Möblierung vom Sperrmüll.

Die gesinnungsfesten Mandanten, die sich vertrauensvoll, aber mit leerem Geldbeutel an die advokatisch geschulten Genossen wandten, konnten oder wollten keine Anzahlungen leisten – dem bekannten Anwalts-Wahlspruch »ohne Schuß kein Jus« zum Trotz. Spätestens der Appell an den Genossen im Anwalt, verbunden mit dem Hinweis, man werde seine geldgierige Haltung der Szene oder der Partei berichten, sowie die Vertröstung, man würde, Ehrenwort, bald alles zahlen, war erfolgreich. Die Zahlungsmoral linker Mandaten gegenüber ihren Linksanwälten illustrierte Anwalt Bernd Koch, als er auf die Frage, was er von Joschka Fischers Landtagskandidatur halte, knapp befand: »Wenn er gewählt wird, wird er ja hoffentlich seine offenen Rechnungen bezahlen.«

Die Entschädigung in Form von eher den Bürobetrieb hinderlicher Mitarbeit und das eher rührende, als förderliche Drängen von Angehörigen und Freunden war auch kein Ersatz für die stets anfallenden fixen Kosten des Büros. Zuweilen wurde es auch lästig, wenn sich Sympathisanten von inhaftierten Mandanten stundenlang im Büro aufhielten und nicht vertreiben ließen. Irgendwie wurstelten sich die Anwälte durch, und wenn sie einen Prozeß um Mieterhöhung oder um ein nicht gerechtfertigtes Berufsverbot oder ein Demonstrationsdelikt gewonnen hatten, war ihnen die Anerkennung nicht nur als tüchtige juristische Fachleute sicher, sondern sie bekamen auch etwas Geld von der Staatskasse.

Aber selbst 750 Mark Tagessatz, der sich bei großen Strafprozessen eingebürgert hatte, brachte kaum finanzielle Entlastung. Während solcher Prozesse war praktisch keine andere Arbeit mehr möglich und danach mußte der überanstrengte Jurist nicht nur seine Fitness, sondern auch seine inzwischen vernachlässigte Klientel neu aufbauen. Die sozialistische Hoffnung, gleicher Lohn für alle Mitarbeiter, vom Azubi bis zum Chef, werde durch verstärktes Engagement auch die Einnahmen steigern, erweist sich als Illusion. So arbeitete man an der richtigen Sache, die letztlich nicht weniger als die neue Welt war. Daß ihr Name Utopia sein könnte, schmälerte den Enthusiasmus nicht, für wenig Geld bis spät in die Nacht Gesetzbücher zu wälzen, Prozesse vorzubereiten, den Terminkalender in Ordnung zu halten und die Steuererklärung vor sich her zu schieben.

Wasser marsch!

Das Ziel war eine neue sozialistische Gesellschaftsordnung und dafür, so sagt einer, der dabei war, »haben wir uns das Recht herausgenommen, rabiat zu sein«. An der Frankfurter Universität bildet sich im Sommer 1970 an der juristischen Fakultät, die bislang in der Rebellion nur eine Nebenrolle gespielt hatte, eine »Kampfgruppe Jura«. Sie erregt Aufsehen, als sie am 26. Juni die Vorlesung des Strafrechtlers Günther Kohlmann durch den zweckentfremdeten Gebrauch des Feuerwehrschlauchs im großen Hörsaal VI unmöglich macht. Kohlmann war wegen der Lebendigkeit seiner Veranstaltungen beliebt und schlagfertig. Als die C-Rohr-Gruppe ihn als Professorensau beschimpft, kontert er in rheinischem Platt: »Wenn ihr mich schon duzt: isch häeiße Jünther.« Viele Studenten werden naß und beschweren sich beim Allgemeinen Studentenausschuß (AStA), fordern ihn auf, der Wasseraktion wenigstens eine nachträgliche Absage zu erteilen. Dies wird verweigert mit einer wegen ihres zeittypischen Tons erinnerungswürdigen Begründung: »Die politische Legitimation solcher studentischer Aktionen sehen wir insoweit gegeben, da aus Erfahrung der Protestbewegung erst in der scharfen politischen Konfrontation unter den beteiligten Studenten eine Situation geschaffen werden kann, in der politische Diskussionen so verbindlich geführt werden, daß sie für den einzelnen einen Entscheidungsdruck herstellen und auch praktische Konsequenzen erzwingen.« Ironisch heißt es weiter, der AStA werde sich im Studentenparlament dafür einsetzen, daß die Diskussion über verdorbene Kleidung mit einer Zusage beendet werde, die Reinigungskosten Betroffener zu übernehmen. Der Wasserschlauch zur Unterstützung des politischen Bewusstseins.

Anführer der Wasserspiele war übrigens nach Auskunft von Naßgewordenen der später weniger als Jurist denn als Kabarettist berühmt gewordene Matthias Beltz.

Aber solche Aktivitäten waren bei den juristischen Fakultäten eher die Ausnahme. Die linken Jura-Studenten hatten es zwar einfach, gegen die affirmative, mit einer immensen Stofffülle versehene, zunächst fast nur an den Professoreninteressen ausgerichtete und dann allein auf die Examensklausuren orientierte Ausbildung zu argumentieren. Fast alle mußten zur Prüfungsvorbereitung jahrelang die außeruniversitären, teuer zu zahlenden Repetitorien aufsuchen. Aber sie waren auch gezwungen, für ihre Kritik gemäß dem Motto: «Die herrschende Meinung ist immer die Meinung der Herrschenden« begründete Gegenpositionen zu entwickeln. Dies brachte zwar viel zusätzliche Arbeit und Unmengen bedruckten Papiers, wurde aber zu einer guten Denkschule. Und wenn ein Peter Gauweiler, der in den wilden Jahren der Münchner Universität Vorsitzender des CSU-nahen Ringes Demokratischer Studenten (RCDS) war, sich später als alternativer 68er bezeichnet, so klingt Anerkennung mit.

Es gab auch frühe Erfolgserlebnisse. Wegen Unruhen in der Kunst-Akademie in München hatte der Präsident Nestler eine Schließungsverfügung des Kulturministeriums veranlaßt, die er an die Eingangspforte anbrachte. Die Proteste dagegen, an denen sich alle Linken beteiligten, führten zu 123 Festnahmen. Jura-Student Hartmut Wächtler erzwang über einen erfolgreichen § 80 Abs.5-VwGO-Antrag (das Ministerium hatte vergessen, den Sofortvollzug der Maßnahme zu begründen) beim Verwaltungsgericht die Wiedereröffnung der Kunst-Akademie.

Doch auch in Bayern sollte die Atmosphäre bald ernster werden. Wächtler mußte 1972 erleben, wie Reinhard W. acht Monate Jugendstrafe ohne Bewährung erhielt. Sein Mandant war bei einer Demonstration vor dem US-Konsulat, bei dem auch Steine geworfen wurden, festgenommen und wegen Landfriedensbruchs angeklagt worden. Das unverhältnismäßige Urteil wurde einer Revisionsüberprüfung durch einen Trick des Gerichtes entzogen, indem das Berufungsgericht überraschend unter Beibehaltung des Strafmaßes Jugendstrafrecht anwandte (gegen eine Strafe nach Jugendrecht gibt es keine Revision).

W. muß die Haft im von München weit entfernten fränkischen Ebrach absitzen, wo im Sommer eine Solidaritätsdemonstration stattfindet. Die Sympathisanten bleiben für einige Tage auf einer von einem Bauern gemieteten Wiese und wehren sich gegen wiederholte Polizei-Aktionen. Ministerpräsident Franz-Josef Strauß bewertet diese Situation mit der ihm eigenen Deutlichkeit: »Sie scheißen, sie treiben Geschlechtsverkehr im Freien und benehmen sich wie Tiere, für die menschliche Gesetze keine Anwendung finden können.«

Eine Steigerung der Münchner Justiz gegen Linke sollte möglich sein: Am 1. März 1974 wird der Rechtsreferendar Rolf P., ehemaliger AStA-Vorsitzender und führender Mann der Münchner APO, im 2. Staatsexamen erstaunlicherweise durchgefallen, zu sechseinhalb Jahren verurteilt. Die Beweislage ist dünn, das Strafmaß überzogen. Ernst Müller-Meiningen jr. von der Süddeutschen Zeitung spricht von einem »Abschreckungsurteil, ein Exzeß der Justiz zur rücksichtslosen Durchsetzung der Staatsräson«. Sein Kollege Tochtermann widmet diesem Verfahren in seinem Buch »Leichen der

Bayerischen Justiz« ein ausführliches Kapitel, das mit dem Satz endet: »Wenn der Name Rolf P. fällt, hat die bayerische Justiz allen Grund, rot zu werden – nicht zornesrot, sondern schamrot.«

In Berlin war ein Jahr zuvor 1972/73 der erste Prozeß gegen die RAF von richtungsweisender Bedeutung. Mit dem Hauptangeklagten Horst Mahler, mit seinen Verteidigern Otto Schily und Hans-Christian Ströbele sah sich die Berliner Justiz einer großen Herausforderung gegenüber – und kam zu einem problematischen Urteil.

In ihren Plädoyers hatten Schily und Ströbele die Aussagen des Zeugen Ruhland auseinandergenommen und Freispruch beantragt. Das Gericht zog sich auf eine Begründungsebene zurück, die die Verteidigung als »Nichtdistanzierungstheorie« und»Beweisvereinfachungstheorie« bezeichnen. Der bürgerliche »Berliner Tagesspiegel« faßt die zentrale Begründung des Urteils zusammen: »Nach Überzeugung des Gerichts gäbe es keinerlei Zweifel, daß Mahler als einer der Führer dieser verschworenen Gemeinschaft, der unter anderem beim Abhören und Stören des Polizei- und Feuerwehrfunkes mitgearbeitet habe, auch persönlich an den Banküberfällen beteiligt gewesen sei. Denn, daß er in dieser Situation gesagt habe: »Ohne mich«, ist für den Strafsenat völlig ausgeschlossen. Auch die eigenen Erklärungen des Angeklagten in der Hauptverhandlung, sowie die Ächtung und Zuneigung, die die als Zeugen vernommenen Gruppenmitglieder ihm entgegengebracht hätten, zeigten deutlich, daß er sich nicht gedrückt hat. Zu all diesen Feststellungen habe es der Angaben von Ruhland nicht bedurft. Überzeugende Strafurteile sehen anders aus. In den folgenden Jahren führen die Linken immer wieder dieses Verfahren gegen Mahler als Beispiel eines »Gesinnungsurteil« an. Die »Klassenjustiz« lasse nie zu, daß ein seine linksradikale Gesinnung bekennender Angeklagter einen Freispruch bekomme.

Stoff von gesellschaftlicher Bedeutung und Arbeit für Rechtsanwälte aller Couleur enthält eine in Frankfurt mit besonderer Schärfe geführte Auseinandersetzung um das private Eigentum an

Mietwohnungen. Zunächst ohne große öffentliche Beachtung hatte die Stadtverwaltung unter dem Stichwort »City-Erweiterung« Pläne entwickelt, im universitätsnahen, traditionellen Wohngebiet Westend den Bau von Geschäftshäusern zu gestatten und damit der florierenden und expandierenden Wirtschaft in der Mainmetropole neuen Raum zu verschaffen. Dies löste logischerweise Grundstücksspekulation aus, deren Folge der Verkauf von Wohnhäusern zu enormen Preisen war, die in der scheinbar sicheren Erwartung auf die spätere hohe Rendite mit neu zu errichtendem Büroraum auf dem Grundstücksmarkt angeboten wurden. Bürger, die mit ererbten Häusern beinahe über Nacht vor der Aussicht standen, Millionäre zu werden, gaben ihren Besitz auf. Die neuen Eigentümer kündigten jahrzehntelange Mietverträge, Westendbewohner zogen weg, kleine Läden verschwanden, Häuser standen leer. Gleichzeitig war es wegen des hohen Mietpreisniveaus in Frankfurt schwer, überhaupt eine erschwingliche Wohnung zu finden.

Äußeres Zeichen des Dilemmas waren Besetzungen unbewohnter Westendhäuser, zuerst am 19. September 1970 in der Eppsteiner Straße 47. Dort spannten die illegal eingezogenen Bewohner ein Bettuch von einem Balkon mit der Aufschrift: »Wir haben dieses Haus besetzt. Weil die Wohnungen seit langem leer standen. Weil die Wohnungen systematisch zerstört wurden. Für den Eigentümer ist das Haus ein Spekulationsobjekt. Für uns ist das Haus dringend benötigter Wohnraum.« Die konservative FAZ berichtete über das Ereignis und tagelang über die Reaktionen in der Stadt. Das Blatt entdeckte »überwiegend positive Stimmen für die Aktion«.

Für den Eigentümer stellte der Frankfurter Haus- und Grundbesitzerverein den logisch fälligen Strafantrag gegen die Besetzer. In den zahlreichen Prozessen, die sowohl vor Straf- als auch Zivilgerichten geführt worden sind und in denen Linksanwälte häufig eindrucksvoll auftraten und manchmal mit Appellen an soziales Gewissen und das Grundgesetz-Gebot »Eigentum verpflichtet« Erfolge erzielten, war auf seiten der Justiz gelegentlich eine innere Unsicherheit zu spüren. Sie entsteht, wenn das geschriebene und damit maßgebliche Recht mit dem Empfinden für Gerechtigkeit kollidiert. Es darf vermutet werden, daß die im Lauf der Jahre sich entwickelnde Rechtsprechung in Mietstreitigkeiten auch der Arbeit von Anwälten geschuldet ist. Die Interessen von Mietern stehen im gerichtsanhängigen Konfliktfall inzwischen mindestens gleichberechtigt neben denen von Eigentümern.

Vom Häuserkampf

Die strafrechtliche Seite war ohnehin nur der kleinste Teil des Problems. Jedermann, die Besetzer eingeschlossen, wußte, daß eine Hausbesetzung einen Rechtsbruch darstellt. Darüber brauchte nicht diskutiert zu werden. Fraglich aber blieb für den größten Teil der Frankfurter Bevölkerung, ob die legal zustande gekommenen Bebauungspläne und die sie nutzende Grundstücksspekulation nicht gesellschaftliches Unrecht darstellten, ob nicht moralisch erlaubt oder gar geboten sei, was strafrechtlich verboten war. Eine einfache Antwort war nicht zu haben, wie die Geschichte des sich aus den Besetzungen entwickelnden »Frankfurter Häuserkampfs« zeigt. Sie kennt sämtliche Lösungsvarianten, von der mit großem Polizeiaufgebot durchgesetzten Zwangsräumung besetzter Häuser bis hin zu monate- und jahrelang ausgehandelten Abkommen zwischen Besitzern und Besetzern und schließlich regulären Mietverträgen. Es gab Phasen, in denen eine kommunale Wohnungsgesellschaft leerstehende Häuser verwaltete, und Zeiten, in denen scheinbar kein Spielraum mehr war für die umfänglichen zivilrechtlichen Überlegungen und Festlegungen. Komplizierterweise fand der Häuserkampf nicht vor der statischen Kulisse eines festgefügten städtischen Planungswillens statt, sondern auch Magistrat und Stadtparlament änderten im Lauf der Zeit ihre Vorstellungen von dem, was dem Westend baulich zumutbar erschien. Neben den Hausbesetzern agierte die höchst bürgerliche »Aktionsgemeinschaft Westend« gegen die befürchtete Zerstörung ihres Stadtteils als Wohnviertel.

Die zum Rechtsbruch für die Durchsetzung von sozialer Gerechtigkeit entschlossenen Hausbesetzer traten mit der Öffentlichkeit – den Zeitungen und dem Rundfunk – als »Häuserrat« in Verbindung. Die Gruppe hatte in dem Studenten Christoph Kremer, der heute auch ein in Fragen von Verbraucherrecht und Produkthaftung versierter Rechtsanwalt ist, einen außergewöhnlichen Sprecher. Er war geduldig, hartnäckig und schwer aus dem Konzept zu bringen. Wenn er heute bis vor die höchsten Instanzen für die Rechte von Mandanten kämpft, die durch Erzeugnisse der Nahrungsmittelindustrie oder der Pharmzeutik um Gesundheit und Lebensfreude gebracht wurden, mag sich der Gesamtton des Vortragens gemildert haben, geblieben ist der unerbittliche Faktensammler und kluge Argumentierer.

Kremer als Häuserratssprecher war für die Journalisten gewiß keine neutrale Quelle, doch seine Angaben etwa über die Drangsalierung von Mietern, die nicht ausziehen wollten, oder über das nächtliche Auftauchen von Männern mit Vorschlaghämmern, die intakte Sanitäreinrichtungen unbrauchbar machten, hielten jeder Nachprüfung stand. Der »Sprecher des Häuserrates« war zuverlässig, eine Erfahrung, die Lokalreporter mit Agitatoren der radikalen Linken nicht eben häufig gemacht hatten. Das Bekanntwerden illegaler Methoden der »Entmietung« hat dazu beigetragen, daß deren Initiatoren nicht als die eindeutig Entrechteten auftreten konnten und sich schließlich auf vielfältige Weise kompromißbereit zeigten. Daß der Häuserkampf auch auf der Seite derer, die ihn ausgerufen hatten und dessen hehre Ziele zu preisen sie nicht müde wurden, eine ganz private und einfache Motivation haben konnte, gestanden nach Jahrzehnten ehemalige Besetzer wie Cohn-Bendit und Joschka Fischer ein. Sie wollten halt für wenig Geld schön wohnen.

Der Polizei fiel die undankbare Rolle des Büttels zu, der formales Recht notfalls mit Gewalt durchzusetzen hat, auch wenn der sichtbare Zustand keinen Rechtsbruch und keine Störung der öffentlichen Ordnung erkennen ließ. Frankfurter Polizeipräsident war seinerzeit Knut Müller, SPD-Mitglied und damit in einer Partei, in der viele Genossen eher mit den Besetzern als mit den Besitzern sympathisierten. Nach einigen Erfahrungen mit Räumungen setzte er sich mit der Auffassung durch, die Ordnungsmacht solle erst tätig werden, wenn der Eigentümer sowohl einen vollstreckbaren Rechtstitel auf Räumung als auch eine sofort realisierbare Baugenehmigung vorlegen könne. Müller wollte dem Eindruck begegnen, daß die Polizei unter hohem Aufwand und Inkaufnahme von Verletzten Häuser räumt, die anschließend doch nur wieder vernagelt und leer dastehen. Doch auch dieses Konzept erwies sich nicht als Patentrezept. So rückten zwar unmittelbar nach der Räumung eines Grundstücks mit drei gründerzeitlichen Häusern an der Ecke von Bockenheimer Landstraße und Schumannstraße die Maschinen eines Abrißunternehmens an, und nach wenigen Stunden war vom Wohnraum für fast hundert Menschen nur mehr ein Trümmerhaufen übrig; aber es gingen zehn Jahre ins Land, ehe der Grundstückseigentümer tatsächlich mit dem Bau seines Projekts beginnen konnte oder wollte.

Die unmittelbare Folge der Räumung waren Straßenschlachten zwischen Demonstranten und Polizeikräften. Alexander Kluge fügte Bilder vom Fall der Giebel und Balkone, der Erker und Türmchen in seinen Film »In Gefahr und größter Not bringt der Mittelweg den Tod« ein und ließ seine Hauptdarstellerin, die mit Koffern auf der Flucht ist, durch die reale Szene eines Polizeieinsatzes irren. Ein Abbruchunternehmer erklärt mit professionellem Stolz, daß er innerhalb eines einzigen Tages »den ganzen Block« mit 30 000 Kubikmeter Volumen »umgelegt« haben wird: »Das ist dann nur noch ein Schutthaufen.« Passanten stammeln Ratlosigkeit in die Kamera: »Ich kann das nicht mehr verstehen, das ist doch absurd.« Zum Auszug gezwungene Hausbesetzer räumen ihre Habseligkeiten auf verbeulte Kleinlaster.

Der Häuserblock war ein Symbol des Häuserkampfs, zeitweise war das Büro des Häuserrates dort untergekommen, dort gab es die italienische Gruppe »Lotta Continua« (der Kampf geht weiter), und dort lebten Mitglieder einer autonomen Frauengruppe. Spitz vermerkt Christian Schmidt, der Autor des Buches »Wir sind die Wahnsinnigen ...« über »Joschka Fischer und seine Frankfurter Gang« allerdings: »Und noch etwas war am Block bemerkenswert: Keiner der Spontiführer, weder Joschka Fischer noch der Dany (Cohn-Bendit), weder Matthias Beltz noch Thomas Schmid; sie alle wohnten, genauso wie die subalternen Gang-Mitglieder Johnny Klinke und Tom Koenigs, in anderen Frankfurter Stadtteilen sicher zur Miete.«

Die Geschichte hat die Biographien der Genannten, die einmal Protagonisten der Gruppe »Revolutionärer Kampf« waren, glanzvoll ergänzt. Joschka und Dany gingen in die Politik, Fischer hat es am weitesten gebracht und ist deutscher Außenminister, Cohn-Bendit Europa-Parlamentarier. Beltz gehörte bis zu seinem frühen Tod 2001 zu den Kabarettisten, die dem Witz der Aufklärung verpflichtet sind, Schmid wurde politischer Redakteur bei mehreren konservativen Tageszeitungen, Koenigs war zeitweise Kämmerer der Stadt Frankfurt, und Klinke begrüßt allabendlich in seinem Varietétheater »Tigerpalast« ein an gedeckten Tischen sitzendes Publikum aus eben jenen Politiker- und Kapitalistenkreisen, denen er früher in die Suppe gespuckt hätte. Wie sehr sich die Welt verändern kann in noch nicht einem Vierteljahrhundert wurde Ende der neunziger Jahre wie auf einer Bühne vorgeführt. Vor einer Schwurgerichtskammer des Frankfurter Landgerichts saß Hans-Joachim Klein, ein revolutionärer Automechaniker, der die Lehren der Viel- und Lautsprecher so ernst nahm, daß er sich 1975 an einem von professionellen Terroristen unternommenen Überfall auf die Wiener Zentrale der Erdölexportierenden Länder OPEC beteiligte. Klein, der den Intellektuellen der Bewegung als vorzeigbarer Proletarier galt und zudem Geschick im Reparieren von revolutionseigenen Kraftfahrzeugen an den Tag legte, war untergetaucht und erst Ende der neunziger Jahre in einem Nest in der Normandie geortet worden; nicht zuletzt, weil eine von ganz links zum »stern« konvertierte Journalistin per Handy mit Klein telefoniert hatte und die Verbindungsdaten die Polizei auf die richtige Spur brachten.

Ehe Cohn-Bendit, der nach zuverlässigen Gerüchten vorhatte, seinen alten Freund Klein öffentlichkeitswirksam als Selbststeller zu präsentieren, zum Zuge kam, wurde der lange Gesuchte verhaftet.

In der Gerichtsverhandlung, in der Klein von Eberhard Kempf verteidigt wurde, ließ Kammervorsitzender Heinrich Gehrke die Zeugen Cohn-Bendit, Beltz und Fischer zu den Themen Persönlichkeit des Angeklagten und die Frankfurter Revoluzzerszene laden. Auf der Pressetribüne wurde ganz kurz Schmid gesehen. Es ehrt die prominenten Zeugen, daß sie spürten, wieviel Glück sie im Leben gehabt hatten. Ihre Intelligenz, vielleicht auch fehlender Mut, aus dem Untergrund gegen das verbal tagtäglich vernichtete kapitalistische »System« mit der Waffe in der Hand anzutreten, könnte sie vor dem Schicksal des Angeklagten bewahrt haben, den sie immer nur »klein Klein« genannt hatten. Der hatte ein etwas unbeholfenes, aber doch auch zu Herzen gehendes Buch gegen den bewaffneten Kampf geschrieben und es »Rückkehr in die Menschlichkeit« genannt.

Dany weinte, der Außenminister ließ es sich nicht nehmen, quer durch den großen Verhandlungssaal zum Angeklagten zu gehen und ihm die Hand zu schütteln, und Beltz wirkte sehr nachdenklich. Klein wurde wegen Mittäterschaft an Mord und Mordversuch zu einer hohen Freiheitsstrafe verurteilt und ist inzwischen auf freiem Fuß.

Fischers Vergangenheit als »Politrocker« und Mitglied der Putzgruppe wurde journalistisch aufbereitet, und ein mutmaßlich letztes Mal ermittelte ein Staatsanwalt, diesmal wegen des Verdachts der falschen uneidlichen Aussage. Der Außenminister habe nicht wahrheitsgemäß ausgesagt, einst der als Terroristin gesuchten Margit Schiller in einer Frankfurter Wohngemeinschaft begegnet zu sein. Das Verfahren wurde eingestellt.

Bei den gewalttätigen Demonstrationen nach Räumung und Abriß des Häuserblocks gab es Verletzte, darunter auch Polizeibeamte, die von Eisenstücken in Größe und Form von Eishockey-Pucks getroffen worden waren. Eines der Wurfgeschosse bewahrte Polizei-

Pressesprecher Hans Neitzel in seinem Büro als Briefbeschwerer auf und erzählte noch Jahre später Besuchern die Geschichte der Herkunft des rohen Stücks Metall. Eine ähnlich massive Form hatte der Häuserkampf auch nach der Räumung eines besetzten Hauses am Kettenhofweg angenommen. Anschließend sprach der Polizeipräsident von bürgerkriegsähnlichen Zuständen, und die Stadtverwaltung edierte eine Broschüre über die Tage der Gewalt. Im Bericht der Frankfurter Polizei an den hessischen Innenminister hieß es, die Demonstranten hätten ein bis dahin nicht gekanntes Ausmaß an Aggressivität und Brutalität gezeigt. »Die Angriffe durch Steinwürfe und Würfe mit schweren Eisenteilen wurden teilweise so heftig geführt, daß die eingesetzten Beamten erst nach mehrmaliger Aufforderung (gegen die Demonstranten) vorgingen. Die Wurfgeschosse waren von solcher Schwere und Größe, daß Lebensgefahr bestand. Außerdem waren die Besetzer mit Latten, schweren Knüppeln, durch Schlaufen am Handgelenk befestigt, Bleirohren, die teilweise auch geschleudert wurden, bewaffnet. Sie verschossen aus sogenannten Spatzenschleudern Glaskugeln, die die Schutzschilde der Beamten durchschlugen.« Im Bericht heißt es, 48 Polizeibeamte seien verletzt worden.

Gewalt – Gegengewalt?

Im April 1974 organisierten Heinz Brandt, Manfred Clemens, Karsten D. Voigt, Gerhard Zwerenz und Jürgen Roth ein »Tribunal«, auf dem Übergriffe der Polizei angeprangert wurden. Roth, seinerzeit ein Polizeikritiker, heute Autor mehrerer Bücher über Formen der weltweit organisierten Kriminalität, begründete die Veranstaltung: »Wesentlich war es, die Öffentlichkeit über das Wesen der Polizei aufzuklären, und zwar mit den Fakten über Mißhandlungen und Folterungen.«

Der hessische Innenminister Hanns-Heinz Bielefeld schlug ebenfalls starke Töne in der Verurteilung des »Tribunals« an. Es habe sich entlarvt als »Ansammlung anti-polizeilich programmierter verbaler Amokläufer.« Man habe die Polizei verunglimpft und den Staat gemeint. Im Verlauf der Diskussionen im Frankfurter Volksbildungsheim – heute ein Multi-Kino – wurden unterschiedliche Auffassungen der gemäßigten und radikalen Linken an den Personen des Juso-Vorsitzenden Voigt und etwa Joschka Fischer deutlich. Voigt hatte die Gewaltanwendung durch Hausbesetzer unter anderem »reaktionär« genannt. Fischer dazu: »Es wurde angegriffen, weil es die Genossen nicht verwunden haben hinzunehmen, daß hier ein Haus zusammengeschlagen wurde, daß (Polizeipräsident) Müller mit einem obszönen Grinsen im Gesicht Terrormethoden, die Gestapo-artig waren, noch als die große Taktik ausgegeben hat, daß demonstriert werden sollte, daß ein Widerstand von unten unmöglich ist. Deswegen sind die Steine geflogen gegen jene, die dieses System dort an dem Trümmerhaus repräsentiert haben. Und hier, Genossen, stellt sich eben ganz klar die Alternative zwischen einem Reformismus, der letztendlich die Praxis des Kapitals darstellt – in Frankfurt haben wir es konkret erlebt –, oder dem, was als Aktionen von Politrockern diffamiert wird, was in Wirklichkeit aber heißt: Massenwiderstand gegen die reaktionäre Gewalt gewaltsam zu organisieren.« Fischers Diskussionsbeitrag ist in der 1974 vom »Häuserrat« edierten Dokumentation zum »Tribunal« nachzulesen, die unter dem Titel »Zerstörung, Terror, Folter – Im Namen des Gesetzes« als »mega Flugschrift Nr. 1« erschienen ist.

Das Frankfurter Westend ist nie zum City-Erweiterungsgebiet nach Planerträumen geworden. Einige Großbauten wurden noch verwirklicht, aber letztlich ist der größte Teil der alten Bausubstanz erhalten geblieben. Ein Wohngebiet für Studenten oder andere Bürger mit geringem Einkommen, wie es den Hausbesetzern vorgeschwebt haben mag, ist freilich auch nicht entstanden. Die Mieten dort gehören zu den höchsten in Frankfurt, das Westend ist eine elegante Adresse für Arztpraxen, Anwaltskanzleien und Werbeagenturen. Viele der alten Häuser sind aufwendig und liebevoll renoviert, in den Vorgärten blühen uralte Magnolien und an schmiedeeisernen Toren hängen Speisekarten für den gehobenen Hunger. Die Ironie der Geschichte hat dafür gesorgt, daß der solidarische Aufbruch von Studenten, Bürgern und Teilen der Kommunalverwaltung gegen die rücksichtslose Vermarktung von Immobilien und für eine humane Stadtentwicklung am Ende zwar die hübsch altmodische Architektur des Stadtteils rettete, dort zu wohnen jedoch nicht vielen vergönnt ist.

Während in Frankfurt der Häuserkampf begann, setzte die Entschlossenheit von Gudrun Ensslin und Ulrike Meinhof das Gründungsdatum für die Rote Armee Fraktion. Es ist der 14. Mai 1970. Der vor einigen Wochen in Berlin festgenommene Andreas Baader, der seine Haftstrafe wegen des Brandanschlags auf das Frankfurter Kaufhaus M. Schneider zwangsweise angetreten hat, wurde unter Bewachung in das Institut für Soziale Fragen der Berliner Freien Universität nach Dahlem ausgeführt. Meinhof, die als profilierte Journalistin und Autorin nicht nur im linken Lager angesehen ist, hatte gegenüber den Justizbehörden erklärt, sie arbeite gemeinsam mit Baader an einer Publikation über benachteiligte Jugendliche. Das Buchprojekt sei gefährdet, wenn sie nicht mit ihrem Co-Autor in der Universitätsbibliothek zusammentreffen könne, um am Thema zu recherchieren. Baader-Verteidiger Horst Mahler leistete juristischen Beistand zu der schließlich erteilten Ausgangsgenehmigung für den Strafgefangenen Baader.

Meinhof ist bereits in der Bibliothek, als Baader von zwei Justizbediensteten gebracht wird. Vier bewaffnete Täter überwältigen die Bewacher, auf den Bibliotheksangestellten Georg Linke wird geschossen, er erleidet einen lebensbedrohlichen Lebersteckschuß. Baader und seine Komplizen können entkommen. Die Befreiung ist die erste Aktion linksradikaler Täter mit Waffengewalt. Ulrike Meinhof findet sich, wie ihre Biographen schreiben, mit einigem Entsetzen auf einem Fahndungsplakat neben anderen gesuchten Mitgliedern einer kriminellen Vereinigung. Auf Hinweise zur Ergreifung sind 10 000 D-Mark ausgesetzt.

Unter dem Titel »Die Rote Armee aufbauen« publiziert die untergetauchte Gruppe einen Text, der jeden Zusammenhang mit bestehenden Formen des Widerstandes gegen den Staat abrupt zerreißt: »Die Baader-Befreiungsaktion haben wir nicht den intellektuellen Schwätzern, den Hosenscheißern, den Alles-besser-Wissern zu erklären, sondern den potentiell revolutionären Teilen des Volkes.« Die Verfasser zählen Jugendliche in Heimen, junge Arbeiter, »Arbeiterinnen, die zu Haushalt und Kindern auch noch im Akkord schaffen müssen«, und kinderreiche Familien zu diesem revolutionären Potential. »Deshalb bauen wir die Rote Armee auf. Hinter den Eltern stehen die Lehrer, das Jugendamt, die Polizei. Hinter dem Vorarbeiter steht der Meister, das Personalbüro, der Werkschutz, die Fürsorge, die Polizei. Hinter dem Hauswart steht der Verwalter, der Hausbesitzer, der Gerichtsvollzieher, die Räumungsklage, die Polizei.« Und einen Absatz weiter: »Klar, daß der Strafvollzug für Politische verschärft wird. Ihr habt klarzumachen, daß das sozialdemokratischer Dreck ist zu behaupten, der Imperialismus ließe sich … unterwandern, nasführen, überrumpeln, einschüchtern, kampflos abschaffen. Macht klar, daß die Revolution kein Osterspaziergang sein wird, daß die Schweine die Mittel natürlich so weit eskalieren werden, wie sie können, aber auch nicht weiter. Um die Konflikte auf die Spitze treiben zu können, bauen wir die Rote Armee auf.« Auf die Spitze treiben heißt: »Daß sie nicht mehr können, was sie wollen, sondern machen müssen, was wir wollen.«

Der Text hat die »Genossen von 883« als direkte Adressaten. »883« – die Zahlen stellten die ersten Ziffern der Telefonnummer der Redaktion dar – war eine radikale Publikation, die auch anarchistischen Grundüberzeugungen offenstand. Einige Zeit nach der Premiere mit Baaders Befreiung und einigen RAF-Taten und -Erklärungen fand sich in »Agit 883« der Satz: »Wenn die Linke den Massen nichts anderes als die kärglichen Aufbauarmeen anzubieten hat, wenn sie einen Sozialismus propagiert, der aus den Gewehrläufen kommt, wenn ihre Alternativmodelle einer künftigen Gesellschaft mit den gleichen brutalen Mitteln, wie sie die Herrschenden anwandten, aufgebaut werden sollen, dann bedeutet das: Fortsetzung der alten Macht-, Gewalt und Repressionsmethode in neuem Gewand.« Das Zitat belegt, daß es die häufig vermutete monolithische Befürwortung der RAF im linken Lager nicht gab, daß der Weg des bewaffneten Untergrundkampfes auch von scharfen Kritikern des »Systems Bundesrepublik« als Irrweg betrachtet wurde. Die linke Kritik an der RAF hatte offenbar auch ein gutes Gespür für die alles andere als sozialistische Anmaßung der Baader-Leute, sie seien die Speerspitze einer kommenden besseren Welt. Von solchen Leuten sei nicht mehr Freiheit, sondern nur mehr Unterdrückung zu erwarten.

Ulrike Meinhof als Autorin

Das Gründungsdokument von Baaders, Meinhofs und Ensslins illusionärer Revolutionsarmee ist durchpulst von den Eindrücken Meinhofs bei randständigen Jugendlichen, die sie als die Opfer eines inhumanen kapitalistischen Systems empfand. Sie hatte in einem Fernsehspiel »Bambule« das Schicksal von Mädchen in Erziehungsheimen dramatisiert. Das Stück wurde in Klaus Wagenbachs Rotbuch Verlag veröffentlicht und beim Südwestfunk zwar produziert, aber aus der Erwägung, eine öffentlich-rechtliche Rundfunkanstalt könne nicht einer inzwischen steckbrieflich gesuchten Kriminellen ein Forum bieten, nicht gesendet. Erst Ende der Neunziger Jahre zeigte der Sender »Bambule« im ARD-Programm. Das ernste Spiel versank mitsamt seinem sozialkritischen Pathos im Fernsehangebot der vielen Kanäle.

Die nächste Botschaft des ersten RAF-Papiers betrifft die vermeintliche Unreformierbarkeit des Systems. In den zitierten Sätzen soll verdeutlicht werden, daß der Ausgebeutete einem komplizierten System gegenübersteht, das die auftretenden Konflikte ignoriert und allein mit exekutiven Gewaltmaßnahmen – »die Polizei« – zu beseitigen bereit ist. Die Logik der Autoren läßt gegen einen solchen Gewaltapparat nur das Mittel des militanten Kampfes zu. Seltsam auch nach all den Jahren wirkt die von der RAF bis zu ihrem Ende aufrechterhaltene These, es gehe gar nicht darum, den kapitalistischen Gegner zu besiegen, sondern ihn zunächst zur Enttarnung zu zwingen. Die Vorstellung war, der Staat werde durch die bewaffnete Herausforderung der Roten Armee zu Mitteln greifen müssen, die derart in die Verfassung, die Rechte des einzelnen und in das scheinliberale Gefüge der Gemeinschaft einschneiden würden, daß schließlich beinahe jedem der bewaffnete Widerstand als Ausweg erscheine.

Tatsächlich haben die von der RAF begangenen Straftaten zum erheblichen Ausbau der Polizei, insbesondere des Bundeskriminalamtes, geführt und Spezialisten bei der Bundesanwaltschaft und anderen Strafverfolgungsbehörden auf den Plan gerufen. Unbestreitbar ist auch, daß der Strafverfolgungsapparat mit bis dahin nicht gesehener Härte und Konsequenz vorgegangen ist und eine ganze Reihe von polizeilichen Übergriffen, von der unwürdigen Vorführung verhafteter Personen gegenüber Pressefotografen bis hin zur Tötung von Unbeteiligten nicht eben von rechtsstaatlicher Empfindlichkeit zeugen. Dies hat aber nicht zu der erwarteten Solidarisierung weiter Bevölkerungskreise mit der RAF geführt, sondern ist von der veröffentlichten Meinung und ihren Konsumenten eher mit dem Gefühl aufgenommen worden, wo gehobelt werde, flögen nun mal Späne.

Diese Haltung, die so enttäuschend wenig demokratische oder gar rechtsstaatliche Reife zeigt, mochte eine nicht kleine und nicht homogene Gruppe von Intellektuellen nicht teilen. Die RAF, die sich zunächst mit Banküberfällen Geld beschaffte, um das aufwendige Leben im Untergrund mit seinem Bedarf an überteuerten Schwarzmarkt-Waffen, wechselnden Wohnungen und Autos zu finanzieren, nutzte die alten Genossen-Kontakte für ihre Zwecke. Schon das nicht Abweisen einer solchen Genossin, die abends um ein Nachtquartier bat, führte zur Aufnahme in die Kartei der von der Polizei so bezeichneten »Sympathisantenszene«.

Bedeutungsvoller für das geistige Klima der Bundesrepublik waren vermutlich wortmächtige Stimmen, die versuchten, der RAF nicht nach ihren Taten, sondern nach ihren Motiven gerecht zu werden. Die Argumentationslinien brauchen hier nicht nachgezeichnet zu werden, es sei lediglich daran erinnert, daß über längere Zeit eine öffentliche Debatte darüber geführt wurde, ob es korrekt sei, von einer Baader-Meinhof-Bande zu sprechen oder ob die Bezeichnung Baader-Meinhof-Gruppe nicht dem sozialrevolutionären Anliegen der RAF besser entspreche. Aus dem Abstand der Jahrzehnte ist das engagierte Eintreten etwa von Schriftstellern und Hochschullehrern für Menschen, die eindeutig und für jedermann erkennbar das Gesetz brachen und sich anschickten, zu einer öffentlichen Gefahr ersten Ranges zu werden, nicht mehr leicht zugänglich. Die »Sympathisantenszene« entwickelte sich zu einer Zeit, in der Fragen nach dem Woher und Warum von Straftaten jeder Art häufiger und intensiver gestellt wurden als vorher oder nachher. Zugleich war sie Ausdruck einer radikalen Form von Politikverdrossenheit, die Parlamenten und Regierungen keine Reformkraft zutraute und dem illegalen Kampf wenn auch nicht wirkliche Erfolgschancen, so doch eine innere Berechtigung zuschrieben.

Wer mit Baader-Meinhof sympathisierte, sah im Vordergrund nicht die Verletzung des Rechts, sondern die politische Motivation. Im Extremfall war dann ein Bankraub kein Verbrechen, sondern eine zwar illegale, aber durch politische Motivation legitimierbare Geldbeschaffungsaktion – wie es Lenins Bolschewisten vorgemacht hatten –, Sprengstoffanschläge auf amerikanische Militäreinrichtungen ließen sich jenseits des Strafrechts als Einsätze nach Guerillataktik interpretieren und die Toten nicht als Opfer von Morden, sondern als Gefallene einer in Vietnam Krieg führenden Nation, die wiederum zu bekämpfen legitim schien.

Der Radikalenerlaß vom 28. Januar 1972, die generelle Überprüfung aller Personen, die wie z. B. Rechts- und Lehrreferendare ihre nach-universitäre Ausbildung nur im öffentlichen Dienst ableisten konnten, bestimmte das Klima. Schon die Adresse eines Bewerbers in der beschlagnahmten Mitgliederkartei der »Liga gegen den Imperialismus« e.V., einer der KPD(AO)-nahestehenden Massenorganisation, sowie die Notierung des Kennzeichens eines auf ihn zugelassenen PKWs, der zur Zeit des 1. Parteitages dieser Partei in der Nähe der Düsseldorfer Philipps-Halle geparkt war, genügte, den Kandidaten zunächst abzulehnen und ihm erst nach einer Anhörung die Chance zur Einstellung zu eröffnen.

Eine eher peinliche Mißgeburt, der auch das Bundesverfassungsgericht in seiner mißglückten Entscheidung am 22. Mai 1975 kein Ende zu setzen vermochte. 1995 sollte der europäische Gerichtshof dieses – juristisch nicht ganz sauber – als Berufsverbot bekannte Unterdrückungsinstrument als Verstoß gegen die Menschenrechte rügen.

Vom Krieg und Klassenkrieg

Linksanwalt Horst Mahler, Mitgründer der RAF, hat Konzept und Wahn der Gruppe eindringlich vor dem Berliner Landgericht, das ihn 1973 zu 14 Jahren Freiheitsstrafe verurteilte, beschrieben. Es ist der hochgemute und hochmütige Rechtfertigungsversuch eines Mannes, der sich für einen Volkstribunen hält. Der Mann tritt nicht kleinmütig auf, sein Anspruch ist nicht regional begrenzt, seine Hymne besingt die Weltbefreiung durch Klassenkampf und Klassenkrieg: »Nicht mit wohlfeilen Worten, sondern durch Taten haben wir uns auf die Seite der überwiegenden Mehrheit des Volkes gestellt, das heute überall auf der Erde die Waffen ergreift, um sich vor imperialistischer Unterdrückung und jeglicher Ausbeutung zu befreien. Nach Jahrhunderten der Knechtschaft und Erniedrigung beantwortet das Volk heute die mörderische Unterdrückung durch die Ausbeuterklasse mit dem revolutionären Volkskrieg. Dieser Krieg, der sich gegenwärtig vor unseren Augen entfaltet, ist ein Weltkrieg – es wird der letzte und zugleich längste und blutigste Krieg der Geschichte sein, weil die Ausbeuter nicht von den abscheulichsten Greueltaten zurückschrecken, um ihre Herrschaft zu erhalten. Es ist kein Krieg unter Nationen, sondern ein Krieg der Klassen, der alle nationalen, sozialen, kulturellen und religiösen

Grenzen und Barrieren für immer von der geschichtlichen Bühne fegen wird.«

Ein Teil der RAF-Kämpfer stammt aus einer Gruppe, die sich Anfang 1970 in Heidelberg gründete und Sozialistisches Patientenkollektiv nannte. Das SPK geht auf Initiative des Assistenzarztes Wolfgang Huber zurück, dem die Universitätsklinik wegen angeblicher Illoyalität in der Psychiatrischen Poliklinik gekündigt hatte. Huber wurde vorgeworfen, er nutze das Abhängigkeitsverhältnis zwischen Arzt und Kranken in Einzel- und Gruppentherapie dazu aus, Patienten gegen die Klinikdirektion aufzuhetzen. Huber und seine Ehefrau Ursula eröffneten in einer Privatwohnung eine psychiatrische Ambulanz, die zunächst mit universitärem Geld unterstützt wurde, um Huber vertrauende Patienten nicht hilflos dastehen zu lassen. Die Geldgeber stellten sich vor, die Privatpraxis werde die übernommenen Fälle zu Ende bringen. Statt abzuwikkeln, baute Hubert jedoch auf und aus, worauf die »Staatsknete« nicht mehr floß. Hubers Begriff von psychiatrisch zu behandelnden Krankheiten war, auch nach den Maßstäben der internationalen Psychiatriekritik jener Jahre, exotisch. Er sah in Schizophrenie und Paranoia weniger die Ausformung einer individuellen Störung, sondern Krankheit war ihm Ausdruck des Zustandes der kapitalistischen Gesellschaft. Im Umkehrschluß bedeutete geistige Gesundheit nichts anderes als bloße Anpassung ans System. Das SPK war nach Darstellung eines Mitarbeiters: »Einzelagitation, Gruppenagitation, Arbeitskreise, kommunikative und kollektive Prozesse, in denen, oft am Rande des Dilettantismus, die Anstrengung gewagt wurde, vom einzelnen ausgehend zum sozialen Zusammenhang zu kommen, zum Kollektiv, zur Gesellschaft, zur Politik«. Klaus Jünschke, der vom SPK zur RAF stieß, formulierte: »Wir haben den marxistischen Entfremdungsbegriff als Krankheitsbegriff neu gefaßt. Wir haben gesagt, wir leben in einer Welt, in der die einen verhungern, während die anderen, auch wir, reichlich zu essen haben. Wir leben in einer Welt, in der Völkermord stattfindet, und bei uns tragen die Fabriken dazu bei, daß der

Nachschub an Herbiziden und anderen Giften nicht abreißt. Das alles macht doch etwas mit uns! Wir leben in einer kapitalistischen Leistungsgesellschaft, in der etwas gilt, wer gesund und stark ist, wer von morgens bis abends ackern kann. Wer das nicht kann, ist selber schuld.«

Das Patientenkollektiv publizierte seine Thesen über Krankheit, Gesellschaft und Politik. Schon das »Patienten-Info Nr. 1« lieferte Verfassungsschutz und Strafverfolgungsbehörden Gründe, ein Auge auf die Gruppe zu haben: »Genossen! Es darf keine therapeutische Tat geben, die nicht zuvor klar und eindeutig als revolutionäre Tat ausgewiesen worden ist. Hierfür gibt es bereits Kriterien, die wir weiterentwickeln werden. Es darf in den befreiten Räumen nur geschehen, wovon wir sicher wissen, daß es den kämpfenden Arbeitern nützt! Es lebe der Sieg der Arbeiterklasse! Das System hat uns krank gemacht, geben wir dem kranken System den Todesstoß!«

Noch während eines Gutachterstreits über den medizinischen Wert der Tätigkeit Hubers beschlossen er und andere den militanten Widerstand, beschafften sich frei verkäufliche Luftgewehre, stritten über Gewaltanwendung und wurden schließlich offen von Polizei und Staatsanwaltschaft verfolgt. Huber, seine Frau und sechs weitere SPK-Mitglieder wurden festgenommen, nachdem am 24. Juni 1971 Unbekannte während einer Verkehrskontrolle auf Polizeibeamte geschossen hatten. Die Behörden ordneten für die Untersuchungsgefangenen ungewöhnlich strikte Kontrollen für Post und Besuche an, und nach weiteren Verhaftungen kam das Verfahren wegen des Verdachts der Gründung einer kriminellen Vereinigung in Gang. Gestützt auf gezielte Indiskretionen der Strafverfolgungsbehörden, veröffentlichte »Bild am Sonntag« im August 1971 eine reißerisch-phantastische Darstellung zur Gefährlichkeit des Patientenkollektivs. In dem Artikel hieß es: »Unter der Führung von 1000 geschulten Polit-Revoluzzern sollten Stoßtrupps aus Berufsverbrechern im kommenden Jahr Elektrizitätswerke sprengen, Brücken in die Luft jagen, Rathäuser stürmen und die gesellschaftliche Ordnung in der Bundesrepublik zerstören. Der Bundespräsident sollte ermordet werden. Dieser Staatsstreich des Heidelberger

Arztes und Chefs eines Sozialistischen Patientenkollektivs, Dr. Wolfgang Huber (35), wurde gestern aufgedeckt.«

Wir schreiben das Jahr 1971 und mit den strafrechtlichen Maßnahmen gegen Mitglieder des SPK beginnt – die Amnestie für alle Demonstrationsdelikte im Mai 1970 hatte noch eine gewisse Entspannung mit sich gebracht – seitens der Exekutive, den meisten Medien, insbesondere aber seitens der Justiz eine neue Qualität der Auseinandersetzungen mit der 68er Revolte auch bezüglich der hierbei tätigen Rechtsanwälte.

Die Strafverfolgungsmaßnahmen, so interpretiert es die Linke, trieben andere SPK-Mitglieder in den Untergrund und zur RAF. Zu denen, die nun wirklich zum bewaffneten Kampf gegen den Staat entschlossen waren, gehörten Klaus Jünschke, Margit Schiller, Carmen Roll, Siegfried Hausner, Lutz Taufer, Hanna Krabbe, Gerd Müller, Sieglinde Hofmann und Elisabeth von Dyck. Jünschke berichtete später über diese Phase: »Dann ging alles sehr schnell. Carmen Roll und Gerd Müller waren schon untergetaucht und wurden gesucht. Ich wurde kurz darauf, schon unter konspirativen Bedingungen, beim Spaziergang in Heidelberg angesprochen und eingeladen, zu einem Treffen der RAF nach Frankfurt mitzukommen. Das habe ich getan und lernte dort Jan Raspe, Holger Meins und Ulrike Meinhof kennen. Ja, die haben gesagt, wir brauchen dich (…) Ich habe Ja gesagt mit der vagen Idee, ich könnte dazu beitragen, die Gefangenen zu befreien. Aus der SPK waren damals über zehn Leute in Haft.«

Margot Overrath, die Anfang der Neunziger Jahre eine soziologische Untersuchung zum Thema Richter und Terrorismus erarbeitet hat, resümiert ihr SPK-Kapitel mit der These, die erste Selbsthilfegruppe von Patienten sei das Opfer von Ausgrenzung geworden: »Angefangen hatte es mit der Verweigerung von wissenschaftlicher Auseinandersetzung und praktisch-technischer Hilfe von seiten der Fachkompetenzen und sich fortgesetzt in der Feinderklärung der Politiker und einer erbarmungslosen Verfolgung durch Polizei und Justiz.«

Auch wer diese Meinung vor allem in ihrer Kritik an der angeblichen Erbarmungslosigkeit der Strafverfolgung nicht teilt, wird nicht recht froh, auf welche Weise die den Prozeß gegen SPK-Mitglieder vorbereitende Justiz auch die Verteidigung ins Visier nahm. So wurden Büro- und Privaträume der Rechtsanwälte Eberhard Becker und seiner Ehefrau Marie-Louise sowie Jürgen Laubscher durchsucht und die Anwälte trotz der Ergebnislosigkeit dieser Maßnahmen von der Mitwirkung am Verfahren ausgeschlossen. 35 Kollegen unterschrieben eine Protesterklärung, bemängelten die Rechtsgrundlage der Hausdurchsuchung und argwöhnten, alleiniges Ziel der Justiz sei es, bestimmte Anwälte bei der Verteidigung linker politischer Gruppen oder Personen zu kriminalisieren und auszuschalten. Selbst wenn man die Behauptungen im Durchsuchungsbefehl als richtig unterstelle, sei er nicht gerechtfertigt. Es gehöre selbstverständlich zur ordnungsgemäßen Verteidigung, wenn ein Rechtsanwalt Bilder von möglichen Zeugen, auch von Polizeizeugen, seinen Mandanten zur Identifizierung vorlege. Es mangle also an einer rechtlichen Grundlage für die Durchsuchung. Die Justiz legte Becker unter anderem eben dies zur Last: Er habe Fotos von Polizeibeamten in die Hände der kriminellen Vereinigung SPK gelangen lassen. Eine Woche später flogen Beckers Frau und Laubscher mit der Begründung aus dem Verfahren, bei einer Anwaltssozietät, die auf einem engen Vertrauensverhältnis der an ihr beteiligten Rechtsanwälte beruhe, lasse sich die Gefahr von Verdunkelungshandlungen durch Mitglieder der Sozietät nicht ausschließen. Dies gelte selbst dann, wenn die Anwälte selbst nicht bereit seien, strafbare Handlungen zu unterstützen. Mit anderen Worten, der vage Verdacht ungewollter Komplizenschaft soll bereits ausreichen, um einen weitreichenden prozessualen Eingriff in die Rechte von Angeklagten und ihren Verteidigern zu rechtfertigen.

Zwei Monate später hob ein anderes Gericht die Ausschlußverfügungen mit einer formalen Begründung wieder auf. Es sei zweifelhaft, ob den Anwälten eine Tatbeteiligung überhaupt nachgewiesen werden könne. Der Beschluß weist deutlich darauf hin, daß der Ausschluß eines Verteidigers gegen den Willen seines Mandanten einen derart schwerwiegenden Eingriff darstellt, »daß er nur dann ausgesprochen werden kann, wenn er durch die Umstände des Falles zwingend geboten ist«.

Zu den gleichfalls unrühmlichen Episoden wurde die Festnahme Margit Schillers, die Hamburger Polizeibeamte im Oktober 1971 den Pressefotografen vorführen wie ein gefesseltes wildes Tier, ihr den Kopf an den Haaren für Porträtaufnahmen zurückreißen.

Zehn SPK-Mitgliedern machte Ende 1972 das Karlsruher Landgericht den Prozeß, die Anklage lautet auf Gründung und Beteiligung an einer kriminellen Vereinigung, versuchte Brandstiftung, Sprengstoffherstellung, versuchtes Herbeiführen einer Sprengstoffexplosion, Urkundenfälschung und Begünstigung. Das Ehepaar Huber wurde zu viereinhalb Jahren Freiheitsstrafe verurteilt, Siegfried Hausner zu drei Jahren Jugendstrafe. Aus der Solidarität von SPK-Leuten mit ihren inhaftierten Freunden entwickelten sich »Anti-Folter-Komitees«, die unter hohem persönlichen Einsatz und finanziellen Opfern Öffentlichkeitsarbeit für die Gefangenen leisteten. Viele setzten sich mit dieser Tätigkeit, die Übertreibungen und Propaganda einschloß, selbst der Strafverfolgung aus.

Die Justiz, die, wie erwähnt, ihre unrühmliche Rolle als fachkundiger Komplize des Nazi-Staates nie der notwendigen kritischen Betrachtung und strafrechtlich gebotenen Verfolgung ausgesetzt hat, reagierte bereits in dieser frühen Phase der Bekämpfung staatsfeindlicher Kriminalität äußerst empfindlich, wenn sie in einem Atemzug mit der Hitlerdiktatur genannt wurde. Einer Strafanzeige der Stuttgarter Rechtsanwälte Croissant und Lang im Zusammenhang mit aus ihrer Sicht gesetzwidrig verschärften Haftbedingungen ging die zuständige Staatsanwaltschaft Ende 1971 nicht nach, stellte aber wegen Beleidigung Strafantrag gegen die Anwälte. Sie hatten unter anderem formuliert, daß es Richtern und Beamten verwehrt sei, »unter eklatanter Mißachtung aller Gebote unseres

Grundgesetzes Brutalitäten und Gewaltmaßnahmen (zu) begehen, die im öffentlichen Bewußtsein bisher nur im Zusammenhang mit der Tätigkeit der ehemaligen Gestapo und offen faschistischen Regimen vorstellbar sind«.

Ein paar Monate später handelten sich die Verteidiger eine weitere Beleidigungsklage ein, nachdem sie Strafanzeige wegen der Mißhandlung der Untersuchungsgefangenen Carmen Roll gestellt hatten. Man hatte sie im Gefängnis zwangsweise narkotisiert, um ihre Fingerabdrücke sichern zu können. In einer Dienstaufsichtsbeschwerde machten die Verteidiger Front. Zwangsbetäubung von Gefangenen sei in der deutschen Rechtsgeschichte nach 1945 einmalig. »Das Verhalten der Kriminalbeamten und des Arztes muß den Vergleich mit den Methoden der ehemaligen Gestapo und offen faschistischer Regime für jeden herausfordern, der diesen ungeheuerlichen Vorfall kritisch betrachtet.«

Frank Rühmann, der seine Dokumentensammlung »Anwaltsverfolgung in der Bundesrepublik 1971 bis 1977« mit Fällen aus der SPK-Zeit eröffnet, berichtet, daß seiner Kenntnis nach die Beleidigungsanzeigen zu keinem Ergebnis geführt haben. Es kam offenbar nie zur Eröffnung eines Prozesses. Dem Autor erschienen die Strafverfolgungsmaßnahmen gegen Anwälte, das Mißtrauen der Justiz gegen sie, die öffentlichen Verdächtigungen und die von einem Teil der Presse zu Tatsachen umgeschriebenen Vermutungen als Verwirklichung eines Kampfkonzepts gegen einen inneren Feind, wie es der Staatsrechtler Carl Schmitt bereits 1932 in »Der Begriff des Politischen« beschrieben habe: »Die ökonomisch funktionierende Gesellschaft hat Mittel genug, den Störer außerhalb ihres Kreislaufs zu stellen und ihn auf nicht gewaltsame, friedliche Art unschädlich zu machen, konkret gesprochen, ihn, wenn er sich nicht freiwillig fügt, verhungern zu lassen.« Schmitt, ein Gegner der Weimarer Republik und des parlamentarischen Systems, befürwortete einen mächtigen Staat totalitären Zuschnitts und definierte seinen Begriff des Politischen auf einem strikten Freund-Feind-Schema.

Schmitt war der intellektuelle Lieblingsfeind der Linken, galt ihr als Wegbereiter des Nazi-Staates, und die Anfang der sechziger Jahre edierte Neuauflage seiner Bücher wurde als Beweis mindestens demokratiefeindlicher Unterströmungen in der Bundesrepublik gesehen. Ob der rechtslastige Theoretiker für die Entscheidungen der Strafverfolgungsorgane und Gerichte, der »Bild-Zeitung« oder des »Bayernkurier« eine wesentliche Rolle gespielt hat, ist diskutiert worden. Rechtsanwalt Hannover führte auf solches Gedankengut zurück, daß seinerzeit die meisten Richter und Staatsanwälte nicht vom Freiheitsbegriff der Aufklärung ausgegangen seien, sondern sich in erster Linie als Hüter des Staates definierten.

Öffentliche Äußerungen aus dem Büro des Generalbundesanwalts Martin durch seinen Pressesprecher und Nachfolger Buback jedenfalls waren Anfang 1972 nicht weit weg vom strammen Freund-Feind-Denken: »Es ist und bleibt unsere Ansicht, daß die Entgegennahme solcher Mandate (von Terrorverdächtigen) in einer derartigen Situation, wie wir sie zur Zeit haben, standeswidrig ist.« Wohl munitioniert von indiskreten Beamten des Bundeskriminalamts, entwarf Peter Boenisch in »Bild am Sonntag« das Horrorgemälde von 45 namentlich bekannten Strafverteidigern, die für Terroristen Zeugen präparierten, Sprengkörper transportierten, Rauschgift in Zellen schmuggelten und die Infrastruktur jedweder Kommunikation von Straftätern untereinander bildeten.

Bubacks »Situation, wie wir sie zur Zeit haben«: das war die RAF, war die »Bewegung 2. Juni«, das waren zahlreiche aus der Sicht der Täter höchst erfolgreiche Banküberfälle, das waren die ersten Toten. Petra Schelm wurde im Juni 1971 in Hamburg von der Polizei erschossen, Polizeihauptmeister Norbert Schmidt starb im Oktober desselben Jahres im Zusammenhang mit der Festnahme von RAF-Mitgliedern. Bis Pfingsten 1972 wurden weitere Verdächtige und Polizeibeamte Opfer von Schießereien, kurz darauf begann die RAF eine Serie von Bombenanschlägen, bei denen Tote und Verletzte zu beklagen waren und hohe Sachschäden entstanden.

Angriffsziele der RAF, die sich unter Namen wie »Kommando Thomas Weißbecker« oder »Kommando Manfred Grashof«, ihre Toten ehrend, zu den Anschlägen bekannte oder als »Kommando

2. Juni« an den Todestag von Benno Ohnesorg erinnerte, waren die US-Hauptquartiere in Frankfurt und Heidelberg und der Axel Springer Verlag. Das Land sah eine Welle von Terror und reagierte mit Angst. Ungezählte Bombendrohungen erreichten Behörden, Flughäfen, Bahnhöfe, Firmen und publizistische Unternehmen.

Die Polizei sah sich einer Tätergruppe gegenüber, die in elf Fällen geschossen hatte, die mit gestohlenen Kraftfahrzeugen und gestohlenen Papieren im gesamten Bundesgebiet unterwegs war und ihr äußeres Erscheinungsbild ständig änderte. Nach Auffassung des Bundekriminalamtes fanden die Gesuchten Unterstützung bei ideologisch Gleichgesinnten aller Gesellschaftsschichten, insbesondere bei linksgerichteten Studenten und Intellektuellen und in Wohngemeinschaften linker Kreise. Die Täter hörten den Polizeifunk ab, um den Kontrollen zu entgehen und während der Ausführung von Straftaten versuchten sie, den Polizeifunk zu stören.

Aufstieg des Bundeskriminalamts

Das Bundeskriminalamt mit Sitz in Wiesbaden war zu Beginn der siebziger Jahre eine wenig bekannte, wenig beachtete und innerhalb der Polizei der Länder nicht sehr geschätzte Einrichtung. Abschätzig war vom »Haus der schlauen Männer« die Rede, was heißen sollte, das BKA kann nichts, weiß aber alles besser. Seine Befugnisse waren begrenzt, die Arbeit sollte im Grunde lediglich Informationslücken schließen, die sich aus dem Nebeneinander der parallel und damit gelegentlich aneinander vorbei agierenden Dienststellen der Länder ergaben. Originäre Zuständigkeit wuchs dem BKA in Staatsschutzsachen zu, so in der unrühmlichen Spiegel-Affäre, bei der im November 1962 unter dem Vorwand, das Blatt betreibe Landesverrat, Durchsuchungen und Verhaftungen vorgenommen wurden.

Mit der Ernennung des Nürnberger Polizeipräsidenten Horst Herold zum Präsidenten des BKA im Herbst 1971 wurde alles anders. Der Neue war ein visionärer Kriminalist, der modernste Technik in den Dienst der Verbrechensbekämpfung stellen wollte. Sein Biograph Dieter Schenk beschreibt in »Der Chef« Herolds Vorstellungen so: »Ihm schwebte die Kommunikationszentrale der deutschen Polizei und ein Zentrum der wissenschaftlichen Kriminaltechnik sowie der kriminalistisch-kriminologischen Forschung vor.« Doch der Terrorismus habe drei Prioritäten erzwungen: Datenverarbeitung, wissenschaftliche Kriminaltechnik und Terrorismusbekämpfung. Alle drei Gebiete habe Herold vernetzt, so daß sie sich gegenseitig bedingten. Die personelle Entwicklung der Bundespolizeibehörde zwischen 1969 und 1981 und ihre finanzielle Ausstattung spricht ihre eigene Bedeutungssprache. Die Zahl der Mitarbeiter stieg von 933 auf mehr als 3500, der Jahresetat von 22,4 Millionen auf 290 Millionen D-Mark.

Die Anordnung des Bundesinnenministers Hans-Dietrich Genscher, das BKA mit der Ermittlung im Gesamtkomplex Terrorismus zu beauftragen, war durch das BKA-Gesetz nicht gedeckt, das lediglich Übernahme von Einzelfällen vorsah. Gleichwohl wurde, soweit es die Terrorismusbekämpfung anging, die gesamte Polizei der Bundesrepublik faktisch dem BKA unterstellt. Herold ließ im Oktober 1971 eine »Sonderkommission Baader-Meinhof« bilden, die durch regionale Sonderkommandos unterstützt werden sollte. Aufgabe war die koordinierte Ermittlung gegen Terrorverdächtige, und sie wurde zunächst nicht gelöst.

Im Mai 1972 einigten sich die ständige Konferenz der Innenminister der Länder und der Innenausschuß des Bundestages auf weitreichende zusätzliche Befugnisse für das BKA. Auch bei dieser Gelegenheit blieben Fragen des Verfassungsrechts unbeantwortet. Unter anderem wurde den BKA-Fahndern ermöglicht, Telefone sogenannter Kontaktpersonen abzuhören, verdeckte Ermittler in verdächtige Organisationen einzuschleusen, sämtliche Besucher von bereits inhaftierten Verdächtigen zu registrieren, die Autobahnen zu überwachen und nicht zuletzt alle Rechtsanwälte, die Terrorverdächtige verteidigten, dauerhaft zu observieren.

Für die Observation ließ sich Herold zusätzlich Beamte des

Bundesnachrichtendienstes unterstellen. Flankiert wurden die polizeilichen Maßnahmen durch eine Öffentlichkeitsoffensive, mit der vermeintliche Verharmloser des Problems angegriffen werden sollten. Gemeint waren unter anderem das Nachrichtenmagazin »Spiegel«, das Wochenblatt »Die Zeit«, das SPD-Organ »Vorwärts«, die Tageszeitungen »Frankfurter Rundschau« und »Süddeutsche Zeitung« und einige Magazin-Journalisten des Fernsehens. Herold hatte den Innenministern vorgetragen, in diesen überregionalen Medien sei eine »deutliche Klimaverschlechterung« zu Lasten der Fahnder und eine »äußerst kritische Negativ-Haltung« zu beklagen. Mit den verzerrten Darstellungen etwa in der »Bild-Zeitung« befaßte sich der BKA-Chef nicht, und er unternahm auch nichts gegen das Phänomen, das ihn als Polizeiführer hätte gegensteuern lassen müssen: daß nämlich interne vorläufige Ermittlungsergebnisse und erste Einschätzungen in manchen Blättern als bereits erwiesene Tatsachen berichtet wurden, daß die Quellen nur in Herolds eigenem Amt sitzen konnten und daß es sich mutmaßlich um Geheimnisverrat handelte.

Eine der problematischsten Veröffentlichungen war der 1972 in Mainz erschienene »Baader-Meinhof-Report«, der aus Akten des BKA, der Sicherungsgruppe Bonn, der SoKo Baader/Meinhof und anderen Polizeiquellen – teilweise entstellend – zitiert. Außerdem sind Teile einer Anklageschrift noch vor Beginn der Hauptverhandlung veröffentlicht, ein Verstoß gegen das Gesetz. Der von einem anonymen Verfasser geschriebene Begleittext scheut gleich zur Einstimmung nicht den Vergleich zwischen der englischen Royal Air Force (RAF), die im Zweiten Weltkrieg deutsche Städte bombardiert hatte, und der Rote Armee Fraktion mit demselben Kürzel. Besonders infam ist ein Organigramm, in dessen Zentrum die »Baader-Mahler-Meinhof-Bande« in einem schwarz unterlegten Viereck steht. Dieses ist mit anderen Vierecken über Linien verbunden, die Kontakt, Unterstützung, Reservoir oder Mittäterschaft bedeuten sollen, ganz klar ist das nicht.

Namentlich genannt werden unter anderen R. Dutschke, das »Anwaltskollektiv H. Mahler«, Prof. P. Brückner als »Sympathisant ersten Grades«, das »Anwaltskollektiv Eschen, Ströbele, Berlin« und das »Anwaltskollektiv Groenewold, Degenhardt, Reinhard, Hamburg«. Etwas weiter entfernt vom Zentrum figurieren »Linksradikale in Presse und Fernsehanstalten« und der Berliner Wagenbach Verlag.

Das Buch macht in seiner perfiden Mischung aus Ermittlungsergebnissen, Vermutungen und Verdächtigungen auch nicht vor Verunglimpfung halt. So heißt es über den damaligen Bundeskanzler Willy Brandt, er habe als Regierender Bürgermeister von Berlin Horst Mahler unterstützt, weil dieser als Anwalt Brandts Sohn vertreten und dafür Honorar erhalten habe. Schließlich mahnt der Text das ganze Land, das in seiner Verharmlosung der linken Gefahr doch tatsächlich »Frau Rut Brandt als einstiges Mitglied der norwegischen kommunistischen Partei – das war sie und eine Parteiaustrittserklärung liegt nicht vor – verehrt«.

Dem Schriftsteller Heinrich Böll schienen die Übertreibungen eines Teils der Presse derart schädlich, daß er sich im »Spiegel« mit einer Polemik zu Wort meldete, die als Werbung um Verständnis für und Nachsicht mit der RAF verstanden werden konnte. Er überspitzte das durch die Terrorgruppe der Gesellschaft gestellte Problem, indem er es auf den Kopf stellte und von einem Krieg der sechzig Millionen gegen sechs Verfolgte und Denunzierte sprach. Sechs waren die Anführer der Baader-Meinhof-Bande, sechzig Millionen die Gesamtzahl der Einwohner der Bundesrepublik Deutschland. Was »Bild« veröffentliche, so schrieb Böll, sei nicht kryptofaschistisch oder faschistoid, sondern nackter Faschismus, Lüge, Dreck. Woraufhin Gerhard Löwenthal im ZDF-Magazin Böll als »sogenannten Intellektuellen« abkanzelte, keinen Deut besser als die »geistigen Schrittmacher der Nazis«.

Bölls eigentliche Abrechnung mit »Bild« erschien zwei Jahre später mit der Erzählung »Die verlorene Ehre der Katharina Blum«, die den Untertitel »Wie Gewalt entstehen und wohin sie führen kann« trägt. Katharina, das Opfer einer Boulevard-Kampagne, schießt den verantwortlichen Sensationsreporter schließlich über den Haufen – und zwar aus nachvollziehbaren Gründen, wie der

Leser empfinden soll. Seiner Geschichte hat Böll dies vorangestellt: »Personen und Handlung dieser Erzählung sind frei erfunden. Sollten sich bei der Schilderung gewisser journalistischer Praktiken Ähnlichkeiten mit Praktiken der Bild-Zeitung ergeben haben, so sind diese Ähnlichkeiten weder beabsichtigt noch zufällig, sondern unvermeidlich.«

Während die Wortgefechte mit der bis auf den heutigen Tag vermeintlich brisantesten Munition der gegenseitigen Faschismus- und Nazismusverdächtigung geführt wurden, entwickelte die Polizei unter Führung des BKA und seines Chefs eine Vielzahl von Strategien, die von der geheimen Observation und Computerregistrierung von Fahrzeugen möglicher Kontaktpersonen bis hin zu aufsehenerregenden Großeinsätzen reichte. Es wurde das Instrument der beobachtenden Fahndung (BeFa) entwickelt, mit dessen Hilfe die Strafverfolger im Lauf der Zeit relativ genaue Vorstellungen über mögliche Aufenthaltsorte der Gesuchten gewannen. Die Fahndung hieß beobachtend, weil sie zunächst nicht zu Festnahmen führen sollte, sondern lediglich Tausende von Menschen erfaßte, die nicht einmal Randfiguren des Terrorismus waren, allenfalls Kontaktpersonen von möglichen Kontaktpersonen. Das aufwendige und erst durch elektronische Datenverarbeitung praktikable Verfahren erwies sich letztlich der Raffinesse der Gesuchten unterlegen, die häufig ihren Aufenthaltsort mit ständig anderen Autos wechselten.

Riesige Polizeirazzien, die große Flächen mit scharfen Kontrollen und Observation aus der Luft überzogen, wurden wegen ihrer scheinbaren Ergebnislosigkeit seinerzeit bespöttelt. Wir wissen heute, daß Herold seine auffallenden, mit Maschinenpistolen bewaffneten Polizeikohorten nicht zur Festnahme, sondern zur Verunsicherung der RAF losgeschickt hatte. Daß viele Bürger, die in stets streng und zuweilen barsch gestaltete Kontrollen gerieten, Angst auch vor der Polizei bekamen, wurde in Kauf genommen.

Zugriff an Fronleichnam

Am frühen Morgen des 1. Juni 1972, Fronleichnam, stellte sich der von Öffentlichkeit und Polizei erhoffte große Erfolg ein. »Endlich« war in der Berichterstattung der folgenden Tage ein viel gebrauchtes Wort in fast allen Zeitungen. Nach einem kurzen Schußwechsel gaben Baader und Meins auf, Raspe hatte sich widerstandslos festnehmen lassen. Die drei meistgesuchten Männer der Bundesrepublik hatten sich an diesem stillen Feiertagmorgen auf eine Garage an einer schmalen Wohnstraße im Frankfurter Norden nicht weit vom Hauptfriedhof zubewegt. Das Objekt stand wie viele andere bereits seit einiger Zeit unter Beobachtung. Neben einem gestohlenen Sportwagen der selten anzutreffenden Marke Iso Rivolta befand sich Sprengstoff in dem Raum. Vor der Aktion tauschten Beamte die brisante Mischung nachts gegen Mehl aus. Der Zugriff erfolgte rasch und koordiniert, in gegenüberliegenden Wohnhäusern waren Scharfschützen postiert, ein Panzerspähwagen war im Einsatz. Der Frankfurter Polizeipräsident Müller schilderte Jahre nach der Festnahme der drei Top-Terroristen, wie er neben einem Präzisionsschützen von einem Balkon aus die Szene beobachtet habe und seine Hauptsorge gewesen sei, eine Kugel könne einen der Verdächtigen töten: »Das hätte vieles vom Erfolg genommen.« Nach Müllers Darstellung war die vergleichsweise harmlose Schußverletzung an Baaders Knie Ergebnis der Kaltblütigkeit und Treffsicherheit seines Kollegen.

Eine Woche nach der spektakulären Verhaftung von drei mutmaßlichen Haupttätern gab Genscher vor dem Bundestag eine Regierungserklärung zur Inneren Sicherheit ab. Darin sagte er, »der Erfolg der Festnahme von Baader, Meins und Raspe war kein Zufallstreffer, sondern das Ergebnis polizeilicher Präzisionsarbeit«. Der Minister zog eine Zwischenbilanz der Fahndung und kündigte ihre Fortsetzung mit »unveränderter Intensität« an. Denn die Taten der Bande, sagte Genscher, »sind nicht – wie vor allem vor den Bombenanschlägen nicht selten zu hören war – der Ausdruck der Verzweiflung einer Gruppe von Idealisten, die durch hysterische Reaktionen eines Teils der Öffentlichkeit und unangemessenen Einsatz polizeilicher Mittel in eine Notwehrsituation getrieben worden seien; nein, meine Damen und Herren, sie sind die Konsequenz eines planvollen Handelns, eines eiskalten revolutionären Kalküls, das auf die gewaltsame Beseitigung unserer Verfassungsordnung zielt«. Bölls Polemik hatte Wirkung gezeigt, wenn auch in diesem Fall in vehementer Ablehnung.

Und die Fahndungserfolge hielten an. Am 7. Juni wurde Gudrun Ensslin in Hamburg verhaftet, zwei Tage später Brigitte Mohnhaupt in West-Berlin, am 15. Juni Ulrike Meinhof und Gerhard Müller in Hannover und am 7. Juli Irmgard Möller und Klaus Jünschke in Offenbach. Das BKA ersetzte die überall ausgehängten Fahndungsplakate nach RAF-Mitgliedern durch neue, die sich von den alten nur dadurch unterschieden, daß die Fotos der Verhafteten mit einem roten X überdruckt und so gleichsam als »erledigt« gekennzeichnet waren. Nicht der Notstand, sondern der Juni 1972 wurde zur historischen Stunde der Exekutive, der vollziehenden Staatsgewalt durch die Polizei. Es schmälert nicht ihre professionelle Leistung wenn man anmerkt, daß sie auf rechtlich nicht sauber gebauter Basis tätig war und ihr Beitrag, das Aufspüren und Festnehmen der Verdächtigen, nur Anfang der Problemlösung war.

Die Inhaftierung der Führungskader bedeutete nicht einmal eine Atempause. Die Polizei setzt ihren gerade gefestigten Ruf der Tüchtigkeit aufs Spiel, als am 25. Juni in Stuttgart der schottische Geschäftsmann Ian MacLeod, der als Nachmieter einer von der RAF genutzten Wohnung zu Unrecht ins Visier der Terrorfahndung geraten war, bei einem frühmorgendlichen Einsatz getötet wird. Beamte eines Festnahmekommandos der Kriminalpolizei stürmten die Wohnung, der erschrockene MacLeod öffnete seine Schlafzimmertür und schloß sie sofort wieder, als er bewaffnete Zivilisten vor seinem Zimmer sah. Ein Beamter hielt den Rückzug für gefährlich und schoß mit seiner Maschinenpistole durch die geschlossene Tür. Der

Vorgang löste Kritik und Empörung aus, denn die Polizei hat einen unschuldigen Menschen erschossen, der zudem im Augeblick seines Todes völlig nackt war. Die Staatsanwaltschaft stellte das Ermittlungsverfahren gegen den voreiligen Beamten mit der seinerzeit heftig diskutierten Formulierung ein, es handele sich um einen Fall von »Putativnotwehr«. Dies sollte heißen, es habe zwar objektiv keine Notwehrsituation vorgelegen, die es dem Beamten erlaubt hätte, von der Schußwaffe Gebrauch zu machen, doch die Situation sei derart gewesen, daß der Mann habe annehmen dürfen, er sei bedroht.

Olympische Tragödie

Erhebliche Auswirkungen auf das öffentliche und politische Gesamtklima und besonders auf die Steigerung des Empfindens, von Terror bedroht und nicht gerüstet zu sein, strahlten von dem Überfall palästinensischer Terroristen gegen Ende der olympischen Spiele von München aus.

Die Spiele im Olympiastadion gingen nach einer Trauerfeier weiter, Avery Brundage hatte als Präsident des Internationalen Olympischen Komitees, des offiziellen Veranstalters, erklärt: »The games must go on.« Anschließend wurde Beethoven gespielt.

Fürstenfeldbruck stellte die Botschaft, die von den Spielen in München ausgehen sollte, auf den Kopf. Statt Heiterkeit, Gelassenheit und Liberalität, die Gastgeber Deutschland der »Nazi-Olympiade« von 1936 in Berlin entgegensetzen wollte, hatte der mörderische Überfall den Tod nach Olympia gebracht, waren jüdische Sportler in Deutschland ums Leben gekommen.

Die Täter, von denen drei überlebten, hatten zwar ihr Ziel nicht erreicht, aber für die Sicherheitsbehörden war auch mit erschreckender Deutlichkeit zutage getreten, daß die Polizei einer Lage, die von entschlossenen Terroristen geprägt wird, nicht entfernt gewachsen war. Eine Woche nach dem Desaster beschlossen die Innenminister des Bundes und der Länder die Aufstellung einer Spezialeinheit, und noch im September sind 188 Stellen und das Geld für die Grenzschutzgruppe GSG 9 bewilligt, mit deren Aufbau unverzüglich begonnen wird.

Ihr Auftrag: »Die GSG 9 ist zur Erfüllung polizeilicher Aufgaben in Fällen von besonderer Bedeutung vorgesehen. Sie kann vor allem dann eingesetzt werden, wenn die Lage ein geschlossenes Vorgehen – offen oder verdeckt – unter Anwendung unmittelbaren Zwangs gegen Gewalttäter erfordert. Dies ist insbesondere der Fall, wenn bandenmäßig organisierte Terroristen in größerem Umfang tätig werden.« Ihren berühmtesten Einsatz leistet die GSG 9 im Herbst 1977, als sie in Mogadischu die Passagiere des Lufthansa-Flugzeugs »Landshut« aus der Gewalt palästinensischer Terroristen befreit. Parallel stellen die Polizeibehörden der Länder Sondereinsatzkommandos (SEK) und Mobile Einsatzkommandos (MEK) zusammen.

Noch 1972 veröffentlichte die RAF ein umfängliches Papier, das sich mit dem »Schwarzen September« unter dem Aspekt »Strategie des anti-imperialistischen Kampfes« befaßt. Der Aufsatz ist auch eine Beschreibung des Selbstverständnisses einer militanten Gruppierung und legt zugleich die in der vergleichsweise kurzen Zeit seit 1970 entstandene unüberbrückbare Kluft zwischen ihr und den Gegebenheiten offen. Es heißt da: »Die Aktion des Schwarzen September in München hat das Wesen imperialistischer Herrschaft und des antiimperialistischen Kampfes auf eine Weise durchschaubar und erkennbar gemacht wie noch keine revolutionäre Aktion in Westdeutschland und Westberlin. Sie war gleichzeitig anti-imperialistisch, antifaschistisch und internationalistisch.« An diesem Beispiel könne die westdeutsche Linke ihre eigene politische Identität wiederfinden, »wenn Auschwitz, Vietnam und Abstumpfung der Massen hier durch das System sie noch was angeht«.

Klassenbewußtsein, Avantgarde, Sensibilität, Menschlichkeit – diese erstaunlichen Vokabeln für die Ermordung von israelischen Sportlern auf deutschem Boden weisen auf einen speziellen Verlust an Humanität und historischem Bewußtsein hin, den die RAF im Untergrund durchgemacht hat. Aus Frauen und Männern, die angeekelt von Auschwitz und der deutschen Schuld die gesellschaftliche Wirklichkeit der Bundesrepublik verlassen hatten, war eine Gruppe geworden, die sich von palästinensischen Terroristen in Guerillapraktiken ausbilden ließ und sich in anti-israelischem Ressentiment, das schnell ein antisemitisches wird, offenbar von niemandem übertreffen lassen wollte: Man habe die Erkenntnis, »daß ein Austausch der israelischen Geiseln gegen die Charaktermasken der sozialliberalen Koalition noch besser gewesen wäre, insofern er die Komplizenschaft Israel/westdeutscher Imperialismus zerstört hätte, Israel isoliert, den Widerspruch zwischen dem Faschismus des entfalteten Imperialismus und Israels Nazi-Faschismus auch noch auf die Spitze getrieben hätte«. Der Satz ist eine abstoßende Interpretation des Versuchs von Genscher, den Geiseln dadurch zu helfen, daß er sich selbst den Terroristen als Gefangener anbot.

Inhaftierte RAF-Mitglieder und andere Untersuchungshäftlinge, insgesamt vierzig Personen, treten Ende Januar 1973 in den Hungerstreik. Ihr Ziel ist es, die Verlegung von Ulrike Meinhof aus dem »Toten Trakt« der Justizvollzugsanstalt Köln-Ossendorf zu erreichen. Dies gelingt, nicht zuletzt, weil die Haft in einem schallisolierten weißen Raum unter Tag und Nacht eingeschalteter künstlicher Beleuchtung allgemein bekannt geworden und in die Kritik geraten ist. Eine Entspannung der überall aufgeregten Situation bedeutet dieses Einlenken der Justizverwaltung ebensowenig wie der Beschluß des Bundesverfassungsgerichts vom 14. Februar 1973 (2 BvR 667/72), der den Ausschluß Schilys von der Verteidigung Gudrun Ensslins für unrechtmäßig erklärt. Der Bundesgerichtshof war dem Antrag der Bundesanwaltschaft gefolgt und hatte deren Verdacht sozusagen gerichtlich abgesegnet, der Verteidiger habe einen Kassiber für seine Mandantin geschmuggelt. Die Verfassungsrichter fordern indessen penibles rechtliches Denken, bevor in die Freiheit der Berufsausübung eingegriffen wird: »Ein so schwerer und für das Verfahren endgültiger Eingriff in die Verteidigerstellung bedarf von Verfassung wegen einer Begründung, die ihre Rechtfertigung unzweideutig, verläßlich und sicher in dem erklärten, objektivierten Willen des Gesetzgebers findet. Dazu genügt nicht, daß der Ausschlußtatbestand in ›Umrissen‹, also nur unvollkommen und lückenhaft, aus Sinn und Zweck einer Reihe gesetzlicher Vorschriften gewonnen werden kann. Vielmehr muß er sich insgesamt, in seinem vollen Umfang, als Ausdruck einer gesetzlichen Regelungsabsicht nachweisen lassen, wozu auch gehört, daß deutlich erkennbar ist, bei welchem Verdachtsgrad der tatbeteiligte Verteidiger aus dem Verfahren ausscheiden soll und wer im Streitfall darüber zu befinden hat.«

Die Kassiber-Schmuggel-Affäre, in der dem beschuldigten Verteidiger, der stets bestritten hat, auch nie eine Verfehlung nachgewiesen wurde, spielte in der justitiellen Bearbeitung des Baader-Meinhof-Komplexes noch mehrfach eine Rolle. Dies hätte nicht sein müssen, denn das Verfassungsgericht sagt ganz deutlich, daß der von der Bundesanwaltschaft gezogene Schluß, von mehreren Personen, die mit Ensslin Kontakt hatten, komme nur ihr Verteidiger wegen seiner Eigenschaft als Interessenvertreter auch als Täter in Frage, nicht aber beispielsweise Justizbeamte, juristisch nicht einwandfrei ist.

Der Beschluß des 2. Strafsenats endet allerdings mit zwei Sätzen, die das künftige Ausmaß des Konflikts zwischen Linksanwälten und der staatlichen Justiz bestimmen werden. »Das Bundesverfassungsgericht verkennt nicht, daß mit diesem Ergebnis ein höchst unbefriedigender Rechtszustand aufgedeckt worden ist, dessen Aufrechterhaltung sich mit dem Interesse an einer geordneten Strafrechtspflege in keiner Weise vereinbaren läßt. Der Gesetzgeber wird daher die Voraussetzungen des Verteidigerausschlusses in naher Zukunft zu regeln haben.«

Im Deutschen Bundestag wurde die Gesetzesänderung in abschließender Beratung am 18. Dezember 1974 debattiert. Die Abgeordneten und die durch sie repräsentierte Bevölkerung standen unter dem Eindruck von Ereignissen wie dem Tod von Holger Meins, dem Mord an Kammergerichtspräsident von Drenkmann, einer öffentlichen Diskussion über die Einführung der Todesstrafe und der heftig geführten Polemik um die Hungerstreiks.

Nach den Protokollen des Deutschen Bundestages, dessen »Anti-Terror-Debatten im Parlament 1974 – 1978« von Freimut Duve in Hamburg herausgegeben wurden, umriß Justizminister Vogel (SPD) den Gesetzentwurf, der die bestehende Lücke durch Bestimmungen schließen soll, die sowohl den Interessen einer geordneten Strafrechtspflege und dem Grundsatz der freien Advokatur als auch dem Recht des Beschuldigten auf umfassende Verteidigung Rechnung trügen. Ein Verteidiger werde nur in wenigen, gesetzlich genau umrissenen Fällen von der Mitwirkung an einem Strafverfahren ausgeschlossen: etwa bei Tatteilnahme, Begünstigung, Hehlerei und bei Parteiverrat. Den von der Mehrheit des Bundesrates befürworteten Ausschließungsgrund der Verfahrenssabotage enthielt der Entwurf der Bundesregierung nicht. Der Abgeordnete Fritz Wittmann, Rechtsanwalt aus München, monierte diesen Punkt namens der CDU/CSU-Fraktion und sagte, der Rechtsstaat könne nicht zulassen, daß er mit Mitteln des Rechtsstaats nicht nur ad absurdum geführt, sondern vielleicht sogar beseitigt werde. Auch Richter seien Menschen, die, wenn sie angegriffen würden, vielleicht nicht so sehr aus dem Bewußtsein heraus, aber unbewußt, den Weg des geringsten Widerstandes gehen könnten. Um sie von derartigen Anfechtungen freizuhalten, müsse die gesetzliche Voraussetzung geschaffen werden, wenigstens in den krassesten Fällen einschreiten zu können. Dazu lag dem Bundestag ein Gesetzentwurf des Bundesrates vor.

Als SPD-Abgeordneter versuchte der Wuppertaler Staatsanwalt

Wilfried Penner den Ball flach zu halten: Die Strafjustiz sei ja nicht am Ende. Anspruchsvolle Worte von der bedrohlichen Zunahme von Störungen bei Hauptverhandlungen, von »Prozeßsabotage«, dem ein »Gesetz zum Schutz der Rechtspflege« abhelfen soll, signalisierten zwar »Justizdämmerung«, aber kein Kenner der Verhältnisse werde bestreiten, daß Störungen von Hauptverhandlungen nur in verhältnismäßig wenigen Fällen vorkämen. Meist seien dies Prozesse mit politischem Hintergrund, bei denen Verfahrensbeteiligte und Zuhörer die Gelegenheit suchen, das Forum der Justiz zur politischen Arena, ja zum Tollhaus umzufunktionieren. Die große Publizität als Zweck solcher Unternehmen und weitgehende Anonymität der normal verlaufenden Strafprozesse hätten zu unzutreffenden Vorstellungsbildern vom angeblich dramatisch schlechten Zustand der Justiz beigetragen.

Die Vorschriften zum Ausschluß von Rechtsanwälten wurden angewendet, um 1975 in Stuttgart-Stammheim die Wahlverteidiger Croissant, Groenewold und Ströbele aus dem Großverfahren gegen Baader und andere auszuschließen. Die den ersten Verhandlungstag vor dem Oberlandesgericht prägende Diskussion über Formalitäten offenbarte, daß die Änderung des einschlägigen Paragraphen 138 StPO trotz der langen Vorbereitungszeit Mängel aufwies. Zudem eröffnete der Verteidigerausschluß aufgrund eines neuen Gesetzes kurz vor Beginn eines komplizierten Prozesses eine Kontroverse darüber, ob nach Vorschriften verfahren werde, die speziell auf diese Hauptverhandlung zugunsten der Anklagebehörde und zu Lasten der Verteidigung zurechtgezimmert seien. Die breite Öffentlichkeit allerdings, die auf einen möglichst gestrafften Prozeß mit rascher Verurteilung der Angeklagten hoffte, schob die notwendigen Erörterungen über ein undeutliches Gesetz den verbliebenen Verteidigern als Verzögerungstaktik in die Schuhe.

Dem ersten Hungerstreik 1974 folgen weitere, und Verteidiger beteiligen sich nach Kräften an der publizistischen Aufbereitung der ausgeweiteten Forderungen. Justizminister Vogel erklärt, der Hungerstreik diene nicht der Verbesserung von Haftbedingungen, sondern sei »Teil eines geplanten Kampfes gegen den Rechtsstaat mit dem Ziel, entgegen den gesetzlichen Bestimmungen die Entlassung aus rechtmäßiger Haft zu erzwingen oder doch zumindest die Rechtsstaatlichkeit der zuständigen Institutionen gegenüber der Öffentlichkeit in Zweifel zu ziehen, verächtlich zu machen und wenigstens teilweise zu lähmen«.

Die Strafverfolgungsbehörden nehmen die Verteidiger ins Visier und legen Vorschriften, wonach die Einleitung von Ermittlungsverfahren eigentlich kein Gegenstand breiter öffentlicher Erörterung sein soll, äußerst extensiv aus. Den Medien werden Informationen zugespielt, die zu beweisen scheinen, daß Anwälte als Komplizen ihrer hochkriminellen Mandanten, die in verschiedenen Untersuchungshaftanstalten sitzen, mindestens die Kommunikation ermöglichen, schlimmstenfalls wissentlich an der Vorbereitung neuer schwerer Straftaten mitwirken.

Die Bildzeitung berichtet über einen »dunklen Verteidigerkanal« über den »so vermutet ein hoher Beamter des Bundeskriminalamtes, die versprengten, sich neu formierenden Reste der Bande, die noch in Freiheit sind, Kontakt mit ihren gefangenen Anführern« hielten. Das in Frankfurt und Umgebung regional verbreitete Boulevardblatt »Abendpost« nennt die Verdächtigungen nahliegend, »denn oft genug und unüberhörbar stimmen gewisse Verteidiger im Chor mit ihren Freunden und Schützlingen Haßgesänge gegen den Staat und seine Rechtspraxis an«. Die von einem der verdächtigten und geschmähten Anwälte gestellte Frage, warum Juristen, die doch derart schwer belastet seien, noch in der schwarzen Robe herumliefen statt in Anstaltskleidung im Gefängnis zu sitzen, beantwortet sich der Mann selbst: »Wir haben nichts Rechtswidriges getan.«

Seltsamerweise setzen Staatsanwaltschaften die aus heutiger Sicht befremdliche und nur aus der auf allen Seiten zu Bekenntnissen drängenden Zeit erklärbare Öffentlichkeitsarbeit fort. So lassen die Strafverfolgungsbehörden in München wissen, sie hätten im Lauf der Ermittlungen gegen die Anwälte Eschen, Croissant, Lang und Ströbele konkrete Aufforderungen zu gewalttätigen Aktionen entdeckt. Gleichwohl hat dieselbe Staatsanwaltschaft, die erklärt, ihre Ermittlungen seien nun abgeschlossen, weder die Verdächtigen vernommen noch Anklage beantragt. Das Widersprüchliche solchen Verhaltens fällt auch dem Kommentator der konservativen Zeitung »Die Welt« auf, der schrieb, es stehe außer Frage, daß gegen Verteidiger, wenn sie sich denn strafbar gemacht hätten, »ein Strafverfahren fällig ist«. Und der Journalist mahnt – sozusagen ersatzweise – die bereits vom Verfassungsgericht vermißte gesetzliche Regelung des Verteidigerausschlusses an.

In der links-liberalen »Süddeutschen Zeitung« erscheint ein Kommentar, der die »weitgehend gesinnungsmäßige und politische Solidarisierung einzelner Anwälte mit ihren Klienten« ausgemacht hat. »Ihr Repertoire reicht von der Verfahrenssabotage durch Nichterscheinen in der Hauptverhandlung über Mißbrauch der Verteidigerpost bis zur Häufung fortwährend unsinniger Anträge im Gerichtssaal. Ihren Klienten erweisen sie damit nicht die notwendige legitime Hilfe im Sinne der Wahrnehmung aller ihrer Rechte. Dafür wird, als Beispiel, die reichlich unbedarft wirkende Astrid Proll präsentiert, die mit einer stundenlangen Erklärung das Hohelied von der revolutionären Gewalt heruntersingt. Sie bemühen sich also nicht pflichtgemäß um Entlastung ihrer Klienten, sondern sie mißbrauchen sie als künftige, möglichst hoch zu bestrafende ›Märtyrer‹ des verhaßten ›Systems‹.«

Während sich die veröffentlichte Meinung immer stärker von den Anwälten der Baader-Meinhof-Gruppe und ihres Umfeldes abwendet und der Gesetzgeber die gegen Verteidiger gerichteten Verschärfungen im Strafprozeßrecht berät, erlebt das Land die größte koordinierte Polizeiaktion, die es je in der Bundesrepublik gegeben hat. Im Rahmen der »Winterreise« genannten Kontroll- und Durchsuchungsaktion werden Straßen gesperrt, und starke Polizeikräfte nehmen Wohnungen, Büros, Druckerein und natürlich auch Anwaltskanzleien unter die Lupe. Sieben Stunden lang wühlen sich Beamte in Berlin durch Papiere im Berliner Büro Eschen/Ströbele/

Spangenberg, auch bei Schily nehmen sie eine »Grobdurchsicht« vor. Ein gerichtlicher Durchsuchungsbeschluß liegt der von den Innenministern der Länder angeordneten Maßnahme nicht zugrunde, sie ist mit »Gefahr im Verzug« begründet.

In Hamburg wird Rechtsanwalt Wolf Dieter R. wegen angeblicher Unterstützung der »Bewegung 2. Juni« verhaftet. Die Ermittlungsbehörden legen ihm unter Bezug auf einen dubiosen Zeugen zur Last, er habe bei der Ermordung von Ulrich Schmücker eine unrühmliche Beraterrolle gespielt, Mandanten zu falschen Aussagen veranlaßt und sogar Honorar aus der Beute der kriminellen Vereinigung gefordert. Der Anwalt wird nach einigen Wochen aus der Haft entlassen, wieder verhaftet, wieder freigelassen und schließlich endet das Verfahren mit Freispruch, den der BGH am 3. Oktober 1979 bestätigt.

Das Verbrechen, mit dem der Anwalt in Verbindung gebracht wurde, die Ermordung des 22 Jahre alten Studenten Schmücker, ist nie abschließend geklärt worden. Drei Urteile sind vom Bundesgerichtshof aufgehoben worden, zuletzt wurde das Verfahren eingestellt. Schmücker war Randfigur in der »Bewegung 2.Juni«, wurde gefaßt, hat vermutlich gegenüber den Strafverfolgungsbehörden ausgesagt und soll dafür aus Rache getötet worden sein. Wer der oder die Täter waren, ist ebensowenig geklärt wie die Rolle des Beamten Michael G. vom Berliner Verfassungsschutz, ein Mann im geheimdienstlichen Zwielicht, über den noch einiges zu sagen sein wird.

Staatskampagnen

Obwohl »Winterreise« keine handfesten Beweise, sondern wieder nur Belege – Kritiker sagten: Vorwände – für Verdächtigungen erbracht hatte, obwohl eine aus dem beschlagnahmten Material zusammengestellte Dokumentation für die Öffentlichkeit keine rechte Überzeugungskraft hatte, lief die Kampagne weiter. Innenminister Maihofer sprach im Fernsehen vom Mißbrauch des Rechtsstaates,

»den es in dieser Weise überhaupt noch nicht gegeben hat, wir hatten ja auch noch nie eine solche revolutionäre Gesamtstrategie, die hier aus den Zellen heraus verfolgt wird«.

Die Kritik an der Strategie gegen die Linksanwälte weist darauf hin, daß sich der Unterstützerzusammenhang aus dem beschlagnahmten Material nur dadurch habe herstellen lassen, daß nicht bestehende Zusammenhänge aus Papieren, die zu ganz verschiedenen Zeiten zu ganz unterschiedlichen Themen mit ganz unterschiedlichen Zielrichtungen verfaßt waren, in Belastungsabsicht zusammengestellt worden seien. Die betroffenen Anwälte setzten sich mit einer Strafanzeige gegen den Innenminister zur Wehr. Ihrem formalen Argument, die veröffentlichte Dokumentation habe rechtswidrig aus Ermittlungsakten zitiert, noch ehe sie Gegenstand einer Hauptverhandlung waren, schloß sich das damit befaßte Gericht dem Grunde nach an: Es habe sich um einen Verstoß gegen strafrechtliche Bestimmungen gehandelt, der jedoch unter dem Gesichtspunkt des übergesetzlichen Notstandes, auf den sich der Staat berufen könne, straffrei bleibe.

Es drängt sich zunächst auf, daß »Winterreise« weniger von der Notwendigkeit der Beweissicherung als von Gesichtspunkten der Öffentlichkeitsarbeit für die Strafverfolgungsbehörden bestimmt war. Minister Maihofer ließ wissen, die Aktion habe jedenfalls erheblich zum Image und zum Selbstbewußtsein der Polizei beigetragen. Staatssekretär Siegfried Fröhlich wies die Vermutung eines Journalisten in der Fernsehsendung »Im Brennpunkt«, ob die Aktion nicht eher ein Schlag ins Wasser gewesen sei, am 5. Dezember 1974 mit Worten zurück, die an juristisch sachfremde, politisch aber für förderlich gehaltene Überlegungen denken lassen: »Einmal mußte, das sage ich ganz offen, nach diesen Vorfällen, nach der Ermordung des Herrn von Drenkmann in Berlin, in einer gewissen vorgezogenen Art und Weise etwas gemacht werden, was eigentlich zu dem Zeitpunkt nicht geplant war. Es mußte gegen diese Herausforderung des Rechtsstaates reagiert werden. Und hier ist es wirklich in einer nun vorbildlichen Weise gelungen, in sehr schneller Zeit zu einer doch gewaltigen Operation von Länderpolizei und Bundeskriminalamt und Schutzpolizei und von Kriminalpolizei gekommen, die als solche wirklich bewundernswürdig ist. Allein dieses ist meines Erachtens eine Demonstration staatlicher Reaktionsfähigkeit, die fällig war.«

Es sei an dieser Stelle angemerkt, daß Erfolg und Mißerfolg nicht die ausschließlichen Kriterien für polizeiliche Maßnahmen sind. Öffentlichkeit und Publizistik, zumal wenn sie polizeikritisch argumentieren, neigen zu raschen Überschlagsrechnungen nach Aufwand und Ertrag, und sie wollen auf der Ertragsseite am liebsten Festnahmen, Verhaftungen und die Vorlage gerichtsverwertbarer Beweise sehen. Die politische Linke hat im Fall »Winterreise«, der keine große Erfolgsbilanz produziert hat, neben die mangelnde Effektivität bei übertriebenem Aufwand noch das Kriterium der Angemessenheit angeführt und behauptet, da es fehle, zeige die Polizeiaktion den rechtlich bedeutsamen Mangel der Unangemessenheit der Mittel.

Demgegenüber argumentierten die Strafverfolgungsbehörden, daß umfassende Polizeiarbeit zu einem nicht unbeträchtlichen Teil auch im Überprüfen von Verdachtsmomenten und Spuren bestehe, die nicht zum Ziel führten. Sie von der weiteren Verfolgung auszuschließen, sei ebenso Teil der Tätigkeit wie die richtige Spur zu finden und den hinreichend einer Tat verdächtigen Menschen festzunehmen.

Das vielschichtige und komplizierte Rechtssystem bietet auch seinen professionellen Anwendern viele Möglichkeiten, sich zu irren. Seinerzeit von der Linken scharf beobachtetes und kritisiertes wirkliches und scheinbares Versagen mündete häufig in der den Irrtum ausschließenden Vermutung, der Staat beachte nicht mehr die lebenswichtigen Trennlinien zwischen vollziehender Gewalt und Rechtsprechung. Die Obrigkeit stand bei den Linken im Verdacht, sie setze alles daran, mit den übermächtigen Mitteln einer zu einer einzigen Verfolgungs-, Verurteilungs- und Bestrafungsmaschinerie geschmiedeten Bürokratie aus Polizei und Justiz ihre politischen Gegner in den Knast zu werfen.

Auf dem rechten Flügel des politischen Spektrums wurde die von den Sozialdemokraten geführte Regierung mit ihrem auf rechtsstaatliche Traditionen damals noch zu Teilen stolzen Partner FDP dagegen nicht selten verdächtigt, dem Terrorphänomen gegenüber zu lasch zu agieren. Von dieser Seite kamen nicht nur die ständigen Rufe nach immer schärferen Gesetzen, sondern auch Vorschläge, die darauf hinausliefen, Terrorverdächtigen Rechte zu entziehen, die nicht entzogen werden dürfen.

Kapitel 4
JUSTIZ

Was hatten Baader, Ensslin, Meinhof und all die anderen Strafbares begangen? Die Frage ist nur scheinbar naiv und gar nicht so leicht zu beantworten. Die Antwort, die Strafverfolgungsbehörden und Gerichte schließlich gefunden haben, wird zuweilen heute noch diskutiert. RAF-Täter wurden, kurz gesagt, wegen Mordes, räuberischer Erpressung und Rädelsführerschaft beziehungsweise Mitgliedschaft in kriminellen oder terroristischen Vereinigungen verurteilt. Die Justiz nahm die Angeklagten wahr als eine Bande von Räubern und Mördern. Sie hatten mit Waffengewalt Banken überfallen, Menschen erschossen und Menschen durch selbstgebaute Sprengsätze getötet. Im Nebeneffekt kamen hinzu Verstöße gegen das Verbot der Herstellung von Sprengmitteln, des Diebstahls, der Urkundenfälschung. Sie handelten nach gemeinsam gefaßten Plänen und billigten gemeinsam den »Erfolg« ihrer Verbrechen. Wer Autos stahl oder Tatorte ausspähte, wer Grundstoffe für explosive Mischungen beschaffte oder Waffen und Munition, war der Beihilfe oder Mittäterschaft schuldig. Die gesetzliche Klammer, die unter Umständen kleinteilige Beweiserhebung ersparte, war das sogenannte Organisationsdelikt, die Zugehörigkeit zur kriminellen Vereinigung nach Paragraph 129 StGB, der im Lauf der Verfolgungsgeschichte durch 129a StGB – terroristische Vereinigung – ergänzt wurde. Bereits die Zugehörigkeit zu solch einer Vereinigung ist eine eigenständige Straftat, auch die Unterstützung und Werbung wird bestraft. Die Paragraphen 129 und 129 a ermöglichen in gewissem Umfang Verfolgung und Verurteilung nach der Allerweltsweisheit des Mitgefangen-Mitgehangen.

Noch in den neunziger Jahren mußte sich die Bundesanwaltschaft als Anklagebehörde freilich von einem Strafsenat des Frankfurter Oberlandesgerichts erklären lassen, daß ihr hochgestimmter Antrag, Birgit Hogefeld wegen Mittäterschaft am Mord an einem Polizeibeamten auf dem Bahnhof von Bad Kleinen zu verurteilen, der rechtlichen Grundlage entbehrte. Geschossen hatte Wolfgang Grams, der kurz darauf unter nicht recht aufgeklärten Umständen zwischen den Gleisen an einer Kugel starb. Als er auf einen Beamten schoß, war Hogefeld bereits festgenommen und gefesselt. Die Bundesanwaltschaft beantragte gleichwohl Verurteilung, weil Grams mit Wissen und Einverständnis der zur selben terroristischen Vereinigung gehörenden Angeklagten geschossen habe, die sich jedenfalls gedanklich den Todesschuß zu eigen gemacht habe. Das Gericht sprach in diesem Punkt allerdings frei: Hogefeld habe nach ihrer Festnahme keinerlei Möglichkeit mehr gehabt, auf den Täter Grams in irgendeiner Weise einzuwirken, juristisch: sie hatte keine Tatherrschaft. An dieser Stelle verlor die Klammer der terroristischen Vereinigung ihre Wirkung.

Aus Sicht des Staates und der die Rechtsordnung verteidigenden Justiz hatte die Verfolgung der RAF unter dem Aspekt der kriminellen oder terroristischen Vereinigung zunächst einen einfachen organisatorischen Vorteil. Die Taten konnten als Staatsschutzdelikte zentral von der Bundesanwaltschaft, die dafür die originäre Zuständigkeit hat, ermittelt und angeklagt werden. Probleme, die sich aus dem üblicherweise geltenden Zuständigkeitsprinzip nach Tatorten ergeben mochten, traten so gar nicht auf. Es war fast immer dieselbe Strafverfolgungsbehörde des Generalbundesanwalts mit Sitz in Karlsruhe, die alle für wichtig gehaltenen Terror-Delikte bearbeitete und auf diese Weise auch Sach- und Fachkennerschaft entwickeln konnte. Karlsruher Journalisten nennen sie laut einem Artikel der »Frankfurter Rundschau« (FR) vom 25.2.1997 die »schweigsamste Behörde der Welt«. Vor dem Verfahren gegen Groenewold in Hamburg allerdings erleben ausgewählte Zeitungen eine vertrauliche Verschickung von Teilen der Gerichtsakten, was z. B. die »Rheinische Post« am 23.11.1976 veranlaßt, von Erkenntnissen gegen RAF-Anwälte zu reden, die »zwar höchst verdächtig, aber eben juristisch nicht verwertbar« seien – ein klarer Verstoß gegen § 353d StGB. Weiter heißt es im Artikel der FR: «So soll der zuständige Hamburger Staatsanwalt einmal beglaubigte Abschriften von Aktenanteilen (an Groenewold) nachgereicht haben, nachdem Groenewold in einem Telefonat mit seinem Verteidiger darauf hingewiesen hatte, daß hier ein schwacher Punkt der Anklage sei. Da will Groenewold nicht mehr an einen Zufall glauben.«

Aus der Sicht der Justiz ist die Behauptung, politischen Straftätern sei durch Prozesse, in denen Kapitalverbrechen der klassischen Art behandelt wurden, das Recht abgeschnitten worden, sich politisch zu verteidigen, zur Legende gewordene Propaganda von Linksanwälten. Während des Kampfs um die Rechte ihrer Mandanten haben Verteidiger sehr häufig beklagt, die politischen Ursachen für die Handlungsweise der Beschuldigten oder Angeklagten würden unterdrückt oder zu wenig beachtet. Die Anwälte haben sich in der Regel durchgesetzt, und in ungezählten Prozessen von der Verbreitung illegaler Flugblätter bis hin zum Kapitaldelikt sind lokale, regionale, nationale und globale Felder der Politik bestellt worden.

Der politische Standpunkt der RAF-Angeklagten aber hatte wegen der äußersten Radikalität der daraus gezogenen Konsequenzen nicht viele Anhänger. Die Bundesanwaltschaft ging im Stammheim-Prozeß in ihrem Anklage- und Verdammungseifer sicher sehr weit und überschoß ihr Ziel, als sie verächtlich erklärte, die Angeklagten seien gar keine Revolutionäre, sondern betrieben den »größten Etikettenschwindel des Jahrhunderts«. Auch dies läßt außer acht, daß die Justiz Verbrechen, wie sie von den Angeklagten begangen wurden, unter gar keinem Aspekt milder beurteilt, als sie es getan hat. Es spielt tatsächlich keine Rolle, ob ein Mörder an die Revolution, den Feind, seinen Nachruhm oder gar nichts gedacht hat: Wird er schuldig gesprochen, folgt die Strafe aus dem Gesetz. Es schreibt für den Mörder die lebenslange Freiheitsstrafe vor.

Politische Justiz

Zum Beleg der Behauptung, die Justiz habe als willfähriges Staatsorgan ihre Unabhängigkeit verraten und regierungsgenehme Prozesse zur Ausschaltung politischer Gegner geführt, wurde häufig die überzeugende Definition des Rechts- und Politikwissenschaftlers Otto Kirchheimer zitiert, eines Kenners der Weimarer Verhältnisse und Autor des Buchs »Politische Justiz« (1965): »Wenn gerichtsförmige Verfahren politischen Zwecken dienstbar gemacht werden, sprechen wir von politischer Justiz.« Der Prozeß werde zum Faktor im Kampf um die politische Macht und der Gerichtsaal zum Schauplatz politisch-sozialer Konflikte. Die tatsächlich gegen die RAF-Gründer geführte Hauptverhandlung vor dem Stuttgarter Oberlandesgericht, die als Pilotverfahren galt, mag ein Austragungsort scharfer Gegensätze gewesen sein, ein Faktor im Kampf um die Macht war sie ebensowenig wie ein justitiell verbrämter Schauprozeß. Politisch verstand sich die RAF als Kampforganisation gegen die Bundesrepublik, hielt sie sich in letzter Konsequenz für berechtigt zu töten. Der angegriffene Staat hat diesen inneren Gegner als solchen erkannt, angenommen und bekämpft. Doch es gab in den 70er Jahren des vorigen Jahrhunderts keinen Kampf um die Macht im Staat, der trotz Erschütterung, Sensation, Hysterie, Stimmungsmache und nicht zu billigender polizeilicher Übergriffe zu keinem Zeitpunkt in seinem Bestand gefährdet war. Das Land war auch nicht mit Hilfe der Justiz auf dem Weg in den totalen Unrechtsstaat.

Die Verfolgung der durch Bombenanschläge Angst und Schrekken verbreitenden Täter nach den Vorgaben des Kriminalstrafrechts zeigt den Willen, das Phänomen als das zu erkennen, was es war: politisch motivierte Kriminalität. Der Staat, die ihn repräsentierende Regierung und insbesondere die Rechtsprechung als unabhängige Staatsgewalt haben meist nicht den Versuch unternommen, die Gesinnung politischer Gegner zu sanktionieren, sondern die Angeklagten an ihren Taten gemessen. Der dargestellte Disput im Stammheim-Prozeß zwischen dem Senatsvorsitzenden Prinzing und dem Angeklagten Baader belegt eben auch, daß das Gericht bis weit über die Grenze des Erträglichen hinaus darauf bestand, die Prozeßrechte des Angeklagten zu wahren, an dieser Stelle Baaders Recht auf Anwesenheit im Gerichtssaal.

Die grundsätzliche Einstellung, das Phänomen bewaffneter Staatsfeinde der üblichen Kriminalität zuzuordnen, hat keine Entsprechung in der personellen und materiellen Verstärkung von Polizei und verdeckt tätigen Sicherheitsbehörden. Die dafür notwendigen Etatmittel werden bis heute nicht kriminalpolitisch, sondern allgemein staatspolitisch angemahnt, bewilligt und eingesetzt. In der nimmermüden Betonung der Gefährlichkeit terroristischer Straftäter verschwindet ihr statistischer Stellenwert in der Gesamtkriminalität.

Eine Untersuchung des Bundesjustizministeriums stellt fest, daß vom 1. Januar 1971 bis zum 31. Dezember 1980 genau 279 Urteile im Zusammenhang mit linksterroristischen oder hiermit im Zusammenhang stehenden Straftaten ergangen sind. 206 Personen wurden rechtskräftig verurteilt, die sehr viel zahlreicheren Verfahrenseinstellungen sind nicht berücksichtigt. Im selben Zeitraum sind aber mehr als 8,5 Millionen Menschen wegen mehr oder minder schwerer Vergehen und Verbrechen bestraft worden, darunter Hunderte und Tausende wegen Mordes, Totschlags oder Raubes. Politik, öffentliche Meinung und, so ist zu vermuten, die Gesellschaft als ganzes nehmen Terror-Kriminalität als bedeutender und bedrohlicher wahr, als ihr Anteil an der Gesamtkriminalität rechtfertigt. Sie übertreiben die Gefahr aus politischen Gründen und überschätzen – wie der Staatsfeind übrigens gleichermaßen – den politischen Wert etwa eines Bombenattentats.

Die Hochachtung vor dem Terror bei seinen Befürwortern einerseits und andererseits die Überschätzung der von ihm ausgehenden Gefahr bei den sich von Gewehren und Bomben bedroht fühlenden Bürgern standen damals jeder Verständigung im Weg. Ideologisch verfeindete Parteien betreten keine Brücken. Auch die mutmaßlichen Urheber der Todesflüge von New York und Washington am 11. 9. 2001 glauben weiter an eine politische Großtat, die der Sache angeblich mißhandelter islamischer Völker genutzt habe. Der amerikanische Staat hat die Attentate als Kriegserklärung aufgefaßt und mit Krieg geantwortet. Über seine Berechtigung wird ebenso gestritten wie über seinen Erfolg über den militärischen Sieg hinaus. Die Taten der RAF sollen nicht verglichen werden mit den Zielflügen der Selbstmordattentäter, dies verbietet schon der Respekt vor den vielen tausend Opfern in Amerika. Der Hinweis auf die gesteigerte Gegenwart des Terrors mag dazu dienen, die offenkundige Unfähigkeit zu konstatieren, in einer aktuellen Lage, die bedrohlich erscheint und staatliche Antwort verlangt, anders als mit äußerster Deutlichkeit zu handeln.

Die Behörden, die in der Bekämpfung des deutschen Terrorismus der siebziger Jahre direkt am Geschehen waren, Bundesanwaltschaft und Bundeskriminalamt, sind bis an die Grenzen ihrer Möglichkeiten als Strafverfolger gegangen, manche Kritiker sagen, darüber hinaus. Die sich in der Reihe Verfolgung, Ergreifung, Inhaftierung anschließende Rechtsprechung hatte es möglicherweise nicht ganz so schwer. Sie bewegte sich im Grunde auf dem vertrauten Terrain der Strafprozeßordnung und des Strafgesetzbuchs. Gerichtsverhandlungen um Mord oder Raub gehören zur Routine der Justiz, die nach ihrem Selbstverständnis nicht bereit ist, politische Verfahren zu führen. Sie sieht darin einen Widerspruch zu den wichtigsten Grundsätzen ihrer Tätigkeit, etwa zu der von der Verfassung gebotenen Unabhängigkeit der Gerichte, zu der auch die Unabhängigkeit von politischer Einflußnahme gehört. Richter, auch Laienrichter, sind darauf vereidigt, nach Recht und Gesetz »ohne Ansehen der Person« zu urteilen und nur der Wahrheit und Gerechtigkeit zu dienen.

Staatsanwälte und Richter verstehen angeblich selbst Hauptverhandlungen in explizit so genannten Staatsschutzsachen vor Staatsschutzsenaten und Staatsschutzkammern letztlich nicht als politischen Prozeß. Sie üben ihren Beruf in der Vorstellung aus, sie säßen über Menschen zu Gericht, die mehr oder minder schwere Straftaten begangen haben sollen, deren Täterschaft zu beweisen und deren Schuld festzustellen ist – oder eben auch nicht. Die Motive werden erforscht, zuweilen mit der Assistenz von Psychologen und Psychiatern, doch wenn die geistige Ursache eines Verbrechens politischer Natur ist und dazu noch politischem Denken entspringt, das den Richtern fremd ist oder von ihnen abgelehnt wird, bleibt die Wirkung in der Urteilsfindung in der Regel matt.

Da die Beratung über das Urteil eines der am besten gehüteten und eingehaltenen Geheimnisse der Justiz ist, wissen wir nicht, was dort gesprochen wird. Doch es gibt Grund zu der Annahme, daß die in Terroristenprozessen während der Verhandlung vorgetragenen politischen Argumente in der geheimen Schlußberatung nur mehr eine marginale Rolle spielten. Der nicht selten an vielen Tagen vorgetragene Argumentationszusammenhang sich politisch definierender Angeklagter findet sich jedenfalls in den Urteilsbegründungen der meisten Verfahren lediglich erwähnt wieder. Dies ist nach der Feststellung schwerer und schwerster Verbrechen vermutlich gar nicht anders denkbar. Richter, die eine Sachbeschädigung oder eine Nötigung, selbst einen Haus- und Landfriedensbruch zu beurteilen haben, mögen sich über den Wert eines anständigen Motivs noch Gedanken machen. Je gravierender indes die Gesetzesverletzung, desto weniger wiegt der Grund, den der Angeklagte angeben mag. Bedrückender Geldmangel rechtfertigt nicht den Banküberfall, quälende Eifersucht nicht den Mord, hochstehende politische Überzeugung nicht das Bombenattentat: So versteht sich die Justiz im Rechtsstaat und so will sie verstanden werden.

Die Berufsrichter in einem Fall, der tatsächlich Vorwürfe aus dem Abschnitt des Strafgesetzbuchs über »Friedensverrat, Hochverrat und Gefährdung des demokratischen Rechtsstaates« enthält, werden ebenfalls bestreiten, einen politischen Prozeß im Sinne justizfremder Beeinflussung zu führen. Das Gesetz stellt zum Beispiel die Fortführung einer für verfassungswidrig erklärten Partei unter Strafe, auch die Propaganda für derartige politische Gruppierungen oder das Verwenden ihrer Kennzeichen. Verboten sind Agententätigkeit gegen die Bundesrepublik, die Verunglimpfung des Bundespräsidenten und – unter der Voraussetzung der Bestandsgefährdung des Landes – die Verunglimpfung des Staates, seiner Symbole und seiner Organe. Gerichte, die Fälle aus diesem Katalog der politischen Straftaten behandeln, betrachten ihre Arbeit trotz des eindeutig politischen Stoffs nicht als politische Rechtsprechung. Sie sind fest davon überzeugt, auch dem Spion oder dem kommunistischen Propagandaredner oder dem »Heil Hitler!« brüllenden Neo-Nazi allein auf dem festen Boden des Strafrechts zu begegnen. Dies liefert die Maßstäbe, ist Grundlage für die Feststellung von Schuld und gibt den Rahmen für die Bestrafung vor.

Daß Richter auch Bürger sind und wie jedermann zumindest politische Überzeugungen haben, von Weltbildern geprägt sind, religiös mehr oder minder beeinflußt sind, Vorstellungen vom Menschen, von Recht, Anstand, Moral, Ethik haben und nicht zuletzt Zeitungen lesen und Fernsehen gucken: es ändert nichts an ihrem Selbstbild. Im Idealfall, den es so nicht gibt, ordnet der Richter seine Person den rechtlichen Gegebenheiten selbst dann unter, wenn er spürt, daß ihm dies nicht leicht fallen mag. Im Zweifelsfall ist das Gewissen die letzte Instanz oder, wem dies zu hochtrabend klingt, die Tagesform.

Unpolitisch – und stolz darauf

Ob auch der wegen seiner Rechtsprechung berühmt gewordene Richter am Kölner Landgericht Victor Henry de Somoskeoy seine Rolle so verstanden hat, darf allerdings bezweifelt werden, und zu untersuchen wäre noch, inwieweit er damals nur eine Ausnahmeerscheinung war.

Als Beate Klarfeld 1974 ohne Erfolg versucht hatte, den wegen Nazi-Verbrechen in Frankreich zu lebenslänglich verurteilten K. Lischka zu entführen (sie wollte damit auf ein Auslieferungsabkommen hinweisen, das seit Jahren im Bundestag schmorte), erregte seine Prozeßführung Verwunderung: Kein Wort über das verschleppte Abkommen, dafür Bestellung eines umstrittenen Psychologen, nicht Psychiaters, denn es ginge darum, die Angeklagte mit dessen Hilfe besser zu verstehen. Es folgte der totale Ausschluß der Tagespresse für einen Prozeßtag. Die Unsicherheit des Zeugen Clavel, eines französischen Ex-Häftlings der KZs Buchenwald und Bergen-Belsen, der bei der Eidesleistung die rechte Hand erhoben und mit der linken die Bibel gesucht hatte, auf die man in Frankreich den Eid leistet, veranlaßt Somoskeoy nach sofortiger Sitzungsunterbrechung folgenden Beschluß zu verkünden: «Im Hinblick auf den ersten Teil der Aussage Clavels und sein Verhalten bei der Vereidigung, während er durch Hackenzusammenschlagen und der Erhebung des rechten Armes zum ›deutschen Gruß‹ Heiterkeit bei der Angeklagten und bei einem Teil der Zuschauer hervorrief, ... erwägt die Kammer, von der Vernehmung weiterer präsenter französischer Zeugen abzusehen.« Mauz meint in seiner SPIEGEL-Kolumne, die Frage, ob Frau Klarsfeld von »Nazirichtern« (der Pariser »Combat« hatte diesen Begriff benutzt), verurteilt wurde, ließe sich dahingehend beantworten, »daß Hitler nicht am Werke war. Es sind lediglich Richter der Bundesrepublik tätig gewesen; Richter, die stolz darauf sind, unpolitisch zu sein.« Das Urteil: zwei Monate Haft ohne (!) Bewährung – das Gesetz sieht bei Gefängnisstrafen bis zu einem Jahr in der Regel Bewährung vor.

Weitgehend schöpfte Somoskeoy dagegen den Strafrahmen in dem Prozeß gegen Baha T. aus, ein linker türkischer Führer des Streiks bei Ford in Köln 1973: sechs Jahre Gefängnis. Die Berichterstattung des »Kölner Stadt-Anzeigers« über den Prozeß verwendet auffallend häufig das Wort »Zweifel« am Vorwurf, der Angeklagte habe bei einer Spendenaktion für politische Gefangene in der Türkei einen politisch rechtsstehenden Landmann in eine Wohnung entführt und dabei 30 000 DM erpressen wollen. Der Richter schöpft seine Überzeugung im Urteil im wesentlichen aus seiner Einschätzung, T. sei ein »Gesinnungs- und Überzeugungstäter«.

Auch bei fünf jungen Kölner Antifaschisten, die eine Propagandaaktion der NPD gestört und damit eine Schlägerei ausgelöst hatten, verhängt der Richter jeweils Gefängnisstrafen von vier bis sechs Monaten, die nicht ausgesetzt werden.

Ein 47-jähriger deutscher Kraftfahrer dagegen, der zwei Türken erstochen, einen lebensgefährlich verletzt hatte, bekommt einen Freispruch wegen strafbefreiender Notwehrüberschreitung »aus Furcht und Schrecken«.

Kritiker an solcher Rechtsprechung finden sich nicht selten Strafanzeigen wegen Beleidigung oder übler Nachrede ausgesetzt.

Die Aufgabe der Staatsanwälte im Justizsystem stellt hohe Anforderungen auf andere Weise. Sie sind Ermittler, Strafverfolger und Ankläger in einer Instanz, von der zusätzlich verlangt wird, daß sie sowohl belastende als auch entlastende Fakten zusammenträgt und berücksichtigt. Die Statistik bestätigt die Theorie; die Frankfurter Staatsanwaltschaft zum Beispiel stellt als Ermittlungsbehörde rund siebzig Prozent der jährlich eingehenden Verfahren aus rechtlichen Gründen ein, nicht selten mit der Begründung, daß es einen Anfangsverdacht gab, sich Weiteres jedoch nicht wird beweisen lassen. Doch die Staatsanwaltschaften, die das Lob von der objektivsten Behörde der Welt gern hören, sind vom Einfluß der Politik nicht verfassungsrechtlich freigestellt wie Richter. In Verfahren, die aus verschiedenen Gründen, darunter justizpolitische wie allgemein politische, für wichtig gehalten werden, erstattet die Ermittlungsbehörde dem Landesjustizminister Bericht über Stand und Fortgang der Ermittlungen und der möglichen Konsequenzen.

Diese Konferenzen dienen nicht immer ausschließlich der Information, die Exekutive ist im Zweifelsfall weisungsbefugt. Sie darf dieses Recht nicht willkürlich ausüben, auch sie ist dem Gesetz unterworfen, sie macht auch nicht eben häufig Vorschriften, doch es steht außer Zweifel, daß der Kontakt zwischen Strafverfolgungsbehörden und Justizministerien in Sachen Terrorismusverfolgung besonders eng war. Die erwähnten Gesetzesverschärfungen haben ihren Ursprung im Konsens zwischen Bundesanwaltschaft und Bundesjustizministerium. Die in Büchern und Artikeln der radikalen Linken zu findende Ansicht, berichtspflichtige und weisungsgebundene Staatsanwälte seien lediglich Befehlsempfänger einer machtversessenen Ministerialbürokratie, greift freilich zu kurz. Das Weisungsrecht, wenn es denn ausgeübt wird, hat enge Grenzen. Die zuweilen unterstellte Anordnung, dies zu tun oder jenes zu lassen, obwohl es im Gesetz anders stehe, hat es wohl nie gegeben. Dazu ist schon die Struktur der Fachgespräche unter Juristen, mögen sie nun in einer Staatsanwaltschaft oder in einem Ministerium tätig sein, ungeeignet. Worüber man reden konnte: Prioritäten setzen, Möglichkeiten ausnutzen als Forderung an die Strafverfolger – und in umgekehrter Richtung Vorschläge zur Verschärfung von Vorschriften.

Im Verlauf der Auseinandersetzung mit politisch motivierter Gewaltkriminalität hat der Deutsche Bundestag als Gesetzgeber eine ganze Reihe von Neuregelungen erlassen. Sie bezogen sich auf alle Stufen der Verfahren. Den Ermittlern wurde die Identitätsfeststellung und die Durchsuchung von Gebäuden erleichtert, die Zuständigkeit der Bundesanwaltschaft als Anklagebehörde wurde erweitert, die Strafprozeßordnung an mehreren Stellen geändert. Aus Sicht der Legislative sollte Mißbrauch von Rechten der Angeklagten und ihrer Verteidiger verhindert werden. Nach Ansicht der Betroffenen bedeuteten Ausschluß von Verteidigern bei Konspirationsverdacht und Verhinderung von Kollektiv-Verteidigung beziehungsweise Mehrfachverteidigung von Terrorbeschuldigten nichts anderes als Staatswillkür. Rechtsanwalt Croissant sprach von faschistischen Sondergesetzen, doch auch wer in der linken Anwaltschaft nicht so weit gehen mochte, äußerte heftige Kritik.

Für Generalbundesanwalt Kurt Rebmann, den Nachfolger des 1977 erschossenen Siegfried Buback, waren die Gesetzesänderungen, auf die er Ende der siebziger Jahre in einem Vortrag zurückblickte, begründet und berechtigt: »Mit der Strafverfolgung terroristischer Gewalttäter leisten Staatsanwaltschaften und Gerichte heute ihren Beitrag zur Gewährleistung des Inneren Friedens und der Inneren Sicherheit in unsrem Staat. Zur Bewältigung des Terrorismus als einer neuen und besonders gefährlichen Form der Kriminalität durch die Justiz bedarf es eines ausreichenden gesetzlichen Instrumentariums sowohl im materiellen Recht, um schuldangemessen bestrafen zu können, als auch beim Verfahrensrecht, um die Terroristenprozesse trotz ihrer spezifischen Schwierigkeiten ordnungsgemäß durchführen zu können.«

Rebmann vertrat die damals innerhalb der Justiz weitverbreitete Ansicht, die Eingriffe in Verteidigerrechte seien geboten, »weil die Strafverfolgung von Terroristen vor allem in den ersten Jahren durch das Verhalten bestimmter Verteidiger erheblich erschwert worden ist. Manche Rechtsanwälte haben ihre Verteidigerrechte über lange Zeiträume hinweg dazu mißbraucht, Kontakte zwischen inhaftierten Terroristen und noch in Freiheit befindlichen Bandenmitgliedern zu vermitteln.«

Der Verteidigerausschluß in Fällen der vermuteten Konspiration, die Beschränkung der Zahl der Verteidiger, das Verbot der gemeinschaftlichen Verteidigung, die Kontrolle des Schriftverkehrs und die gläserne Trennscheibe zwischen Anwalt und inhaftiertem Mandant in Terrorismusverfahren – alle diese restriktiven Vorschriften erschienen Rebmann noch nicht genug. Er setzte sich dafür ein, die Befürwortung von Gewalt unter Strafe zu stellen und das Verfahrensrecht durch Bestimmungen über den Mißbrauch von Verteidigerrechten zu ergänzen: »Die Situation legt die Einführung einer prozessualen Mißbrauchsklausel nahe. Eine solche Vorschrift könnte etwa dahin gehen, daß Anträge der Beteiligten, die ersichtlich oder gar offenkundig nichts zur Wahrheitsfindung beitragen sollen oder können, ohne weiteres zurückgewiesen werden können. Ähnlich könnte daran gedacht werden, böswillige oder haltlose sowie sachfremde Fragen und Erklärungen als mißbräuchlich untersagen zu lassen.«

Der Gesetzgeber hat freilich nicht definiert, wann eine Einlassung oder Erklärung »offenkundig« nichts mit der Wahrheitsfindung zu tun habe und welches Statement als böswillig oder haltlos zu unterbinden sei. In Strafprozessen aller Art wird tagtäglich gelogen, böswillig unterstellt, sachfremd argumentiert. Ein Verbot dieses die Nerven und die Zeit der Prozeßbeteiligten strapazierenden Verhaltens würde sicher die Verfahrensdauer verkürzen: der Prozeß würde in seinem Kernstück abgeschafft.

Als Grundlage für die Verfolgung der mit der RAF und der »Bewegung 2. Juni« vermeintlich neu entstandenen Kriminalität wurde das Strafgesetzbuch ergänzt. Orientiert an dem bestehenden Paragraphen 129, der die Bestrafung von Mitgliedern einer kriminellen Vereinigung regelt, wurde 1976 die Vorschrift des Paragraphen 129a erlassen. Die Überschrift lautet »Bildung terroristischer Vereinigungen«. Freiheitsstrafen zwischen einem und zehn Jahren werden für Gründer oder Mitglieder einer Vereinigung angedroht, deren Zwecke oder Tätigkeiten darauf gerichtet sind, Mord, Totschlag oder Völkermord, Straftaten gegen die persönliche Freiheit, Gebäudezerstörung und gemeingefährliche Straftaten – zum Beispiel Sprengstoffexplosionen oder Beschädigung von Verkehrs- und

Versorgungsanlagen – zu begehen. Wer eine terroristische Vereinigung unterstützt oder für sie wirbt, macht sich ebenfalls strafbar.

Schärfere Klinge

Das Gesetz ist weitgehend an dem zur Zeit seiner Verabschiedung geläufigen Verbot der kriminellen Vereinigung angelehnt, aber benennt, anders als das Vorbild, konkrete Straftaten, und die Strafandrohung ist erheblich verschärft. Dem neuen Paragraphen folgt eine Reihe verfahrensrechtlicher Konsequenzen. Die zentrale Zuständigkeit der Bundesanwaltschaft in der Terrorbekämpfung wird etabliert, die Überprüfung ihrer Maßnahmen liegt beim Bundesgerichtshof. Die Möglichkeiten der Strafverfolgungsbehörden, Telefone abzuhören, Wohnungen und Gebäude zur durchsuchen, den Straßenverkehr zu kontrollieren und die Identität von Passanten festzustellen, sind beim Vorliegen des Verdachts gegen eine terroristische Vereinigung erweitert. Derartige Maßnahmen, die tief in die Persönlichkeitsrechte von Bürgern eingreifen, sind grundsätzlich an einen Gerichtsbeschluß gebunden, doch bei Gefahr im Verzug auch ohne richterliche Zustimmung anwendbar. Die Praxis hat zudem gezeigt, daß der Wunsch vor allem der Polizei, Informationen über den Telefonverkehr von Verdächtigen zu bekommen, zu einer willkürlichen Konstruktion des Verdachts einer kriminellen oder terroristischen Vereinigung führen kann. Das Abhören wird dann während des Ermittlungsverfahrens richterlich genehmigt und vorgenommen, auch wenn sich später herausstellen mag, daß es gar keine kriminelle Organisation gab.

Kommt es zur Anklage nach Paragraph 129a, finden die Verhandlungen vor einem Staatsschutzsenat eines Oberlandesgerichts statt. Den Verhandlungsort kann die Bundesanwaltschaft bestimmen, gegen das Urteil ist Revision beim Bundesgerichtshof möglich. Durch die Klammer des Organisationsdelikts terroristische Vereinigung wird jedes ihrer Mitglieder fast automatisch zum Mittäter

Titelblatt einer 67seitigen Broschüre des »Komitees gegen Folte[r] an politischen Gefangenen in der BRD«, Januar 197[4]

7.50

BUNDESGERICHTSHOF

1 BJs 6/71
StB 18 u. 20/72

BESCHLUSS

DIE AUSSCHALTUNG DER VERTEIDIGER DER POLITISCHEN GEFANGENEN

in dem Ermittlungsverfahren

gegen

— DIE BESEITIGUNG DER VERTEIDIGERRECHTE IN POLITISCHEN STRAFVERFAHREN

die Studentin Gudrun E n s s l i n, geboren am 15. August 1940 in Bartholomae, zur Zeit in Strafhaft in anderer Sache in der Justizvollzugsanstalt Essen

— DIE KRIMINALISIERUNG DER VERTEIDIGER DER POLITISCHEN GEFANGENEN

— DIE BESEITIGUNG DES RECHTS AUF FREIE VERTEIDIGERWAHL FÜR DIE POLITISCHEN GEFANGENEN

wegen Verdachts der Mitgliedschaft in einer kriminellen Vereinigung (§ 129 StGB)

— VERSCHÄRFUNG DER ISOLATIONSFOLTER

hier: Ausschließung des Rechtsanwalts Otto Schily als Verteidiger

Herrn
Rechtsanwalt Otto Schily
1 Berlin 15
Schapustraße 15 I

Eine Ausfertigung dieses Beschlusses ist Herrn Prof. Dr. Wesel zugestellt worden.

DOKUMENTATION

bei allen der Gruppierung zur Last gelegten Straftaten. Wer zur Vereinigung gehört, dem kann die Justiz etwa den von anderen Mitgliedern begangenen Bombenanschlag als eigene Tat zurechnen.

Für eine Verurteilung ist nicht einmal Mitwisserschaft bei einem konkreten Vorhaben erforderlich, es genügt, die sich aus der Mitgliedschaft ergebende Zustimmung, strafbare Handlungen der im Gesetz genannten Art zu begehen. Für den Mitläufer einer solchen Gruppierung können so die Auswirkungen des Gesetzes am gravierendsten sein. Er wird als Verbrecher angeklagt und muß selbst dann mit einer Mindeststrafe von einem Jahr Freiheitsentzug rechnen, wenn ihm überhaupt keine weitere Straftat nachzuweisen ist.

Die Verschärfungen der Gesetze gegen Terrorkriminalität wurden angegriffen und zum Teil Gegenstand von Verfassungsklagen. Die Karlsruher Richter erhoben keine Bedenken. Generalbundesanwalt Rebmann faßte zufrieden zusammen: »Eine Demontage des Rechtsstaates hat nicht stattgefunden. Die Befürchtung, der Gesetzgeber sei dabei, den freiheitlichen Rechtsstaat zu Tode zu schützen, ist unbegründet. Das Schlagwort von der Niederlage des Rechtsstaates ist abwegig. Auch im internationalen Vergleich ist das deutsche Prozeßrecht noch immer eine der liberalsten Verfahrensordnungen.« Aus Sicht des hochrangigen Strafverfolgers waren die neuen Vorschriften keine Sondergesetze zur Bekämpfung des Terrorismus, sondern »die Neuregelungen fügen sich gut in das für jedermann geltende Gesetz ein«.

Die Äußerungen Rebmanns machen Grundsätzliches deutlich: die Justiz war – und ist – nicht bereit, die von Tätern reklamierte politische Dimension ihres Verhaltens anzuerkennen. Gewiß gibt es die verwaltungstechnischen Ausdrücke der politischen Abteilung bei Polizei und Staatsanwaltschaft und die Staatsschutzgerichte. Deren Begriff von Politik ist jedoch ganz eng gefaßt, bezieht sich auf vergleichsweise wenige Tatbestände mit politischem Hintergrund und hat – mit den Ausnahmen Eintreten für die NSDAP und Leugnen des Genozids an den Juden – mit dem Ausforschen von politischen Gesinnungen und deren Sanktionierung nichts zu tun. Um es an einem harmlosen Beispiel zu verdeutlichen: Wer ein Graffito an eine Hauswand sprüht, begeht eine Sachbeschädigung. Wer ein Hakenkreuz an dieselbe Stelle malt, zeigt das Symbol einer verbotenen politischen Organisation. Den ersten Fall verfolgt, wenn überhaupt, das zuständige Polizeirevier und vielleicht ein turnusgemäß zuständiger Staatsanwalt. Der zweite aber landet bei den politischen Abteilungen, und falls der Täter gefaßt wird, sind Fragen nach der politischen Gesinnung unvermeidlich. Im Ergebnis eines Urteils wird der Angeklagte unseres Hakenkreuzfalls übrigens rechtsdogmatisch nicht nach seiner Gesinnung verurteilt. Die mag er behalten – und zwar für sich. Verboten und damit strafbar ist das Zeigen des Hakenkreuzes, ob nun zu Propagandazwecken oder nur zur Provokation.

An den Gerichten ist die Einrichtung von spezialisierten Spruchkörpern nichts Ungewöhnliches. Straftäter, die jünger als 21 Jahre alt sind, werden vor Jugendgerichte gestellt, im Zivilsektor gibt es Kammern für Handelssachen oder für Presserecht. Ohne Widerspruch wurden Spezialkammern aus drei Berufsrichtern und zwei Geschworenen gebildet, um über Fälle von Wirtschaftskriminalität oder gravierende Verstöße gegen Gesetze zum Schutz der Umwelt zu verhandeln. Lange schon gibt es Schwurgerichtskammern, die über die Kapitalverbrechen Mord und Totschlag urteilen. Niemand nennt solche Gerichte »Sondergerichte« und argwöhnt, ihre besondere Fachkenntnis widerspreche rechtsstaatlichen Prinzipien. Staatsschutzkammern und Staatsschutzsenate jedoch sind dem Verdacht der Abhängigkeit von der Regierungsmacht ausgesetzt, manche ihrer Kritiker ziehen historische Linien zum nationalsozialistischen Unrechtsstaat, und wer dies nicht tut, erinnert an die Verfolgung der schließlich als verfassungswidrig verbotenen Kommunistischen Partei Deutschlands (KPD). Die Parallele ergibt sich aus der Zuständigkeit der Bundesanwaltschaft als Strafverfolgungsbehörde sowohl in den KPD-Verfahren als auch in der Terrorismus-Bekämpfung. Die Bedeutung des Bundesgerichtshofs (BGH) als Eingangs- und zugleich Endinstanz in Strafsachen mit politischem Hintergrund wurde indessen eingeschränkt. Der BGH ist nur mehr Revisionsinstanz in diesen Fällen.

Zur Zeit der Zuständigkeit des BGH als erkennendes Gericht schrieb Rechtsanwalt Diether Posser, später Justizminister in Nordrhein-Westfalen, ein politischer Überzeugungstäter sei rechtlich schlechter gestellt als ein Massenmörder. Posser hatte Anfang der sechziger Jahre sein negatives Bild von Richtern in Prozessen mit politischem Hintergrund in einem kritischen Aufsatz zur Gesetzgebung und Praxis in Fällen von Hochverrat, Landesverrat, Staatsgefährdung und krimineller Vereinigung formuliert. Die Urteilsfindung im politischen Prozeß vollziehe sich anders als im gewöhnlichen Strafprozeß. Dies beginne bereits bei der politischen Einstellung der Richter. Posser rekurriert auf die Weimarer Republik, in der rechtsradikalen Tätern grundsätzlich ehrenhafte Motive auch für schwerste Straftaten zugute gehalten worden seien, dagegen sozialistisch und kommunistisch motivierte Angeklagte als ehrlos gegolten hätten. Der Autor vergißt nicht, den Klassiker rechtslastig justitiellen Unrechts zu erwähnen, die bereits in der Vorermittlung sichtbare Unlust, die 1919 begangenen Morde an Rosa Luxemburg und Karl Liebknecht aufzuklären und die rechtsradikalen Täter des Militärs der Bestrafung zuzuführen. Im Hochverratsprozeß im Zusammenhang mit der Münchner Räterepublik wurden laut Posser ein Todesurteil, 68 Zuchthausstrafen, 1737 Gefängnisstrafen und rund 400 mal Festungsaufenthalte verhängt. Beim Umsturzversuch durch den Kapp-Putsch seien dagegen von 705 eingeleiteten Strafverfahren 412 amnestiert, 174 eingestellt und bis auf einen einzigen alle anderen als erledigt angesehen worden. Derartige Gefahren drohten in der Bundesrepublik nicht, die Besorgnis komme aus einer anderen Richtung. Da sei etwa das »gelegentlich krampfhafte Bemühen« zu nennen, den politischen Strafprozeß wie einen üblichen Strafprozeß zu führen. Als Beispiel führt Posser Beweisanträge in einem Prozeß in Düsseldorf an, in dem die Verteidigung eines Friedenskomitees Zeugen dafür benannt hatte, daß die den Angeklagten als strafbar vorgeworfenen Werturteile über politische Vorgänge in der Bundesrepublik von »in ihrer Verfassungstreue bisher nicht angezweifelten Persönlichkeiten, Gremien und Vereinigungen« in gleicher oder ähnlicher

Form gefällt worden waren. Das Gericht lehnte die Anträge ab. Aus der Begründung ließ sich entnehmen, daß sich zu dem formalen Argument – es komme nicht darauf an, was andere gesagt hätten, sondern die Angeklagten – ein Subtext eingeschlichen hatte, der doch wieder nach Gesinnungsschnüffelei klang: »In verfassungstreuer Absicht geäußerte politische Werturteile sind strafrechtlich wertneutral.« Posser schreibt dazu, das Gericht sei also nicht davon ausgegangen, was inhaltlich gesagt oder geschrieben worden sei, auf die Wahrheit des Behaupteten sei es dem Gericht nicht angekommen, sondern nur, ob in Treue oder Ablehnung zur Verfassung gesprochen oder geschrieben worden sei. Dem Grunde nach aber hätten die Richter der Erörterung politischer Fragen einfach entgehen wollen.

Kapitel 5
VERTEIDIGUNG

Was mag politische Verteidigung sein, da die Justiz sich weigert, weigern muß, einen politischen Prozeß zu führen? Was war politisch an der eingeworfenen Fensterscheibe eines Kaufhauses, einem Banküberfall, der Brandstiftung an einem Verlagsgebäude, dem Mord an einem amerikanischen Soldaten auf der Kasinotreppe? Ließ sich die Frage nach dem Politischen präziser stellen und leichter beantworten, wenn man sie auf Verfahren wegen Beleidigung, übler Nachrede, Staatsverunglimpfung, Volksverhetzung oder Aufforderung zu Straftaten begrenzte? Oder haben etwa die Taten eines jugendlichen Seriendiebs, der sich immer wieder in Kaufhäusern bedient, einen gesellschaftspolitischen Hintergrund? Ist der Rauschgiftkonsument Täter oder Opfer? Handelt der Hausbesetzer als Rechtsbrecher oder Vorkämpfer für bessere Lebensbedingungen?

Das Feld, das sich engagierten Rechtsanwältinnen und Rechtsanwälten mit staatskritischer Einstellung eröffnete, war riesig. Die Kämpfer in Roben legten nicht nur Ermittlungsfehler und Verfahrensmängel offen, sie benannten die vermeintlichen Ursachen und machten sich die Polizei zum Feind. Sie griffen die gesamte Verfahrensordnung an und waren nicht zimperlich in der Wahl historischer Vergleiche. Im Gerichtsaal attackierten sie Richter mit den strafprozessualen Mitteln Besetzungsrüge oder Befangenheitsantrag häufiger, als diese das gewohnt waren, und außerhalb legten sie Zweifel an der Justiz als Institution dar. Sie zogen den Zorn der staatlichen Juristen und der eigenen Standesorganisationen auf sich. All diesen Ärger nahmen sie, bewertet man ihre ungezählten Erklärungen und Kampagnen, in einer Mischung aus Naivität und Heroismus auf sich. Sie erschienen sich selbst wie die weißen Ritter in einem von den finsteren Mächten einer hochgerüsteten Exekutive bedrohten Königreich der Justiz, in dem die Werte der Gleichheit vor dem Gesetz und die Gerechtigkeit unters scharfe Schwert der Strafverfolgung gerieten und unterzugehen drohten.

Briefe, Appelle, Reden, Deklarationen, Plädoyers, Presse-Erklärungen, Broschüren und Bücher von Linksanwälten beschwören doch immer wieder dies: In einem Staat, dessen höchster Wert die Würde des Menschen sein soll und dessen Freiheit sein nur ausnahmsweise bestreitbares Recht, muß der staatliche Eingriff die vorsichtig gehandhabte Ausnahme bleiben. Wenn sie denn aber realisiert wird, dann ausschließlich im Rahmen der Gesetze, aufgrund beweisbarer Tatsachen und nicht aus Gründen überwältigender Emotion, politischer Gegnerschaft oder dumpfer Empfindung, daß einem die ganze Richtung nicht paßt. Der Einsatz für denjenigen, der verdächtigt wird oder der sich tatsächlich strafbar gemacht hat, seine Rechte gegenüber den Rechten des Staates und den Forderungen der Gesellschaft nach Schutz vor Kriminalität zu vertreten und durchzusetzen, dies zu tun, ohne den Makel des ver-

Die 128seitige Dokumentation zur Anfang März 1975 erfolgten Entführung des CDU-Politikers Lorenz, herausgegeben von der Humanistischen Union/LV Westberlin

DOKUMENTATION

ÜBER DIE FAHNDUNGSMASSNAHMEN
IM ZUSAMMENHANG
MIT DER LORENZ – ENTFÜHRUNG

(ZWEITE, ERWEITERTE AUFLAGE)

DEMOKRATISCHER RECHTSSTAAT ZWISCHEN INDIVIDUELLEM TERROR UND POLIZEIGEWALT

**Im Anhang:
Recht und Gesetz
bei Durchsuchung
und Festnahme**

ächtlichen Parteigängers zu tragen, beschreibt die Aufgabe, die Stellung und die Freiheit des Strafverteidigers.

Es war ein langer Weg von dem römischen Grundsatz des audeatur et altera pars, auch die andere Seite möge gehört werden, zu den neuzeitlichen Prozeßordnungen und zur rechtsstaatlichen Strafjustiz. Die geistesgeschichtlichen Grundlagen moderner Staaten, so sie Organisationen des Gemeinwohls und nicht der Unterdrückung und Ausplünderung ihrer Bewohner sind, wurden in der amerikanischen und der französischen Revolution gelegt, vor nicht einmal 250 Jahren. Im Kampf gegen feudale Willkür und für die Gleichheit der Menschen in ihren unveräußerlichen Grundrechten haben ungezählte Menschen ihre Kraft, ihr Können, ihre Phantasie, ihre Gesundheit und ihr Leben eingesetzt. Zu dem, was sie erreicht haben, gehört eine Justiz, die nicht nur nach Vorschriften, sondern als zentrale Grundlage nach den Prinzipien der Menschenrechte und der Fairneß geregelt ist. Der auf dem individuellen Freiheitsbegriff der europäischen Aufklärung beruhende Rechtsstaat gehört zu den freiwillig nicht mehr preiszugebenden Errungenschaften der Zivilisation.

Vor diesem Hintergrund ist auch das Selbstbild des Strafverteidigers entworfen, der sich als Wahrer von Rechten des angeklagten Menschen in das Tableau der Rechtsprechung einfügt. Der Anwalt ist auch – sollte es nicht zum Freispruch kommen – Helfer und Wächter darüber, daß der im Urteil erwähnte Grundsatz des zivilisierten Strafens eingehalten wird: Die Sanktion soll sowohl erforderlich als auch ausreichend sein, mit anderen Worten, dem festgestellten Gesetzesverstoß angemessen. Die Gesetzgeber aller Rechtsstaaten möchten den Angeklagten, der sich einem ihm gegenüber mächtigen und in Einzelheiten meist nicht durchschaubaren Apparat von Strafverfolgung und Justiz gegenübersieht, nicht schutzlos lassen und garantieren ihm einen Verteidiger. Obwohl nach deutscher Rechtstradition die Staatsanwaltschaft gehalten ist, objektiv zu ermitteln und nicht nur Belastungsmaterial zusammenzutragen, sondern ebenso Entlastendes, obwohl die Gerichte neutral allein am Gesetz orientiert Recht sprechen sollen, ist als dritte und wichtigste Kraft zugunsten des Angeklagten der professionelle Strafrechtskenner als Verteidiger etabliert.

Rechtsanwalt Klaus Eschen, der 1967 mit seinen Kollegen Mahler und Ströbele in Berlin die erste Sozietät von linksorientierten Rechtsanwälten gegründet hatte, zeichnete aus der Erfahrung von fast zwanzig Jahren anläßlich seines Eintretens für die Wiederzulassung von Jörg L. als Rechtsanwalt 1985 nach, in welcher Hinsicht er und seine Mitstreiter sich in der Eigenbetrachtung von etablierten Anwälten unterschieden. Rechtmäßige und richtige Anwaltstätigkeit sei es, so dachten Eschen und viele Kollegen, die Wirksamkeit jeder Norm, die Rechtmäßigkeit jedweden staatlichen Handelns in rechtliche Zweifel zu ziehen, wobei die Rolle der Justiz nicht auszunehmen sei. Als Reaktion habe man erlebt, daß die Justiz in ihren wesentlichen Bereichen mit offener Feindschaft antwortete. Sie sei darin bestärkt worden durch die politische Atmosphäre und unterstützt durch große Teile der Presse, die das Bild von linken Anwälten von dem des politisch Verbündeten in das des kriminellen Komplizen strafbarer Handlungen umgefälscht habe.

Diese nicht sehr differenzierte Interpretation der Welt der Justiz wird verständlich, wenn man Eschens Hinweis auf wichtige äußere Umstände zur Kenntnis nimmt, die das Berufsleben der jungen Anwälte mit bestimmten. Sie litten unter der Weigerung nicht nur der Justiz und der Öffentlichkeit, sich mit ihrer Weltsicht anders als scharf distanzierend auseinanderzusetzen, sie fanden auch keine Ansprechpartner, geschweige denn Verbündete in der älteren Kollegenschaft oder in der Standesorganisation. Stattdessen seien inzwischen auch in konservativen Juristenkreisen als nebensächlich bewertete Fragen wie der Robenzwang oder die Krawatte im Gerichtssaal zu Existenzfragen der Funktionstüchtigkeit der Justiz hochstilisiert und die Weigerung mit Forderungen nach Berufsverbot belegt worden.

Der fehlende Rückhalt in der Standesorganisation, so sieht es Eschen, hat die Möglichkeiten der staatlichen Justiz verstärkt, Linksanwälte zu diffamieren und strafrechtlich zu verfolgen. »Man hätte erwarten können, daß die advokatische Tradition, anwaltliches Berufsethos manch einen älteren Kollegen hätte aufstehen lassen, der klargestellt hätte, daß ein Kollege in einem laufenden Verfahren nicht angegriffen werden durfte, wie es geschehen war, weil er durch seine Loyalitätspflicht gegenüber seinem Mandanten sich selbst nicht verteidigen kann.« Doch seien die Kollegen, die Verteidiger in diesen Verfahren waren, ohne nennenswerten Rückhalt aus der Kollegenschaft unter »massiven Distanzierungsdruck« gestellt worden, der eigentlich nur zum Ziel gehabt habe, die Mandanten von ihren Vertrauensverteidigern zu trennen«.

Das Verhältnis zwischen Anwalt und Mandant ist meist kompliziert, im Fall von politischen Überzeugungstätern ist das Spannungspotential zwischen dem Pol des Weltveränderers und dem des jedenfalls in den juristischen Regeln geerdeten Realisten besonders hoch. Nicht gern, aber gelegentlich doch haben sich aus dem Abstand von vielen Jahren Verteidiger über ihre Mandanten geäußert, über ihre Forderungen, ihre Diktate. Eschen: »Nicht selten verliefen die Diskussionen mit den Mandanten außerordentlich belastend, weil sie natürlich Ansprüche stellten, die der Verteidiger häufig schon deshalb nicht erfüllen konnte, weil ihm die organisatorischen Mittel nicht zur Verfügung standen oder weil sie mit einem finanziellen und arbeitsintensiven Aufwand verbunden waren, den der Verteidiger nicht leisten konnte. In ihrer durch Inhaftierung und Isolierung entstandenen Realitätsferne werteten Mandanten dies häufig als Loyalitätsverweigerung, als Sitzenlassen.«

Der Frankfurter Rechtsanwalt Mike Knöss, formulierte das Dilemma drastischer: »Der Baader-Meinhof-Anwalt war ein weltfremder Schwärmer. Während um ihn herum alle Anzeichen den deutschen Herbst signalisierten, debattierte er über Kriegsgefangenenstatus, Einstellung des Verfahrens und Erhöhung der Pflichtverteidigergebühr. Die Übermacht der Verhältnisse zwang ihn permanent dazu, dieselbe zu ignorieren. Ganz gleich, ob er seine Stereoanlage in den 7. Stock von Stammheim schleppte, Siggi Hausner zur Aufgabe des Hungerstreiks anhielt, dem späteren Verräter Müller Menschlichkeit zuteil werden ließ, Astrid Proll für unschuldig erklärte, ganz gleich, ob er sich verbat, von den politischen Gefangenen als Kalb, Fotzenkopf oder Ekelschwelle bezeichnet zu werden, er war immer der Arsch.«

Veröffentlichung als Waffe

In den Blick der Strafverfolgungsbehörden gerieten Linksanwälte nicht zuletzt durch die Handhabung eines nicht neuen, aber mit dieser Intensität bislang kaum erlebten Kampfmittels: Sie führten öffentliche Kampagnen von großer Wucht. Einiges geriet derart massiv, daß es vergleichsweise einfach war, dem betreffenden Autor ein Ehrengerichtsverfahren bei der Anwaltskammer oder sogar ein Strafverfahren anzuhängen. Auf den Faschismus-Vorwurf reagierten Justizpersonen zunehmend empfindlich. Wenn die Aktivitäten gar als Fortsetzung der politischen Propaganda inhaftierter Verdächtiger und als Weiterverfolgen strafbarer Ziele mit anderen Mitteln erschienen, drohte Ungemach: Mit dem Vorwurf der Unterstützung einer kriminellen, nach 1976 terroristischen Vereinigung wurde die Auseinandersetzung mit der Justiz für einige Anwälte zu einer Frage der beruflichen Existenz. So wie die Rechtsbeugung den gravierendsten Vorwurf gegenüber einem Richter darstellt, ist schon der Verdacht, ein Verteidiger sei an den Taten seines Mandanten beteiligt, führe sie fort oder unterstütze sie, eine äußerst ernste Sache. Tatsächlich ist diese schwere Anschuldigung trotz ihrer möglichen weitreichenden strafrechtlichen Konsequenzen und der in ihr bereits lange vor einer gerichtlichen Überprüfung öffentlich wirksamen moralischen Vorverurteilung häufiger, heftiger und hartnäckiger erhoben worden, als sie am Ende beweisbar war. »Sie würden uns gerne im Knast begraben…«, lautet der gleichermaßen pessimistische wie trotzige Titel einer 1977 in Berlin erschienenen Broschüre. Sie resümiert eine unter anderem von Studenten der Pädagogischen Hochschule, dem Kommunistischen

Bund und vom Sozialistischen Studentenbund organisierte Veranstaltung zum »zehnten Jahrestag des Mordes an Benno Ohnesorg«. Der Titel der inhaltlich hier nicht zu referierenden Schrift, die sich mit den Haftbedingungen von Gefangenen beschäftigt, trifft auch Bewußtsein und Empfinden von Linksanwälten, wenn sie über die Justiz nachdachten.

Ihr Eindruck war, daß Bundesanwaltschaft und Gerichte sie wegen ihres Engagements für ihre Mandanten am liebsten aus dem Weg schaffen würden. Rechtsanwalt Heinrich Hannover hat in seiner bereits erwähnten Autobiographie rückblickend den Mechanismus und die Wirkung von gegen ihn und Kollegen gerichteten Maßnahmen in der Zeit des staatlichen Mißtrauens beschrieben. Vergeblich hatte der Anwalt versucht, einen bereits erwähnten Artikel in »Bild am Sonntag« strafrechtlich verfolgen zu lassen, in dem 45 Anwälte pauschal der Kollaboration mit Terroristen verdächtigt worden waren. »Bis zu jener Medienverlautbarung vom Mai 1972 wäre es ein undenkbarer Affront gegen die herkömmlichen Ehrbegriffe des Anwaltsberufs gewesen, einen Verteidiger beim Betreten eines Gefängnisses oder eines Gerichtssaals auf Waffen zu untersuchen. Die Verweigerung des strafrechtlichen und dienstrechtlichen Ehrenschutzes für Rechtsanwälte machte es möglich.« Die von der Zeitung aufgrund gezielter Indiskretion der Bundesanwaltschaft in die Welt gesetzte Lügengeschichte von den Anwaltskollaborateuren habe die würdelosen Durchsuchungen ermöglicht.

Es wurde im Lauf der Zeit vergeblicher Visitationen nicht nachlässiger, sondern schärfer durchsucht. Christian Ströbele beschwerte sich öffentlich über die Auswirkungen dieser als »Hosenladenerlaß« bekannt gewordenen Anweisung: Er habe sich vor dem Besuch von Andreas Baader nackt in die Körperöffnungen sehen lassen müssen. Auch anderen Verteidigern von Mandanten aus der RAF ging es laut Presseberichten so. Es kam zu grotesken juristischen Streitigkeiten bis hin zu abgelehnten Verfassungsbeschwerden, weil Metalldetektoren auf die Reißverschlüsse an Rechtsanwaltshosen ansprachen und Vollzugspersonal sich zu Prüfgriffen

Titelblatt einer 40seitigen Broschüre über das skandalöse Verfahre
gegen den Heidelberger Anwalt Härdle, Frühjahr 197

Sofortige Einstellung des Verfahrens gegen Rechtsanwalt Härdle!

(Richter Mattes im erstinstanzlichen Prozeß gegen Rechtsanwalt Dr. Härdle)

veranlaßt sah. Hannover: »Eingedenk dieser Erfahrungen ließ ich mir für den Stammheimer Prozeß gegen Peter-Jürgen Boock eine Hose ohne Metallteile anfertigen, die das Kontrollpersonal um das Vergnügen brachte, mir in die Hose zu schauen. Gleichwohl blieben mir auch hier widerliche Fummeleien nicht erspart.«

Die aus der Furcht vor den gefangenen Terroristen geborene Idee, sie dem normalen Alltag eines Untersuchungsgefangenen zu entziehen und besonders gesichert unterzubringen, die betongewordene Paranoia des Stammheimer Gefängnisses mit integriertem Gerichtssaal und die insbesondere Ulrike Meinhof in den ersten Monaten angetane Mißhandlung durch völlige Isolation in Köln-Ossendorf hat vermutlich erst jene Sympathie hervorgebracht, der zu wehren die Erfinder strikter Haft sich vorgenommen hatten. Von allen Kampagnen, die Verteidiger im RAF-Komplex mit auf den Weg brachten, war keine so wirksam wie die gegen die Haftbedingungen. Es bildeten sich sowohl in der Bundesrepublik als auch im benachbarten Ausland »Anti-Folter-Komitees«, deren Mitglieder viel Zeit, Kraft und Geld investierten, um auf das Los der Gefangenen aufmerksam zu machen. Anwälte beleuchteten die Hungerstreiks ihrer Mandanten unter humanitären Gesichtspunkten wie unter dem rechtlichen Aspekt einer legalen Gegenwehr, dem letzten Mittel, das dem Gefangenen bliebe, um seine Rechte durchzusetzen.

Die Polizei observierte die Reisetätigkeit sowohl der Anwälte als auch der Komitee-Mitglieder und gewann den Eindruck, es gehe letztlich weniger um Menschenrechte als um den Informationsaustausch zwischen Gefängnisinsassen und Komplizen in Freiheit. Auf der aktuellen Internetseite des nordrhein-westfälischen Innenministeriums findet sich als sozusagen offizielle Geschichtsschreibung: »Von Anfang an war die RAF auf eine propagandistische Öffentlichkeitsarbeit und Vermittlung ihrer Anschläge bedacht. In zumeist komplexen Positionspapieren versuchte die RAF, ihre Ziele und Strategien öffentlich zu erläutern und zu rechtfertigen. Unverhohlen wurde dabei der Avantgarde-Anspruch für sich reklamiert. Die verübten Anschläge wurden über Taterklärungen in einen politischen Kontext gestellt, um auf diese Weise auch Morde zumindest für die linke Szene vermittelbar zu machen. Trotz ihres expliziten Avantgarde-Anspruchs und der kriminellen Energie ihrer Taten war der operative Teil der RAF nicht völlig isoliert. Zum RAF-Komplex gehörten neben den abgetauchten Illegalen aus der Kommandoebene auch die Militanten als kämpfende Einheit mit legaler Fassade. Eine wichtige Funktion im Rahmen der Propaganda übernahmen die inhaftierten Gefangenen. Die in vielen lokalen Szenebereichen vorhandene Unterstützerszene sorgte für logistische Hilfeleistung sowie die Verbreitung des RAF-Weltbildes und der RAF-Mythen. Hieraus wurden auch immer wieder Nachwuchskräfte für den bewaffneten Kampf rekrutiert.«

Als Bindeglied zwischen denen drinnen und denen draußen waren Verteidiger im Verdacht. Die Verdächtigten nahmen dies wiederum zum Anlaß, den Schnüffelstaat anzuprangern, dem in schäbiger Verdächtigungswut nicht einmal Gesundheit und Leben von inhaftierten Menschen achtenswert seien.

Der Foltervorwurf

Den Foltervorwurf, wie er von der Linken erhoben wurde, erläuterte 1974 zum Beispiel eine in Hamburg erschienene Broschüre, der ein Zitat Croissants aus dem Jahr 1973 vorangestellt ist. Während eines teach-in zur Frankfurter Buchmesse sagte der Linksanwalt: »Eine Verteidigung von Revolutionären, die die Deformation des bürgerlichen Rechtsstaates als Konterrevolution, die den neuen Faschismus und die ihm wieder einmal willfährige politische Justiz entlarven könnte, muß notgedrungen kriminalisiert und liquidiert werden. Da eine Verteidigung durch bürgerliche Individuen in dem Sinne, den der bürgerliche Rechtsstaat allein zulassen will, nicht möglich ist, kann die Verteidigung von Revolutionären, der Kampf gegen die an ihnen verübte Folter, nur in den Händen des

Volkes liegen, dessen Teil sie sind. Dabei ist die Frage nicht die von Legalität oder Illegalität, sondern von Faschismus und Antifaschismus, von Mitmachen in einem menschenvernichtenden System oder anti-imperialistischer Kampf.«

Die Herausgeber der Broschüre vom »Komitee gegen Folter an politischen Gefangenen« führen sensorische Deprivation, also das Abschneiden von Sinneseindrücken, in kahlen und isoliert gelegenen Zellen an und behaupten, daß diese Methode der Persönlichkeitszerstörung auch Inhalt von deutschen und internationalen Forschungsprogrammen sei. Ziel seien Geständnisse, Umerziehung oder »Verrücktmachung – Todesstrafe auf Raten. Diese Foltermethoden werden in der Kriegs- und Folterforschung an der Hamburger Universitätsklinik perfektioniert, wissenschaftlich. Dies ist ein Versuch des Imperialismus/Faschismus, Wissenschaft in seine Unterdrückungsstrategie einzubeziehen. Folter durch sensorische Deprivation ist die wissenschaftliche Folter, greift auf Ergebnisse wissenschaftlicher Forschung und Experimente zurück. Diese Folter wird laufend perfektioniert in wissenschaftlichen Zentren wie Fort Knox (USA), London, Prag, Hamburg. In Hamburg heißt diese Forschung Aggressionsforschung und wird unter dem Titel ›Psychosomatische, psychodiagnostische und therapeutische Aspekte der Aggressivität‹ betrieben. Die verantwortlichen Leiter dieser Forschung sind: Gross, Kempe, Meyer, Wallis. Der Auftraggeber ist die Deutsche Forschungsgemeinschaft (DFG), die bestimmt wird durch Institutionen wie das Innenministerium, das Bundeskanzleramt, die Bundeswehr und vor allem die Eigentümer der Konzerne, die maßgebliche Positionen in der DFG innehaben.« Die Autoren widmeten sich detaillierten Beschreibungen der angeblichen Experimente und entwarfen das Bild einer geheimen internationalen Zusammenarbeit skrupelloser Psychiater mit dem Militär, den Geheimdiensten, der Polizei und der Justiz. Aus heutiger Sicht liest sich die Darstellung der konspirativen Verschwörung so unterschiedlicher Institutionen wie Universitäten, Strafverfolgungsbehörden, Ministerien, Generalstäbe und eine ihnen allen gegenüber willfährige Publizistik zumindest fragwürdig. Im Umfeld der da-

Titelblatt der 110seitigen Broschüre vom Januar 197
mit einem Aufsatz eines anonymen Insider
»Kriegsforschung an der Hamburger Universitätsklinik

FOLTER durch SENSORISCHE DEPRIVATION

2. AUFLAGE

– an POLITISCHEN GEFANGENEN in der BRD

– FOLTERFORSCHUNG in Hamburg

– FOLTERTRAINING beim Militär

mburger Beruhigungszelle

Camera silens

ANALYSE + DOKUMENTE

OMITEE GEGEN FOLTER
n polit. Gefangenen in der BRD, Hamburg

maligen Diskussion, an der sich das »Kursbuch« mit der berühmt gewordenen Nr. 32 vom August 1973 »Folter in der BRD. Zur Situation der Politischen Gefangenen« beteiligte, gab es zum Thema der Haftbedingungen nur das scharf kontrastierende Schwarz-Weiß. Waren die einen bereit, dem Staat und seinen Organen jede Form von Rechtsbruch und Schurkerei zuzutrauen, lehnten die anderen derartige Veröffentlichungen als neurotische Phantasieprodukte ab.

Die Haftbedingungen für Gefangene aus der militanten Szene waren unmittelbar nach den Verhaftungen 1972 hart und ungünstiger als für andere Menschen in Untersuchungsgefängnissen. Die eklatantesten und für immer als Makel am Justizvollzug haftenden Verschärfungen machten Ulrike Meinhof und Astrid Proll zu Opfern. Die Unterbringung in einem ungenutzten Teil des Köln-Ossendorfer Gefängnisses, der als »toter Trakt« traurige Berühmtheit erlangte, die Verbote, an makellos weißen Zellenwänden wenigstens ein Bild oder Plakat aufzuhängen, die ständige künstliche Beleuchtung, die zu Stummheit angehaltenen Justizbediensteten und die Kontaktsperre zu anderen Gefangenen – dies alles war ungewöhnlich. Als die Justiz nach vielen Monaten spürte, daß diese aus der Furcht vor der Intelligenz und Raffinesse der Inhaftierten entstandenen Maßnahmen ihrem eigenen Regelwerk über die Achtung fundamentaler Rechte widersprachen und zudem die seelische Gesundheit der Gefangenen schädigen konnten, war es zu spät. Die Haftbedingungen wurden zwar dem Normalen angenährt, doch eine laute Protestwelle war bereits durch das Land gerauscht.

Die Isolation blieb ein Thema, das von den Gefangenen und ihren Verteidigern immer wieder öffentlich aufgegriffen und durchgespielt wurde. Durch die Weigerung zu essen brachten sich die Inhaftierten in Lebensgefahr. In ihrer eigenen Logik, die auch von Verteidigern öffentlich vertreten, wenngleich eher selten geteilt wurde, war der Hungerstreik ein Kampfmittel. Es sollte Solidarität innerhalb und außerhalb der Haftanstalten bewirken und den Staat diskreditieren. Wenn wir leiden, so die Botschaft, ist das die Schuld derer, die uns Verfolgung und Haft antun. In der »Hungerstreikerklärung« vom Herbst 1973 heißt es: »Der Hungerstreik ist in der Isolation unsere einzige Möglichkeit zu kollektivem Widerstand ... Kampf ist, aus Schwäche Stärke zu machen.«

Der Propagandabegriff, der bereits kursierte, hieß »Isolationsfolter« und bezog sich auf die Weigerung der Justiz, dem Drängen auf Zusammenlegung der Gefangenen nachzugeben. Dazu heißt es in der Erklärung: »Die Abschaffung der Isolation ist die Bedingung, die wir uns erkämpfen müssen, wenn Selbstorganisation der Gefangenen, wenn revolutionäre Politik, wenn Befreiungskampf im Gefängnis überhaupt eine realistische Möglichkeit von proletarischer Gegengewalt werden soll.« Es fällt angesichts derartig verblüffender Offenheit nachträglich schwer zu verstehen, daß sich die Inhaftierten offenbar vorstellten, der verhaßte Staat werde die beschriebene revolutionäre Selbstorganisation im Knast durch Entgegenkommen fördern. Aus anderen Papieren geht hervor, daß die zu erwartenden Gesundheitsschäden als Haftfolgen und der mögliche Tod als vom Staat verschuldeter Mord darzustellen seien.

Einen spektakulären Auftritt haben sieben Linksanwälte, die sich vom 9. bis zum 12. Februar 1973 vor dem Gebäude des Bundesgerichtshof zu einem Sitz- und Hungerstreik niederlassen. Vorbereitet ist die Aktion durch eine Presseerklärung: »In der BRD gibt es politische Gefangene. Zum großen Teil werden sie über Jahre in totaler Isolation gehalten, die mit den von der Justiz angegebenen Zwecke der Haft, Flucht und Verdunkelung zu verhindern, nicht zu begründen ist, sondern objektiv abzielt auf die Auslöschung des Lebens der Gefangenen. Die Existenz von Folter in der BRD ist Ausdruck des schleichenden Faschismus, der sich in das Gewand der Rechtmäßigkeit zu hüllen sucht. Die Verabschiedung der Notstandsgesetze, die Aufgabenerweiterung für Polizei und Bundesgrenzschutz, die Verschärfung des Haftrechts und die Einübung der Bevölkerung in der Duldung von Polizeiterror sind erst durch den bewußten Protest als neuer Faschismus entlarvt worden, der heute existiert.«

Als Autor darf Croissant vermutet werden. Die Anwälte, einige in Roben, zeigten vor dem BGH Plakate mit krassen Texten: »BGH – Brauner Gangster Haufen«, »BGH ist ungeheuer, erstens Scheiße, zweitens teuer« und »BGH sagt Untersuchungshaft, vollzieht Mord«.

Nach der Aktion werden Ehrengerichtsverfahren gegen die Anwälte eingeleitet. Selbst im linken Lager bleibt der Applaus für die Aktion, die auch dort meist als überzogen und entgleist empfunden wird, eher verhalten. Die Einleitung des Verfahrens wird mit einem Ehrengerichtsverfahren in eine Reihe gestellt, das der Bremer Generalstaatsanwalt aus vergleichsweise geringfügigem Anlaß gegen Rechtsanwalt Hannover anstrengt. In einem Fernsehinterview hatte der Verteidiger erklärt, die strengen Haftbedingungen seien zwar formal durch die Vollzugsordnung gedeckt, sie seien aber weder notwendig noch geeignet, den Zweck der Untersuchungshaft zu erfüllen. »Sie haben hier offensichtlich die Funktion, die Persönlichkeit unserer Mandanten zu zermürben, und sie stellen sich damit als verfassungswidrige Folter dar.«

In der Anschuldigungsschrift gegen Hannover wird gesagt, die Äußerungen überschritten das Maß der erlaubten Kritik. Den an den Untersuchungshaftbeschlüssen beteiligten Richtern würden grausame und unmenschliche Absichten unterstellt. »Dafür sind jedoch nicht die geringsten Anhaltspunkte vorhanden.« Diese Begründung für ein Verfahren, das zwar nicht die berufliche Existenz eines Rechtsanwalts grundsätzlich in Frage stellt, dem Betroffenen aber sehr schaden kann und im geringsten Fall Verdruß bereitet, macht deutlich, daß die Justiz zu jener Zeit dünnhäutig auf Kritik reagiert. Indem Hannovers Äußerungen interpretiert, erweitert und verschärft werden, erhalten sie erst den Charakter des Anstößigen. Zudem öffnen derartige Empfindlichkeiten neuen Verdächtigungen Tür und Tor.

Rühmann faßt in seiner erwähnten Dokumentation zusammen: »Mit diesen oder ähnlichen Maßnahmen versuchten die zuständigen Behörden, sich vor Kritik an ihren Entscheidungen zu schützen. Auch wenn der größte Teil der Verfahren damals (1973) noch im Sande verlief, so darf man doch die Wirkung auf die Öffentlichkeit nicht unterschätzen, die nach den Terroranschlägen nur zu bereit war, die Verteidiger von Gefangenen der RAF für deren Komplizen zu halten.«

Nahrungsverweigerung bis in den Tod

Der erste Märtyrer der RAF wird ein Mann, dessen Weg vom kunstsinnigen Studenten mit Interesse an Malerei und Film in den militanten Untergrund nie recht zu beschreiben war. Auch eine Buchveröffentlichung und eine Dokumentation von Spielfilmlänge von seinem Freund Gerd Conradt deuten Antworten nur an.

Holger Meins starb am 9. November 1974 im Gefängnis zu Wittlich an Unternährung. Die Sympathisantenszene spricht sofort von Mord, kolportiert unter anderem, die Meins zeitweise verabreichte Zwangsernährung, gegen die aufs heftigste protestiert worden war, sei nährstoffreduziert gewesen, und in den kritischen letzten Tagen vor dem Ende habe kein Arzt sich mehr um den Sterbenden gekümmert. Ein vom Magazin »stern« veröffentlichtes Foto zeigt den von blasser Haut überspannten fleischlosen Schädel des Toten, die geschlossenen Augen liegen tief in den Höhlen. Ein Bestattungsinstitut hat den toten Meins in ein weißes Hemd mit absurd gestärkten Manschetten gesteckt, darüber liegt ein Leichentuch mit Spitzenrand. Zum Gesicht kontrastierten scharf dunkles langes Haar und Vollbart.

Sollte Meins den Wunsch gehabt haben, sein Tod möge der Sache der RAF nutzen, so hat dieses Foto dazu beigetragen.

Bei Rühmann heißt es: »Am 13. September 1974 traten die politischen Gefangenen aus der RAF erneut in einen kollektiven Hungerstreik, um die Abschaffung der langandauernden Isolationshaft durchzusetzen.«

55 Tage später, am 9. November 1974, starb in der Haftanstalt Wittlich/Eifel Holger Meins an einer – so der Obduktionsbefund – »hochgradigen Auszehrung«.

Vorausgegangen war dem:

1. Die Ablehnung eines Antrages der Verteidiger auf Hinzuziehung von Ärzten des Vertrauens. Der rheinland-pfälzische Justizminister behauptete später in einer Dokumentation: »Weder von der Verteidigung noch von Holger Meins selbst wurde zu irgendeinem Zeitpunkt um Beiziehung eines Arztes seines Vertrauens nachgesucht.«
2. Am 21. Oktober 1974 hatte der 2. Strafsenat des OLG Stuttgart beschlossen, Holger Meins »spätestens bis zum 2. November 1974« nach Stammheim zu verlegen, wo die ärztliche Versorgung zumindest besser war. Der Beschluß wurde nicht ausgeführt.
3. Am Tage vor dem Tod von Holger Meins stellte der Anstaltsarzt nichts Besorgniserregendes fest und unterbrach die Zwangsernährung für einen Tag, um am 9. November eine Reise anzutreten.
4. Als Rechtsanwalt Haag am Todestag den ernsten Zustand seines Mandanten sah, weigerte sich der über Rechtsanwalt Croissant informierte Richter Prinzing, einen Arzt des Vertrauens zuzulassen.

Nach dem Tod von Holger Meins erklärte der Ernährungswissenschaftler Hans Ditschumeit im »stern« vom 21.11.1974, daß es selbst gegen den Willen eines im Hungerstreik befindlichen Gefangenen möglich sei, diesen am Leben zu erhalten. Und der Stuttgarter Gefängnisarzt Dr. Henck behauptete in einem »Spiegel«-Interview vom 18. 11. 1974, daß der Zustand von Holger Meins hätte bemerkt werden müssen: »Dieser Zustand kam ja nicht von einer Minute auf die andere. Da gibt es rein äußerlich erkennbare Symptome. Die Sprache wird weniger moduliert, der Patient wird müder und matter, die Reaktionen werden träger. Die Kriterien erkennt sogar ein Nichtmediziner. Hier hätte spätestens eine Intensivpflege rund um die Uhr einsetzen müssen.«

Der Senatsvorsitzende Prinzing erklärte, daß der Tod bedauerlich sei, aber in erster Linie trügen daran die Kräfte Schuld, die diesen Hungerstreik durch gezielte Justizkampagnen provoziert hätten. Mitschuldig wären auch diejenigen, die es bewußt unterlassen hätten, ihm von seiner Selbstzerstörung abzuraten. Ein Teil seiner Anwälte hätte ihn sogar im Gegenteil in seinem Hungerstreik bestärkt.

Der Präsident des niedersächsischen Landtags, Heinz Müller (CDU), forderte, die Anwälte in Rundfunk und Fernsehen nicht mehr zu Wort kommen zu lassen.

Der rechtspolitische Sprecher der CDU/CSU-Bundestagsfraktion Friedrich Vogel strebte gar eine Untersuchung der Frage an, ob die Anwälte, die ihre Mandanten im Hungerstreik bestärkten, eine strafbare Handlung begingen.

Rechtsanwalt Siegfried Haag hatte als Verteidiger vor dem Tod seines Mandanten an den zuständigen Richter geschrieben: »Sie sind für seinen Tod verantwortlich, denn die Bedingungen der Haft bestimmen Sie.« Einen Tag nach dem Tod des Gefangenen in Wittlich wurde der Berliner Kammergerichtspräsident Günter von Drenkmann in seiner Wohnung erschossen. Die »Bewegung 2. Juni« schickt einen Text an die Deutsche Presseagentur, der den Mord zu erklären und zu legitimieren versucht, allerdings kein direktes Tatbekenntnis enthält: »Günter von Drenkmann war der oberste Richter in Berlin, er gehörte somit zum ›Harten Kern‹ der Verantwortlichen. Unsere Forderung nach Erfüllung der von den Gefangenen gestellten Bedingungen lehnte Richter Drenkmann ab. Damit nahm er in Kauf, daß noch weitere Revolutionäre in deutschen Haftanstalten sterben. Wer Gewalt sät, wird Gewalt ernten!!! Wir fordern: Aufhebung der unmenschlichen Haftbedingungen in allen Gefängnissen der BRD und Westberlins!!!«
Noch lange nach einer ganzen Reihe von Protestdemonstrationen waren an Mauern Schriften wie diese zu lesen: »Holger Meins, das Volk wird dich rächen.« Die Gegenpropaganda verbreitete, Gudrun Ensslin habe Meins durch eine Art von Kaderbefehl zum Äußersten getrieben. Sicher ist, daß die Intellektuelle der Gruppe die Mitglieder mit Tarnnamen aus Herman Melvilles »Moby Dick« bedacht hatte. Meins hieß Starbuck, nach dem Ersten Steuermann

des Walfangseglers »Pequod«. Das Schiff fährt unter dem vom Kampf gegen das Böse in Gestalt des weißen Wals besessenen Kapitän Ahab ins Verderben. Ensslin erschien Ahab als passender Name für Baader. Über Starbuck, der alles kommen sieht und doch mitmacht, der ein ungewöhnlich mutiger Mann und fähiger Walfänger ist, schreibt Melville: »So tapfer er auch sein mochte, war seine Tapferkeit doch von der Art, wie man sie vor allem an jenen furchtlosen Männern sieht, die zwar im Kampf mit Wasser, Wind und Wal felsenfest zu stehen pflegen und vor dem wirren, gewöhnlichen Grauen der Welt keinen Zoll weichen, aber jenem schrecklichen, weil inneren Schrecken nicht zu widerstehen vermögen, welcher bisweilen von der gefurchten Stirne eines mächtigen, vor Wut rasenden Mannes droht.«

Mag sein, daß Baader-Ahabs unwiderstehlicher Furor alle mit in die Tiefe riß. Sigurd Debus, verurteilt wegen Bankraubes, Sprengstoffdelikten und Zugehörigkeit zu einer kriminellen Vereinigung, starb im April 1981 nach 68 Tagen Nahrungsverweigerung in einem Hamburger Krankenhaus. Er war vermutlich das letzte Selbstopfer revolutionärer Verzweiflung. Seinem Tod blieb die Heroisierung erspart.

Die Wut Baaders und der RAF, die aus ihr hervorgebrachten Verbrechen, machten die Terror-Organisation zur wütend gehaßten Bande. Sie bot aber jenseits ihrer juristischen Implikationen den politischen Ansatz zur Kritik an den Formen, mit denen Staat und Justiz der Herausforderung entgegentraten. Der in den Zellen begonnene und über die Verteidiger und Sympathisanten in die Öffentlichkeit getragene Kampf gegen einen als unmenschlich dargestellten Gefängnisalltag steht in der Tradition einer politischen Linken, die sich gegen Ausschreitungen und Willkür der Vollziehenden Gewalt des Staates wendet. Die Ausformung der Vollzugsgewalt gegenüber dem Spezialfall der Terrorverdächtigen erschien den Betroffenen und denen, die für sie eintraten, als der Skandal.

Um zu zeigen, was gemeint war, wurde in linken Publikationen als Beispiel bürokratischer Menschenverachtung eine Verfügung des Leiters des Gefängnisses veröffentlicht, in dem Holger Meins gesessen hatte. Die umfängliche Anordnung, die keine Ausnahme, sondern die Regel war, umfaßte 22 in sich weiter untergliederte Einzelpunkte. Unter anderem heißt es: »... 5.a) Besucher des U-Gefangenen Meins – auch Rechtsanwälte – werden vor der Zulassung zum Besuch einer körperlichen Durchsuchung (Mantel und Jacke ausziehen, Taschen der Kleidung entleeren und Abtasten über der Kleidung) sowie einer Durchsuchung der mitgeführten Behältnisse (Taschen pp.) unterzogen. b) Das Mitbringen von Diktiergeräten, Tonbandgeräten u. A. zum Besuch wird nicht zugelassen. c) Wegen der Durchsuchung weiblicher Besucher ist vor dem Besuch die Kripo zu verständigen. d) Besuche bei dem U-Gefangenen Meins werden nur in Gegenwart von zwei Beamten durchgeführt. e) Bei Besuchen durch Rechtsanwälte ohne Besucherüberwachung wird der Besuchsraum durch einen bewaffneten Bediensteten abgeschirmt, der vor der Tür des Besuchsraums zu stehen hat. f) Der Gefangene wird unmittelbar nach jedem Besuch im Besuchsraum vom Aufsichtsleiter im Beisein eines weiteren Beamten körperlich durchsucht und neu eingekleidet ...«

Zu den Haftbedingungen steht in der Verfügung, der Gefangene sei in strenger Einzelhaft zu halten, die »unmittelbar rechts und links und die unter und über der Zelle des Untersuchungsgefangenen Meins liegenden Zellen dürfen nicht mit Gefangenen belegt werden«. Kontakte mit anderen Gefangenen sind untersagt, Meins bekommt sein Essen von Bediensteten gebracht, und wenn Gefangene den Flur putzen, passen zwei Bedienstete auf, daß sie nicht mit Meins reden können. Beim Hofgang ist der Gefangene zu fesseln, von Gemeinschaftsveranstaltungen »einschließlich Kirchgang« ist er ausgeschlossen.

Es ist eine Verfügung gegen einen für gefährlich gehaltenen Gewaltverbrecher, dem die Gefängnisleitung ungebrochene kriminelle Energie und Intelligenz zutraut, ja, den Kampfgeist, seine strafbaren Handlungen durch Kontakte nach draußen in irgendeiner Weise fortzusetzen. In dieser behördlichen Sicht der Sicherung und Gefahrenabwehr finden die zusätzlichen Freiheitsbeschränkungen ihre Berechtigung. Man kann die Anordnungen aber ebenso als den jedes vernünftige Maß überschreitenden und das Grundrecht der Menschenwürde verletzenden Vollzugesexzeß darstellen, der sich auch nicht darum kümmert, daß ein Untersuchungsgefangener bis zum Vorliegen eines rechtskräftigen Urteils als unschuldig zu gelten hat. Genau diesen Weg haben Verteidiger und Sympathisanten der RAF-Gefangenen genommen. Sie haben u. a. anhand von medizinischen Gutachten auf die Gefahren für die seelische Gesundheit von Menschen hingewiesen, die vom zwischenmenschlichen Kontakt abgeschnitten sind.

Auch die dann mit hohem finanziellem Aufwand gebauten Hochsicherheitstrakte, etwa in Berlin führten nicht zu einer Lösung des Problems. Sebastian Cobler, ein 1989 früh verstorbener profilierter Linksanwalt, sollte noch Jahre später seinen Austritt aus dem Republikanischen Anwaltsverein (RAV) damit begründen, daß er die Mitgliedschaft des damals beim Berliner Senat für den Gefängnisbau verantwortlichen, inzwischen wieder als Rechtsanwalt tätigen Kollegen Mayer nicht glaubte ertragen zu können. Weitere Kritik entfachten die seit Mitte der 70er Jahre eingebauten Trennscheiben in den Besprechungszimmern, ein Glas gewordenes Mißtrauen.

Der Konflikt um die Behandlung von mutmaßlichen Straftätern, die aus staatsfeindlichen Motiven Verbrechen begangen haben sollen, wurde 1978 im Prozeß gegen den Hamburger Strafverteidiger Kurt Groenewold in aller Deutlichkeit offenbar. Die Bundesanwaltschaft legte dem Rechtsanwalt zur Last, unter Mißbrauch der Verteidigerpost den Hungerstreik von Mandanten unterstützt und ein Informationssystem betrieben zu haben. In der Anklageschrift gegen den Verteidiger hieß es: »Die Baader-Meinhof-Gruppe zerfiel mit der Inhaftierung ihrer Führungskader im Sommer 1972 keineswegs, sondern wurde aus den Gefängnissen heraus fortgeführt. (...) Der kriminelle Zweck der Vereinigung – gewaltsame Änderung der politischen und gesellschaftlichen Ordnung der Bundesrepublik Deutschland im Wege der Guerillakriegsführung – wurde aufrechterhalten. Über ein Informationssystem sorgte man durch Agitation für diesen Zweck, durch militärisch-technische Schulung, durch Befehle und Agitation dafür, daß das Selbstverständnis der Häftlinge als Stadtguerilla, ihre Kampfbereitschaft, ihre Ausrichtung auf Ziele der Gruppe und ihr Zusammengehörigkeitsgefühl ungebrochen blieb. Der organisatorische Zusammenhalt der inhaftierten Gruppenmitglieder wurde durch kollektive Hungerstreiks, die zugleich der Propagierung der politischen Anliegen dienten, und durch das jahrelang funktionierende Infosystem sichergestellt.«

Groenewold, der das Infosystem laut Anklage »aufbaute, finanzierte und betrieb«, habe gegen den Paragraphen 129 verstoßen, der die Unterstützung einer kriminellen Vereinigung unter Strafe stellt. Groenewold war von der Verteidigung im Stuttgarter RAF-Prozeß wegen dieses Verdachts ausgeschlossen worden. Neben anderen Aspekten des komplexen Themas erörterte der Angeklagte an zwei Tagen in einer umfassenden Prozeßerklärung, die er später im Eigenverlag »Attica« erscheinen ließ, das Thema der Haftbedingungen, die im Denken so vieler Linsanwälte eine zentrale Rolle gespielt haben. Nach dem Vorwurf, die Rechtsprechung habe sich von der Exekutive in Gestalt einer Polizeibehörde gängeln lassen und damit sei das Verfassungsprinzip der Unabhängigkeit der Gerichte verletzt, fuhr Groenewold fort: »Das Bundeskriminalamt hat für unsere Mandanten zentral ein System der Isolierung und der Einschränkung in der Haft entwickelt. Es gab Anordnungen, die zeigen, daß nicht die Anstaltsleitungen oder Vollzugsbehörden die letzte Verantwortung trugen, sondern die Staatsschutzabteilung des Bundeskriminalamtes. Unsere Mandanten wurden von Anfang an von dem normalen Gefängnisleben und der Außenwelt getrennt: kein Postverkehr, kein Besuchsverkehr mit Ausnahme von Angehörigen, keine Gemeinschaftsveranstaltungen, kein gemeinsamer Hofgang, dreiundzwanzigeinhalb Stunden Einsamkeit. Sogar Sprechkontakte mit anderen Gefangenen wurden verhindert.«

Ulrike Meinhof und Astrid Proll seien in Köln-Ossendorf auf die bekannt infame Weise in einem völlig abgeschnittenen Gefängnistrakt untergebracht worden. Im Fall Proll seien die Gesundheitsschäden derart gravierend gewesen, daß ihr erster Strafprozeß vor einem Gericht in Frankfurt wegen Verhandlungsunfähigkeit der Angeklagten habe abgebrochen werden müssen. Nach sieben Monaten Isolierung der Untersuchungsgefangenen Meinhof habe der Anstaltspsychiater Anfang Februar 1973 erklärt, sowohl aus theoretischen Gründen als auch praktischen Erfahrungen sei eine langdauernde, strenge Isolierung, bei der Kontakte mit der Umgebung bis auf die notwendige Versorgung unmöglich sind, gesundheitlich nicht vertretbar. Diese und andere Fakten, so Groenewold, habe der zuständige nordrhein-westfälische Justizminister Posser in Verleugnung seiner justizkritischen Zeit als Rechtsanwalt schlicht ignoriert.

Verteidiger haben in vielen Schriftsätzen auf die Folgen sensorischer Deprivation, der drastischen Einschränkung sinnlicher Wahrnehmung, hingewiesen. Sie zitierten wissenschaftliche Untersuchungen, denen zufolge eine reizarme künstliche Umgebung – zum Beispiel eine stille weiße Gefängniszelle – zu schweren Schäden der Sinnesorgane und damit an der Persönlichkeit eines Menschen führen kann. Groenewold zitierte in seiner Prozeßerklärung den englischen Schriftsteller Charles Dickens, der in einem Buch über das amerikanische Gefängnissystem des 19. Jahrhunderts und die darin angewendete Isolation von Gefangenen geschrieben hatte: »Ich glaube, daß nur sehr wenige Menschen das Maß an Folter und Seelenqual abschätzen können, das diese schreckliche Strafe, über Jahre hingezogen, den Leidenden zufügt; und indem ich es selbst errate und aus dem schließe, was ich auf den Gesichtern gelesen habe und sie, wie ich mit Gewißheit weiß, im Inneren fühle, bin ich nur um so fester davon überzeugt, daß es darin Tiefen furchtbarer Erduldung gibt, welche niemand außer den Leidenden selbst ergründen kann und kein Mensch berechtigt ist, einem anderen zuzufügen.«

Zum Beleg für die fatalen Auswirkungen einer ausschließlich am Gedanken der Sicherheit orientierten Haftpraxis führte Groenewold das Schicksal Katharina Hammerschmidts an. Sie war 1972 in den Verdacht geraten, RAF-Mitgliedern Aufenthaltsmöglichkeiten verschafft zu haben und hatte sich vor den Strafverfolgungsbehörden nach Frankreich abgesetzt. Ihr Verteidiger Otto Schily riet ihr, sich in Deutschland zu stellen. Die berechtigte Annahme, die Mandantin werde für ihr Entgegenkommen bis zum Prozeß von der Untersuchungshaft verschont, bewahrheitete sich nicht. Die Verdächtige wurde nach der Landung in Berlin sofort ins Gefängnis gebracht. Nach einem Jahr bildete sich eine große Geschwulst am Hals, die von den Anstaltsärzten als ungefährlich abgetan wurde. Ihr wurde, ein zynischer Medizinerwitz, »nihilitis chronica« attestiert, chronisches Nichtleiden.

Schily ließ nichts unversucht, seine Mandantin endlich in kompetente Behandlung zu bringen und sie wegen ihres immer schlechter werdenden Gesundheitszustandes von der Haft verschonen zu lassen. Als die Bemühungen Erfolg hatten, war es zu spät: Katharina Hammerschmidt litt an einem inzwischen inoperablen Krebsgeschwür und starb am 29. Juni 1975. Schily, der diesen Skandal der Ignoranz und Mitleidlosigkeit in einem deutschen Gefängnis öffentlich anprangerte und die Klärung der Schuldfrage verlangte, wurde wegen Verleumdung angezeigt und vor Gericht gestellt. Die Verhandlung endete mit Freispruch. Der Anwalt sagte später, wenn er sich etwas vorzuwerfen habe, so den Rat an seine Mandantin, sich den deutschen Behörden zu stellen. Die Katharina Hammerschmidt zur Last gelegten Unterstützungshandlungen – im wesentlichen das Beschaffen von Wohnungen – hätten es den Strafverfolgungsbehörden nach der Rückkehr nach Deutschland erlaubt, sie in Freiheit zu lassen. Spätestens nach dem Auftreten der von Zeugen im Gefängnis beobachteten äußeren Zeichen einer schweren Erkrankung hätte wenigstens medizinische Hilfe geleistet werden müssen. Doch Angst vor Terroristen und ein aus ihr entspringendes rigoroses Sicherheitskonzept haben den Blick auf das Leid dieser und anderer Gefangener verstellt.

Sterben in staatlicher Verwahrung, hoffnungsloses Siechtum in perfekter Isolation: dies war der Hintergrund, vor dem Groenewold sich gegen den Vorwurf verteidigte, er habe den Hungerstreik unterstützt, den die Gefangenen als letztes Mittel gegen die Isolation gewählt hätten. Der auch bei der Justiz in hohem Ansehen stehende Berliner Gerichtspsychiater Professor Wilfried Rasch erhob nach der Exploration von Baader, Ensslin, Meinhof und Raspe in Stuttgart unter anderem die Befunde der Konzentrationsstörungen, der Vergeßlichkeit, der Wahrnehmungsstörungen, schneller Erschöpfbarkeit. Diese Symptome, die Zweifel an der Fähigkeit der Angeklagten zulassen, dem Gang ihrer Gerichtsverhandlung zu folgen, schrieb der Arzt unter anderem der Isolation zu. Er empfahl deren Aufhebung und »angesichts der Schwere der eingetretenen Gesundheitsschädigung« eine mehrmonatige Behandlungsdauer zur Wiederherstellung der vollen Verhandlungsfähigkeit.

Angesichts des Gutachtens von Professor Rasch, das von anderen Psychiatern bestätigt wurde, sei schwer verständlich, sagte Groenewold, daß ihm und Kollegen der Vorwurf gemacht werde, sie unterstützten den Hungerstreik: »Wir haben nichts anderes gemacht als unsere Verpflichtung als Anwalt wahrzunehmen, nämlich gegen die Haftbedingungen Beschwerde zu erheben und die Haftbedingungen bekanntzumachen. Wir sind der Auffassung, daß diese Haftbedingungen im Widerspruch zu den Menschenrechten stehen, im Widerspruch zu der Rechtskultur, die westliche Staaten für sich in Anspruch nehmen.« Kein Staat dürfe solche Maßnahmen treffen. Und: »Wir sind der Meinung, daß sich unsere Mandanten dagegen wehren durften.« Hungerstreik sei ein legales und häufig benutztes Mittel von Gefangenen, sagte Groenewold und führte Beispiele aus der Geschichte verschiedener Länder und politischer Systeme an, aber auch aus der Bundesrepublik Deutschland: »Wer etwas mit Gefangenen zu tun hat, Justizbehörden wie Verteidiger, weiß, daß es sehr oft Hungerstreiks gibt, auch von größeren Gruppen, die sich gegen Unzuträglichkeiten richten oder gegen unerträgliche oder unerträglich erscheinende Haftbedingungen.« Ein Hungerstreik könne nicht moralisch disqualifiziert werden. Man könne den, der Leben und Gesundheit durch Nahrungsverweigerung aufs Spiel setze, kritisieren, »aber man kann Hungerstreik nicht zu einem Verbrechen erklären«.

Zur Entkräftung des Vorwurfs, das Infosystem stelle eine strafbare Unterstützung einer kriminellen oder terroristischen Vereinigung dar, legte der angeklagte Anwalt zunächst dar, daß die Verteidiger in der Vorbereitung des Prozesses vor dem Stuttgarter Oberlandesgericht auf vielfältige rechtswidrige Weise behindert worden seien. Zu den Kritikpunkten gehörten unvollständiges Aktenmaterial, unkorrekt verlaufene Gegenüberstellungen zwischen Zeugen und Beschuldigten, Behinderung der Verteidiger, mit ihren Mandanten Gespräche zu führen, mangelnde ärztliche Versorgung der Gefangenen, restriktive Handhabung des Besuchsrechts und allgemeine Einschränkungen der Informationsfreiheit.

Zu diesen Mängeln habe sich eine Medienkampagne gesellt, »eine Kampagne, die aus verleumderischen Äußerungen oder Verdächtigungen der Regierung, der Bundesanwaltschaft und des Bundeskriminalamts gespeist wurde. Sie hatte den Zweck, eine Verteidigung durch uns unwirksam zu machen. Sie ist auch dadurch nicht in einem anderen Licht zu sehen, daß es einzelne Anwälte gab, die in den Untergrund gegangen sind, sich also der kriminellen Vereinigung angeschlossen haben. Die Verteidiger hatten Anspruch, nur nach ihren Handlungen beurteilt zu werden, nicht nach bloßen Verdächtigungen.«

Das Info ist laut Groenewold ein Instrument der Verteidiger, ein »Mindestversuch, Waffengleichheit herzustellen« zwischen einem personell und materiell überlegenen Strafverfolgungsapparat auf der einen und den Gefangenen mit ihren Anwälten auf der anderen Seite. Die kurz vor Beginn des Stammheim-Prozesses Gesetz gewordenen Veränderungen der Strafprozeßordnung schlossen sowohl die Block- als auch die Mehrfachverteidigung aus. Der Gesetzgeber hat dies mit der vermutlich vorgeschobenen Begründung getan, Verteidiger, die mehrere Mandanten in verschiedenen Terroristenprozessen verträten, könnten in unlösbare Interessenkonflikte geraten, und ähnliches gelte für die gemeinsame Verteidigung.

Der Einwand gegen die rasch verwirklichte Strafprozeßreform lautet, sie sei ins Werk gesetzt worden, um eine in Beweisnöten stekkende Bundesanwaltschaft vor allmählich zu Fachanwälten in Terrorismusfragen gewordenen Verteidigern zu schützen. Die bis zur Verabschiedung des Gesetzes geführten Vorgespräche der Verteidiger mit dem Stuttgarter Strafsenat, in denen Übereinstimmung zur gemeinschaftlichen Verteidigung nach dem Prinzip »alle verteidigen alle« erzielt wurde, waren nur mehr Makulatur. Die Linksanwälte waren wütend, denn sie hatten Konzepte kollektiver Verteidigung gerade im Hinblick auf Stammheim und unter Berücksichtigung der nun quasi über Nacht nicht mehr gültigen Paragraphen entworfen. Die Rundbriefe sollten alle auf dem Verteiler stehenden Anwälte und ihre Mandanten auf dem aktuellen Stand laufender Ermittlungen und Verfahren halten und darüber hinaus Beiträge zur politischen Diskussion liefern. Verschickt wurden unter anderem Medienberichte, die ein Ausschnittdienst unter dem Stichwort »politische Prozesse« zusammentrug; Jahresberichte des Bundes-Presse- und Informationsamtes; Bundstagsprotokolle und Gesetzesvorlagen; juristische und rechtspolitische Zeitschriften; Gerichtsentscheidungen und nicht zuletzt aus einem eigenen Archiv politische Erklärungen von Einzelpersonen.

Groenewold: »Die Mandanten haben damals viel gelesen, viel gearbeitet und viel geschrieben. Von den Zeitungsausschnitten und Ausarbeitungen erhielt nicht jeder Mandant alles, sondern nur das, was er benötigte, was also den Bereich betraf, den er für seine Verteidigung vorbereitete. Als Beispiel: Mit Südafrika beziehungsweise der Interventionspolitik der USA und der BRD wollten sich nur zwei der Mandanten beschäftigen. Manchmal schickten Mandanten auch Arbeiten, die als Original im Büro verblieben, von dem sie selbst nur eine Kopie erhielten. Bestimmtes Material, besonders Reden und Interviews zum Prozeß, erhielten alle, weil sich damit alle auseinandersetzen mußten.«

Daneben bezogen alle Gefangenen mit Wissen der Justiz mehrere Tageszeitungen, Wochenschriften und eine ganze Reihe von technischen, polizeilichen und militärischen Fachzeitschriften. Bücher jeder Art konnten aus der Gefängnisbücherei entliehen oder über den Fachhandel bestellt werden. Im Infosystem, das nach Auffassung der Bundesanwaltschaft den Straftatbestand einer Unterstützungshandlung erfüllte, war nach Groenewold auch nichts anderes enthalten als eben Information aus allen möglichen Wissensgebieten: »Warum nun den Verteidigern eine böse Absicht unterstellt wird, wenn sie daßelbe tun, wie Angehörige der Justiz, ist die Besonderheit dieses Verfahrens«, bemerkte der Angeklagte.

Groenewold verlas die Liste von Publikationen, die mit Einverständnis der Justiz an die RAF-Gefangenen gelangten. Die hier gekürzte Aufzählung verblüfft noch heute: »Deutsches Waffenjournal«, »Wehrtechnik«, »Waffenrevue«, »Military Revue«, »Informationen für die Truppe«, »Truppendienst«, »Wehrtechnische Monatshefte«, »Kriminalistik«, »Polizeischau«, »Internationale Polizei«, »Die neue Polizei«, »Innere Sicherheit«, »Funktechnik«, »Internationale elektronische Rundschau« und aus dem DDR-Militärverlag »Der Funkamateur«. Auch ein Buchkatalog mit Titeln von Autoren des Bürgerkrieges, des Volkskriegs, des Guerillakrieges, mit Grundsatzwerken über Strategie und Taktik, über Widerstand und Revolution, zu neuzeitlicher Sprengtechnik und Grundlagen der Sende- und Funkortungstechnik sowie Lehrbücher für Militär und Polizei zeigt, daß sich die RAF im Gefängnis weiterbilden oder auf dem laufenden halten wollte.

Der Versuch der Strafverfolger, die mutmaßlichen Terroristen von der einschlägigen Fachliteratur abzuschotten, scheiterte an der Rechtslage. Gegenüber Untersuchungshäftlingen sind nur solche zusätzlichen Freiheitsbeschränkungen erlaubt, die dem Zweck dieser Haftform auf Sicherung des Strafverfahrens dienen. Auch die Ordnung innerhalb des Gefängnisses ist ein Kriterium für Verbote gegenüber Untersuchungshäftlingen. So entschied denn das Hamburger Landgericht einen Antrag der Staatsanwaltschaft auf Zensur der Literaturwünsche eines Terrorverdächtigen abschlägig: »Auch wenn in den beanstandeten Büchern zum Kampf gegen die bestehende Gesellschaftsordnung mit allen Mitteln aufgerufen wird, so indiziert das allein noch nicht eine konkrete Gefährdung der Anstaltsordnung.«

Die Argumentation Groenewolds mit dem geistigen Arsenal, das die Mandanten unter den Augen der Justiz frei durchwandern durften, bleibt ein beeindruckendes Beispiel für politische Verteidigung.

Die Weigerung der Justiz, selbst gegenüber Gefangenen, die sich zu Bombenanschlägen bekannt hatten, das Prinzip der Meinungs- und Informationsfreiheit vor andere Erwägungen zu stellen, ist umgewidmet zu einer Rechtsgrundlage für das eigene Informationssystem. Dies sei nichts anderes als das vom Gesetzgeber durch das Verbot der Blockverteidigung kurz vor Beginn des Stammheimer Prozesses erzwungene Instrument gewesen, die Verteidigung überhaupt erst möglich zu machen: »Ausgangspunkt ist das Recht des einzelnen Mandanten, sich in dieser Weise zu verteidigen, eine Prozeßerklärung abzugeben und für die Prozeßerklärung über seine Verteidiger bestimmte Informationen, also Zeitungsartikel etc., zu erhalten.«

Das Info war aber wegen der darin dokumentierten Originaltexte der Gefangenen auch als ein Medium des Gedankenaustauschs untereinander zu verstehen. Es unterlief die bewußt zum Zweck der Unterbrechung der gegenseitigen Unterrichtung verhängte Isolation, und so überrascht es kaum, daß die Justiz, insbesondere die Strafverfolgungsbehörden, Wege suchten, diesen Informationskanal zu verstopfen. Die rechtliche Frage blieb, ob die Verständigung von Untersuchungsgefangenen untereinander zum Zweck der Verteidigung überhaupt verboten ist. Es sei an dieser Stelle vermerkt, daß die Einzelhaft und die Überwachung von Außenkontakten bei Untersuchungsgefangenen nicht die Ausnahme, sondern die Regel darstellen. Sie durchzusetzen, bereitet dem Gefängnispersonal seit Erfindung des Mobiltelefons übrigens immer größere Schwierigkeiten.

Unberührt von Eingriffen sollen allerdings Beratungsgespräche zwischen Anwalt und Mandant bleiben. Der juristische Streit um das Info endete im Fall Groenewold nicht so, wie es sich die Anklagebehörde vorgestellt hatte. Das Hanseatische Oberlandesgericht verhängte statt der von der Staatsanwaltschaft beantragten sechs Jahre lediglich zwei und setzte die Freiheitsstrafe zur Bewährung aus. Die überwiegende Zahl der weitergeleiteten Informationen befaßte sich nach Ansicht des Gerichts tatsächlich, wie von Groenewold vorgetragen, mit Erörterungen, die dem Thema Verteidigung zuzuordnen waren. Nur einige Schreiben, darunter technische Ausführungen zum Sprengsatzbau, hielt der Senat für strafbar. Im Urteil heißt es: »Der Senat konnte es auch nicht unberücksichtigt lassen, daß die Beiträge, deren Verbreitung als Unterstützung einer kriminellen Vereinigung gewürdigt wurden, nur ein geringer Teil der Schriftwerke sind, die der Angeklagte zur Verteidigung seiner Mandanten erlaubtermaßen verteilt hat. Von diesem gewaltigen Einsatz des Angeklagten für seine Mandanten war der Großteil rechtmäßig (...) Die Übernahme der Mandate der in der Öffentlichkeit bereits vorverurteilten Baader-Meinhof-Gruppe, die ein Recht darauf hatte, verteidigt zu werden, war grundsätzlich ehrenwert. Der Angeklagte zeigte sich als einsatzfreudiger, engagierter Rechtsanwalt. Er suchte neue Wege und bemühte sich, Denkanstöße zu vermitteln.«

Rechtsanwalt Otto Schily, der sich am Info nicht beteiligt hat, wurde durch das Urteil gegen seinen Kollegen von 1978 letztlich in seiner Auffassung bestätigt, die er drei Jahre zuvor geäußert hatte: »Wenn der Verteidiger einen Kontakt herstellen würde, aus dem Gefängnis heraus oder in das Gefängnis hinein, zwischen den illegal arbeitenden Gruppen und den Haftinsassen – das ist selbstverständlich unzulässig. Das ist eine Grenze, die der Verteidiger strikt einhalten muß. Aber er hat die Möglichkeit, dem Mandanten etwa von einer Solidarisierung im universitären Rahmen mit der Forderung nach Aufhebung der Isolationshaft zu berichten. Da gibt es kein gesetzliches Hindernis.«

Noch später als Groenewold wurde Rechtsanwalt Ströbele 1982

wegen Mitarbeit am Info zu zehn Monaten Freiheitsstrafe mit Bewährung verurteilt. Seine höchst bezweifelbare Straftat war, daß er die Häftlinge mit »Du« und als »Genossen« angesprochen hatte. Den von der Bundesanwaltschaft deshalb schon einmal 1975 erwirkten Haftbefehl, der im Gerichtsgebäude während einer Verhandlungspause gegen Ströbele vollstreckt wurde, hat das Berliner Kammergericht, das etwas genauer gelesen hatte, nach einiger Zeit wieder aufgehoben. Die Anklageschrift kursierte später laut BILD im Berliner Knast unter Gefangenen. Unter anderem hatte Ströbele den Genossen geschrieben: »Vielleicht macht ihr euch auch mal grundsätzliche Gedanken zur Funktion der Anwälte. Die Anwälte als Speerspitze der Revolution oder der RAF oder der verlängerte Arm der RAF-Genossen, die inhaftiert sind? Wohl kaum! Oder eben dann keine juristische Hilfe mehr!«

Ströbeles Notiz benennt den Kern des Problems, das Verteidiger der RAF-Mitglieder und in abgemilderter Form auch die Anwälte anderer Angeklagter mit strammer Weltanschauung immer wieder hatten und das sie auf unterschiedliche Weise lösten oder zu lösen versuchten: Wer hat das Sagen? Wer bestimmt das Konzept der Verteidigung? Wer legt die allgemeine Strategie fest und wer hat in einer kritischen Prozeßphase das erste Wort? Nicht wenige befähigte und eher im linken als im konservativen Lager stehende Rechtsanwälte haben es nach Kontakten mit sich politisch verstehenden Angeklagten abgelehnt, sie zu vertreten. Dem Frankfurter Strafverteidiger Hans Ulrich Endres etwa erschiene die Verteidigung eines Mandanten nicht möglich, der über die wesentlichen Schritte in der Hauptverhandlung selbst bestimmen will. »Ich bin der Verteidiger und ich bestimme, was gemacht wird« ist nicht nur hochgestimmtes Selbstvertrauen eines juristischen Fachmanns, sondern auch eine Lehre aus der Erfahrung, daß sich ungezählte Angeklagte durch Selbstüberschätzung um ein für sie günstiges Urteil gebracht haben.

Der Ausgang eines Prozesses ist nicht nur von den Regeln der Strafprozeßordnung und den erhobenen Strafvorwürfen abhängig, man könnte, wenn es so wäre, auf die mündliche Hauptverhandlung verzichten und die Dinge rationeller im schriftlichen Verfahren abhandeln, wie es bis ins 18./19. Jahrhundert noch als Aktenprozeß praktiziert, vom Fortschritt aber mit guten Gründen zugunsten des öffentlichen Prozesses abgeschafft wurde. Eine Hauptverhandlung ist nicht nur der Schauplatz juristischer Erörterung, sondern auch eine menschliche Begegnung und manchmal ein bißchen Theater. Zur erfolgreichen Verteidigung gehören neben juristischer Ausbildung Kenntnisse und Fähigkeiten in Rhetorik und Gespür für Psychologie, nicht zuletzt Humor. Verteidiger benötigen Menschenkenntnis, und Erfahrung aus früheren Begegnungen mit den Mitarbeitern der Staatsanwaltschaft und des erkennenden Gerichts können nicht schaden. Ein solcher Anwalt kann Verantwortung für den Mandanten übernehmen, und manche lassen sich diese Verantwortung von niemandem, auch nicht vom Mandanten bestreiten. Anwälte dieses Naturells sehen in der Justiz in erster Linie eine Ordnungskraft, ein Prüf- und Sanktionssystem, das zwar voller Mängel sein mag, letztlich aber den gesellschaftlichen Konflikt zwischen denen, die sich an die Regeln halten und denen, die sie verletzten, erträglich macht.

Linksanwälte vertraten Positionen eines idealistischeren Typs des Verteidigers. In kritischer Grundhaltung gegenüber der praktischen Ausformung der Justiz erinnerten sie immer wieder an Werte, die ihnen im täglichen Betrieb der routinierten Paragraphenanwendung gefährdet schienen: an Wahrheit, Gerechtigkeit und faires Verfahren. In einer diskussionswürdigen und letztlich nicht nach den Kategorien von richtig und falsch entscheidbaren Haltung gewährten sie ihren Mandanten die Mitwirkung an der Verteidigung. Dies schien ihnen vor allem in Verfahren mit politischem Hintergrund neben der juristischen Fachberatung die einzig vertretbare Form anwaltlicher Hilfe. Die Gefahr, von Mandanten als Werkzeug politischer Argumentation ausgenutzt zu werden, wurde bewußt in Kauf genommen, teils aus dem Gedanken, daß einem Angeklagten als eigentlicher Hauptperson im Prozeß auch die Souveränität im Verteidigungskonzept zukomme, teils aus politischer Übereinstimmung mit dem Mandanten – die etwas anderes ist als Billigung von Straftaten.

Der Rechtswissenschaftler Preuß umriß die Probleme 1973 während einer Pressekonferenz: »Natürlich ist das eine Verteidigung, die ohne politische Diskussion mit den Mandanten effektiv nicht durchgeführt werden kann. Von daher ergibt sich ständig die Notwendigkeit einer politischen Diskussion, die – das ist unbestritten – natürlich auf einer Basis des Konsenses, sagen wir mal sozialistischen Bewegung oder wie man es nennen soll, geführt wird, die aber keineswegs völlig unkontrovers oder im Sinne der Identifizierung geführt wird.« Wahlverteidiger in Prozessen mit politischem Hintergrund seien ja nicht nur mandatiert worden, um die formal-rechtlichen Prozeduren zu überwachen, sondern auch, um sich dafür einzusetzen, »daß diese Leute ernst genommen werden und sich auch als politische Subjekte verteidigen können«. Preuß schloß mit der Bemerkung, ihn überrasche es nicht sonderlich, daß er und seine Kollegen wegen ihrer Haltung »Übergriffen« von seiten der Justiz ausgesetzt seien.

Rechtsanwälten, die ihre Tätigkeit über den allgemeinen Begriff hinaus politisch, konkret linkspolitisch, verstanden, muß konzediert werden, daß sie die Ablehnung oder Aufkündigung eines Mandats aus dem eigenen Lager auch unter dem Aspekt betrachteten, der Gegner im Prozeß werde dies für sich nutzen können. Erschien die Annahme einer derartigen Verteidigung aus ideologischen und rechtsstaatlichen Gründen erst einmal geboten, war der Rückzug fast unmöglich. Unter dem Gesichtspunkt, daß ein Anklagevertreter die Niederlegung des Mandats mit Gewißheit vor Gericht als Anlaß ausschlachten würde, weitere Minuspunkte auf das Konto des Angeklagten mit dem Argument zu häufen, nicht einmal sein eigener Linksanwalt wolle mehr für ihn eintreten, verbot sich solches Verhalten fast immer. Nicht wahrgenommen wurden die manchmal nächtelangen Diskussionen, die Linksanwälte wie der inzwischen verstorbene Gerd Temming mit Personen geführt haben, die auf dem Weg in den Untergrund waren. Im Anwaltsbüro gab es noch die Chance, den Tunnelblick von Gewaltbereiten aufzubrechen.

Die Nachteile, die Linksanwälten entstanden, waren erheblich. Aus der historischen Distanz ist unverkennbar, daß die Strafverfolgungsbehörden Verdächtigungen gegen Strafverteidiger schnell, unter ungenauer Prüfung der rechtlichen Voraussetzungen und zuweilen sogar ohne Vorliegen eines hinreichenden Grundes ausgesprochen und in Maßnahmen umgesetzt haben. Die Reaktionen der mit der Exekutive zusammenarbeitenden Justiz gegenüber verdächtigten Juristen aus dem linken Spektrum reichten von der Nichtzulassung zum Referendariat oder schließlich zur Anwaltschaft. Aus Petitessen wie die Teilnahme an einer Demonstration mit anschließender Prügelei mit der Polizei wurden schwerwiegende Vorwürfe und Strafverfahren konstruiert.

1000 Seiten und ein Satz

Ein skandalöser Fall ereignete sich in Heidelberg. Ein stadtbekannter KBW-Anwalt hatte in zahlreichen Verfahren Angeklagte im Stil des engagierten Linksanwalts vielfach erfolgreich verteidigt, die bei von der Polizei gewaltsam aufgelösten Demonstrationen und Kundgebungen gegen die dortigen Fahrpreiserhöhungen festgenommen worden waren. Er selbst wird wegen kleiner Rangeleien mit der Polizei, deren rechtmäßigen Einsatz er gerügt hatte und sich laut auf seine Rechte berufend daraufhin geprügelt worden war, wegen zweifachen Landfriedensbruch zu sechs Monaten Gefängnis verurteilt. In der Berufungsverhandlung wird zusätzlich eine angebliche Falschaussage von ihm als Zeugen in einem anderen Verfahren in die Verhandlung einbezogen, ihm damit eine Instanz abgeschnitten. Er wird zu einer völlig unverhältnismäßigen Gesamtfreiheitsstrafe von 22 Monaten ohne Bewährung verurteilt. Mit großem Einsatz und juristischer Brillanz dokumentieren seine KBW-Kollegen schon während der laufenden Prozesse zahlreiche Dubiositäten und Verfahrensverstöße, so auch den vom Vorsitzenden im laufenden Verfahren hörbar geäußerten Willen, auf jeden Fall zu einer Verurteilung zu kommen, was dann in eine über 1000-Seiten starke Revisionsschrift auf höchstem juristisch-handwerklichem Niveau mündet. Die Richter des BGH kneifen vor der juristischen Auseinandersetzung in diesem Fall. Schon nach unüblich kurzer Zeit werden aus dieser Schrift nur wenige Gründe herausgegriffen und mit knappen Ausführungen abgelehnt, um zu schließen mit dem – formal zulässigen – Nachsatz: »Im übrigen wird die Revision verworfen.« Der Anwalt muß seine Haft absitzen.

Ließ sich gar der Vorwurf der Unterstützung einer kriminellen Vereinigung erheben, drohte und folgte Untersuchungshaft. Es gab Ehrengerichtsverfahren und Verbote, den Anwaltsberuf auszuüben. Die Bilanz aller derartiger Strafverfolgungsmaßnahmen weist letztlich nur einige wenige Fälle auf, die sich als substantiiert erwiesen haben. Sie betreffen im wesentlichen Croissant und zwei seiner Mitarbeiter.

Eine in der Einschätzung der Gefährlichkeit terroristischer Täter begründete ausufernde Bereitschaft von Polizei und Staatsanwaltschaften, den Anwälten gegenüber unermüdlich den Verdacht von Komplizenschaft zu schöpfen, hat sich letztlich förderlich auf justizkritische wie justizfeindliche Propaganda ausgewirkt. Eine kritische, allerdings scharfe Stimme hatte die Rote Hilfe Westberlin. Ihre Ausführungen zur Anwaltsverfolgung halten nicht jeder Nachprüfung stand, und ihre ideologisch einseitige Sicht ist unverkennbar. Aber der Text spiegelt exakt wider, wie nicht wenige die staatliche Justiz in ihrem Verhältnis zur politischen Linken 1975 einschätzten:

»Die Verfolgung der linken politischen Verteidiger findet auf verschiedenen Ebenen und mit ganz unterschiedlichen Methoden statt.

Als ein Motiv der Verfolgung spielt in einigen Fällen sicher eine Rolle, daß ganz bestimmte Verteidiger von einzelnen ihrer Verfolger im Justiz- und Polizeiapparat mit geradezu persönlichem Haß verfolgt werden, sozusagen für ihren ›Klassenverrat‹ exemplarisch bestraft werden sollen. Das mag zwar eine Erklärung für besondere persönliche Exzesse bieten – im wesentlichen zielt aber die Verfolgung der politischen Verteidiger auf die Verhinderung der Verteidigung.« Mancher Anwalt riskiere schon mit jedem Schriftsatz, mit dem er auf die Einhaltung rechtsstaatlicher Normen seinem Mandanten gegenüber beharre, ein neues ehrengerichtliches Verfahren. Regelmäßig werde versucht, linke Verteidiger finanziell auszuhungern. Auch bei monatelangen Monsterverfahren weigere sich die Justiz, an linke Pflichtverteidiger Kostenvorschüsse zu zahlen. Die schließlich ausgezahlten Gebührenpauschalen betrügen regelmäßig nur einen Bruchteil der in Naziprozessen gezahlten Gelder. Alle Maßnahmen kulminierten in dem Versuch, die Verteidiger zu kriminalisieren und aus dem Verfahren auszuschließen.

Rechtsanwalt Jörg L. hatte die radikale Konsequenz gezogen und war in den Libanon verschwunden, als sein Prozeß vor der Staatsschutzkammer des Stuttgarter Landgerichts beginnen sollte. Er hinterließ eine Presseerklärung, in der er von einem widerlichen Schauprozeß spricht, einer verlogenen Anklage, gekauften Belastungszeugen und gezinkten Akten – von einer volksfeindlichen Justiz, die in den Verfahren gegen die RAF ihre ungebrochene faschistische Kontinuität bewiesen habe und andererseits die »Mörder mobiler Einsatzkommandos« decke. Nicht die RAF, sondern die Justiz sei eine kriminelle Vereinigung.

In seinem Verfahren zur Wiederzulassung im Anwaltsberuf sagte L. 1986, er weise die Unterstellung zurück, sein Text gebe zu erkennen, daß er sich außerhalb jeglicher Rechtsordnung stelle und die Rechtsstaatlichkeit nicht anerkenne. Eine Existenz außerhalb der Rechtsordnung gebe es nicht. Die Sätze von 1974 seien »eher Ausdruck der Verbitterung über die fehlende Einhaltung und Verwirklichung einer gerechten Rechtsordnung durch die Justiz als deren Negierung« gewesen.

L., der schließlich wieder Anwalt werden konnte, gehörte in seiner radikalen Konsequenz aus extremen Ansichten neben Croissant und seinen Mitarbeitern Müller und Neverla wohl zu den Ausnahmefiguren unter den Linksanwälten, die allerdings in ihrer Gesamtheit von der Öffentlichkeit als bedrohlich wahrgenommen wurden. Zu dieser Öffentlichkeit zählten über lange Zeit auch die Strafverfolgungsbehörden und die Justiz, die zugleich die Quellen der übertrieben Gefahren beschwörenden Medienberichte waren.

Am Beispiel des Ermittlungsverfahrens und der Hauptverhandlung gegen Karl Heinz R. und Roland O., die im Juli 1977 vom Vorwurf des gemeinschaftlichen Mordes an einem Kölner Polizeibeamten und des Mordversuchs an dessen Kollegen freigesprochen wurden, haben die Verteidiger während des Prozesses vor dem Kölner Landgericht und danach in einem Buch die Mechanik von Voreingenommenheit und Vorverurteilung beschrieben. Sie wollten zeigen, »wo sich die Auseinandersetzung mit und in den Institutionen einer staatsschützenden Justiz lohnt, aber auch, wo ihre Grenze ist«.

Der erste Schein trügt

Der Fall kann als Musterbeispiel und als Warnung für Gefahren gesehen werden, die immer dann drohen, wenn die Justiz sich den ersten Anschein eines Falles als letzte Wahrheit vorgaukelt. Der erste Anschein war, daß drei bewaffnete Männer bei einer Polizeikontrolle um sich schossen und damit Tod und schwere Verletzungen verschuldet hatten. Doch die Wahrheit, zu deren Aufklärung die Staatsanwaltschaft wenig, die Verteidiger hingegen das meiste beigetragen hatten, war anders und hat am Ende wenigstens das Gericht erreicht. Es läßt sich trefflich darüber streiten, ob die Anklagebehörde aus politischem Kalkül oder aus handwerklicher Nachlässigkeit zu falschen Schlußfolgerungen kam, ob es der Staatsanwaltschaft darum ging, der vom ersten Tag der Ermittlung an präformierten Auffassung der Kölner Polizeiführung möglichst nichts entgegenzusetzen, oder ob sie Ungereimtheiten in polizeilichen Zeugenaussagen schlicht übersehen hat: Im Ergebnis standen die Strafverfolgungsbehörden blamiert da.

Als Erklärung läßt sich nachträglich allenfalls anführen, daß es außerordentlicher kriminalistischer und kriminaltechnischer Anstrengungen und zusätzlicher juristischer Überlegung bedarf, ein Geschehen zu rekonstruieren, bei dem mehrere Personen Schußwaffen einsetzten, Dutzende von Patronenhülsen und Projektile zuzuordnen, Standorte und Schußbahnen zu bestimmen und Zeiträume abzuschätzen sind. Daß dies alles, originäre Aufgaben der Kriminalpolizei und der Staatsanwaltschaft, von der Verteidigung geleistet wurde, ist die Besonderheit des Falles. Nach dem Ergebnis der langen und komplizierten Beweisaufnahme war dies geschehen.

Am 9. Mai 1975 kontrollieren Polizeibeamte auf einem Parkplatz im Kölner Stadtteil Gremberg einen mit drei Männern besetzten Kleinwagen der Marke NSU Prinz. Nach Überprüfung der Personalpapiere werden die Insassen aufgefordert, das Auto zu verlassen. Beifahrer Werner S. steigt aus dem Fahrzeug, bleibt nur kurz daneben stehen und wendet sich zur Flucht in die nächtliche Dunkelheit. Der Beamte Dietmar G. schießt ihm nach, S. schießt zurück, der Beamte erleidet einen Magendurchschuß. Der am Steuer sitzende Karl Heinz R. wird sowohl durch Schüsse von G. als auch von S. lebensgefährlich verletzt und fällt neben den Wagen. Der Beamte Walter P. schießt nun auf den flüchtenden S., der im Feuergefecht P. tötet und selbst von dem Beamten H. erschossen wird. Roland O. auf dem Rückitz bleibt unverletzt.

Die Kölner Polizei, obwohl an der Schießerei beteiligt, übernimmt die Ermittlungen. Die Akte trägt den Vermerk »Mord und Mordversuch zum Nachteil von Polizeibeamten – anarchistische Gewalttäter«. R., Arzt in einem Kölner Krankenhaus, gilt wegen seiner Aktivitäten als radikaler Studentenführer als vorbelastet, O. ist wegen Bankraubes vorbestraft. Alle Männer im NSU waren bewaffnet, O. und S. hatten gefälschte Personalpapiere bei sich. Während einer Pressekonferenz erklärt die Kölner Polizeiführung, bei den Fahrzeuginsassen handele es sich um Mitglieder einer kriminellen Vereinigung. R. werde vom Verfassungsschutz observiert, S. sei Mitglied der »Bewegung 2. Juni«, O. werde zur Verbüßung einer Reststrafe steckbrieflich gesucht. Die Medienberichte sind entsprechend. Über R. heißt es, unter der Maske des Samariters und Menschenfreundes werde die Fratze des Terroristen sichtbar.

Die im Juni 1976 von der Staatsanwaltschaft erhobene Anklage legt R. und O. Mittäterschaft an dem von S. begangenen Mord an P. und einem Mordversuch an G. zur Last. Außerdem soll R. einen weiteren Mordversuch »gegen einen unbekannten Polizeibeamten« begangen haben, weil er nach seiner im Hosenbund versteckten Waffe gegriffen habe.

Rechtsanwalt Sebastian Cobler, der am Verfahren nicht beteiligt war, hat das Vorgehen der Staatsanwaltschaft in dem von den Verteidigern nach dem Abschluß des Verfahrens herausgegebenen Buch »Ein ganz gewöhnlicher Mordprozeß« 1978 mit juristischer und justizpolitischer Argumenation scharf angegriffen.

Die Anklageschrift bediene sich in Ermangelung wirklicher Beweise der kriminologischen Standard-Literatur, um die Angeklagten als typische Mörder erscheinen zu lassen. Klischees wie Mangel an Gefühl, Hinterhältigkeit und Heimtücke und sogar eine stark egozentrische Haltung würden anstelle von Tatsachen ins Feld geführt. Nur auf diese Weise sei es der Kölner Staatsanwaltschaft gelungen, sogenannte Persönlichkeitsmängel bei den Angeklagten und dem getöteten S. aufzuspüren. Sie habe damit letztlich nur ein Zerrbild entworfen und ihm den Mordparagraphen übergestülpt. Die Anklagebehörde habe zur »Enttarnung« der Staatsfeindlichkeit der Angeklagten deren Biographien zurechtgestutzt, um die gradlinige und zwangsläufige Entwicklung von drei Menschen »auf Delikte hin, für die sie geradezu disponiert schienen« zu konstruieren: von Demonstranten zu Desperados, von Kritikern zu Killern.

Nach Cobler diente der ausführliche biographische Teil der Anklageschrift der Überbrückung einer Beweisnot. Die scheinbar gleichartigen Biographien sollten zum Beleg auch für den gemeinschaftlichen Plan dienen, notfalls auch einen Polizeibeamten zu töten.

Mittäterschaft, wie sie das Gesetz definiert, setzt einen solchen Plan voraus, das bewußte und gewollte Zusammenwirken der einzelnen Tatgenossen bei der Begehung einer Straftat. Erforderlich ist, daß jeder Beteiligte »seine eigene Tätigkeit durch die Handlung des anderen vervollständigen und sich diese auch zurechnen lassen will«. O. und R., so sah es die Staatsanwaltschaft, waren in diesem rechtlichen Sinn mit der Handlungsweise ihres Freundes S. einverstanden. Sie hätten nach Ansicht des Anklägers, wäre Gelegenheit gewesen, auch selbst geschossen.

»Ein ganz gewöhnlicher Mordprozeß«

Der Prozeß vor dem Kölner Schwurgericht begann am 17. Januar 1977, benötigte 55 Verhandlungstage und endete am 26. Juli. Zuvor hatte die Staatsanwaltschaft vergeblich versucht, das Verfahren vor dem Staatsschutzsenat des Düsseldorfer Oberlandesgerichts anzuklagen. Die Anklagebehörde drang mit dem Argument nicht durch, die Angeklagten seien verdächtig, einer terroristischen Vereinigung nach dem dafür neu geschaffenen Paragraphen des Strafgesetzbuchs anzugehören, würden aber lediglich aus prozeßökonomischen Gründen wegen dieses Organisationsdelikts nicht angeklagt. Aus Sicht der Verteidiger sollte dieses Manöver lediglich der weiteren Belastung ihrer Mandanten dienen, deren Zugehörigkeit zu einer Terrorgruppe durch eine Hauptverhandlung vor dem Staatsschutzsenat präjudizierend, mindestens aber atmosphärisch festgeschrieben werden sollte.

Der Schwurgerichtsvorsitzende Armin Draber sprach vor Verhandlungsbeginn von einem »ganz gewöhnlichen Mordprozeß«, war aber als Hausherr verantwortlich für Sicherungsmaßnahmen, die alles andere als gewöhnlich waren. Zuhörer konnten den Sitzungssaal erst nach Absolvieren einer gründlichen Leibesvisitation betreten, ihre Personalausweise wurden überprüft, fotokopiert und registriert. Auch die Verteidiger wurden solchen Kontrollen unterworfen. Der Münchner Rechtsanwalt Frank Niepel beschrieb im bereits erwähnten Buch zum Prozeß, daß die Geringschätzung der Verteidiger damit jedoch längst nicht am Ende war: »Beantragte die Verteidigung irgend etwas, was dem Vorsitzenden nicht paßte, lehnte er es ohne Begründung ab, und ihm paßte nichts, was die Verteidigung im Interesse ihrer Mandanten verlangte. Beantragte die Verteidigung daraufhin entsprechend der Strafprozeßordnung eine Entscheidung des Gerichts, wo die Möglichkeit bestand, daß der Vorsitzende von seinen Richterkollegen überstimmt werden könnte, erklärte Dr. Draber einfach, er rufe das Gericht nicht an, und versuchte die Verhandlung fortzusetzen. Das gelang ihm nicht, denn die Verteidiger verhielten sich nicht als Befehlsempfänger und wurden auch nicht fassungslos, wenn Draber die Spielregeln der Strafprozeßordnung einfach außer Kraft setzte. Ein Journalist schrieb, in diesem Prozeßklima fehle die Luft zum Atmen.«

Die Hauptverhandlung wurde geprägt durch die Verteidiger Klaus Dethloff, Armin Golzem, Heinrich Hannover, Wolfgang Heiermann und Frank Niepel. Trotz des geradezu feindlichen Klimas, in dem die Hauptverhandlung geführt wurde, gelang es ihnen, die Anklage in ihren tatsächlichen und rechtlichen Feststellungen zu widerlegen. Die Darstellung, R. und S. hätten während der Überprüfung der Personalpapiere plötzlich die Türen des Autos aufgerissen, hat keiner der Polizeibeamten als Zeuge vor Gericht bestätigt. Die Behauptung, es sei erwiesen, daß S. als erster schoß, war nach Befragungen durch die Verteidiger nicht mehr zweifelsfrei. Durch das sorgfältige Analysieren von abgefeuerten Schüssen, Schußbahnen und Schußwirkungen erreichten die Anwälte, daß die Aussage des Hauptbelastungszeugen G., ihren Beweiswert verlor.

Die Darstellung des Tathergangs, wie ihn die Staatsanwaltschaft zur Grundlage ihres Vorwurfs der Mittäterschaft der Angeklagten an den von S. angeblich begangenen Verbrechen gemacht hatte, erwies sich als falsch. Auch die rechtliche Würdigung, die für eine Verurteilung notwendig gewesen wäre, daß die Angeklagten nämlich Schüsse, die der Getötete abgefeuert hatte, als eigne gewollt hätten, brach zusammen. Der Kammervorsitzende Draber erklärte sich kurz vor Ende des Prozesses für befangen. Die Verteidiger stellten die Vermutung an, der Richter habe es nicht über sich bringen wollen, einen Freispruch zu verkünden.

Sein Nachfolger auf dem Sessel des Vorsitzenden, Richter Eggeling, hob als erstes die Kontrollmaßnahmen gegen die Verteidiger auf. Unbeeindruckt vom Gang der Beweisaufnahme plädierte die Staatsanwaltschaft auf lebenslange Freiheitsstrafe wegen Mordes und Mordversuchs. Rechtsanwalt Hannover sagte in seinem Schlußvortrag: »Die beiden Menschenleben, die die Ereignisse am 9. Mai 1975 auf dem Gremberger Parkplatz gefordert haben, sind Opfer einer Terroristen- und Anarchistenhetze, die seit Jahren von bestimmten Medien mit offizieller und offiziöser Unterstützung geführt wird. Die Polizeiführung hat versucht, auch aus diesem Prozeß einen typischen Terroristenprozeß zu machen. ... (Aber) es ist gelungen, die Vorverurteilung der Angeklagten zu durchbrechen, und es ist gelungen, der Wahrheit zum Durchbruch zu verhelfen, die einen Freispruch zwingend erfordert. Das wirft die Frage auf, wo sitzen denn nun die wahren Schuldigen für das, was sich auf dem Gremberger Parkplatz abgespielt hat. Sie sitzen ganz sicher nicht auf dieser Anklagebank. Nach dem Mordanschlag auf Rudi Dutschke habe ich auf einer öffentlichen Veranstaltung gesagt, die wahren Schuldigen sitzen in den Redaktionsstuben des Springer-Konzerns. Auch die Toten von Köln-Gremberg sind ein trauriger Beitrag zu dem Thema, wie in dieser Gesellschaft Gewalt entsteht.«

O. und R. wurden vom Vorwurf der Mittäterschaft bei Mord und Mordversuch freigesprochen, übrig blieben Verurteilungen wegen Urkundenfälschung und illegalen Waffenbesitzes. Der schwer kranke R. bekam für die zu Unrecht erlittene Untersuchungshaft Entschädigung.

Es war ein Freispruch ohne Wenn und Aber: »Die Freisprüche bezüglich der den Angeklagten vorgeworfenen Tötungsdelikte erfolgten aus tatsächlichen Gründen. Das Schwurgericht kann nach dem Ergebnis der Beweisaufnahme – trotz gewisser Verdachtsmomente – kein die Mittäterschaft begründendes bewußtes und gewolltes Zusammenwirken der Angeklagten und ihres Begleiters S. bezüglich der von S. auf Polizeibeamte abgegebenen Schüsse feststellen. Es sieht ferner den Angeklagten R. nicht für überführt an, im Einverständnis mit O. am Boden liegend seine Pistole gezogen und versucht zu haben, auf einen Polizeibeamten zu schießen.«

Aus Sicht der Angeklagten und ihrer Verteidiger war dieses Ergebnis jedoch letztlich nicht zufriedenstellend. R. und O. erstatteten Strafanzeige gegen G. wegen Totschlags an S., Totschlagsversuchs an R. und Meineides vor Gericht. Nach ihrer sowohl im Prozeß als auch später begründet dargelegten Auffassung war es nicht S., der sich einen Fluchtweg freischießen wollte und zuerst zur Waffe gegriffen habe, sondern G., der die Schießerei eröffnete.

Verteidiger Niepel veröffentlichte 1978 als Mitherausgeber des genannten kritischen Rückblicks: »Der Prozeß gegen Roland O. und Karl Heinz R. ist zu Ende, nicht aber die Auseinandersetzung über die Frage, wer zuerst geschossen hat. Die Justiz hat vorerst dem toten Werner S. die Schuld in die Schuhe geschoben, während nach unserer Auffassung kein Zweifel daran besteht, daß der Polizeibeamte Grüner den Fluchtversuch von Werner S. mit gezielten Schüssen auf ihn quittiert hat. Unsere Auffassung stützt sich allein auf das Ergebnis der Beweisaufnahme. Werner S. hat sich gewehrt, nachdem auf ihn geschossen und er von den Schüssen getroffen wurde. 19 Schüsse wurden aus Polizeiwaffen aus einer Entfernung zwischen 80 Zentimeter und 10 Meter auf ihn abgefeuert. Sein Tod bleibt so lange sinnlos, als die tatsächlichen Fahndungs- und Festnahmemethoden der Polizei der Öffentlichkeit verschwiegen werden und die Polizei sich durch eine unvollständige und dadurch verfälschte Darstellung ihres Handelns die Beurteilung verschafft, sie habe rechtmäßig gehandelt.«

Roland O. hat nach dem Freispruch auch unter dem Eindruck, S. sei zu Unrecht als Mörder bezeichnet worden, eine Art Nachruf geschrieben. Der Text in »Ein ganz gewöhnlicher Mordprozeß« ist das Dokument eines von den Papieren der RAF ganz unterschiedlichen Tons in seiner radikalen Kritik an Staat und Gesellschaft der Bundesrepublik gegen Ende der siebziger Jahre. »Ich habe Philipp im Frühjahr 1975 kennengelernt. Staatsschutz und Justiz jagten nach mir, wie Philipp stand ich auf der Fahndungsliste des Bundeskriminalamtes. Vielleicht bringt es die Illegalität mit sich, daß die Bezüge unter den Menschen sehr sensibel und genau sind. Ich will damit nicht die Illegalität mystifizieren, es sind meine Empfindungen. Ich habe mit Philipp selten eine Oberfläche erlebt, so wie ich sie oft in den linken Zusammenhängen, in denen ich mich seit meiner Entlassung bewege, erfahre. Wenn wir uns getroffen und umarmt haben, haben wir uns sehr tief gespürt und gefühlt. Es war klar, daß es dem Staatsschutz gleichgültig ist, ob er uns tot oder lebendig kriegt – die Umarmungen werden auch deswegen intensiver, weil man dies weiß.

Ich habe mit Philipp einmal sehr lange über den Tod geredet, ganz offen und ehrlich, ohne Verdrängungen und nicht auf der Ebene von Helden, die sich todesmutig in den Kampf stürzen. Philipp sagte zu mir, daß er nicht Angst hat des Todes wegen, er hat Angst vor dem Schmerz der Menschen, die ihn lieben und die ihm nahe sind. Ich habe erst zehn Tage nach meiner Verhaftung von meinem Anwalt gehört, daß Philipp tot ist. Ich fragte ihn, wo Philipp ist und wie es ihm geht. Mein Anwalt schaute mich mit großen Augen an – er dachte, ich weiß von Philipps Tod – und sagte mir, daß Philipp nicht mehr lebt. Mein Körper hat gebrannt und die Tränen konnten ihn nicht kühlen.

Philipp hat seit dem Oktober 1974 in Köln mit falschen Papieren und unter falschem Namen bei Klöckler-Humboldt und Deutz in Wechselschicht an der Stanze gearbeitet. Dies war Ausdruck und Konsequenz seiner Identität. Er wußte, daß sich Widerstand nur entwickeln läßt, wenn er sich an den unmittelbaren Bedürfnissen und Interessen der Unterdrückten orientiert. Philipp wollte nicht für die Erniedrigten, sondern *mit* ihnen kämpfen: im Stadtteil, in der Fabrik, überall dort, wo es gilt, unsere Bedürfnisse, Sehnsüchte und Träume zu erkämpfen und zu verteidigen. Philipp hat nicht in einem anonymen Hochhaus, sondern in einem alten Mietshaus in einem Kölner Arbeiterviertel gewohnt und gelebt. Oft ist er mit einem Mitbewohner, der auch bei KHD arbeitete, in die Maloche gelaufen. Es gibt Interviews mit Mitbewohnern, in denen diese sagen, daß Philipp ›ganz in Ordnung‹ gewesen ist. Mit Arbeitskollegen hat er Fußball gespielt und ist mit ihnen in Kneipen gegangen. Philipp redete nie abstrakt über Kampf und Widerstand. Er konnte stundenlang darüber berichten, warum die Betriebsbürokratie es immer wieder schaffte, die Auflehnung gegen das mörderische Tempo der Arbeitstakte auf die Abteilungen zu beschränken. Er dachte viel über den täglichen Zusammenhang von Sozialpolitik, proletarischer Kleinfamilie und Arbeitsmoral nach. Sein Umgang mit Jugendlichen, Frauen und Männern des Viertels war nie anbiederisch, sondern genau und kritisch. Seine Trauer über ihr tägliches Abgestumpftwerden war verbunden mit dem Anstacheln zu neuen Erfahrungen, zu Entwicklungssprüngen, zu Revolten; durch Revolten würden sie zu neuen, stolzen und gleichen Menschen werden.

Sich für die Illegalität entschieden zu haben, muß also nicht immer heißen, isoliert zu sein, sich dadurch zu verhärten, den Bezug zur Realität zu verlieren und völlig losgelöst von den Unterdrückten in den Metropolen zu kämpfen. Philipp hat in der Illegalität *gelebt* – er ist ein Beispiel dafür, daß es eine andere Wirklichkeit der Illegalen, die kämpfen, gibt. Er hat nicht mit der Knarre im Hosenbund bei KHD gearbeitet. Er hat mit denen, denen er sich vermittelt hat, gelebt und nicht (bloß) ›Sachkontakte‹ zu ihnen gehabt.«

Im Zweifel gegen den Angeklagten?

Die Einwände, die man gegen das Resultat des Kölner Prozesses haben mag, verdunkeln indessen kaum, daß, wenn auch schwer erkämpft, ein gerechtes Urteil am Ende der Hauptverhandlung stand. Diese friedenstiftende Wirkung hat das Verfahren gegen Peter-Paul Zahl nicht gehabt. Der heute vielfach ausgezeichnete Schriftsteller, der in Jamaika lebt und mit zahlreichen Veröffentlichungen eine große Leserschaft erreicht, steht auch für einen Kriminalfall, der zu einem Justizfall wurde. Noch heute läßt sich der Fall Zahl als Beispiel dafür anführen, daß auch Gerichte in den siebziger Jahren von einer grassierenden Terroristen-Hysterie angesteckt gewesen seien und überreagiert hätten. Ob es sich bei der Verurteilung zu 15 Jahren Freiheitsstrafe wegen zweifachen versuchten Mordes um ein Fehlurteil handelte, wie dies viele Beobachter und die meisten Linksanwälte sehen, oder um die konsequente, aber eben noch rechtfertigbare Auslegung der Strafvorschriften, erscheint nicht einmal als die Hauptfragwürdigkeit. Der Umgang mit dem Verdächtigen, Beschuldigten, Angeklagten und schließlich Strafgefangenen Zahl, mit einem Wort, das Schicksal, das die Justiz und die Gesellschaft einem Menschen bereitet hat, der zweifellos Schuld auf sich geladen hatte, stimmt traurig, auch nach all der Zeit, die vielleicht einiges geheilt hat.

Zahl besaß Ende der sechziger Jahre in Berlin eine kleine Druckerei, in der neben anderen politischen Schriften auch das von den Behörden mißtrauisch beäugte radikale Blatt »agit 883« hergestellt wurde. Nach einer Strafanzeige des amerikanischen Stadtkommandanten wegen aus seiner Sicht strafbaren Veröffentlichungen im Zusammenhang mit der amerikanischen Kriegführung in Vietnam durchsuchte die Polizei die Druckerei. Das Verfahren gegen den Drucker Zahl wurde eingestellt, er konnte glaubhaft machen, vom Inhalt der »agit 883« keine Kenntnis gehabt zu haben. 1972 wurde er wegen eines Plakats mit dem Text »Freiheit für alle politischen Gefangenen« zu sechs Monaten Bewährungsstrafe verurteilt. Ein Gericht betrachtete den Slogan in Verbindung mit einer aus Handgranaten, Patronen und den Namen Vietcong, Tupamaros und Black Panther gebildeten Blume als Aufforderung zu strafbaren Handlungen.

Es gab weitere Strafverfolgungsmaßnahmen gegen den Drucker. Er war zeitweise im Verdacht, an einem der RAF zugeschriebenen Bankraub beteiligt gewesen zu sein, und aus seinen Erfahrungen mit einer Polizei, die mannschaftsweise zu Durchsuchungen anrückte und ganze Straßenzüge sperrte, entwickelte sich ein Verfolgungstrauma, das zu dem verhängnisvollen Entschluß führte, sich falsche Papiere und eine Pistole zu beschaffen.

Aus der Distanz der Jahre erscheint dieses ungesetzliche Verhalten weniger der Ausdruck einer zur Kriminalität neigenden Persönlichkeit, sondern eher die Handlungsweise eines von Ideologie und Angst neurotisierten Linken, der bekannte Fälle von schwer zu rechtfertigendem Schußwaffengebrauch durch die Polizei als staatliches Konzept der Eliminierung von politischen Gegnern betrachtete. Diese Sicht war genauso verrückt wie die bei manchen Strafverfolgern seinerzeit zu beobachtende Neigung, in einem Karl-Marx-Zitat den Beginn von terroristischen Umtrieben zu argwöhnen. Zahl scheint von der Bedrohung, auch der persönlichen Bedrohung durch die Polizei, derart überzeugt gewesen zu sein, daß er Zuflucht beim ungeeignetsten von allen Mitteln suchte, nämlich in der persönlichen Bewaffnung. Er hat offenbar nicht bedacht, daß er jeden Polizeibeamten, der ihn erschossen hätte, ins Recht gesetzt hätte. Und fast wäre er auch erschossen worden.

Am 14. Dezember 1972 stellten sich ihm zwei Kriminalbeamte in einer Düsseldorfer Mietwagenfirma in den Weg und verlangten seinen Ausweis. Als einer der Beamten, den falschen Paß in der Hand, die Kontrollfrage nach dem Geburtsdatum stellte, geriet Zahl in Panik, schlug einen der Männer mit seiner Pistole nieder und wandte sich zur Flucht. Es kam zu einem Schußwechsel, bei dem die Polizei neunmal und Zahl dreimal feuerte. Der Flüchtende wurde am linken Oberarm erheblich verletzt und erlitt rechts einen Streifschuß, einen der Beamten hatte er durch einen Schuß in die Brust lebensgefährlich verletzt. Der durch den Schlag mit der Pistole lädierte Polizist nahm Zahl, der sich unter einem geparkten Auto zu verstecken versuchte, schließlich fest. Noch im Streifenwagen, der ihn wegbrachte, sagte der Festgenommene, er habe lediglich Warnschüsse abgeben und niemanden verletzen wollen.

Der Fall wurde im Mai 1974 vor einer Düsseldorfer Schwurgerichtskammer in der alten Besetzung von drei Berufsrichtern und sechs Geschworenen verhandelt. Das Urteil lautete auf vier Jahre Freiheitsstrafe wegen gefährlicher Körperverletzung und Widerstandes gegen Vollzugsbeamte. Das Gericht hatte eine Tötungsabsicht auch in der Form des bedingten Vorsatzes verneint. Das Urteil folgte einem rechtsmedizinischen Gutachten, wonach der Angeklagte ungeachtet seiner erstrebten politischen Ziele nicht als harter Gewalttäter eingestuft werden könne, »dem zur Erreichung seiner Zwecke alle Mittel – auch die Vernichtung des Lebens von Beamten, die in Ausübung ihrer dienstlichen Tätigkeit handeln – recht sind. Die Tötung menschlichen Lebens ist hier nicht persönlichkeitsadäquat.«

Die Staatsanwaltschaft, die Zahl wegen Mordversuchs in zwei Fällen angeklagt hatte, war völlig anderer Ansicht und hatte mit ihrer Revision gegen das aus ihrer Sicht skandalös milde Urteil, das auf einer falschen rechtlichen Einordnung beruhe, beim Bundesgerichtshof in Karlsruhe Erfolg. Mit der Maßgabe, der Angeklagte habe bei seinem Schußwaffengebrauch »nahezu unabweisbar« auch den Tod des Beamten billigend in Kauf genommen, wurde das Urteil aufgehoben und zur Neuverhandlung an eine andere Kammer des Düsseldorfer Landgerichts zurückverwiesen. Diesmal war die Kammer nach einer Änderung des Gerichtsverfassungsgesetzes mit drei Berufsrichtern und nur mehr zwei Laien besetzt. Die Hauptverhandlung im Februar und März 1976 wurde unter starken Sicherheitsvorkehrungen geführt, Zahl meinte, »in Stammheim-Dimensionen, wo ich von vornherein nicht die geringste Chance hatte«. Das Urteil lautete diesmal auf 15 Jahre Freiheitsstrafe wegen versuchten Mordes und Widerstandes im besonders schweren Fall.

Zahls Äußerung im Polizeiauto, er habe niemanden verletzen wollen, die dem Gericht in der ersten Verhandlung als glaubwürdig erschienen war, wurde nun anders bewertet: »Wenn der Angeklagte, nachdem er erfuhr, daß der Zeuge P. schwer verletzt worden ist, dem Sinn nach geäußert hat, er habe den Beamten nicht treffen wollen, das tue ihm leid, so spricht dies allenfalls gegen einen direkten, nicht aber gegen einen bedingten Tötungsvorsatz. Bei der Würdigung dieser Äußerung des Angeklagten kann auch nicht übersehen werden, daß der Angeklagte auch nach seiner Festnahme weiterhin immer geplant und kontrolliert gehandelt hat, mit dem Bestreben, aus der jeweils gegebenen Situation das Beste für sich herauszuholen. Bei seiner Festnahme nämlich, wenige Minuten zuvor, versuchte er noch, Passanten gegen die einschreitenden Polizeibeamten mit den Worten aufzuwiegeln: ›Seht doch, wie ein Bürger hier von der Polizei behandelt wird‹.«

Das Urteil spricht auch von einem tiefgründigen Haß des Angeklagten auf den Staat und seiner Bereitschaft, zur Durchsetzung von politischen Vorstellungen auch in Zukunft Gewalt anzuwenden. Als Beleg für diese Auffassung zitieren die Richter aus der von Zahl gedruckten Zeitung »agit 883« und ließen dabei unberücksichtigt, daß ein anderes Gericht bereits festgestellt hatte, dem Drucker Zahl könne nicht zwangsläufig der radikale Inhalt des Blattes als eigene Meinungsäußerung angelastet werden.

Ende 1979 erwogen die Rechtsanwälte Lutz Eisel und Heinrich Hannover die Möglichkeiten, für den rechtskräftig verurteilten Zahl ein Wiederaufnahmeverfahren zu erreichen. Die Hürden, die das Gesetz vor die Wiederaufnahme von abgeschlossenen Strafverfahren gelegt hat, sind sehr hoch und lassen letztlich die Neuverhandlung nur zu, wenn neue Beweise auftauchen, die das ergangene Urteil als zweifelhaft erscheinen lassen. Vom Wert solcher Beweise muß ein Obergericht überzeugt werden, auch die formalrechtlichen Anforderungen an einen Wiederaufnahmeantrag sind groß. Der Sinn aller Erschwernisse ist es, das rechtliche Institut der Rechtskraft eines Urteils zu schützen und ein Prozessieren ins Endlose zu verhindern.

Dies bedenkend schrieb Hannover an Zahl: »Wir müssen, so meine ich, abwägen, ob die Chance eines erfolgreichen Wiederaufnahmeantrags groß genug ist, um ein solch aufwendiges Unternehmen ins Werk zu setzen, das uns notwendig in eine Kampfsituation auch gegen die Instanzen bringt, die bei einer Gnadenentscheidung mitzureden haben. Außerdem gilt es zu bedenken, daß ein Urteil, das allgemein als Fehlurteil gilt, eine günstigere Ausgangsbasis für einen Gnadenantrag bietet als ein Urteil, dem durch einen abgelehnten Wiederaufnahmeantrag noch einmal der Schein des Rechts verliehen worden ist.«

Zahl und seine Verteidiger kamen überein, beide Wege, den des Wiederaufnahmeantrags und der Begnadigung zu gehen. In einem Sondierungsgespräch im nordrhein-westfälischen Justizministerium wurde den Anwälten bedeutet, ehe über einen Gnadenerweis gesprochen werden könne, müßten erst die Wiederaufnahme und der Antrag auf Haftentlassung nach Verbüßen der Hälfte der fünfzehnjährigen Freiheitsstrafe versucht werden.

Dornige Wege

Laut Hannovers bereits erwähnten »Erinnerungen eines unbequemen Rechtsanwalts« machten sich er und sein Kollege Lutz Eisel an die Arbeit und erstellten nach aufwendigen Recherchen einen sorgfältig begründeten Antrag auf Wiederaufnahme des Verfahrens, in dem mit neuen Beweismitteln belegt wurde, daß Zahl nicht gezielt auf die Beamten geschossen haben konnte. Die Anwälte führten als wichtigstes Beweismittel ein Gutachten des renommierten Schußwaffen-Sachverständigen Prof. Dr. Sellier an, aus dem sich ergab, daß nach den vorgefundenen Spuren der Geschoßeinschläge diese Schüsse nicht in Richtung der verfolgenden Polizisten, sondern in eine andere Richtung abgegeben worden sein mußten. Auch neue Zeugen wurden benannt, nach deren Beobachtungen Zahls Darstellung richtig erschien, er habe lediglich ungezielte

Warnschüsse abgeben wollen und den Beamten P. nur infolge unglücklicher Umstände ungewollt getroffen. Der Wiederaufnahmeantrag wurde jedoch in zwei Instanzen abgelehnt, ebenso das Gesuch, den Verurteilten nach Verbüßen der Hälfte der Strafe aus dem Gefängnis in die Freiheit zu entlassen.

Nun blieb nur noch das Gnadengesuch, um ein umstrittenes Urteil, dem die Schärfe nicht mehr zu nehmen war, wenigstens in der Auswirkung abzumildern. Heinrich Böll und Ernesto Cardenal, Friedenspreisträger des Deutschen Buchhandels, setzten sich für Zahl ein, der Berliner Politologe Ossip Flechtheim schrieb, er halte 15 Jahre für ein Fehlurteil. »15 Jahre hatte seinerzeit auch der SS-Führer Wolff für die Ermordung von 300 000 Juden erhalten.«

Die Verteidiger wandten sich an den nordrhein-westfälischen Ministerpräsidenten Johannes Rau, der von Amts wegen über Begnadigungen zu entscheiden hatte, und erhielten im Dezember 1980 eine erstaunliche Auskunft. Er habe, schrieb Rau, die Entscheidung in Gnadensachen dem Justizministerium übertragen. Dies sei nicht rückgängig zu machen. Er wolle sich jedoch nicht hinter der fehlenden Zuständigkeit verstecken, er halte den Zeitpunkt für ein Gespräch ohnehin für falsch: »Soeben hat ja das Kammergericht Berlin eine vorzeitige Haftentlassung von Herrn Zahl nach Verbüßung der Hälfte der Strafe abgelehnt. Ich meine, daß es der Respekt vor dieser Entscheidung des Gerichts verlangt, nicht unmittelbar im Anschluß daran in Gespräche über eine vorzeitige Haftentlassung im Gnadenwege einzutreten.«

Vom Justizministerium waren die Anwälte auf den langen Weg der Wiederaufnahme geschickt, die Halbstrafenregelung war als Hoffnung benannt worden. Hannover schrieb wütend an Rau: »Ich hoffe, mich so deutlich ausdrücken zu dürfen: wir sind schlicht verarscht worden.« Und: »Gerade aus der Erkenntnis, daß Peter-Paul Zahl bei der Justiz keine Gerechtigkeit gefunden hat und auch in Zukunft nicht finden wird, bemühen wir uns ja um ein Gespräch über Gnade, ein Weg, der auch für uns ärgerlich genug ist, der aber im Interesse von Peter-Paul Zahl – und vielleicht nicht nur in seinem Interesse – begangen werden muß.«

Am 24. April 1981 teilte die Gnadenstelle im Justizministerium des Landes Nordrhein-Westfalen mit: »Ein Gnadenerweis wird nicht gewährt.« Es folgte die Unterschrift eines Staatsanwalts und die Beglaubigung durch eine Justizangestellte. Hannovers Erbitterung ist noch in seinen Memoiren spürbar, wo er von der bürokratischen Erledigung eines Verfahrens spricht, in dem »sich einige Hundert der besten Köpfe aus Deutschland und anderen Ländern für die Freilassung des zu Unrecht als Polizistenmörder Verurteilten eingesetzt hatten. Die Gewerkschaft der Polizei war für die sozialdemokratischen Spitzenpolitiker des Landes Nordrhein-Westfalen die wichtigere Öffentlichkeit. Armes Deutschland!«

Peter-Paul Zahl wurde am 13. Dezember 1982 nach zehn Jahren Strafverbüßung aus dem Gefängnis entlassen. Es war keine Vergünstigung, dies sehen die Vorschriften so vor. Wenn nicht gravierende Gründe dagegen sprechen, werden Strafgefangene nach dem Ablauf von zwei Dritteln der im Urteil genannten Freiheitsstrafe »auf Bewährung« entlassen. Zahl wählte Jamaika als neue Heimat. »ich gehe / hier / kann ich nicht da-sein / hier / kann ich nicht sein / nicht mehr / ich gehe /« steht in seinem Gedicht »lebt wohl«.

Für das wohl finsterste Kapitel in der Geschichte der Verfolgung einer Straftat mit terroristischem Hintergrund trägt das Berliner Landesamt für Verfassungsschutz die Hauptverantwortung. Am Ende eines Verfahrensmarathons von 591 Tagen gerichtlicher Hauptverhandlungen im Verlauf von 16 Jahren stellte die 18. Große Strafkammer des Berliner Landgerichts ein Mordverfahren mit der Begründung ein, nach menschlichem Ermessen könne nicht mehr aufgeklärt werden, wer den 22 Jahre alten Studenten Ulrich Schmücker in der Nacht vom 4. zum 5. Juni 1974 im Grunewald erschossen habe. Nach Erkenntnissen der Kammer unter Vorsitz von Richterin Ingeborg Tepperwien haben während der Ermittlungen und in drei vorangegangenen Prozessen Richter, Staatsanwälte, Polizei und der Verfassungsschutz durch Manipulation von Akten und Beweismitteln fundamentale Grundsätze des Rechtsstaates verletzt und das Finden der Wahrheit unmöglich gemacht. So wird auch nie mehr abschließend zu klären sein, ob die begründbare Vermutung richtig ist, ein für den Verfassungsschutz tätiger Spitzel sei mit Wissen des Amtes in den Mord verwickelt.

Nie geklärt: Der Fall Schmücker

Die Geschichte Ulrich Schmückers und seines gewaltsamen Todes, zu dem sich die »Bewegung 2. Juni« bekannt hat, ist häufig nachgezeichnet worden, zuletzt akribisch aufgezeichnet vom »Spiegel«-Chefredakteur Stefan Aust in »Der Lockvogel«. Der Autor hatte 1975, damals Mitarbeiter im Fernsehmagazin »Panorama«, mit der Veröffentlichung von Recherchen begonnen. 2002 sagte er in einer Sendung, die den skandalösen, in der Rechtsgeschichte der Bundesrepublik wohl einmaligen Fall darstellte: »Es ist eine ungewöhnliche Geschichte, was das Schicksal dieses Jungen anbetrifft, der seine Seele verkauft hat, versucht hat, sie zurückzubekommen und auf diesem Weg zu Tode gekommen ist. Darüber hinaus war es eine Geschichte über Verrat – es hat in diesem Fall jeder jeden verraten, und es ist die Geschichte einer Behörde, die am Schluß nicht mehr wußte, was sie tat.«

Der Fall Schmücker erhellt jedenfalls, daß das Landesamt für Verfassungsschutz viel unternommen hat, seine eigene Rolle und mutmaßliche Mitschuld am Tod des Studenten unkenntlich zu machen. Dies ist letztlich nicht gelungen, klar ist der Fall freilich auch nie geworden. Es ist nicht einmal sicher, ob der Protagonist auf der Seite der Verfassungsschützer, die mißachteten, was zu schützen ihre Aufgabe ist, ob Oberamtsrat Michael G. alias Peter Rühl alias Michael Wegner tatsächlich, wie amtlich behauptet, 1988 an Hautkrebs starb und als Michael Wend beerdigt wurde. Mehrfach wurde vergeblich versucht, einen Eintrag im Berliner Sterberegister zu finden.

Ulrich Schmücker war, wie nicht wenige junge Deutsche in der kleinen Gruppe der Gewaltbereiten, ein eher sanfter und weicher Charakter, den das Unrecht der Welt umtrieb und der im bewaffneten Aktionismus einen gangbaren Weg sah. Er war 1970 von Bad Neuenahr nach Berlin gekommen, schloß sich der »Bewegung 2. Juni« an und wurde im Mai 1972 mit Inge Viett, Wolfgang Knupe und Harald Sommerfeld in Bonn festgenommen. Die Verdächtigen waren auf dem Weg zur türkischen Botschaft und hatten eine Bombe im Auto.

In der Untersuchungshaft bekommt Schmücker häufig Besuch von G. alias Rühl. Der Beamte der Abteilung IV (Ursachenforschung Terrorismus) des Berliner Verfassungsschutzamtes nutzt Unsicherheit und Zukunftsangst des Häftlings aus und bringt ihn gegen Versprechen von Hafterleichterungen und einem milden Urteil dazu, Kenntnisse über militante Berliner Gruppen preiszugeben. G. geht professionell vor und bietet neben Vergünstigungen das ebenso erfolgreiche wie illegale Spiel: Es kommt gar nicht so genau darauf an, was du sagst, wir wissen sowieso schon alles von deinem Komplizen. Ein Teil der protokollierten Aussagen Schmückers, so läßt sich vermuten, hat G. diktiert und sein Gegenüber lediglich unterzeichnet. Die Versprechungen des Manns vom Verfassungsschutz erfüllen sich, Schmücker bekommt wegen Beteiligung an der Vorbereitung eines Sprengstoffverbrechens eine vergleichsweise niedrige Freiheitsstrafe von zweieinhalb Jahren und wird aus gesundheitlichen Gründen aus der neunmonatigen Untersuchungshaft in die Freiheit entlassen. Er sucht wieder Unterschlupf in der militanten Szene in Berlin, und es gelingt ihm, sich für eine gewisse Zeit von dem Verdacht zu befreien, er habe in der Untersuchungshaft geplaudert. Doch er hält auch Kontakt zu G., und die Genossen schöpfen ernsthaften Verdacht. In der Kreuzberger Szenekneipe »Tarantel« verhängt ein Femegericht das Urteil über den Konterrevolutionär und Verräter. In einem Schreiben mit der Überschrift »kommuniqué über verrat« des »2.Juni«, das nach dem Mord verfaßt wurde, wird offenbart: »schmücker war von einem tribunal der bewegung 2. Juni wegen seiner aussagen vor staatsschutzbehörden der BRD und west-berlin zum tode verurteilt worden.«

Amerikanische Soldaten hatten den sterbenden Schmücker bei einer militärischen Nachtübung am Waldsee Krumme Lanke in Berlin gefunden. Er war mit einer deutschen Armeepistole Parabellum 08 erschossen worden. Als mutmaßliche Täter wurden die zur Tatzeit 37 Jahre alte Ilse S. und vier junge Leute im Alter zwischen 18 und 20 Jahren ermittelt. Ilse S. wurde im Lauf der unsäglichen Prozeßgeschichte dreimal zur lebenslangen Freiheitsstrafe verurteilt, und dreimal hat der Bundesgerichtshof die Urteile als rechtsfehlerhaft aufgehoben. In der letzten Aufhebung stellten die Karlsruher Richter fest, die lange Verfahrensdauer sei auf den Berliner Innensenator zurückzuführen, der unter Berufung auf Sicherheitsinteressen Akten zurückgehalten und durch Aussageverbote oder eingeschränkte Aussagegenehmigung für Mitarbeiter die Aufklärung erschwert habe.

Zu den Fakten, die gleichwohl bekannt wurden, gehört unter anderem, daß der Verfassungsschutz die Waffe, mit der Schmücker erschossen worden war, mehr als ein Jahrzehnt lang unter Verschluß hielt. Warum – das weiß außer den Verfassungsschützern niemand genau.

Möglicherweise deshalb, weil der Ort, an dem das Femegericht den Tod Schmückers beschloß, die »Tarantel«, von einem in der Szene gut gelittenen, gleichwohl vom Verfassungsschutz bezahlten Spitzel beobachtet wurde. Volker Weingraber Edler von Grodek, Deckname »Wien«, war Kellner im Lokal und hätte die Parabellum-Pistole als Genosse verstecken sollen, doch er übergab sie, nachdem er sie aus Täterkreisen erhalten hatte, in der Tatnacht als verdeckt tätiger Mitarbeiter des Verfassungsschutzes an seinen beamteten Kollegen G. . Der ließ sie in einem Stahlschrank im Keller des Verfassungsschutzamtes verschwinden. Verrostet tauchte sie erst 1989 aufgrund von Nachforschungen eines Untersuchungsausschusses des Berliner Senats wieder auf.

Über Weingraber gibt es ein Dossier des Verfassungsschutzes:

»Als wir den V-Mann im November 1972 warben, war er als Zuhälter tätig. Er war zwar noch nicht straffällig geworden oder besser gesagt, man hatte ihm noch keine Straftat nachweisen können, er lebte aber in einem eindeutig kriminellen Milieu. Er war in seiner Umgebung als nicht zimperlich bekannt. Er wurde allgemein, selbst von Terroristen respektiert.« Dem Bericht zufolge galt Weingraber in kriminellen Kreisen als Waffenspezialist, der aber mit »Terroristen nichts im Sinn gehabt« und sich daher an die Polizei gewandt habe, als er aus dieser Richtung um Waffenbeschaffung gebeten worden sei. Die Polizei habe den Mann an den Verfassungsschutz empfohlen. Er erfüllte die Voraussetzungen, die an Vertrauensleute der Sicherheitsbehörden gestellt werden. Der Frankfurter Oberstaatsanwalt Harald Körner, ein Fachmann in der Bekämpfung von Drogenkriminalität und Kenner der Arbeit mit V-Leuten, umschrieb einmal die Problematik des Zusammenwirkens mit verdeckten Mitarbeitern. Es handele sich fast immer um Personen, die eine erfolgreiche kriminelle Karriere hinter sich gebracht oder miterlebt haben. Gesetzestreue, ordnungsliebende oder ängstliche Mitbürger hätten keine Chance, weil sie von der Zielgruppe, aus der heraus sie heimlich berichteten, nicht angenommen würden.

Weingraber wurde »in zäher und geduldiger Arbeit aufgebaut und in die terroristische Szene hineingespielt«, erinnerte sich Eberhard Zachmann, ehemaliger Leiter des Berliner Verfassungsschutzamtes. Der V-Mann war auch nach dem Mord an Schmücker für das Amt tätig, erhielt Ende der siebziger Jahre eine neue Identität und wurde Weinbauer in der Toskana. Er schied aus dem Dienst aus und unterschrieb am 5. Oktober 1987 eine Art Vertrag, in dem er sich nach der vertraulichen Besprechung über »die endgültige Regelung meines Sicherheitsfalles« mit einer Abfindung in Höhe von 550 000 DM und zusätzlichen 100 000 DM für die Gründung einer neuen Existenz einverstanden erklärte.

Gegenüber der Justiz und zum Teil mit deren Wissen hat der Verfassungsschutz sich konspirativ verhalten und seine in der Person Weingrabers auf eklatante Weise sichtbare Verstrickung in den Mord an Schmücker verwischt, vertuscht und verheimlicht.

Zur Vermutung, Schmückers Tod sei unter den Augen des Verfassungsschutzes vollzogen worden, hieß es amtlicherseits, eine Observation sei am Abend abgebrochen worden. Es bleibt die weitere Vermutung, der Berliner Verfassungsschutz habe das Leben Schmückers riskiert, um vermeintliche Hintermänner des Terrors zu entdecken. Fünfzehn Jahre später tauchte bei der Senatsuntersuchung ein Vermerk der Abteilung IV vom 2. August 1974 auf, in dem unter dem Betreff »Operative Weiterbehandlung des Falles Schmücker« festgehalten wird, der Präsident des Bundesamtes für Verfassungsschutz, Ernst Nollau, habe in einem Gespräch mit der Senatsspitze dringend vor der Herausgabe der versteckten Waffe gewarnt: »Nach Ansicht von Dr. N. müsse dabei ein Weg gefunden werden, eine Enttarnung der Quelle zu vermeiden, selbst wenn der Mörder des Schmücker dadurch nicht überführt werden kann.« Deutlicher ist nicht auszudrücken, daß geheimdienstliches Denken in seinem gnadenlosen Pragmatismus und rechtsstaatliche Grundsätze im Konfliktfall nicht miteinander vereinbar sind.

In den Prozessen gegen Ilse S. und vier Heranwachsende aus einer linksextremistischen Jugendkommune in Wolfsburg spielte Jürgen Bodeux die Rolle des geständigen Angeklagten, der zum »Kronzeugen« umfunktioniert worden war. Er nahm als einziger das Urteil vom 22. Juni 1976 an und saß von fünf Jahren Jugendstrafe nur die Hälfte ab. Die Behörden gaben ihm danach eine neue Identität und sollen seine schulische Ausbildung nach dem Bundesausbildungsförderungsgesetz (Bafög) unterstützt haben. Bodeux machte zahlreiche Aussagen, deren Unwahrheit erst im Lauf der langen Prozeßgeschichte aufgeklärt werden konnte. Die Strafverfolgungsbehörden bemächtigten sich eines aussagewilligen Angeklagten und brachten ihn zunächst dazu, seinen Verteidiger aus dem Verfahren zu werfen. Ohne Rechtsanwalt Wolf-Dieter R. zu informieren, nahmen zwei Kriminalbeamte und ein Staatsanwalt Kontakt zu Bodeux in der Untersuchungshaft auf. Im Ergebnis von mehrstündigen Gesprächen am 23. und 24. September 1974 entpflichtete Bodeux seinen Verteidiger und mandatierte einen von den Strafverfolgern benannten Kollegen. R. wurde aufgrund einer unter diesen dubiosen Umständen zustande gekommenen Aussage unter dem Verdacht verhaftet, er sei selbst in die Ermordung Schmückers verwickelt. Mit entsprechenden Informationen aus Ermittlerkreisen gefüttert, brachte die Presse umfangreiche Berichte über den »dicken Fisch«, der den Fahndern ins Netz gegangen sei: ein Anwalt, der Morde gebilligt und Anteil an der Beute gefordert habe. R. wurde erst in langen und für ihn belastenden Verhandlungen vor Straf- und Ehrengerichten rehabilitiert. Der Schaden, der ihm aus dem Zusammenspiel von Kronzeuge, Ermittlern und Pressekampagne entstanden ist, war nicht wiedergutzumachen.

Zur illegalen Ausforschung des Verteidigers Philipp Heinisch, der Ilse S. vertrat, schleuste der Verfassungsschutz einen V-Mann als Rechtsreferendar in die Kanzlei, dessen Auskünfte auch der anklagenden Staatsanwaltschaft bekannt wurden. 1989, vor dem letzten Prozeß, soll der Verfassungsschutz den Verteidiger aufgesucht und ihm einen Kuhhandel unterbreitet haben: Wenn auf die Zeugenvernehmung von Weingraber und anderen V-Leuten verzichtet werde, könne das Amt eine Verurteilung von »nur« 15 Jahren statt lebenslang bei Gericht erreichen. Auch soll versucht worden sein, Heinisch mit »Enthüllungen« unter Druck zu setzen, die bei der Bespitzelung seiner Kanzlei zur Kenntnis des Amtes gelangt seien.

Die Verteidigung in vier Hauptverhandlungen hat keine Anstrengung gescheut, die in den Fall verwickelten Beamten in den Zeugenstand zu bringen und die Vorlage von unterdrückten Akten und Spuren zu erreichen. Dies ist trotz zwanzig parallel geführter verwaltungsrechtlicher Verfahren, die die Herausgabe von Material zum Ziel hatten, nur in geringem Umfang gelungen. Selbst der mit Schmücker so eng verbundene G., der am meisten zur Wahrheitsfindung hätte beitragen können, wurde erst im dritten Prozeß gehört. Rainer Elferding, einer der Verteidiger, vermutet, das Verfassungsschutzamt habe schon deshalb versucht, die Zusammenhänge zu verschleiern, um den fatalen Eindruck zu vermeiden, die Behörde könne nicht einmal ihre eigenen Leute schützen.

Als das Schmücker-Verfahren Anfang 1991 endgültig eingestellt wurde, weil der wirkliche Täter nicht mehr zu ermitteln sei, stellte das Gericht fest, daß der Berliner Verfassungsschutz über seinen V-Mann Weingraber in die Tat verwickelt war, die Tatwaffe hat verschwinden lassen und daß die Staatsanwaltschaft wenigstens über Teile dieser skandalösen Vorgänge informiert war, aber lange Zeit schwieg. Fest stand am Ende auch, daß während der 1978 geführten zweiten Hauptverhandlung eine Absprache zwischen Staatsanwaltschaft und Berufsrichtern darüber getroffen war, Weingrabers Tätigkeit für den Verfassungsschutz vor den Verteidigern und den Geschworenen geheimzuhalten.

Die erfolgreichen Bemühungen des Berliner Verfassungsschutzamtes, die Aufklärung eines Mordes zu verhindern, stellen den »Big Mac« an Einflußnahme auf die Justiz dar. Der Fall übersteigt an Intensität alles, was vorher oder nachher an illegitimer Beeinflussung der Rechtsprechung unternommen worden ist. Mit verantwortlich war die Berliner Staatsanwaltschaft, die es nicht nur zuließ, daß G. von Beginn der Ermittlungen an zur Sonderkommission Schmükker gehörte, sondern sich von ihm hat auf möglicherweise falsche Fährten locken lassen. Für die Strafverfolger, die nach den Maßstäben einer gesetzestreuen und ordentlichen Betrachtungsweise hätten diszipliniert werden müssen, war ihr schlechter Dienst nicht von Nachteil. Einer wurde stellvertretender Leiter des Verfassungsschutzamtes, der andere Staatssekretär beim Berliner Senator für Inneres und damit zuständig für das Verfassungsschutzamt.

Besonders bedrückend an der schmierigen Affäre ist, daß es außer der auf der Hand liegenden Vermutung, das Amt habe seine Verwicklung in einen Mord und die damit befaßten Mitarbeiter schützen wollen, keine überzeugende Erklärung für die anzunehmenden Gesetzesbrüche gibt. Es ist auch nie etwas darüber bekanntgeworden, daß das zynische Geheimdienstspiel mit dem Leben eines jungen Menschen irgend etwas anderes als einen Skandal nach dem anderen hervorgebracht hätte. Nichts wurde aufgedeckt, kein Hintermann gefaßt, nichts Neues über die Strukturen von RAF oder anderen Organisationen aufgedeckt.

Nicht ganz so schurkenhaft, doch ebenfalls unrühmlich stellt sich die Tätigkeit des Berliner Verfassungsschutzes und seines Mitarbeiters G. im Verfahren um die Entführung von Peter Lorenz und die Ermordung von Kammergerichtspräsident Drenkmann dar. Die Verbrechen wurden vom 11. April 1978 an vor dem Berliner Kammergericht den Angeklagten Ralf Reinders, Fritz Teufel, Roland Fritzsch, Gerald Klöpper, Till Mayer und Andreas Vogel zu Last gelegt. Zum Nachweis ihrer Schuld am Drenkmann-Mord präsentierte die Anklagebehörde einen Kronzeugen, dessen Glaubwürdigkeit durch die Verteidiger sorgfältig demontiert wird.

Es zeigt sich, daß Rainer H. alkoholabhängig ist und G. dies in Vernehmungen während der Ermittlung durch Entzugs- und Belohnungsspielchen ausgenutzt hat. Der Strafsenat stellt nach umfangreicher Beweisaufnahme zur Zuverlässigkeit des Zeugen abschließend fest, es bestünden »erhebliche Zweifel an der Richtigkeit seiner Bekundungen«. H. hat zur Überzeugung des Gerichts unwahre Angaben über seinen Wandlungsprozeß vom gewaltbereiten Mitglied im »2. Juni« zum kooperationsbereiten Belastungszeugen gemacht und zudem den Eindruck hinterlassen, daß seine Aussagen dem Verlauf der Hauptverhandlung und der sie begleitenden Presseberichterstattung angepaßt sind.

Sein Verhalten läßt das Gericht annehmen, »daß dem Zeugen H. Zusagen gemacht worden sind, um seine Aussagebereitschaft zu wecken«. Auf derlei ist kein Urteil zu stützen. Der Fall Drenkmann kann nicht geklärt werden. Fünf der Angeklagten erhalten hohe Freiheitsstrafen wegen Beteiligung an der Lorenz-Entführung. Fritz Teufel wird wegen Mitgliedschaft in einer kriminellen Vereinigung, illegalen Waffenbesitzes und Diebstahls verurteilt.

Er hat gegen Ende des Prozesses ein unbezweifelbares Alibi für die Zeit nachgewiesen, in der er laut Anklage den Berliner CDU-Vorsitzenden entführt haben soll. Teufels Haltung, mit der entscheidenden Erklärung zu warten, war seinen Verteidigern Wolfgang Wieland und Detlef Wittenberg bekannt. Es herrschte Einigkeit darüber, das

Alibi zunächst geheimzuhalten. Aus Sorge, Verteidigergespräche mit Teufel würden im Untersuchungsgefängnis abgehört, sprach man auch dort nicht über das Thema, sondern verständigte sich mit Schrifttäfelchen. Den ganzen geheimniskrämerischen Aufwand, der für Teufel zunächst nur Nachteile brachte, hat er nach dem Donnerschlag der Alibi-Preisgabe so begründet:

»Nach Überzeugung des Bundeskriminalamtes, der Berliner Polizei, sämtlicher Staatsschutzkoryphäen, der Bundesanwälte und der höchsten Richter gab es gar keinen Zweifel, daß ich einer der Lorenz-Entführer war. Ich war seit zwei Jahren illegal, das heißt, ich hatte mich abgesetzt, um mal einem alten, aus der Studentenbewegung herrührenden Bedürfnis nachzugehen, mit der Arbeiterklasse in Kontakt zu kommen. Der Fahndungsapparat war zwei Jahre vergebens hinter mir her, obwohl ich damals zu den meistgesuchten Anarchisten gehörte und mit Fahndungsplakaten nach mir gesucht wurde. Derweil hab ich meinen alten Traum in die Tat umgesetzt, in einem Preßwerk in Essen. Als ich dann verhaftet wurde im September 1975, zusammen mit Gabriele Rollnick, konnte ich mir leicht ausrechnen, daß ich ein paar Jahre hinter Gitter vor mir haben werde. Aber ich hatte mal wider gute Karten, wie schon so oft. Die hab ich ausgespielt und hatte so die Chance zu zeigen, wie die Justiz arbeitet: erfolgsorientiert und einseitig. Und mit schmutzigen Methoden, wie bei den sogenannten Zeugengegenüberstellungen. Mit der Anklageschrift ging es schon los, die hab ich schon mit einer Mischung aus Stolz und Entsetzen gelesen.«

Es kam Teufel darauf an, an seinem Beispiel vorzuführen, wie einseitige Ermittlungen, Vorverurteilung in der Presse und die rechtliche Annahme, terroristische Vereinigungen planten gemeinsam und führten stets gemeinsam Verbrechen aus, für die dann jedes Mitglied verantwortlich gemacht werden könne, daß also ein System aus präformierter Meinung statt Rechtsprechung gefährliche Fehler produziere. Er wollte zeigen, daß er verurteilt worden wäre, auch wenn ihm die Täterschaft nicht nachgewiesen, sondern lediglich auf das erwünschte Ergebnis hin konstruiert worden wäre.

Es kann nicht erstaunen, daß die genannten Beispiele – stellvertretend für eine ganze Reihe weiterer – sowohl die Strafverfolgungsbehörden als auch die Justiz scharf beleuchten und trotz Helligkeit in schlechtem Licht erscheinen lassen. Die Jahre, in denen Zahl oder R. vor Gericht standen, haben der Bereitschaft geschadet, Polizei und Justiz grundsätzlich zu trauen. Sie haben gezeigt, daß zeitgeschichtliche und politische Umstände sehr wohl ein System beeinflussen können, von dem lange geglaubt wurde, es sei nur an Wahrheit und Gerechtigkeit orientiert. Solche von Anfang an umstrittenen Verfahren haben aber auch gezeigt, daß der mühsame Streit um Genauigkeit sowohl in der Sachaufklärung als auch im Verfahrensrecht nicht vergeblich geführt wird, daß Gerichte damals nicht unter allen Umständen bereit waren, Wunschurteile zu fällen. Es läßt sich nicht übersehen, daß die Justiz jene Linksanwälte, die ihnen immer wieder und immer neu auf die Nerven gingen, nicht sehr gemocht hat, doch sie hat sich nicht geweigert zuzuhören und, wenn sie überzeugt werden konnte, die rechtlichen Konsequenzen gezogen. Von einem korrupten, staatsabhängigen Justizapparat, wie dies seinerzeit nicht selten unterstellt worden ist, kann trotz der eklatanten Fallbeispiele ernsthaft nicht gesprochen werden. Wenn die Justiz andererseits etwas vom Nimbus der Unfehlbarkeit eingebüßt haben sollte, so ist ihr dies gut bekommen.

Kapitel 6
HERKUNFT

Vor und während der Umbruchzeiten von 1848 hatte es Vereine gegeben, die sich für die »freie Advokatur« einsetzten und Ausdruck bürgerlicher Selbstorganisation waren. Unter Bismarck trat am 1. Oktober 1879 eine Rechtsanwaltsordnung in Kraft, die dem Anwalt den Status eines freien Berufs gab, ihn aber zugleich mit dem Begriff des Organs der Rechtspflege in Staatsnähe rückte. Mitgliedschaft in der Standesorganisation der Rechtsanwaltskammern war Pflicht. Die Kammern sahen auf korrekte Berufsausübung und unterhielten für den Streitfall sogenannte Ehrengerichte. Vor diesen vertrat ein Staatsanwalt die Anklage, und die Berufungsinstanz, der Ehrengerichtshof beim Reichsgericht, später, beim Bundesgerichtshof, war bis zur Neuordnung des gesamten Verfahrens in den

90er Jahren des vergangenen Jahrhunderts mit drei Rechtsanwälten und vier Berufsrichtern besetzt.

Staatsnähe und Staatskontrolle atmete in gewisser Weise auch die Generalklausel für den Beruf. Es heißt da, der Rechtsanwalt habe »seinen Beruf gewissenhaft auszuüben und durch sein Verhalten in Ausübung des Berufes sowie außerhalb desselben sich der Achtung würdig zu erweisen, die sein Beruf erfordert«. Was dies in der Praxis bedeuten konnte, bekam ein Augsburger Anwalt ein knappes Jahrhundert nach der Bismarckschen Ordnung zu spüren, als ihm 1977 die Mitgliedschaft in der maoistischen KPD als Grund vorgeworfen wurde, ihn aus der Anwaltschaft auszuschließen und ihm Berufsverbot zu erteilen. Allein seine durch Flugblattverteilen, also außerberuflich gezeigte politische Gesinnung sollte zu dem Ausschluß führen. Sein Einwand, nicht einmal das deutsche Kaiserreich habe es unternommen, dem radikalen Sozialisten Karl Liebknecht die Berufsausübung streitig zu machen, wurde vom Münchner Ehrengericht lediglich zur Kenntnis genommen. Der Anwalt entging nur dadurch dem Berufsverbot, daß das Ehrengericht eine Vorfrage der Entscheidung per Vorlagebeschluß ans Bundesverfassungsgericht weiterleitete. Dort wurde in den achtziger Jahren das ehrengerichtliche Verfahren in seiner bisherigen Form als nicht verfassungskonform gekippt und vom Parlament verlangt, dies auf eine an der Verfassung orientierte gesetzliche Grundlage zu stellen.

In der Weimarer Republik waren von rund 20 000 zugelassenen Rechtsanwälten etwas mehr als 300 für die Rote Hilfe Deutschlands (RHD) tätig, eine der KPD nahestehende Massenorganisation. Sie übernahmen Mandate zum Beispiel in Hochverratsprozessen, schrieben Artikel in Zeitschriften, betreuten Straßenschlachtopfer der Kommunisten, die von der SA verprügelt worden waren. Die wenigsten dieser Anwälte hatten Mitgliedsbücher der KPD, waren sich mit ihr jedoch in der Kritik an reaktionärer Praxis der Rechtsprechung, an Urteilen gegen Kunst- und Meinungsfreiheit und an Gesetzesverschärfungen gegen die politische Linke einig. »Auf dem rechten Auge blind – auf dem linken wie ein Geier« war ein Schlagwort gegen die Justiz, das die Kritiker verband. Nach der Machtübernahme der Nationalsozialisten wurden auch die Anwälte der Roten Hilfe verfolgt, eingesperrt, und viele kamen in Konzentrationslagern um. Einige, denen die Flucht in die Sowjetunion gelang, fielen stalinistischen Mördern zum Opfer. Unter den systemkritischen Rechtsanwälten der ersten deutschen Republik erlangte Hans Litten einige Bekanntheit. Er hatte nach einem unverhältnismäßig harten Polizeieinsatz am 1. Mai 1929, der 33 Demonstranten das Leben kostete, den Berliner Polizeipräsidenten Zörrgiebel wegen Mordes angezeigt.

1931 gelang es Litten, dem in Gerichtsauftritten erfahrenen Führer der NSDAP, Adolf Hitler, die häufig absolvierte Tour zu vermasseln, das justitielle Forum in einen Ort der Propaganda zu verwandeln. Der durch Fragen des Anwalts in die Enge getriebene Hitler distanzierte sich von Parolen seines Berliner Gauleiters Goebbels, bekam, als ihm dies bewußt wurde, einen hysterischen Schreianfall und anderntags eine schlechte Presse. Nach 1933 schleiften die Nazis Litten durch Zuchthäuser und Konzentrationslager, 1938 starb er in Dachau.

Die Weimarer Republik war Ende der sechziger und Anfang der siebziger Jahre versunkenes Land für Jurastudenten und Referendare. Selbst wenn sie gesucht hätten, die Literatur war schmal und schwer auffindbar, Zeitzeugen gab es kaum mehr. Ernst Fraenkel, ein am Berliner Kammergericht zugelassener jüdischer Rechtsanwalt, der es unternommen hatte, 1933 gegen das Berufsverbot zu protestieren, und dem es unter Hinweis auf seine mit hohen Auszeichnungen belohnte Teilnahme am Ersten Weltkrieg gelungen war, bis 1938 zu praktizieren, hätte solch eine Verbindungsperson sein können. Doch als Professor der Politologie am Otto-Suhr-Institut des Freien Universität Berlin zog Fraenkel es nach der Rückkehr aus dem amerikanischen Exil vor, nur über die amerikanische Demokratie zu unterrichten. Institutsbesetzungen durch Horden von Parolen schreienden Studenten, wie sie während der Revolte geschahen, betrachtete Fraenkel als beängstigende Wiederholung seiner Erlebnisse in der frühen Nazizeit, als die Braunhemden der SA durch Hochschulen und Justizgebäude trampelten und »Juden raus!« brüllten.

Auch sein Kollege Richard Löwenthal, durch zahlreiche Fernsehauftritte einem größeren Publikum bekannt, äußerte, der Protest erscheine ihm zuweilen als die unbewußte Fortsetzung eben jener intellektuellen Strömungen, die den Nazismus erst ermöglicht hätten. Er mag ähnlich empfunden haben wie die aus Amerika nach Frankfurt am Main zurückgekehrten Hochschullehrer Max Horkheimer und Theodor W. Adorno, denen die Ziele der Studentenrevolte nicht fremd sein konnten, die aber von den Formen des Protests und der an den Tag gelegten Nichtbereitschaft zum Dialog abgestoßen waren. Den schärfsten Terminus fand Jürgen Habermas, der das Wort »Links-Faschismus« zu einer Zeit prägte, als am und um das Frankfurter Institut für Sozialforschung die heftigsten gesellschaftskritischen Debatten geführt wurden.

Im Tarnlack

Der nationalsozialistische Staat hatte sofort nach der Machtübernahme dafür gesorgt, daß das Unrechtssystem mit Hilfe von Juristen im rechtsstaatlichen Tarnlack daherkam. Die neuen Machthaber konnten sich auf Richter und Staatsanwälte stützen, denen die Republik fremd geblieben war. Im technischen Sinne versierte Juristen wie Hans Frank, nach 1945 wegen unzähliger Verbrechen in Polen hingerichtet, oder Roland Freisler als Präsident des schändlichen Volksgerichtshofs, umgekommen durch eine Fliegerbombe, gaben als NS-Juristen den Ton vor.

Er klang etwa so, wie auf Seite 1 der Deutschen Richterzeitung vom Januar 1935: »Kameraden der Rechtsfront! Wie das Jahr 1933, steht auch das Jahr 1934, das zweite Jahr des Sieges der heldischen Idee des Nationalsozialismus, eingemeißelt in der Geschichte des deutschen Volkes als ein Jahr gewaltigen Aufbaus und mühevoller Kleinarbeit. Auch uns nationalsozialistische Rechtswahrer brachte es einen gewaltigen Schritt unserem großen Ziel näher. Wir haben nicht nur alle deutschen Juristen um die Fahne des Führers versammelt. Wir durften schon die Fundamente der Gesetzgebung legen, auf der das tausendjährige Rechtsreich des Nationalsozialismus errichtet wird. Die heiligen Werte unserer Altvorderen: Rasse, Blut und Boden, Ehr und Wehr treten wieder in den Vordergrund all unseres Rechtsdenkens und Rechtswirkens und verdrängen den heuchlerischen Geist der marxistisch-liberalistischen Verfallzeit endgültig aus unserem Rechtsleben.«

Ein unvorstellbarer Tiefpunkt deutscher Justiz wurde die »Euthanasie-Konferenz« am 23./24. März 1941 im Berliner »Haus der Flieger«, dem heutigen Berliner Abgeordnetenhaus. Die gesamte Führungsschicht, neben den Spitzen von Reichsjustizministerium, Reichsgericht, Volksgerichtshof waren sämtliche OLG-Präsidenten und Generalstaatsanwälte anwesend, wurde vom kommissarischen Justizminister Franz Schlegelberger über die Absicht des faschistischen Staates unterrichtet, Behinderte und Kranke von Staats wegen töten zu lassen. Allen Anwesenden war klar, das bedeutet Mord nach § 211 StGB, also eine Planung der schlimmsten Kriminaltat.

Obwohl anschließend eigens eine Diskussion vorgesehen war, beschränkten sich die Fragen der Juristen auf technische Einzelheiten zur Rolle, die die Justiz zur reibungslosen Durchführung der geplanten »Vernichtung unwerten Lebens« dabei spielen sollte. Gegen die folgende Ermordung Zehntausender fand nur ein Amtsgerichtsrat den Mut zum Protest – er wurde daraufhin versetzt. Justizminister Vogel sprach noch Mitte der 70er Jahre in einer Rede zum Jahrestag seines Ministerium bezüglich Schlegelberger von einer »tragischen Verstrickung«.

In einem 1964 von Ilse Staff im S. Fischer Verlag herausgegebenen Dokumentenband »Justiz im Dritten Reich«, den der Verlag als Ergänzung zu Walther Hofers »Der Nationalsozialismus« (1957) und Mitscherlichs »Medizin ohne Menschlichkeit« (1949 und 1960) betrachtete, wird eingangs ein Meister der historischen und politischen Wissenschaft zitiert. Alexis de Tocquille schrieb 1836 in einem Aufsatz über die Französische Revolution: »Wenn man aufmerksam untersucht, was sich in der Welt zugetragen hat, seit die Menschen die vergangenen Ereignisse im Gedächtnis bewahren, könnte man mühelos feststellen, daß sich in allen Ländern neben einem Despoten, der befiehlt, fast immer ein Rechtsgelehrter befindet, der dessen willkürliche und unzusammenhängende Willensakte in eine Ordnung und Übereinstimmung bringt. Die allgemeine und unbestimmte Liebe zur Macht, die die Könige erfüllt, ergänzen sie durch die Freude an der Methode und die Kenntnis von den Einzelheiten der Herrschaft, über die sie selbstverständlich verfügen. Jene verstehen es, die Menschen vorübergehend zum Gehorsam zu zwingen, diese besitzen die Kunst, sie fast freiwillig zu ständiger Fügsamkeit zu bringen. Die einen liefern die Macht, die anderen das Recht. Jene gelangen durch Willkür zur höchsten Macht, diese durch Legalität. An dem Schnittpunkt, an dem sie sich begegnen, entsteht ein Despotismus, der der Menschheit kaum die Luft zum Atmen läßt; wer nur an den Fürsten denkt, nicht an den Juristen, kennt nur die eine Seite der Tyrannei, um das Ganze zu erfassen, muß man aber beide zugleich im Auge haben.«

Deutsche Juristen waren Helfer des Unrechts. Ihre unrühmliche Rolle, zunächst schamhaft verschwiegen, dann nur von wenigen zur Kenntnis genommen und der notwendigen Kritik unterzogen, ist inzwischen vielfach dargestellt.

Die Festnahme Adolf Eichmanns 1960 und sein Prozeß in Jerusalem finden große Beachtung auch in Deutschland und erreichen auch die Jugendlichen und Heranwachsenden, die gegen Ende des Jahrzehnts rebellieren werden. Filmdokumente vom Eichmann-Prozeß haben noch heute eine starke Wirkung in der schwer zu ertragenden Spannung, die sich aus der fast immer im ruhig-sachlichen Verhandlungston aller Beteiligten und der Ungeheuerlichkeit der besprochenen Fakten ergibt. Jeder einzelne Zug, den Eichmann als Zuständiger für die Gesamtorganisation der Transporte in die Vernichtungslager rollen ließ, bedeutete für Tausende das schreckliche Ende.

Der Angeklagte legte einen um Genauigkeit bemühten und beflissenen Ton an den Tag, der bei dem Gedanken schaudern ließ, daß die Beamtenseele dieses Mannes mit dem Tod von Millionen belastet war. Wirklich vorstellen konnte sich das niemand. Moshe Pearlman, ein hoher israelischer Regierungsbeamter, beschreibt in seinem Buch »Die Festnahme des Adolf Eichmann«, wie der aus Argentinien nach Israel gebrachte Gefangene wirkte: »Mit seinem schütteren, sich immer mehr lichtenden Haar und seiner Hornbrille sah er in seiner Zelle nun aus wie der subalterne Angestellte einer kleinen, schwer kämpfenden Firma, der sich verzweifelt bemüht, den Eindruck eines erfolgreichen Geschäftsführers zu machen ... Seine Wachen konnten sich diese unscheinbare und durchaus mittelmäßige Figur beim besten Willen nicht im Glanz einer SS-Uniform, den Tod von Millionen befehlend, vorstellen.«

Eichmann hat vor dem Obersten Gerichtshof Israels, der ihn zum Tod verurteilte, stets hervorgehoben, daß er lediglich Befehle ausgeführt habe, daß er Juden nicht hasse, daß ihm das Unrecht seines Handelns klar war, er sich aber als SS-Angehöriger Befehlen nicht habe widersetzen können. Dieselbe Argumentation haben fast alle Angeklagten in ihren NS-Prozessen benutzt, selbst solche, die gar keiner militärischen Hierarchie unterlagen.

Harold Marcuse, amerikanischer Historiker und Enkel von Herbert Marcuse, führt Beispiele auf, die sowohl dem seinerzeit geläufigen Begriff der »Bewältigung der Vergangenheit« unterzuordnen sind als auch als Material verstanden werden können, aus dem heraus die Jugend ihre Fragen formulierte. Als eine der Schlüsselszenen erwähnt er die Ohrfeige, die Beate Klarsfeld am 7. November 1968 dem Bundeskanzler der Großen Koalition, Kurt-Georg Kiesinger, während eines CDU-Parteitags in Berlin versetzt. Die junge Frau ruft »Nazi, Nazi«, wird sofort überwältigt und weggezerrt, noch am selben Tag vor Gericht gestellt und zu einem Jahr

Freiheitsstrafe verurteilt. Die Berufungsinstanz ändert den Richterspruch später in eine viermonatige Bewährungsstrafe ab.

»Mit einem Schlag berühmt«

Beate Klarsfeld ist die Ehefrau des französischen Historikers Serge Klarsfeld und untersucht gemeinsam mit ihm die Lebenswege von Nationalsozialisten. Jurist Kiesinger war Anfang 1933 in die NSDAP eingetreten und hatte von 1940 an eine Funktion als Verbindungsmann zwischen dem Reichsaußenministerium und dem Propagandaministerium. Die »mit einem Schlag berühmt« gewordenen Beate Klarsfeld erklärte, wenn man Nazis aus dem öffentlichen Dienst der Bundesrepublik entfernen wolle, müsse man mit dem einflußreichsten Mann im Staat beginnen. Das Ziel wurde nicht erreicht, die Umgebung des Kanzlers tat den Schlag ins Gesicht als »Tat einer unbefriedigten jungen Frau« ab. Heinrich Böll schickte rote Rosen.

Auch von den Mandanten, die es nicht bei der Gegnerschaft zum Staat Bundesrepublik beließen, sondern Skrupel vor der kriminellen Tat überwanden, ist der direkte Bezug zur Nazizeit immer wieder hergestellt und erläutert worden. Klaus Jünschke: »Ich war sechzehn Jahre alt, als ich angefangen habe, Bücher zu lesen über den Nationalsozialismus. In den Büchern habe ich Bilder gesehen von nackten Menschen vor den Gaskammern und von Leichenbergen. Da war der Massenmord dokumentiert. Es war fürchterlich, und ich entsinne mich genau der Gespräche mit meiner Mutter und meinem Vater. Es sei ein LKW gekommen, auf den wurden sie aufgeladen. Sie haben mitbekommen, wie die Juden abgeholt wurden. Aber es war zwischen uns nicht beredbar und nicht verarbeitet, und ich begriff, daß meine Eltern wie alle anderen Eltern auch diese Nazi-Maschinerie in irgendeiner Form, bewußt oder unbewußt, mitgetragen haben. Und um das aushalten zu können ohne zu handeln, ohne in irgendeiner Weise einzugreifen, muß bei ihnen bis 1945 eine entsetzliche Verhärtung und Brutalisierung passiert sein. Ich glaube, daß unsere eigene blinde Destruktivität in der nicht durchgearbeiteten Geschichte vor 1945 wurzelt. Man war nämlich dadurch, daß man gegen die richtigen Ziele demonstrierte, gegen den Völkermord in Vietnam, gegen die Macht des Springerkonzerns, gegen die Klassenjustiz, zum aufgeklärten neuen Menschen geworden.«

Jünschke, der dies 1988 in einem Interview äußerte, war über das Heidelberger Sozialistische Patientenkollektiv zur RAF gestoßen und bereits 1972 verhaftet worden. 1977 wurde er zu lebenslanger Freiheitsstrafe verurteilt und 1988 begnadigt. Aus seiner Sicht wirkte das nicht geheilte Trauma der Nazizeit in ihren entschiedensten Gegnern wie ihm selbst tragisch nach: »Wir haben uns in der Auseinandersetzung mit unseren Gegnern gegenseitig bestärkt in dem Ausleben von Haß. Haß als produktive Kraft, um revolutionäre Veränderungen voranzutreiben. Und tatsächlich können Haß, Zorn und Wut zu Handlungen befähigen, aber sie können auch die Tendenz zur Selbstzerstörung verschärfen. Wir haben gesagt, wer nicht für uns ist, ist gegen uns. Und das war ja in Deutschland nichts Neues. Weil wir nicht zurückblicken können auf eine Tradition wirklicher Beteiligung der Bürger. Unsere Tradition ist die des Untertan.«

Peter Jürgen Boock, der an der Schleyer-Entführung beteiligt war und sich in langen Jahren eine auch in Büchern dargelegte kritische und selbstkritische Haltung zur RAF erarbeitet hat, schrieb: »Die Geschichte der RAF, die Geschichte fast aller aus der Gruppe, die ich kenne, und auch meine eigene Geschichte ist ohne die Nazizeit und die ›Schuld der Väter‹ weder zu verstehen noch zu interpretieren. Das Paradoxe daran ist, daß sich aus dem moralisch motivierten Schluß, so etwas nie wieder stillschweigend zu dulden, der Terrorismus in der BRD entwickelt hat. Vietnam und der Anti-Imperialismus waren da nur Aufhänger – Zeichen für den Beginn neuer Mitschuld, gegen die wir antreten wollten.«

Daß die im Dritten Reich lebenden Menschen, deren Eliten an Hochschulen, in der Ärzteschaft, in der Publizistik und in der Justiz den nationalsozialistischen Kurs wenn nicht festlegten, dann festigten, schwierige Voraussetzungen hatten zu begreifen, wie ihr Rechtssystem zerstört und zu einem Instrument staatlicher Kriminalität wurde, ist ihnen von der scharfen Kritik der jungen Generation nicht als mildernder Umstand angerechnet worden. Dies mag angesichts des Ausmaßes an Untaten tatsächlich viel verlangt sein.

Der NS-Staat kümmerte sich um alles und er kümmerte sich um seine Juristen. Vom Sommerlager zur fröhlichen Indoktrination der Studienanfänger bis hinauf zum sogenannten Volksgerichtshof, von der Denunziation des Nachbarn bis zu Gesetzen zum »Schutz des deutschen Blutes« oder zum Berufsbeamtentum mit seiner Ausgrenzung jüdischer Mitbürger, von der Androhung der Todesstrafe für das Hören eines englischen Rundfunkprogramms bis zur geheimen »Endlösung der Judenfrage«: Juristen haben die Hand gereicht, um offenkundigem Unrecht ein Gesetzesmäntelchen umzuhängen.

Wenn formal gar nichts mehr ging, folgten die seit Ingo Müllers Buchtitel mit dem Schlagwort »Furchtbare Juristen« benannten Tyrannenhelfer dem Diktat Franks, der ein Führerwort in den Rang eines Gesetzes erhoben hatte. Nicht wenige dürften sich aus Angst und Zukunftssorge in die Rolle des Komplizen begeben haben. Als winziges Beispiel aus dem Arsenal der Einschüchterung sei aus einem Urteil des Anwalts-Ehrengerichts von 1939 zitiert. Der Leitsatz heißt: »Die Unterstützung der deutschen Staatsführung bei ihren großen weltpolitischen Entscheidungen ist Standespflicht eines jeden deutschen Rechtsanwalts. Aus dieser Standespflicht folgt die Verpflichtung zur entsprechenden Stimmabgabe bei einer Volksabstimmung.«

Der angeklagte Anwalt wurde zu tausend Reichsmark Geldstrafe verurteilt, weil er 1936 nicht teilgenommen hatte an einer als Wahl bezeichneten reinen Akklamation zur Besetzung des Rheinlandes durch die Wehrmacht. Seine Verfehlung, so das Ehrengericht, bestand darin, daß er es gewagt hatte, nicht zu einer Abstimmung ohne Wahlmöglichkeit und Wahlgeheimnis zu gehen. In schöner Offenheit sagt das Gericht: »Mit Begeisterung bekannte sich das deutsche Volk in überwältigender Mehrheit in der vom

Führer angeordneten Wahl zum Führer und seiner Politik. Diese Wahl war der Ausdruck des Dankes und ein Treuebekenntnis und nicht eine Wahl im Sinne früherer Zeiten.«

Zu den ersten, die das antisemitische Regime drangsalierte, gehörten jüdische Rechtsanwälte, die bis zur Machtübernahme als persönlich und fachlich hoch angesehene Mitbürger ihren Beruf ausgeübt hatten. Es kam zu kriminellen Übergriffen der SA und dann in Stufen zur scheinlegalen systematischen Entfernung aus Arbeit und öffentlichem Leben. Von 1938 an war auch den wenigen noch übriggebliebenen jüdischen Rechtsanwälten (Hindenburg hatte 1933 noch eine Ausnahme für Frontteilnehmer durchgesetzt) die Tätigkeit gesetzlich verboten. Ihre Kollegen in der Berufsorganisation haben der Ausgrenzung und Zerstörung der Existenzgrundlage widerspruchslos zugesehen. Manchen mag die Entrechtung eines jüdischen Kollegen als willkommenes Ausschalten eines Konkurrenten erschienen sein. Von rund tausend jüdischen Anwälten, die vor 1933 in Berlin zugelassen waren, kehrten etwa 150 nach Kriegsende zurück. Die anderen waren ermordet oder hatten das Glück gehabt, rechtzeitig ihre zur Hölle gewordene Heimat verlassen zu können.

Nürnberg

Der einzige nennenswerte Versuch, das von Juristen begangene Unrecht zu ahnden, wurde Ende 1947 in Nürnberg vom alliierten Militärtribunal III unternommen. Der Prozeß endete mit zwölf Verurteilungen zwischen fünf Jahren und lebenslanger Haft, viele Angeklagte wurden freigesprochen. Hauptangeklagter war Franz Schlegelberger. Er war mit verantwortlich für die pseudo-rechtliche Ummäntelung der Mordaktionen gegen Geisteskranke und der Hinrichtungsexzesse im besetzten Osten. Vor dem Nürnberger Gericht hat er, anders als es ein amerikanischer Spielfilm (»Das Urteil von Nürnberg«, 1961) darstellt, nicht die Charakterstärke gezeigt, sich zu bekennen, sondern vor Gericht nicht überzeugende Ausflüchte gesucht. Er wurde zu lebenslanger Haft verurteilt. Im Urteil heißt es: »Einfacher Mord oder Einzelfälle von Greueltaten bilden nicht den Anklagepunkt für die Beschuldigten. Die Angeklagten sind solcher unermeßlichen Verbrechen beschuldigt, daß bloße Einzelfälle von Verbrechentatbeständen im Vergleich dazu unbedeutend erscheinen. Die Beschuldigung ist, kurz gesagt, die der bewußten Teilnahme an einem über das ganze Land verbreiteten und von der Regierung organisierten System der Grausamkeit und Ungerechtigkeit und der Verletzung der Kriegsgesetze und der Gesetze der Menschlichkeit, begangen im Namen des Rechts unter der Autorität des Justizministeriums mit Hilfe der Gerichte. Der Dolch des Mörders war unter der Robe des Juristen verborgen.«

Dies ist die wohl knappste Form einer treffenden Beschreibung, was nationalsozialistische Justiz ist. Doch schon der Nürnberger Prozeß gegen die Hauptkriegsverbrecher war von der deutschen Bevölkerung nicht sonderlich aufmerksam verfolgt oder als »Siegerjustiz« verunglimpft worden. Die Nachfolgeverfahren unter anderem gegen Direktoren der IG Farben, der Dresdner Bank, gegen unmenschliche Ärzte und eben gegen weitere leitende Juristen, fielen bei punktueller Beachtung völlig der allgemeinen Vergessenheit anheim.

Auf die Justizverwaltung der 1949 gegründeten Bundesrepublik hatten die zur Vorsicht mahnenden Lehren der Geschichte ebenfalls keine meßbare Wirkung. Belastete Richter und Staatsanwälte – in Westfalen waren 93 Prozent der Richter ehemalige NSDAP-Mitglieder – kehrten in ihre Ämter zurück, die Verfolgung von Tätern aus anderen Berufsgruppen erlahmte ebenfalls, Justiz und Regierung setzten sich bei den Alliierten für die Begnadigung bereits Verurteilter ein. Die politische Entscheidung, den jungen deutschen Staat wieder zu bewaffnen und die Bundeswehr ins nordatlantische Verteidigungsbündnis einzugliedern, schuf den Bedarf an militärischen Fachleuten. Solche hatten in der Wehrmacht Hitlers gedient und setzten sich für Kameraden ein, die von den Alliierten verurteilt und eingesperrt worden waren. Unter anderen kam Erich von Manstein frei, verurteilt, weil er verbrecherische Befehle im Krieg gegen die Sowjetunion mitgetragen hatte, begnadigt, weil Bedarf an seiner Beratertätigkeit bestand.

Die Statistik zeigt, daß die Strafverfolgung von NS-Tätern kontinuierlich sank: Waren 1948 mehr als 1800 Angeklagte verurteilt worden, waren es 1954 noch 44 und 1955 ganze 21. Schlegelberger, 1947 zu lebenslanger Haft verurteilt, wurde 1951 aus Landsberg entlassen, jenem Gefängnis, in dem Adolf Hitler »Mein Kampf« verfaßt hatte. Schlegelberger war 74 Jahre alt und angeblich krank. Er zog zu seinem Sohn, einem früheren Marinerichter, der Landrat in Schleswig-Holstein war, und setzte die Auszahlung seiner Pension als Staatssekretär a. D. in Höhe von 2894,04 D-Mark im Monat durch. Das Durchschnittseinkommen lag seinerzeit in der Bundesrepublik bei 535 Mark. Ende der fünfziger Jahre begann ein jahrelanger Rechtsstreit um Schlegelbergers Pension, die mal gestrichen, mal in voller Höhe, mal in reduzierter Form gezahlt wurde. Der Rentner starb 1970 im Alter von 94 Jahren in Flensburg.

Die erstaunliche Haltung von Nazi-Juristen, Mitläufern und der alles verzeihenden Justiz der jungen Bundesrepublik gegenüber dem offenkundigen Unrecht, das während der Diktatur im Namen Justitias begangen worden war, ist nicht allein aus dem Wegschieben von Schuld zu erklären. Das Fehlen von Unrechtsbewußtsein gründet auch in einer Rechtsauffassung, die der große Jurist Gustav Radbruch 1914 in einer Passage seiner Rechtsphilosophie dargelegt hat. Dort heißt es, vom Richter sei zu fordern, »den Geltungswillen des Gesetzes zur Geltung zu bringen, das eigene Rechtsgefühl dem autoritären Rechtsbefehl zu opfern, nur zu fragen, was rechtens sei, und niemals, ob es auch gerecht sei. (…) Wie ungerecht immer sich das Recht in seinem Inhalt gestalten möge, einen Zweck wird es stets durch sein bloßes Dasein erfüllen, den der Rechtssicherheit. Der Richter, indem er sich dem Gesetz ohne Rücksicht auf seine Gerechtigkeit eilig dienstbar macht, wird also trotzdem nicht bloß zufälligen Zwecken der Willkür dienstbar. Auch wenn er, weil das Gesetz es so will, aufhört, Diener der Gerechtigkeit zu sein, bleibt er doch immer noch Diener der Rechtssicherheit.«

Dies war als Bekenntnis zur Absolutheit des Gesetzes geschrieben, beschreibt aber auch den Mechanismus, den die Nachkriegsjustiz in Gang gesetzt hat, um begangene Untaten einem höheren Sinn unterzumischen und straffrei zu stellen.

Pensionen, auch solche für die Witwen von NS-Verbrechern, selbst eines Freislers, waren Aufreger der fünfziger Jahre. Schon weniger beachtet wurde das in mehreren Rechtszügen durchverhandelte Verfahren gegen den geschäftsführenden Direktor der Degussa-Tochterfirma Degesch. Das auf die Herstellung von Schädlingsbekämpfungsmitteln spezialisierte Chemieunternehmen hatte auf Anforderung des SS-Wirtschaftsamtes ihr Präparat Zyklon B, dessen tödlicher Hauptbestandteil Blausäure war und das zur Vernichtung von Insekten in Getreidesilos hergestellt wurde, in einer chemisch leicht veränderten Form zur Verfügung gestellt. Mit Zyklon B wurden in den Vernichtungslagern Millionen von Menschen ermordet. Der Name des Präparates gehört neben Gaskammer, Verbrennungsofen und Auschwitz zu den Kurzformeln für den nationalsozialistischen Völkermord. Der Degesch-Direktor wurde zunächst vom Landgericht Frankfurt wegen Beihilfe zum Totschlag verurteilt, die Entscheidung vom Oberlandesgericht als rechtsfehlerhaft aufgehoben: Es komme nun eine Verurteilung wegen Beihilfe zum Mord in Betracht. Diese Vorgabe bleibt jedoch unbeachtet, das erste Urteil mit fünf Jahren Zuchthaus wird im zweiten Prozeß bestätigt. Das Gericht schämt sich nicht, zugunsten des Angeklagten zu werten, daß der Tod durch Zyklon B »wenigstens humaner« sei als das vorher praktizierte Töten mit Motorabgasen. Der Angeklagte erreicht schließlich 1955 eine weitere Hauptverhandlung, in der er mit der abenteuerlichen Begründung freigesprochen wird, es fehle der letzte Beweis, daß in den in der Verhandlung im Rahmen der Beweisaufnahme besprochenen Fällen von Vergasung tatsächlich Zyklon B aus der dem Angeklagten unterstehenden Produktion verwendet worden sei.

Der Jurist Professor Reinhard Höhn, der im Reichsicherheitshauptamt tätig war, ein »Berliner Institut für Staatsforschung« leitete und die deutsche Bevölkerung für den Sicherheitsdienst der SS bespitzelte, gründete nach dem Krieg die »Bad Harzburger Akademie für Führungskräfte«, ein sehr erfolgreiches und angesehenes Institut. In Nachrufen der wichtigsten Zeitungen auf den im Jahr 2000 verstorbenen »Lehrer für 600 000 Manager« findet sich kein Wort über die Vergangenheit eines Mannes, der auch einmal diese Ansicht von Führung hatte und der in dem Buch »Das Dritte Reich und seine Diener« von Poliakov/Wulf 1983 zitiert wird: »Im Schwur auf den Führer kommt nicht nur der Gedanke zum Ausdruck, daß der Soldat ähnlich wie in der Monarchie einen Herrn besitzt, dem er in Treue verbunden ist, sondern die Verpflichtung auf die nationalsozialistische Idee, als deren Exponent der Führer dem Soldaten entgegentritt. (…) Der Eid auf den Führer verpflichtet nicht nur zu Lebzeiten des Führers, sondern über dessen Tod hinaus zu Treue und Gehorsam gegenüber der nationalsozialistischen Idee.« Dies schrieb Höhn nicht in einem juristischen Fachblatt, sondern in der Wochenzeitung »Das Reich«, einem typographisch erstklassig gemachten Blatt mit einem Redaktionsstab begabter Journalisten und einem regelmäßigen Leitartikel von Reichspropagandaminister Goebbels.

Der typische Lebenslauf eines Deutschen sah jedoch vielleicht eher aus wie der von Lothar-Günther Buchheim, der als junger Mann Kriegsberichterstatter bei der Marine war und lieferte, was man von ihm erwartete: spannende Schilderungen aus dem Seekrieg und von der Technik der Kriegsschiffe faszinierte Beschreibungen. Nach 1945 zeigte Buchheim, daß ihm das Sturm- und Schlachtengetöse den Kunstsinn nicht geraubt hatte. Er machte die Deutschen neu mit dem Expressionismus in der Malerei bekannt, mit den unter den Nazis als »entartet« diffamierten Künstlern Nolde, Kirchner, Müller, Schmidt-Rottluff, Heckel, um nur einige zu nennen, durch seinen Verlag, der preiswerte Kunstbücher und Postkarten auf den Markt brachte. Nach dem einstigen Propagandaschreiber für Hitlers Marine fragte fast niemand. Als Buchheim als der Autor des Buches »Das Boot« 1973 hervortrat, dem Text einen Bildband mit seinen im Krieg aufgenommenen Leica-Fotos folgen ließ und das als Anti-Kriegs-Literatur aufgefaßte Werk 1981 als Film in die Kinos und ins Fernsehen kam – übrigens gegen den Willen Buchheims –, sah man auf ein Leben mit Brüchen und Widersprüchen, auf das Wachsen von Erfahrung und auf jemanden, der Standort und Sichtweise verändert hat. Buchheim war kein Nazi, aber er gehörte zu den Millionen, die sich mit der Diktatur arrangiert hatten, so lange sie existierte. Daraus hat ihm in den fünfziger und in den späten siebziger Jahren kaum jemand einen Vorwurf gemacht.

Geschichte als Last

Die Generation der in den Kriegsjahren Geborenen begann sich Mitte und Ende der sechziger Jahre politisch zu artikulieren. Ihre Basis an politischer Bildung war im Grunde schmal. An den Höheren Schulen hätten die Fächer Geschichte und Sozialkunde noch am ehesten Politik vermitteln können. Es soll nicht gering geachtet werden, daß die Lehrpläne Einführungen in die demokratische Ordnung enthielten, den Begriff der Repräsentativen Volksvertretung zu vermitteln versuchten und Oberstufenschüler an den meisten Gymnasien ein Grundgesetz geschenkt bekamen. Doch die tausendfältigen Möglichkeiten, etwa im Geschichtsunterricht einen zutreffenden Begriff von Politik zu vermitteln und zu erläutern, wurden verschüttet unter einer Flut von Namen, Regierungszeiten, Epochen- und Schlachtendaten.

Im Grunde brauchte man als Schüler von historischen Ereignissen und Zusammenhängen nichts verstanden zu haben, wenn man nur die Jahresringe am Baum der Geschichte in der richtigen Reihenfolge benennen konnte. Geschichte war in den meisten Schulen konzeptionslos als faktenüberlastetes Unterrichtsfach bei den meisten Schülern unbeliebt, so daß sie auch die eher seltenen Chancen versäumten, wenn von Mächten und Kräften, von Ideologien und den Charakteren historisch handelnder Personen gesprochen wurde. Sozialkunde stand bei Schülern und Lehrern im Ruf der Unverbindlichkeit und vermittelte praktisch keine Kenntnisse vom Rechtsstaat, seinen Funktionen, seinem Funktionieren und seinen Gefährdungen. Auswendig gelernt wurden die Begriffe Gewaltenteilung, Legislative, Exekutive und Jurisdiktion, verstanden wurde darunter die erfolgreiche und nicht näher nachzuvollziehende Bauanleitung für die Bundesrepublik.

So mag zu erklären sein, daß Artikel, Bücher, Fotografien, Ton- und Filmdokumente aus der unmittelbaren Vergangenheit, aus der Jugend der Väter und Mütter also, die so wenig Lust hatten, über die Zeit des Krieges und der Diktatur zu reden, einen tiefen Eindruck hinterließen. Die Nachrichten aus dem Land der Unmenschen trafen auf historisch und politisch interessierte junge Köpfe, die weder einen Begriff von Macht noch von deren Mißbrauch hatten, die meist antimilitaristisch erzogen waren – »vom Krieg haben wir die Schnauze voll« – und daher nichts wußten vom bewaffneten Kampf der Völker.

Die Zeile aus dem sympathischen Gospel-Song »I'm gonna study war no more«, das Gelöbnis, den Krieg nicht mehr lernen zu wollen, war die Überschrift eines Zeitgefühls. Ihm stand nicht die Zwangsläufigkeit militärischer Gewaltanwendung gegen den aggressiven Eroberer Hitler so vor Augen, daß sie den Sieg der Alliierten als hart erkämpfte Befreiung von einer Bedrohung der Zivilisation empfanden. Krieg war lediglich »böse«, eine Auffassung, die angesichts der Millionen von Toten des Zweiten Weltkrieges verständlich war, die jedoch in ihrer eingeengten Sicht auf die Kriegsführung des Aggressors und die als Gegenschlag nie akzeptierte Bombardierung der Zivilbevölkerung aus der Luft ungeeignet war, überhaupt zu verstehen, um was gekämpft worden war.

Was diese mit Menschenblut angetriebene Maschine des Krieges in Gang gesetzt und auf immer fürchterlichere Umdrehungszahlen gebracht hatte, mochte in den fünfziger Jahren niemand ergründen. Die elende Exkulpations-Literatur deutscher Generale jedenfalls war nicht dazu geschrieben, den Krieg besser zu verstehen, sondern war lediglich das Lamento von Besiegten mit dem Unterton, hätte Hitler auf sie gehört, wäre das militärische Desaster vielleicht doch noch abwendbar gewesen. Sogenannte Tatsachenberichte in Illustrierten und die auf ein jugendliches Publikum zielenden »Landser«-Hefte entwarfen ein noch stärker verzerrtes Bild der geschichtlichen Wirklichkeit und spiegelten auf häufig kitschige Art das allgemeine Empfinden, der Krieg sei ein Schicksal, dem die Frage nach Verantwortung nicht gestellt werden dürfe.

Die militärhistorischen Defizite wurden ausgeglichen durch Empörung gegen Unrecht und den moralischen Anspruch, »so etwas« nicht wieder zuzulassen. Für angehende Juristen war »so etwas« zum Beispiel der tobende Präsident des nationalsozialistischen Volksgerichtshofs. Roland Freisler, der die Widerstandskämpfer des 20. Juli in der von Kameras aufgenommenen Befragung anschreit, beschimpft, beleidigt, nicht zu Wort kommen läßt, ein Richter, der nicht die Wahrheit zu suchen braucht, weil er sowieso nur eine hat: Todesstrafe. Die Schlußfolgerung, die nicht wenige linksorientierte juristische Anfänger aus dem durch Freisler vermittelten Bild der Justiz zogen, war, daß sie mit einemmal wußten, der Staatsdienst komme für sie nicht in Betracht. Sie wollten, das war gewiß, auf der anderen Seite stehen, als Rechtsanwälte, als Strafverteidiger.

Das Universitätsstudium der Rechtswissenschaft war nach der Erinnerung vieler Juristen, die Anwälte wurden, nicht geeignet, die Distanz zum verdächtig gewordenen Staat zu verringern. Was die Justiz war, wie sie sich untergeordnet hatte, war kein Thema und kein Lehrstoff. Wenn ein junger Dozent namens Roman Herzog an der Berliner FU in seiner Vorlesung über die Grundrechte erwähnte, den Wert einer demokratischen Verfassung könne man sich leicht vergegenwärtigen, wenn man sie mit dem verfassungslosen Dritten Reich in Relation setze, so war dies bereits eine bemerkenswerte Ausnahme im Lehr- und Lernbetrieb der juristischen Fakultät.

Frisch in den Anwaltsberuf gekommene Juristen mochten bis Ende der sechziger Jahre eher zufällig Linksanwälte geworden sein. Heinrich Hannover schildert in seinen bereits erwähnten Erinnerungen, wie er durch ein vom Bremer Amtsgericht erteiltes Pflichtmandat zum Verteidiger eines Kommunisten bestellt wurde, der wegen angeblichen Widerstandes gegen Polizeibeamte angeklagt war. Die professionelle und engagierte Arbeit, die der junge Anwalt im Prozeß geleistet hatte, sprach sich herum. »Die Sache trug, wenn man so will, zu meinem Ruhme bei. Ich war von einem Tag auf den anderen der ›Kommunistenverteidiger‹ von Bremen geworden. Ein fragwürdiger Ruhm, wie ich bald merken sollte.« Denn die Hoffnungen des jungen Anwalts, auch Klientel aus Kreisen der Bremer Kaufmannschaft zu erwerben, erfüllten sich nicht. »Vielleicht wäre der Bremer Haus- und Grundbesitzerverein, dem ich schon in den ersten Wochen meiner Anwaltstätigkeit eine Fülle von Mandaten verdankte, mein Auftraggeber geblieben. Vielleicht hätte die Mitgliedschaft in einem Kegelclub, die mir freundschaftliche Beziehungen zu angesehenen Bremer Kaufleuten und Unternehmern einbrachte, auch auf beruflichem Gebiet Früchte getragen. An sich waren das die Leute, die den Stallgeruch des großbürgerlichen Hauses teilten, aus dem ich stammte. Aber die Weichenstellung dieser ersten Pflichtverteidigung sorgte dafür, daß ich mir mein berufliches Betätigungsfeld nicht mehr nach Belieben aussuchen konnte. So bin ich der Anwalt der kleinen Leute, der politisch oder religiös verfemten Minderheiten, der gegen das kapitalistische System und neue Einmischung in Krieg und Völkermord aufbegehrenden Generation geworden. Eine Aufgabe, die ich dann mit zunehmender innerer Beteiligung wahrgenommen habe.«

Otto Schily, der aus einer musisch geprägten Unternehmerfamilie stammt und einmal den Wunsch hatte, Schauspieler zu werden, tritt nach Abschluß eines nicht eben überengagiert betriebenen Jurastudiums Anfang der sechziger Jahre in die Kanzlei eines Berliner Wirtschaftsanwalts ein. Er befaßt sich mit Zivilverfahren, Wettbewerbsrecht, Urheberrecht, Gesellschaftsstreitigkeiten, Scheidungen, Erbschaften. Der junge Anwalt fährt einen kleinen englischen Sportwagen, zeigt sich mit Spazierstock und unterhält sich im Freundeskreis lieber über Musik als über die Juristerei. Sein Biograph Stefan Reinecke berichtet von einem Erlebnis Schilys zu Weihnachten 1967, das, ähnlich einer Initiation, ein Leben verändert und den Abschied von einem bis dahin bewahrten Begriff bürgerlicher Tugenden bedeutet haben könnte. Vor der Gedächtniskirche im Zentrum West-Berlins demonstrieren Studenten gegen den Vietnamkrieg, während die Gemeinde zur Kirche geht. Sie zeigen Fotos der Kriegsgreuel und das Bibel-Zitat »Was ihr getan habt einem unter diesen meinen geringsten Brüdern, das habt ihr mir getan.« Schily geht den Demonstranten, die schließlich in die Kirche drängen, nach und sieht, wie er seinem Biographen Stefan Reinecke für »Otto Schily« schilderte, dies: »Der Unmut der Besucher des Weihnachtsgottesdienstes war groß. Sie hatten ihre Weihnachtsgans im Bauch, erwarteten eine erbauliche Predigt ihres Pastors und wollten sich dabei und bei der behaglichen Verdauung nicht stören lassen. Nun geschah folgendes: Vor dem Altar postierte sich ein junger, schlecht rasierter Mann mit seinem bekannt dämonischen Gesicht und der unverwechselbaren, etwas singenden Stimme und begann eine Ansprache mit den Worten: ›Liebe Schwestern und Brüder…‹.

Weiter kam er nicht, denn die vorher so friedliche Versammlung der Gottesdienstbesucher verwandelte sich in Sekundenbruchteilen in eine haßerfüllte, geifernde, brüllende Menge. Die Menschen schrien mit wutverzerrter Miene Rudi Dutschke nieder und schlugen auf ihn ein. Ein älterer Mann hieb mit seinem Krückstock so heftig auf den Kopf des Wehrlosen ein, daß ihm das Blut aus der Stirn rann.«

Zu dieser Zeit hatte Schily Christine Hellwag kennengelernt, eine politisch höchst interessierte und im SDS aktive junge Frau, die er in einem Beleidigungsprozeß verteidigte. Sie hatte vor dem Schöneberger Rathaus ein Plakat mit dem Rosa-Luxemburg-Zitat »Die Sozialdemokratie ist ein stinkender Leichnam« gezeigt. Christine Hellwag und Otto Schily heirateten und tauften ihr erstes Kind nach Jenny Marx und Rosa Luxemburg.

Staatsverdrossene

Gleichgesinnte, denen das Bündnis eines ehemaligen NSDAP-Mitglieds wie Kiesinger mit dem vor den Nazis ins Ausland geflüchteten Widerständler Brandt zur Großen Koalition mehr als Unbehagen bereitet, treffen sich im Republikanischen Club, dessen Satzung Schily gemeinsam mit Horst Mahler formuliert hat. Das Clublokal des RC, der »Chiffre für intellektuelle Staatsverdrossenheit« wie Marie-Luise Scherer später schreibt, ist eine ehemalige Zwölfzimmerwohnung in der Wielandstraße, Nähe Kurfürstendamm. Zu den regelmäßigen Gästen gehören Hans Magnus Enzensberger, Peter Schneider, Herta Däubler, Kurt Groenewold. Letzterer erinnert sich an »ernste Menschen, die über ernste Themen sprachen«. Der FAZ-Literatur-Redakteur Karl-Heinz Bohrer schreibt, die Leute, die sich im RC träfen, seien sicherlich nicht alle links. Linke Aktivisten finden den RC läppisch, das sei bloß ein Abendtreff, bei dem man mit Wein und Bier den kapitalistischen Alltag notdürftig kompensiere.

Die Frankfurter Schriftstellerin Eva Demski hat nach dem frühen Tod ihres Ehemannes Rainer, der als Strafverteidiger auch politisch mit radikalen Staatskritikern der späten sechziger Jahre sympathisierte, Umrisse eines Linksanwalts gezeichnet, der aus beinahe artifiziellem Gespür für die Architektur des Rechts und die Dramatik seiner Inszenierung leidenschaftlich interessiert an dem Beruf erscheint. In »Scheintod« schreibt sie: »Man ist wie ein Tänzer, hatte der Mann einmal zu ihr gesagt, es sind eigentlich nur streng vorgeschriebene Bewegungen, die man machen kann. Aber es gibt Tausende von Variationen!« Die Partitur, um im musikalischen Bild zu bleiben, nach der die Oper »Gerichtsverhandlung« aufgeführt wird, heißt Strafprozeßordnung. Sie ist ein zuweilen ergänztes und geändertes, im ganzen aber erstaunlich weises Buch von bleibendem Wert, das sich in ungezählten Verfahren als gerecht und vor allem als anwendbar erwiesen hat. In ihren Grundzügen sofort verstehbar und auch dem Laien einleuchtend, stellt die Strafprozeßordnung in ihren feinen Verästelungen, die ja alle denkbaren prozessualen Probleme regeln sollen, auch ein Gesetzbuch für den Spezialisten dar. Viele der jungen Anwälte, die es sich zur Aufgabe gemacht hatten, für politisch motivierte Mandanten einzutreten, haben dies erkannt und sind zu Fachleuten des Prozeßrechts geworden.

Jochen Schroers, der als Richter und Staatsanwalt, als Abteilungsleiter im Justizministerium, als Vertreter des hessischen Generalstaatsanwalts und mit Präsidentin Brigitte Tilmann an der Spitze des Frankfurter Oberlandesgerichts auch Strafverfahren mit politischem Hintergrund genau kennt, hält die aus gründlicher Kenntnis des Verfahrensrechtes entstandenen Interventionen der Linksanwälte für einen bleibenden Beitrag zur Entwicklung der Rechtskultur des Landes. Die Konfrontation der Gerichte und Anklagevertreter mit anfangs als lästig und überkandidelt abgekanzelten Anträgen von Linksanwälten hat die staatliche Justiz gezwungen, ihr großes Regelbuch häufiger aufzuschlagen und besser zu verstehen. Schroers glaubt, daß die Qualität von Gerichtsverhandlungen im Lauf der Jahre wegen der genaueren Beachtung der Strafprozeßordnung gestiegen ist.

Einfacher wurde die Wahrheitsfindung gewiß nicht, wie die Aufhebung von Entscheidungen des Hamburger Oberlandesgerichts durch den Bundesgerichtshof in zwei spektakulären Terroristenprozessen gegen islamistische Angeklagte jüngst gezeigt hat. Die Anforderungen an Beweiserhebung und Beweiswürdigung sind gestiegen. Urteile, die nicht auf nachprüfbaren Beweisen, sondern etwa auf Geheimdienstunterlagen beruhen, halten der rechtlichen Überprüfung nicht stand.

Die Wege der Anwälte aus den Jahrgängen ab 1940 entwickelten sich in den meisten Fällen so: Die von der Revolte angesprochenen Jurastudenten bildeten an ihrer Universität eine meist aus zehn bis zwanzig Kommilitonen bestehende Gruppe Gleichgesinnter – sei es als ad-hoc-Arbeitskreis, als Rote Zelle Jura (Rotzjur), sei es durch Übernahme der Fachschaft, sei es als Mitglied des SDS oder nach dessen Auflösung an einer der neuen linken Gruppierungen und Parteigründungen angeschlossenen, meist sich kommunistisch nennenden Studentenorganisation wie KSV, KSB. Neben den politischen Diskussionen und Aktionen betrieb man das Studium, wo man gemeinsam die Klausuren und Hausarbeiten bewältigte, um dann auch nach dem 1. Staatsexamen im Referendariat wieder zusammenzubleiben. Es war selbstverständlich, mindestens seine drei Monate Wahlstation bei einem linken Anwalt zu absolvieren, um gleich nach dem 2. Examen Neu-Gründungen vorzunehmen.

Wenige nahmen Umwege, waren ungeduldig und brauchten doch Zeit, ihren Platz in einer Gesellschaft zu finden, die ihnen alle möglichen Angebote machte, die aber, so schien es, nichts zu bieten hatte. Eltern und Verwandte, die Nazizeit und Krieg miterlebt hatten, waren konzentriert darauf, ihren Teil am Wirtschaftswunder sowohl zu leisten als auch abzubekommen. Die Zeiten waren nicht leicht und die Erinnerung an die Vergangenheit nicht schön. Man erfuhr vom traurigen Schicksal der eigenen, im Krieg gefallenen Väter, Onkel, Brüder und konnte die Geschichten, die über den Unrechtsstaat in Büchern standen, in den Darstellungen zu Hause nicht wiederfinden. Der Krieg war ein Schicksal und die negativen Berichte über Deutschland eine Übertreibung der Sieger, lautete die Analyse der Überlebenden, wenn sie überhaupt einmal darüber zu sprechen bereit waren. Die Schule bot auch nicht eben fundiertes Wissen über die jüngste Geschichte, manch ein Lehrer beeilte sich, den Rückgang der Arbeitslosigkeit oder den Autobahnbau als Pluspunkte Hitlers anzumerken oder den Hinweis auf die Briten zu liefern, die ja schließlich das KZ erfunden hätten. Und den ungerechten Frieden von Versailles dürfe man nicht vergessen, der habe allen Deutschen wehgetan, da brauchte man kein Nazi zu sein.

Hellmut Brunn, der Ideengeber und Dokumentarist dieses Buches, von dem hier stellvertretend berichtet wird, stocherte wißbegierig und vermutlich pubertär anstrengend bei den Erwachsenen vergeblich nach Wahrheiten. Er las Erich Maria Remarque und erfuhr durch »Im Westen nichts Neues« etwas Wahres über den Grabenkrieg, der die Jugend Europas dezimiert hatte, in »Der schwarze Obelisk« fand er Deutschland in der Inflationszeit beschrieben, ein Land, in dem die Irren vernünftiger als die Normalen zu sein schienen, und er bekam eine Ahnung von der Brutalität einer deutschen Diktatur, vor der Menschen ins Ausland flüchteten: »Arc de Triomphe«. Nach dem eher zufälligen Besuch der Gedenkstätte Buchenwald las er Kogons »Der SS-Staat«. Es schien ihm, als gäbe es so viele Fragen an die Geschichte und die Menschen, die sie machten, daß ihm, der ein ernster junger Mensch war, nichts übrig zu bleiben schien, als Politologie zu studieren. Berlin schien ihm der richtige Ort, und er trat 1964 wegen sowohl verschwommener als auch klarer Vorstellungen darüber, daß es gelte, sich für die Schwächeren in der Gesellschaft einzusetzen, in die SPD und den Sozialdemokratischen Hochschulbund ein. Zugleich war er ein begeisterter Bewunderer des neu gewählten amerikanischen Präsidenten John F. Kennedy, den er für den idealen Typus eines anständigen Politikers hielt.

»Frage nicht, was dein Land für dich tut, sondern, was du für dein Land tun kannst«, gefiel ihm sehr, und die trübe Episode der Landung in der kubanischen Schweinebucht war über dem Eindruck rasch vergessen, dieser Präsident sorge sich um die sozialen Themen des riesigen Landes und kämpfe gegen Armut, Rassismus und Kriminalität. Die konstitutionelle Garantie der Gleichheit aller Menschen in ihrem Recht, nach Glück zu streben, die in der amerikanischen Kunst und Literatur ablesbare Offenheit, Liberalität und Meinungsfreiheit, die in den Frechheiten der Trivialkultur eine Entsprechung hatte, und nicht zuletzt, weil die Erziehungsberechtigten sich über den Ami-Kram ärgerten: die Vereinigten Staaten faszinierten ihn.

Dieser Student, der Mitte der sechziger Jahre Anfang zwanzig war, politisch interessiert und engagiert, schrieb rückblickend: »Meine ursprüngliche Bejahung des Modells der westlichen parlamentarischen Demokratie bekam dann in den Folgejahren immer mehr Risse. Hierzu nur die Stichworte: versuchte Atom-Rüstung der Bundesrepublik; Franz Josef Strauß; Große Koalition; dummer Anti-Kommunismus, der gleich jeden Denkansatz zur sozialen Gerechtigkeit verfemte; die Nachwirkungen des KPD-Verbots; die Weigerung mancher Bühnen, Stücke von Brecht zu spielen. Schokkiert war ich über die Art und Weise, wie die SPD, angeleitet von Herbert Wehner, den Trennungsbeschluß zum Studentenverband SDS durchgezogen hatte und den Marburger Professor Abendroth, der den Kontakt zum SDS nicht lassen wollte, aus der Partei warf.«

Er ist nie aus der SPD ausgetreten, hat aber von irgendeinem Zeitpunkt an keinen Beitrag mehr bezahlt. In den Auseinandersetzungen um die Notstandsgesetze finden wir den, der sich abwendet von den Wandlungen der Etablierten, in öffentlichen Diskussionen und auf Demonstrationen. Die Argumente der Politiker zu gesetzlichen Regelungen für den Fall des Ausnahmezustandes überzeugen ihn nicht. Ihm läßt der Satz »seines« Professors Ossip Flechtheim keine Ruhe mehr, der als Jude vor den Nazis fliehen mußte und nun angesichts der Notstandsgesetze fragt, ob er »schon wieder die Koffer packen« müsse. Sein am Ausweichen der älteren Generation vor Fragen zur Zeit des Nationalsozialismus geschultes Mißtrauen wächst.

Während des Studiums befaßt er sich mit dem Widerstand gegen den nationalsozialistischen Staat. Die Enttäuschung überwiegt, zu wenige, zu halbherzig, zu spät, ist seine Bilanz. Dem militärischen Widerstand mißt er geringere Bedeutung bei als die damalige öffentliche Meinung, und auch von den Kirchen hätte er mehr Beherztheit gegenüber einem unchristlichen Regime erwartet. Über das gescheiterte Attentat vom 20. Juli 1944 stellt er kritische Überlegungen an, wie die deutsche Geschichte verlaufen wäre, hätte es

Hitlers Tod als Erfolg gehabt und wären die Widerständler an die Macht gekommen.

Wütend notiert er: »Und dann die deutsche Geschichte – die Geschichte der gescheiterten Revolution. Max Weber spricht davon, daß es das traurige Schicksal der Deutschen sei, niemals einem Hohenzollern den Kopf abgeschlagen zu haben. Die Hinnahme der Wieder-Etablierung des Feudalismus nach den Freiheitskriegen 1815; das Versagen des deutschen Bürgertums 1848/49, die von der zersplitterten Linken 1919 vertane Chance der Revolution und das Versagen vor dem Nationalsozialismus.«

Nicht ohne Selbstironie schrieb er im Rückblick: »Ich hatte keinerlei Probleme damit, mich politisch zu engagieren für Aktivitäten, die sich im wesentlichen gegen Pläne der Bundesregierung wandten, die ich ablehnte: Vietnam-Engagement bis hin zu Beteiligung der Bundeswehr; Notstandsgesetze; Große Koalition; Stützung eines faschistischen Regimes in Griechenland und so weiter und so fort. Die Frage nach einer positiven Wendung stellte sich angesichts der geringen Zahl der Aktivisten und der Fülle der Problemfelder zunächst einmal nicht – nur allgemein war es ein Eintreten für mehr Freiheit und Demokratie oder, wie es Dutschke formulierte, für die Entrechteten, Geknechteten, Ausgebeuteten und Armen dieser Welt.

Es wurde dann eine tolle Atmosphäre: *Wir* hatten recht, *die* hatten unrecht. Wir wußten aus unseren Büchern, was falsch war, wir konnten freihändig einen einstündigen Vortrag über die Entstehung des Vietnamkrieges halten und den Militärputsch in Griechenland als faschistisch definieren. *Die* waren zu feige, überhaupt zu diskutieren, hatten die Medien total im Griff, uns blieb nur die Straße und die Aufklärung mit Flugblättern. Sie waren stark, sie hatten die Machtmittel, die sie brutal einsetzten, wir hatten nur eines: wir hatten recht.«

Ende 1968 machte er sein Politologie-Examen und schloß im nächsten Jahr in München ein Jurastudium an. Das hieß auch, im »Arbeitskreis Kritischer Juristen« mitzumischen, der in eine »Rote Zelle Jura« überging. Dort war man zunächst gegen die Sowjetunion und für Mao. Es gab noch feiner ziselierte Grüppchen, eine hielt es mit Albanien. Ehe der weiter erfolgreich Studierende und nach politischer Wahrheit suchende junge Mann wieder in der Anti-Vietnam-Bewegung aktiv wurde, schloß er sich eher halbherzig, bis zu deren Auflösung 1980 nur Sympathisant bleibend der maoistischen KPD/Aufbauorganisation (AO) an. Ihr galt die Sowjetunion als revisionistischer Gegner und ihr deutscher Ableger, die DDR, fand erbitterten Widerspruch. In den siebziger Jahren wandte sich der junge Jurist der an der KPD/AO orientierten Roten Hilfe e.V. zu, neben der es noch eine weitere der KPD/ML sowie lokale, autonome Rote Hilfen gab, wobei die letzteren zum Teil in das Fahrwasser der RAF gerieten.

Tausende von Verfahren

Seine Organisation hat sich selbst beschrieben: »Die Rote Hilfe entstand in einer Situation, in der versucht wurde, jeden revolutionären Widerstand zu kriminalisieren, und begonnen wurde, den Repressionsapparat auszubauen. In dieser Situation beteiligte sich die Rote Hilfe von Anfang an an verschiedenen Kampagnen und organisierte sie.«

Großes publizistisches und finanzielles Engagement zeigte die Organisation etwa, als zwischen 1974 und 1976 mehr als tausend Menschen wegen der öffentlich geäußerten Behauptung strafrechtlich verfolgt wurden, die Polizei habe an Günther Routhier einen »Mord« begangen. Der Rentner Routhier, nach seinem Tod nur als »Proletarier« bezeichnet und von der KPD/ML posthum als Genosse aufgenommen, war nach seiner Festnahme in einem Gerichtssaal des Duisburger Arbeitsgerichtes durch die Stuhlreihen geworfen, im Treppenhaus mit dem Kopf gegen die Wand gestoßen, im Polizeiwagen als Bewußtloser auf den Boden gelegt, so daß alle Straßenunebenheiten direkt auf ihn einwirkten, später von einem Polizisten an den Füßen gepackt und über eine Treppe geschleift worden und hatte sich am Kopf verletzt. Routhier litt an der Bluterkrankheit, immer wieder rief sein Sohn: »Er ist Bluter«, und erhält von einem Beamten die klassische »Bullen«-Antwort: «Märchenstunde ist morgen«. Der Arzt im Präsidium reagierte auf den Bluterhinweis des Sohnes nur mit »Ja, ja«; ignorierte die Aufforderung, den Bluterausweis in der beschlagnahmten Brieftasche zu holen, und sagte: «Stellen Sie sich nicht so an, es ist alles halb so schlimm.«

Routhier stirbt, rechtzeitige ärztliche Hilfe hätte vermutlich sein Leben erhalten. Die verständliche Empörung entlädt sich mit dem auf Spruchbändern, Flugblättern und in Reden bundesweit immer wieder geäußerten Mordvorwurf. Dies wird auf emsiges Betreiben der noch aus der Preußenzeit bestehenden »politischen Abteilung« der Polizei Duisburg gnadenlos mit tausenden Strafprozessen, mit Haft- und Geldstrafen, Zeitungsbeschlagnahmungen etc. verfolgt. Duisburg stellt in jedem Einzelfall Strafanzeige, beharrt auf einem »öffentlichen Interesse«, beansprucht die Justiz zum Schutz des Rufes ihrer Polizei – die angeblich »knappe Ressource Recht« bindet hier Zehntausende von Stunden hochqualifizierter Juristen.

Die Rote Hilfe sammelt Geld, organisiert Anwälte und unterstützt damit Menschen, die wegen solcher Äußerungen strafrechtlich verfolgt wurden.

Schlimm ergeht es einem Romanistik-Professor in Frankfurt: Er hatte auf eine telefonisch geäußerte Bitte hin ein Flugblatt auch mit seinem Namen unterzeichnen lassen, in dem eine Untersuchung des Todes von Routhier gefordert, aber auch der Begriff »Mord« verwendet worden war. Fast fünf Jahre dauerte sein Kampf gegen die daraufhin verhängte Dienstenthebung mit massiver Gehaltskürzung. Erst das Berufungsgericht des Strafverfahrens hatte sich schließlich die Mühe gemacht, den Sachverhalt genauer zu überprüfen, und dabei keinen Beweis gefunden, daß das ominöse Flugblatt überhaupt im Sinne der Strafbestimmung »verbreitet« worden war – der folgende Freispruch schmeckte bitter.

Der Treppenwitz: Nach der Wende wird entdeckt, daß die treibende Kraft bei der Polizei für alle Routhier-Verfahren ein bezahlter Stasi-Agent war, der so jahrelang erfolgreich die westdeutsche Justiz zum Kampf gegen die DDR-feindlichen Parteien und deren Massenorganisationen KPD/ML und KPD/AO instrumentalisiert hatte.

Der in solchen Zusammenhängen engagierte junge Anwalt – in sonstigen Mandaten konsequent nur Arbeitnehmer, Mieter, Ausländer vertretend – fand Ende der siebziger Jahre ein weiteres Feld und war beteiligt an der Gründung und dem Aufbau der beiden Organisationen, die sich im Zusammenhang des Kampfes der Rechtsanwälte gegen die Bedrohung ihres Berufs bildeten: den Strafverteidiger-Vereinigungen mit ihrem jährlichen Strafverteidigertag sowie dem Republikanischen Rechtsanwaltsverein (RAV).

Ein langer und zäher Streit um politische Justiz entwickelte sich aus dem Verbot der KPD. Das Bundesverfassungsgericht beschied 1956 einen bereits fünf Jahre zuvor von der Bundesregierung gestellten Verbotsantrag mit den Feststellungen: »1. Die KPD ist verfassungswidrig; 2. die KPD wird aufgelöst; 3. es ist verboten, Ersatzorganisationen für die KPD zu schaffen oder bestehende Organisationen als Ersatzorganisationen fortzusetzen; 4. das Vermögen der KPD wird zugunsten der Bundesrepublik eingezogen.«

In der ausführlichen Begründung von rund 400 Seiten hebt das Gericht hervor, die von der KPD angestrebte proletarische Revolution und die Errichtung der Diktatur des Proletariats stellen Ziele dar, die mit der freiheitlich demokratischen Grundordnung der Bundesrepublik Deutschland nicht vereinbar sind. Unmittelbar nach Verkündung wurde das Urteil sozusagen vollstreckt, durchsuchte die Polizei die Parteibüros und Redaktionen der KPD im ganzen Land, beschlagnahmte Akten, stellte Autos sicher und nahm 199 Parteifunktionäre vorübergehend fest. Ihr Chef Max Reimann und andere Spitzenkräfte waren in die DDR abgereist.

Nach dem Verbot der KPD wurden in den folgenden Jahren Prozesse gegen Angeklagte geführt, denen Verstöße gegen das Verbot zur Last gelegt wurden. Ihren Verteidigern, darunter der spätere nordrhein-westfälische Justizminister Posser oder der spätere Bundespräsident Heinemann, machte die Justiz nicht selten Schwierigkeiten.

»Kommunistenanwälte«

Der Heidelberger Rechtsanwalt Walter Ammann, der sich um einen organisatorischen Zusammenhang von sogenannten Kommunistenanwälten bemühte, beschrieb 1957 eine den späteren Linksanwälten nicht unähnliche Situation und meinte, daß einzelne Verteidiger in politischen Strafsachen persönlichen Verdächtigungen, Anfeindungen, Diffamierungen und Diskriminierungen ausgesetzt seien. Erschwernisse und Verzögerungen bei einer pflichtbewußten Verteidigung und bei der Betreuung von Gefangenen hätten vermieden werden können, wenn nicht nur einzelne, sondern alle Gerichte und Behörden den Anwalt als gleichberechtigten Diener des Rechts und der Gerechtigkeit anerkannt und zwischen Sache und Person besser unterschieden hätten. Der Ostberliner Rechtsanwalt Professor Friedrich Karl Kaul, der regelmäßig als Verteidiger von kommunistischen Angeklagten in der Bundesrepublik auftrat, mußte sich gegen Bemühungen der westdeutschen Justiz zur Wehr setzen, ihm die Anwaltszulassung zu entziehen. Nach dem Bau der Mauer wurde er 1961 zur »unerwünschten Person« erklärt, wovon sich allerdings das Frankfurter Landgericht im Auschwitzprozeß, der 1962 begann, nicht beeindrucken ließ und Kaul als Nebenklagevertreter zuließ.

»Kommunistenanwälte« hatten Schwierigkeiten, mit inhaftierten Mandanten zu reden. Die Justiz machte von der damals bestehenden Möglichkeit Gebrauch, Verteidigergespräche im Gefängnis richterlich überwachen zu lassen. Das Akteneinsichtsrecht wurde restriktiv gehandhabt und in einigen, allerdings wenigen Fällen sahen sich Verteidiger wegen der Wahl ihrer Worte oder der Art ihrer Anträge mit ehrengerichtlichen Verfahren überzogen. So ging es Posser, Autor des 1961 erschienenen Standardwerkes über diese Zeit «Politische Strafjustiz, aus der Sicht des Verteidigers«, der in einem Hochverratsprozeß vor dem Bundesgerichtshof den Beweis antreten wollte, daß Bundeskanzler Adenauer das Parlament belogen habe, und die Verlesung von Bundestagsprotokollen und diplomatischen Noten der Sowjetunion beantragte. Von in all den Jahren bloß drei Verteidigerausschlüssen hielten nur zwei der Überprüfung durch das Verfassungsgericht stand, das damals wie heute den Ausschluß als außerordentlich schwerwiegenden Eingriff in die Freiheit der Berufsausübung betrachtet und lediglich in genau begründeten Fällen zuläßt.

Im Umfeld des schließlich durchgesetzten KPD-Verbots wurde breit darüber diskutiert, in welcher Weise die Zulassung zum Anwaltsberuf vom Verhältnis des Bewerbers zur freiheitlich-demokratischen Grundordnung abhängig gemacht werden solle. Ein Gesetzentwurf, die Zulassung bereits dann zu versagen, wenn der Betroffene sich »so verhalten hat, daß die Besorgnis begründet ist, er werde als Rechtsanwalt die verfassungsmäßige Ordnung gefährden«, wurde nicht realisiert. In der maßgeblichen Bundesrechtsanwaltsordnung von 1959 wurde lediglich verlangt, daß ein Bewerber um die Zulassung die Grundordnung »nicht in strafbarer Weise bekämpft«.

Alexander von Brüneck, der in seinem Buch »Die Kommunistenprozesse in der Bundesrepublik 1949–1968« die Geschehnisse beschrieben hat, resümierte 1978, die Taktik der Verteidiger habe sich im Rahmen der herkömmlichen Praxis bewegt. »Versuche, die übliche Verteidigerrolle zu durchbrechen, wie sie zum Beispiel in den Prozessen im Zusammenhang mit der Studentenrevolte vorkamen, sind nicht überliefert. Behinderungen durch die Justiz gab es zwar, sie hielten sich aber in engen Grenzen. Im allgemeinen bemühten sich die Verteidiger, den politischen Hintergrund der Handlungen der Angeklagten in den Prozeß einzubeziehen. Die

KPD wollte in der Anfangszeit die Arbeit der Verteidiger ganz ihren politischen Zielen unterordnen. Demgegenüber versuchten die Gerichte, den Prozeß möglichst zu ›entpolitisieren‹ und auf den Tatvorwurf im engsten Sinne zu beschränken. Sie ließen die Bemühungen um eine ›politische‹ Prozeßführung daher entweder ins Leere laufen oder blockierten sie dadurch, daß sie ihre eigene politische Interpretation als ›offenkundig‹ richtig hinstellten. Die Verteidigung konzentrierte sich unter diesen Umständen darauf, die Beweisführung der Staatsanwaltschaft im Tatsachenbereich zu erschüttern, auf eine restriktive Anwendung der Rechtsnormen zu drängen und eine möglichst milde Strafe zu erwirken. Gelegentlich hatten die Verteidiger dabei beachtliche Erfolge.«

Die meisten Verteidiger, die in Prozessen gegen Kommunisten auftraten, trafen sich regelmäßig bei Tagungen eines 1955 von Ammann gegründeten »Amnestieausschusses«. Ihm gehörten sowohl KPD-Sympathisanten als auch christlich geprägte oder sozialdemokratische Juristen an. Bei den Treffen wurden die Entwicklung der Rechtsprechung und die Möglichkeiten der Verteidigung erörtert. Als Gastredner traten nicht nur Anwälte, sondern auch Wissenschaftler und zwei Präsidenten von Oberlandesgerichten auf. Die Vereinigung wandte sich mit Veröffentlichungen, die das Thema strafrechtlicher Verfolgung einer politischen Gesinnung problematisierten, an ein breites Publikum und richteten mehrmals Resolutionen an das Bonner Parlament. Von Brüneck zufolge wurde der Kampf gegen die politische Justiz mit viel Energie und Geschick geführt und hatte in Einzelfällen Erfolg. An der Struktur der politischen Justiz habe sich jedoch bis Mitte der sechziger Jahre nichts geändert.

Der Autor schreibt: »Denn hinter der Kommunistenverfolgung standen für die damalige Entwicklung der Bundesrepublik zentrale gesellschaftliche und politische Interessen. Erst nachdem das politische System der Bundesrepublik im Verhältnis zum Kommunismus, vorab zur DDR, konsolidiert war und die außenpolitische Situation sich gewandelt hatte, kam es 1968 zu einer Einstellung der politischen Justiz gegen Kommunisten in der seit 1951 praktizierten Form.«

Der Konflikt der Justiz mit kommunistisch motivierten Angeklagten und ihren Verteidigern hatte erstaunlicherweise keine direkten Wirkungen auf die Auseinandersetzungen, die sich im selben Jahr 1968, damals noch undeutlich, abzeichneten. Die neu auf den Plan tretenden Linksanwälte mochten in der Kommunistenverfolgung ein Indiz für die Berechtigung ihres Mißtrauens gegenüber dem Staat und seiner Justiz sehen, angeknüpft haben sie an Traditionen und Erfahrungen dieses Kampfes kaum. Gleichwohl sind die Parallelen unübersehbar: Hier wie dort eine Justiz, die sich des politischen Charakters ihrer Existenz und ihres Handelns nicht bewußt sein will, hier wie dort Anwälte, die sowohl rechtspolitisch als auch allgemein politisch argumentieren. Sehr ähnlich ist zudem das Klima, in dem die Verdächtigung des Verteidigers als Komplize seines Mandanten gedeihen kann.

Zum Phänomen des Nicht-Anknüpfens an eine mögliche Tradition bemerkte Klaus Eschen als einer der ersten Berliner Linksanwälte, der Bruch der anfangs wenigen, ihre Aufgaben neu bestimmenden Rechtsanwälte mit der traditionellen Justiz sei umfassend gewesen. Man habe die »großen mutigen Anwälte der Nachkriegszeit« nicht vergessen oder in ihren Verdiensten geschmälert, Friedrich Karl Kaul, den jungen Heinrich Hannover, auch Gustav Heinemann oder Diether Posser, »nicht zuletzt Ammann in Heidelberg«. Aber die jungen Anwälte hätten in ihrem rechtpolitischen Ansatz, das gesamte System des Anklagens, Verurteilens und Strafens in Frage zu stellen, bei den Vorläufern keinen Anknüpfungspunkt gesehen. Eschen räumt ein, daß die Gemeinsamkeit der Jungen sich nur recht unscharf benennen läßt: Anders oder genauer als »links« lasse sich diese Bewegung wohl nicht etikettieren.

Nicht nur der Begriff »links« ist unscharf. Im öffentlichen Diskurs über die RAF und ihre Taten wurde viel um »Terrorismus« gestritten, ein Wort, dem sich linke Gruppen und linke Verteidiger entgegenstellten, weil sie in ihm bewußte Disqualifizierung der Beschuldigten sahen. Der Rechtswissenschaftler Professor Preuß, zeitweise auch ein Linksanwalt, hatte jahrelang gegen den Begriff gestritten. 1987 erläuterte er in einem Interview in »Der Blinde Fleck« des Verlages »Neue Kritik«, wie sich ihm nun nachträglich die Angeklagten der RAF darstellten: »Also für mich ist evident, daß sie keine normalen Kriminellen sind. Dies nicht nur aufgrund ihrer formalen Bildung und ihrer politischen Erfahrung, sondern auch deshalb, weil ihre Taten doch eindeutig auf kollektive Wirkung gerichtet sind, und zwar entweder in dem Sinne, daß man durch exemplarische Aktionen zeigt, daß erfolgreicher Widerstand gegen den Staat möglich ist – oder in dem Sinn, daß man die Taten selbst für geeignet hält, das System zu erschüttern. Was ich damit sagen will, ist dies: Ich habe den Begriff Terrorismus jahrelang abgelehnt; aber inzwischen meine ich, daß dieser Begriff gar nicht falsch ist. Wer mit einer Guerilla-Taktik hochmobil und aus dem Verborgenen zuschlägt, um Leute im Apparat einzuschüchtern, um diesen Apparat lahmzulegen, will ja Furcht und Schrecken auslösen und durch die Unklarheit der Situation das Verhalten einer großen Zahl von Leuten steuern. Wenn dieser Begriff des Terrorismus nicht so beladen und ausgrenzend wäre, dann wäre er ganz zutreffend. Das macht den Unterschied zu normalen Kriminellen aus, und daraus ergibt sich, daß die Wirkungen politischer Natur sind.« Allerdings sei die RAF, anders als die 68er, »im intellektuellen und politischen Haushalt« des Zwanzigsten Jahrhunderts spurenlos geblieben, meint Preuß. Sie habe keinen substantiellen Beitrag zur Veränderung geleistet.

Die Auseinandersetzung vor Gericht, die jedermann zugängliche öffentliche Hauptverhandlung, ist ein Spiegel der Gesellschaft. Es ist kein Zufall, daß sich im langsamen und den Entwicklungen nachhinkenden Justizbetrieb Ende der sechziger Jahre Anwälte laut vernehmbar machten. Sie waren so etwas wie eine außerjustitielle Parallel-Entwicklung zur außerparlamentarischen Opposition, die ein vorgefundenes System kritisierte, angriff oder gar dessen Abschaffung forderte. Weder haben die APO die Bundesrepublik noch die Linksanwälte das Justizsystem abgeschafft und durch andere Systeme ersetzt, doch haben sich sowohl das Land als auch seine Rechtsprechung verändert. So hat sich der Umgangston der Justiz mit Angeklagten gewandelt und gleicht heute eher jenem von dem hessischen Generalsstaatsanwalt Fritz Bauer schon Anfang der sechziger Jahre imaginierten Rechtsgespräch als einem strengen Verhör.

Ob solche Veränderung dem Engagement von Linksanwälten geschuldet ist oder ob diese selbst nur der – damals umstrittene, heute versöhnlicher betrachtete – laute Ausdruck sich leise vollziehender gesellschaftlicher Umbrüche war, könnten Justizhistoriker zu klären versuchen. Jedenfalls bedarf es keiner großen Kühnheit anzunehmen, daß es ein Verfahren, wie es gegen die Gründer der RAF in Stuttgart geführt wurde, mit der heute waltenden Justiz so nicht geben würde.

Kapitel 7
STAMMHEIM

Am 21. Mai 1975 beginnt vor dem Zweiten Strafsenat des Oberlandesgerichts Stuttgart im Stadtteil Stammheim die Hauptverhandlung gegen Andreas Baader (32), Gudrun Ensslin (34), Ulrike Meinhof, geschiedene Röhl (40) und Jan Karl Raspe (30), Deutsche, ohne festen Wohnsitz. Am 28. April 1977 verurteilt das Gericht am 191. Verhandlungstag die Angeklagten Baader, Ensslin und Raspe zu lebenslanger Freiheitsstrafe und fünfzehn Jahren, Meinhof hat sich während des Prozesses im Mai 1976 in der Zelle erhängt. Generalbundesanwalt Siegfried Buback, der Chef der Anklagebehörde, war drei Wochen vor der Urteilsverkündung in Karlsruhe von einem »Kommando Ulrike Meinhof« erschossen worden.

»Stammheim« ist ein Begriff in der Rechtsgeschichte der Bundesrepublik geworden. Er bezeichnet den Ort und den Geist eines mit äußerstem Einsatz geführten Kampfs um Wert, Glaubwürdigkeit und Effizienz des Rechtsstaates. Während vieler Verhandlungstage tobten brüllende Wortgefechte über Grundfragen, über den fairen Prozeß, über Menschenrechte, über das Recht auf Verteidigung. Rechtsanwälte wurden gar nicht erst zugelassen oder während des Verfahrens ausgeschlossen, das Gericht stützte sich auf Gesetze, die im Hinblick auf das Verfahren erlassen worden waren, und am Ende plädierten die verbliebenen Verteidiger nicht im Verhandlungssaal vor den Prozeßbeteiligten, sondern in einem Hotel vor der Presse. Den letzten Ausschlag für die Verbitterung der Verteidiger hatte das Bekanntwerden von Abhörmaßnahmen bei vertraulichen Anwaltsgesprächen gegeben. Rechtsanwalt Schily, der als Verteidiger von Gudrun Ensslin als einziger vom ersten Tag an in Stammheim war, sagte bei seinem Auszug am 17. März 1977 zornig an Gericht und Bundesanwaltschaft gewandt: »Was hier in diesem Verfahren stattfindet, kann man nicht anders benennen als die systematische Zerstörung aller rechtsstaatlichen Garantien. Die Verteidigung kann es unter keinen Umständen verantworten, hier nur eine Minute länger in dem Verfahren mitzuwirken, um hier noch vielleicht als eine Art Alibi aufzutreten.«

Bei der bürgerlichen Presse und vermutlich auch bei der Justiz hatte Schily, dies läßt sich aus Zeitdokumenten entnehmen, vermutlich das größte Ansehen unter allen Verteidigern, die für die Rechte der lange vor dem Urteil Gerichteten eintraten. Er wahrte im Auftreten immer die Form. Ein kleines Beispiel wird aus Kreisen der Justizwachtmeister berichtet. Im Prozeß war das Kaugummikauen eines Angeklagten gerügt worden, es vertrage sich nicht mit der Würde des Gerichts. Schily sah, daß auch einer der gelangweilten Uniformierten im Saal kaute, ging in einer Verhandlungspause zu den Wachtmeistern und machte ihn darauf aufmerksam, daß der Vorsitzende Anstoß nehme. Den billigen Effekt, während der Verhandlung auf den Mann hinzuweisen, hat sich Schily verkniffen. Schüchtern war er freilich nicht. Er konnte sehr laut sein, was er bewies, als ihm vom Richtertisch aus das Mikrophon der Verteidigerbank abgestellt wurde.

Rechtsfrieden ging von dem Stammheimer Urteil nie aus. Wegen allzu vieler Besonderheiten läßt sich der Prozeß als Niederlage der Justiz betrachten – je nach politischem Standort freilich mit sehr unterschiedlichen Begründungen. Konservative beklagen Beschädigung von Würde und Ansehen der Justiz, die Dauer von Ermittlung, Vorbereitung und Hauptverhandlung, den Eindruck von Ohnmacht gegenüber frechen Herausforderungen durch den Staat verachtende Angeklagte, und selbst ihnen bleibt die Festung Stammheim unheimlich. Von Links wird ein Manipulieren am Rechtsstaat durch stümperhaft passend gemachte Gesetze angeprangert und über Richter geklagt, die sich ihrer Unabhängigkeit zugunsten der Strafverfolger begeben hätten. Gehörte Stammheim zur Kriegsgeschichte, es wäre eines jener Schlachtfelder, auf denen der Kampf scheinbar nie endet und immer wieder neu und in Nuancen anders erzählt wird, was sich wie ereignet hat.

Drama und Tragödie

Die »Strafsache gegen Andreas Baader, Ulrike Meinhof, Jan-Carl Raspe, Gudrun Ensslin wegen Mordes u. a.«, kurz Stammheim, ist ein Drama mit tragischem Inhalt: Jede der auftretenden Personen handelte, wie sie glaubte handeln zu müssen. Viele Ideen und Begriffe wurden von den Angeklagten, den Anklägern, den Verteidigern und den Richtern gleichermaßen benutzt, doch es schien, als sei eine Verständigung über die großen Worte wie Rechtsstaat und Menschenwürde ebenso unerreichbar wie über die zahllosen kleinen Details der Verfahrensordnung. Man sprach mit gleichlautenden Worten verschiedene Sprachen. Durch den Selbstmord aller Angeklagten und das Andauern der verbrecherischen Tätigkeit der RAF ist ein Leichentuch über den Prozeß gebreitet, aber der Verhandlungsort wird nie ein Platz scheuer Pietät werden, sondern wohl immer in traurigem Zorn oder zorniger Trauer erwähnt bleiben. Beides kann einen überkommen, wenn man bedenkt, daß die Nachfolgetäter, zweite Generation der RAF genannt, nicht zuletzt aus dem Stammheimer Prozeß ihre Legitimation reklamierten, daß die Legende von der vorsätzlich das Recht brechenden Justiz als eine Realität wahrgenommen wurde, gegen die nur der Revolver in der Hand helfe.

Der Stammheim-Prozeß fand trotz seiner Länge und seines Aufwandes an juristischem Scharfsinn in den Massenmedien keine kontinuierliche Begleitung. Die zwischen Anklägern und Gericht auf der einen und den Angeklagten mit ihren Verteidigern auf der anderen Seite über viele Tage, Wochen und Monate andauernden und in offener Feindschaft ausgetragenen Auseinandersetzungen über Verfahrensfragen widerstanden den Darstellungsmöglichkeiten der meisten Zeitungen und Zeitschriften. Die Publizistik vermutete wohl auch nicht zu Unrecht, daß dieser Stoff, aus dem Stammheim gemacht war, ein breites Publikum nicht interessiere.

In einem Ende 1977 zusammengestellten Dokumentationsband merkt Herausgeber Ulf G. Stuberger an: »Nicht mehr als eine Handvoll Journalisten hat den Prozeß regelmäßig verfolgt. Nur an Tagen, die besonders Spektakuläres erwarten ließen, reisten die Berichterstatter in großer Zahl an. Es wurden Kommentare gedruckt, aus denen nicht selten zu spüren war, daß der Verfasser den Zusammenhang des Prozeßverlaufs nicht herstellen konnte.« Die Presse hatte auch nur mäßiges Interesse an einer Kerndiskussion des Verfahrens, die sich um den Gesundheitszustand der Angeklagten drehte und vor allem darum, wer dafür verantwortlich war.

Die Bundesanwaltschaft legte den Angeklagten auf 354 Seiten Mord, Mordversuch, Raub, Diebstahl und Sprengstoffverbrechen zur Last, begangen in Augsburg, Frankfurt, Kaiserslautern, München und anderen Orten. Die Angeklagten sollen nach dem Ermittlungsergebnis für den Tod von fünf und die zum Teil unheilbaren Verletzungen von 71 Menschen verantwortlich sein. Es sind 996 Zeugen benannt, achtzig Sachverständige sollen gehört, etwa tausend vorwiegend kriminaltechnische Gutachten vortragen werden. »Die Materialschlacht« hieß die Titelgeschichte des »Spiegel« kurz vor Prozeßbeginn. Eine der rechtlichen Schwierigkeiten des Prozesses liegt darin, daß es der Bundesanwaltschaft und dem für sie tätigen Bundeskriminalamt gelungen ist, Banküberfälle, Bombenanschläge und Tötungsdelikte begründbar den Angeklagten als Kollektiv zuzuschreiben, doch der klassische Nachweis, welche Straftat in welcher Begehungsform welchem Angeklagten zuzuordnen ist, weniger stringent behandelt wird. Ebenfalls angeklagt ist daher die Zugehörigkeit zu einer kriminellen Vereinigung.

Die Verhandlung wird in einem eigens für sie errichteten Gebäude geführt, einer schuß- und detonationssicheren Mehrzweckhalle. Der Bau, 150 Meter entfernt vom Gefängnis, wo die Angeklagten im siebten Stock untergebracht sind, wird Tag und Nacht von starken Kräften des Bundesgrenzschutzes, der Kriminalpolizei und mobiler Einsatzkommandos bewacht und kontrolliert. Er ist umgeben von Mauern, Stacheldraht, Spanischen Reitern, Alarmanlagen und Videokameras. Die Hardware dieser Justizfestung soll fünfzehn Millionen Mark gekostet haben. Es ist nicht nur formalistisches Gerede, wenn Zeitgenossen die Frage stellen, ob der Verhandlungsort nicht das betongewordene Vorurteil gegen die Angeklagten darstellt, ein stahlbewehrter Käfig, aus dem heraus von der darin selbst gefangenen und befangenen Justiz Wahrheitsfindung und gerechtes Urteil kaum mehr zu erwarten sei. Das Abweichen eines Gerichts vom Verhandlungsort, der in der Geschäftsverteilung verbindlich angegeben ist, stellt allein schon eine begründungspflichtige Ausnahme dar. Stammheim wurde mit der Gefährlichkeit der Gefangenen und ihrer noch freien Genossen begründet. Dem stellvertretenden Vollzugsleiter in Stammheim, Horst Bubeck, dessen Erinnerungen Kurt Oesterle festgehalten hat, kam der extreme bauliche und personelle Aufwand um die Gefangenen der RAF kontraproduktiv vor. Es schien dem erfahrenen Beamten, als werde die Gefährlichkeit der Angeklagten viel zu hoch eingeschätzt, zu popanzhafter Übergröße aufgepumpt, um sie bösartiger erscheinen zu lassen, als sie vielleicht tatsächlich waren.

Der jedermann mit Ausnahme vielleicht eines Bunkeringenieurs abstoßende Gebäudekomplex war das steinerne Symbol für die Gefühle einer speziell von diesen Angeklagten herausgeforderten und geängstigten Gesellschaft. Zwei Jahre lang schien die Baader-Meinhof-Bande, von der zur Zeit des Prozesses das Kürzel BM geläufig ist, im Doppelsinn des Wortes unfaßbar. Ihre Verbrechen geschahen, ihre zynisch und brutal klingenden Kommandoerklärungen wurden veröffentlicht und mit Wut und Angst aufgenommen, die Polizei blieb zunächst erfolglos.

Die Festnahmen im Sommer 1972 wirkten wie Erlösung aus einem bösen Traum, aber die Erwachten sannen unmißverständlich auf Vergeltung. Niemals zuvor hatten sich Politiker vor dem justizförmlichen Abschluß einer Kriminalaffäre – und um solch eine sollte es sich ja handeln – unter unbekümmerter Mißachtung der rechtsstaatlich gebotenen Unschuldsvermutung derart eindeutig zur Schuldfrage geäußert. Der Kreis der Verdächtigen wurde weit gezogen, und im konservativen Lager umfaßte er »Anarcho-Anwälte, Gefangenenkollektive und pseudointellektuelle Hilfstruppen in den Massenmedien«. SPD-Wehner nannte CSU-Strauß im Gegenzug einen »geistigen Terroristen«. Baden-Württembergs Ministerpräsident Hans Filbinger machte bei der sozial-liberalen Regierungskoalition in Bonn einen Zeitgeist aus, der zur »Staatsverspottung« reize, in der Springerpresse geriet so mancher in Verdacht der intellektuellen Komplizenschaft, der, wie etwa der Berliner Bischof Kurt Scharf, humanes Wesen gezeigt und Ulrike Meinhof im Gefängnis besucht hatte.

Der Stammheimer Beton war indessen nur die äußere Abschottung. Mit Blick auf diesen Prozeß hatte der Gesetzgeber die Strafprozeßordnung geändert und bestehende Verteidigungsrechte eingeengt. In der Vorstellung, die Angeklagten könnten von Dutzenden von Rechtsanwälten vertreten werden, wurde die Zahl der Wahlverteidiger auf drei beschränkt und die Möglichkeit geschaffen, Verteidiger wegen des Verdachts der Tatbeteiligung auszuschließen und vom Prinzip abzuweichen, nur in Anwesenheit von Angeklagten zu verhandeln. Von der gerade erst geschaffenen Möglichkeit des Verteidigerausschlusses wurde wenige Wochen vor Prozeßbeginn Gebrauch gemacht. Baader saß plötzlich ohne seine Verteidiger Croissant, Groenewold und Ströbele auf der Anklagebank. Das Gericht hatte sich der Einschätzung der Strafverfolgungsbehörden angeschlossen, wie sie sich in einem Papier des Bundeskriminalamts widerspiegelt: »Die verdächtigen Verteidiger haben bei der Weiterarbeit der BM-Bande aus der Haft heraus eine Schlüsselfunktion inne. Nur mit ihrer Hilfe kann die Kontinuität der RAF und der organisatorische Zusammenhalt ihrer Mitglieder aufrechterhalten werden. Die verdächtigen Verteidiger, von denen einige als noch legal arbeitende RAF-Mitglieder angesehen werden müssen, sind z. Z. das größte Sicherheitsrisiko im Hinblick auf die Befreiung der BM-Häftlinge.« Die ausgeschlossenen Anwälte hatten sich jahrelang in den auf 50 000 Blatt angewachsenen Prozeßstoff eingearbeitet und waren daher nicht kurzfristig zu ersetzen.

Bereits am ersten Verhandlungstag zeigten sich Mängel der Vorschrift zum Verteidigerausschluß und führten zu einem formaljuristischen Chaos. Croissant, Groenewold und Ströbele standen vor der Saaltür und verlangten Einlaß. Drinnen beantragten von Plottnitz, Riedel, Schily und Marieluise Becker Zulassung der Kollegen, die nunmehr nicht mehr Baader, sondern Meinhof, Ensslin und Raspe verteidigten. Das neue Gesetz sah für diesen Fall des Wechsels der Mandatierung nichts vor. Der Zweite Senat beschied, Ausschluß sei Ausschluß. Die Bundesanwaltschaft erklärte, es müsse immerhin ein neuer Ausschluß formuliert werden. Sitzungsunterbrechung, lange Beratungspausen, Stillstand, noch bevor der Prozeß begonnen hatte. Der Zweite Strafsenat überwies seine Ausschlußentscheidung an die Kollegen vom Ersten Senat, der die Auffassung teilte: einmal Ausschluß, immer Ausschluß. Und während von Plottnitz bissig von »freigeschöpftem Stammheimer Landrecht« sprach, kündigte das Bundesministerium das rasche Schließen der Gesetzeslücke an. Es war also da, das in der gesetzgeberischen Eile übersehene Hintertürchen, durch das die unliebsamen Anwälte hätten eingelassen werden müssen. Nur mochte das Oberlandesgericht Stuttgart sie nicht öffnen. Senatsvorsitzender Prinzing erklärte zu dem verwirrenden Vorgang, die Auslegung von Gesetzen sei allemal vornehmste Richteraufgabe. Gerhard Mauz schrieb als Gerichtsberichterstatter des »Spiegel«: »Die gesetzliche Regelung des Verteidigerausschlusses ist eine pompöse Schlamperei des Gesetzgebers, ein mit Schleifen und Troddeln garnierter Pappschinken in einem Schaukasten, aus dem heraus Blasmusik ertönt ... Mit dem Versuch, einen auf das trostloseste sondergesetzähnlichen Verteidigerausschluß zu ermöglichen, zupfte man an einer Masche der Strafprozeßordnung; und eine vorerst noch nicht abzusehende Zahl von Maschen fiel und wird noch fallen. Man kann an unserer StPO nicht restriktiv fummeln. Man kann sie nur insgesamt anwenden – oder insgesamt außer Kraft setzen.«

Das Sahnehäubchen setzte Bundesjustizminister Vogel, als er, während der Pappschinken durch den Wolf der fachjournalistischen Kritik gedreht wurde, erklärte, zum Gesetz sei gegen seinen Widerstand geworden, was er nicht ersonnen habe.

Neuer Verteidiger Baaders wird der Darmstädter Rechtsanwalt Hans Heinz Heldmann, Vorstandsmitglied der »Humanistischen Union«, Mitarbeiter von »Amnesty International« und von einigem Renommee durch die erfolgreiche Vertretung von asylsuchenden Ausländern. Ihm gegenüber desavouiert sich das Gericht, als es seine Bitte um Gewährung einer prozeßrechtlich völlig unproblematischen Zehntagesunterbrechung der Hauptverhandlung zum Sichten des Aktenberges ablehnt. Während sich in einem der umfangreichsten Prozesse der deutschen Rechtsgeschichte zum Beginn ein Antrags- und Ablehnungskarussell mit atemberaubender Geschwindigkeit dreht, beeilen sich auch Gesetzgeber und Strafverfolgungsbehörden.

Der neue Paragraph zur Bildung einer terroristischen Vereinigung kommt auf den Weg, und die Maßnahmen gegen die verdächtigten Ex-Baader-Anwälte rollen an. Gegen Groenewold und Croissant erheben die Generalstaatsanwälte in Hamburg und Stuttgart ehrengerichtliche Anklagen. Sie betreffen Verhaltensweisen, die lange bekannt waren. Bei Croissant sind es gebetsmühlenartig wiederholte beleidigende Nazivergleiche gegen die Justiz: »of-

85seitige Broschüre, erschienen wohl 1977/78.
Als Verantwortlicher im Sinne des Pressegesetzes
zeichnet Rechtsanwalt Rainer Elferding, Berlin

DOKUMENTATION

zur

KONTAKTSPERRE

fen faschistisch«, »faschistischer Akt«, »nackter Faschismus«, »Justizminister Bender ist ein Faschist«. Außerdem habe der Anwalt unter Umgehung von Vorschriften seinem Mandanten ein Interview ermöglicht, das eine getarnte RAF-Kommunikation gewesen sei. Ströbele, der verhaftet und bald wieder freigelassen wird, hat gegenüber seinen Mandanten das offenbar unverzeihlich schlimme Wort »Genosse« mündlich und schriftlich gebraucht und eine Presseerklärung seines Mandanten Teufel weitergegeben.

Gegen Groenewold, der wegen des Info-Systems ins Visier geraten ist, verhängt das zuständige Standesgericht im Eilverfahren ein vorläufiges Berufsverbot. Das Strafverfahren gegen den Anwalt und das Ehrengerichtsverfahren liegen indessen noch in weiter Ferne und hängen wie ein Damoklesschwert über ihm. Und damit auch über allen Linksanwälten, die im Vorgehen gegen den Hamburger Kollegen ein Pilotverfahren und ein Konzept zur Verhinderung politischer Verteidigung sehen.

Die Durchsuchungen bei den Anwälten führen zur Beschlagnahme umfangreicher Akten, die im Prozeß gebraucht werden. Dort entstehen nun weitere Verzögerungen.

Die Entdeckung der Langsamkeit

Nach 25 Verhandlungstagen ist die Hauptverhandlung acht Tage hinter dem Plan des Gerichts zurück, und es ist noch kein Wort zur Person der Angeklagten oder zur Sache gesprochen worden. Die Entdeckung der Langsamkeit geht nicht allein auf die Verteidiger zurück, die bereits zehnmal Befangenheitsanträge gegen den Senat oder dessen Vorsitzenden Prinzing gestellt haben, sondern auch auf die justizgemachten Schwierigkeiten mit dem neuen Prozeßrecht. Nebenbei kommunizieren sowohl die Verteidiger als auch Mitglieder des Gerichts rege mit den Medien, was sich ebenfalls auf den Prozeß auswirkt. Nachdem etwa der Beisitzende Richter Eberhard Foth der »Stuttgarter Zeitung« einen kritischen Brief über deren

Berichterstattung geschrieben hatte, begründete Rechtsanwalt Schily einen Ablehnungsantrag damit, der Richter versuche offenbar, »die Prozeßberichterstattung zu steuern«. Die Spannungen zwischen Wahlverteidigern und vom Gericht bestellten Pflichtverteidigern, von den Angeklagten als »Zwangsverteidiger« und nach dem Baader-Motto »die sollen die Fresse halten« diskreditiert, wirkten sich ebenso verzögernd aus wie zähe Auseinandersetzungen um die Verhandlungsfähigkeit der Angeklagten.

Der Gesundheitszustand von Baader, Ensslin, Meinhof und Raspe wurde zum Hauptgegenstand des Streitens. Rechtsanwältin Marieluise Becker stellte im Namen aller Verteidiger am 11. Juni 1975 den förmlichen Antrag, das Verfahren gegen die Angeklagten einzustellen und sie aus der Untersuchungshaft zu entlassen. Laut ihrer Begründung könne ein Strafprozeß nach rechtsstaatlichen Grundsätzen sowie nach den international anerkannten Normen des Menschenrechts, wie sie in den internationalen Konventionen niedergelegt seien, nicht stattfinden. Die Angeklagten seien seit ihrer Inhaftierung einem in keinem Gesetz vorgesehenen besonderen Haftstatut unterworfen, das ihre Gesundheit und damit ihre Verhandlungsfähigkeit zerstört habe.

Die völlige Isolation der Untersuchungsgefangenen, zentral gesteuert vom Bundeskriminalamt und der Bundesanwaltschaft, habe jedes rechtsstaatliche Denken, das Leben und Gesundheit des Angeklagten vor das staatliche Verfolgungsinteresse und die daraus resultierenden Sicherheitsüberlegungen setze, ins Gegenteil pervertiert. Die Bundesanwaltschaft als Schaltstelle zwischen Geheimdiensten, Polizei und Justiz habe sich zum Komplizen der Geheimdienste machen lassen, »die im höchsten Maß an der Zerstörung der Persönlichkeit und des Widerstandspotentials sozialistischer und anti-imperialistischer Revolutionäre interessiert sind«.

Die Geheimdienste hofften, durch »diese Vernichtungsstrategie« zu Aussagen der Angeklagten zu gelangen und Einblick in die Strukturen und Organisationsformen des revolutionären Kampfes zu erhalten. Neben solchen Spekulationen über die Gründe enthält der umfangreiche Antrag genaue Schilderungen der Haftbedingungen auch anderer RAF-Gefangener.

Der Senat ließ die Angeklagten schließlich nach vielen Monaten von Fachärzten untersuchen. Festgestellt wurde ein allgemein schlechter Gesundheitszustand mit körperlichen und psychischen Funktionsstörungen, alle Gefangenen waren untergewichtig, und dem Berliner Gerichtspsychiater Wilfried Rasch fielen bei allen Probanden »insbesondere im längeren Gespräch Einengung und Verlangsamung« auf. Der Zustand sei behandlungsbedürftig. Absolute Verhandlungsunfähigkeit liege gleichwohl nicht vor. Zur Ursache erklärte Rasch, sowohl der Hungerstreik als auch die Haftbedingungen kämen in Frage. Zur Haft ergänzte der Facharzt: »Aus psychiatrisch-psychologischer Sicht ist anzumerken, daß die für die Angeklagten gegebenen Haftbedingungen der Einleitung einer angemessenen Behandlung entgegenstehen bzw. evtl. zu einer weiteren Verschlechterung ihres Gesundheitszustandes führen.«

Professor Werner Mende aus München legte seinen Eindruck nach einem längeren Gruppengespräch so dar: »Vielmehr herrschte bei den Angeklagten eine ruhige Verhaltenheit vor, hinter der im Verlauf des Gesprächs eine Einstellung der Resignation untermischt mit Erbitterung, Enttäuschung und Hilfesuchen deutlich wurde.« In einer weiteren Expertise wird letztlich die Ausweglosigkeit der gesamten Situation umschrieben, losgelöst von der Frage, wer nun schuld hat am jämmerlichen Zustand dieser Menschen. Professor W. A. Müller und J. Schröder aus Stuttgart schreiben, daß ein angemessener Allgemein- und Kräftezustand und die Verhandlungsfähigkeit durch Medikamente allein nicht zu erreichen sei. Die »ganze Situation der Angeklagten, vor allem auch in psychologischer Hinsicht« sei zu ändern, doch kollidiere die ärztliche Vorstellung der Optimierung von Lebensbedingungen offensichtlich mit den von den zuständigen Behörden für erforderlich gehaltenen Sicherheitsmaßnahmen. Die Gutachter empfehlen, die soziale Isolation nach Möglichkeit zu lockern.

Dieser Forderung ist die Justiz in gewissem Umfang nachgekommen und hat die Angeklagten gemeinsam im siebenten Stock des Stammheimer Gefängnisses eingeschlossen. Eine Maßnahme übrigens, die auch nicht unkritisiert blieb, weil sich Spannungen, wie sie in Kleingruppen in engen Räumen zwangsläufig aufkommen, weiter verschlechternd auf die psychische Konstitution ausgewirkt haben können.

»... wird fortgesetzt«

Das Gericht stellt am 2. September die Verhandlungsunfähigkeit der Angeklagten fest, bricht den Prozeß allerdings nicht ab, wie es die Verteidigung angestrebt hatte, sondern ordnet unter Bezug auf die vom Gesetzgeber maßgerecht erarbeiteten neuen Bestimmungen in der Strafprozeßordnung an: »Die Hauptverhandlung wird in Abwesenheit der Angeklagten fortgesetzt.«

Pro Verhandlungstag mit Rücksicht auf die Angeklagten nur wenige Stunden zu verhandeln, kommt für den Senat nicht in Betracht. Eine Überschlagsrechnung anhand des zu bewältigenden Stoffs ergibt nach der Kalkulation des Senatsvorsitzenden eine Verhandlungsdauer von mindestens acht Jahren. Eingeschränkte Verhandlungsfähigkeit, wie sie die Gutachter attestiert hatten, verhindere letztlich die Hauptverhandlung. Der Senatsvorsitzende führt in seinem Beschluß aus: »Tatsächlich haben sich die Angeklagten in den vergangenen Wochen, als jeweils ein dreistündiger Verhandlungstag zugrunde gelegt wurde, immer wieder schon vor Ablauf dieser Frist für verhandlungsunfähig erklärt. Eine Weiterverhandlung war aus praktischen Gründen nicht möglich; die Diskussion, ob weiterverhandelt werden könne, nahm die restliche Zeit vollends in Anspruch.«

Zunächst befaßt sich der Beschluß mit Befunden der Mediziner und zieht als Bilanz: »Nach den ärztlichen Gutachten ist der jetzige Gesundheitszustand der Angeklagten nicht durch eine Ursache allein bedingt.« Die Mangelernährung durch mehrere Hungerstreiks und die Haftbedingungen seien die Ursachen, die nach Anteilen aufzutrennen die Gutachter sich nicht in der Lage gesehen hätten. »Die Zurückhaltung der Gutachter verwundert nicht«, stellt der Senat fest, »kommen doch Untersuchungen, die sich mit der Isolierung von Menschen – wie sie in diesem Sinn hier gar nicht vorliegt – befassen, zu unterschiedlichen Resultaten und differieren auch stark in ihrem wissenschaftlichen Niveau. Der Senat hat keinen Zweifel, daß die Hungerstreiks wenigstens mit-ursächlich für den heutigen Gesundheitszustand der Angeklagten sind.« Sie hatten von Anfang Januar bis Mitte Februar 1973, im selben Jahr vom 8. Mai bis zum 29. Juni und vom 13. September 1974 bis zum 3. Februar 1975 die Nahrungsaufnahme verweigert. Es braucht heute nicht mehr den seinerzeit halb amüsiert, halb entsetzt gestellten Fragen nachgegangen zu werden, ob Anwälte heimlich gebratene Hähnchenteile ins Gefängnis schmuggelten, um ihren Mandanten die Verweigerung der Anstaltskost zu erleichtern. Sicher ist, daß die Häftlinge unterernährt waren.

Für den Senat, der die Funktion des Hungerstreiks anhand von Papieren analysiert, die bei den ausgeschlossenen Anwälten sichergestellt worden waren, stellen die Forderung nach Änderung der Haftbedingungen und die Nahrungsverweigerung zwei Seiten derselben Medaille dar: »In Wahrheit war die Änderung der Haftbedingungen nur Mittel zum Zweck, um die politische Agitation in den Haftanstalten zu ermöglichen.« Ausführlich zitiert der Beschluß Texte von Baader, Meinhof und Ensslin, in denen die Vorstellung ausgearbeitet ist, im Gefängnis und aus dem Gefängnis heraus revolutionär zu wirken. Es stehe außer Frage, daß die Hungerstreiks nicht gegen die Isolation, sondern für Bedingungen geführt worden seien, etwa bereits ausgearbeitete Fluchtpläne und Geiselnahmen zu realisieren. Den Angeklagten sei auch klar gewesen, daß die Verweigerung von Nahrung schwere Folgen haben werde. Die Behörden haben ein Schreiben Baaders vom 4. Februar 1974: »Ich denke, wir werden den Hungerstreik diesmal nicht abbrechen. Das heißt, es werden Typen dabei kaputtgehen.« In einem

Die 100seitige Broschüre enthält elf Aufsätze – im Gegensatz zu den Broschüren früherer Jahre – jeweils mit Autorennamen. Verlagsgesellschaft Gesundheit mbH (Mehringhof), Berlin

Ein Ratgeber bei medizinischen und juristischen Fragen

Herausgegeben von der Ärztegruppe Berlin (W) für eine ausreichende medizinische Versorgung in den Haftanstalten, dem Marburger Bund, Landesverband Berlin und der Vereinigung Berliner Strafverteidiger

einen Monat später abgefangenen Schreiben Ulrike Meinhofs heißt es: »Sicher ist, daß wir den Hungerstreik gegen Isolierabteilungen für politische Gefangene so anlegen, daß die Gefangenen in seiner Folge verhandlungsunfähig werden. Dann aber ist die Verhandlungsunfähigkeit eine politische Demonstration nicht gegen Folter, sondern für die Einheit der Gefangenen – eine Gefängnisbewegung: Der zweite Schuh.« Und an anderer Stelle: »Klar ist, daß wir uns für diesen Hungerstreik einen Zeitpunkt aussuchen, wo nicht nur unsere Drohung zu verhungern (denn eine Waffe wird es nur, wenn klar ist, daß er durchgehalten wird, bis eine kollektive Forderung erfüllt ist – auch wenn es Kranke und Tote gibt) Druck ausübt, sondern auch die Planung der drei Prozesse: Stuttgart, Hamburg, Zweibrücken.«

Die Haftbedingungen seien im übrigen rechtens und wegen der fortdauernden kriminellen Planungen der Gefangenen auch in ihrer strengen Ausformung notwendig. Die Angeklagten stellten unter allen Gesichtspunkten ein ungewöhnlich großes Sicherheitsrisiko dar. Baader sei schon einmal, und zwar unter Mitwirkung von Frau Meinhof, aus der Haft befreit worden. Fazit des Senats: da die Angeklagten sowohl die Strenge der Untersuchungshaft verursacht als auch ihre Unterernährung wissentlich und schuldhaft herbeigeführt hätten, seien sie von der Hauptverhandlung auszuschließen: »Daß selbstverschuldete Krankheitszustände, die zu Verhandlungsunfähigkeit führen, ein Verhandeln in Abwesenheit des Angeklagten rechtfertigen können, ist in der Rechtsprechung anerkannt ... Der Senat hält die weitere Anwesenheit der Angeklagten nach dem derzeitigen Erkenntnisstand nicht für unerläßlich. Sie werden zur Hauptverhandlung wieder zugezogen, sobald sie verhandlungsfähig sind.« Es folgt die Unterschrift der Richter.

Der Bundesgerichtshof, den die Verteidiger anrufen, hält die Entscheidung des erkennenden Gerichts aufrecht. Die Angeklagten – in diesem Rechtszug heißen sie Beschwerdeführer – haben die Haftbedingungen, die für ihren Gesundheitszustand mit Ursache sind, selbst zu verantworten und »durch die vorsätzliche Herbeiführung ihrer Verhandlungsunfähigkeit haben die Beschwerdeführer schließlich auch wissentlich verhindert, daß die Hauptverhandlung ordnungsgemäß in ihrer Gegenwart durchgeführt werden kann«. Abschließend stellt der 1. Strafsenat des BGH fest: »Die als zulässig erkannte Fortführung der Hauptverhandlung in Abwesenheit der Angeklagten ist freilich nur in besonderen Ausnahmefällen erträglich, da sie den Angeklagten das rechtliche Gehör zwar nicht abschneidet, aber doch erschwert. Sie stellt jedoch in diesen Ausnahmefällen das einzige Mittel dar, zu der gebotenen Aufklärung strafbarer Handlungen zu gelangen.« Es widerspreche jedem Rechtsempfinden, wenn sich Angeklagte dadurch der Verurteilung entziehen könnten, daß sie das Verfahren verhinderten: »Das Rechtsbewußtsein der rechtstreuen Bürger, die täglich die Bestrafung Gestrauchelter wegen weit geringfügigerer Delikte erleben, als sie den Beschwerdeführern zur Last gelegt werden, würde (sonst) unabsehbaren Schaden nehmen.«

Der Bundesgerichtshof gibt in dieser Entscheidung auch seine zusammenfassende und wertende Darstellung der Angeklagten. Die Ausführungen ragen weit über den Kanzleistil, in dem sie abgefaßt sind, hinaus und wirken über den Zeitgraben von fast dreißig Jahren: »Die Beschwerdeführer gehören einer zahlenmäßig verschwindend geringen Gruppe der Bevölkerung an, die es im Gegensatz zu dieser für unerläßlich hält, den gewiß in mancherlei Hinsicht verbesserungsbedürftigen Zustand der Gesellschaft in der Bundesrepublik Deutschland – wie übrigens jeder Gesellschaft – nicht mit dem demokratischen Mittel der Überzeugung der Wähler, sondern gegen deren Willen unter Anwendung rücksichtsloser Waffengewalt zu verändern. Ihr augenscheinlich durch nichts zu beeinflussendes realitätsfernes Bild von den gesellschaftlichen Verhältnissen und von den tatsächlichen Möglichkeiten, auf sie einzuwirken, verführt sie zu einer fanatischen Verfolgung ihrer Ziele auch aus der Untersuchungshaft heraus. Sie verstehen sich als gefangene Mitglieder einer bewaffneten Gruppe (›Rote Armee Fraktion‹), die den bestehenden Staat mit allen Mitteln bekämpft, seine Gesetze nicht als für sich verbindlich anerkennt und seine Organe, insbesondere die Organe der Justiz, mißachtet. Aus dieser Haltung heraus haben sie in der Haft nicht nur mit Hilfe durch Rechtsanwälte verbreiteter Zellenzirkulare zum Zwecke der Aufrechterhaltung des Zusammenhalts ihrer Vereinigung den Kontakt zu inhaftierten Gesinnungsgenossen aufrechterhalten, sondern es auch verstanden, Kampfanweisungen an in Freiheit befindliche Terroristen gelangen zu lassen. Sie beschränken sich nicht darauf, von ihrem Recht zum Schweigen und zur Vorbereitung ihrer Verteidigung Gebrauch zu machen, sondern sie betreiben darüber hinaus ihre gewaltsame Befreiung.«

Die Beurteilung der Angeklagten im laufenden Verfahren durch das Obergericht fügt sich in die grundsätzliche Kritik der Verteidigung, die immer wieder die Verweigerung von Fairneß beanstandet und das Klima der Vorverurteilung beklagt. Über der Empörung gerät in Vergessenheit, daß die Justiz, BGH wie erkennender Senat, sich nicht vorzeitig zu den Anklagevorwürfen geäußert haben. Die grobe Zeichnung der RAF folgt den groben Linien, die jene selbst in öffentlichen Erklärungen und beschlagnahmten Dokumenten über ihre Absichten gezogen hat.

An vielen Prozeßtagen wird die übliche Arbeit der Beweisaufnahme erledigt, werden Zeugen gehört, Dokumente verlesen, breitet die Bundesanwaltschaft ihr Beweismaterial aus. Die Umstände der Festnahme der Angeklagten werden erörtert, was durchaus von Belang ist. Baader und Raspe stehen im Verdacht, in Mordabsicht auf Polizeibeamte geschossen zu haben, auch Ensslin soll versucht haben, vor einem Hamburger Modegeschäft die Waffe zu ziehen, ehe sie überwältigt wurde. Meinhof, in Hannover aufgespürt, habe sich zwar gewehrt, jedoch nicht zu schießen versucht.

Prozeßerklärung der RAF-Gründer

Nach mehr als einem halben Jahr Prozeßdauer werden die Angeklagten wieder zur Hauptverhandlung zugelassen und tragen eine umfassende Erklärung vor, deren Verlesung zwei Verhandlungstage dauert. Der Text gleicht einer überlangen Seminararbeit und ist als Dokument im Internet zugänglich. Wer versucht, ihn zu verstehen, muß sich große Mühe geben und bereit sein, aus den zahllosen verwendeten Zitaten auf die Qualität der benutzten Quellen zu schließen. Wie bereits erwähnt, verfügten die Autoren über jede gewünschte Literatur, sie hatten Zeit, sich mit dem Material zu befassen, und sie haben nach Beobachtung von Gefängnispersonal häufig bis spät in die Nacht bei Kerzenlicht an Schreibmaschinen gesessen.

Den Einzelheiten ihrer Weltsicht braucht hier nicht nachgegangen zu werden. Die Absicht der Erklärung ist vergleichsweise klar: »Es kommt uns hier darauf an zu zeigen, daß die Kapitalinvestitionen des multinationalen Kapitals, die dieser Staat in die Länder der Dritten Welt vermittelt und so seine Entwicklungshilfepolitik eine Funktion in der amerikanischen Militärstrategie ist, so daß, wenn wir hier gegen diesen Staat bewaffnete Aktionen durchführen, diese eine unmittelbare Funktion der Befreiungskriege in der Peripherie sind und so aus dem internationalen Kräfteverhältnis zwischen Revolution und Imperialismus eine revolutionäre Offensivposition in den Metropolen wird.«

Dies ist die These der in einem unerklärten Weltbürgerkrieg auf der Seite der Unterdrückten kämpfenden Revolutionäre. Über sie, auch dies ist ihre Botschaft, spricht kein Gericht ein Urteil, sondern die Geschichte. Auf die rechtlichen Vorwürfe, die sie auf die Anklagebank gebracht haben, gehen die Verfasser mit keinem Wort ein. Formal geht der Vortrag als »Erklärung zur Sache« ins Prozeßprotokoll ein.

Der Prozeß findet auch 1976 nicht zur Normalität. Schily stellt Ende April einen spektakulären Beweisantrag und fordert, den früheren amerikanischen Präsidenten Nixon, den früheren Verteidigungsminister Laird, dessen Stellvertreter James und den ehemaligen Oberkommandierenden in Vietnam, General Abrams, als Zeugen zu laden. Der Anwalt benennt außerdem Sachverständige, die darlegen sollen, daß »die amerikanische Intervention in Indochina von ihren Anfängen an völkerrechtswidrig« gewesen sei. Daß der Antrag als nicht zur Sache gehörend und für die Entscheidung des Gerichts unerheblich abgelehnt werden würde, war Schily mit Sicherheit bewußt. Daß er ihn gleichwohl stellte, läßt sich aus dem damaligen Verständnis politischer Verteidigung erklären. Vermuten darf man, daß die sehr ausführlichen historischen und militärtechnischen Angaben über den Vietnamkrieg, die den klassischen Rahmen eines Antrags auf Zeugeneinvernahme sprengen, auf Drängen der Angeklagten zurückgingen, die das Material zusammengetragen und ausgewertet hatten.

Es kam ihnen und scheinbar auch dem Antragsteller darauf an, die amerikanische Kriegführung in Vietnam ein weiteres Mal prozeßöffentlich zu machen, und sei es nur durch die Verlesung eines Textes, der so endet: »Das Leprosorium von Quynh Lap hat seit dem 12. Juni 1965 mindestes 34 Bombardements erlitten, obwohl es als Krankenhaus gekennzeichnet war. Das gleiche gilt für die Bombardierung von Deichen, Dämmen und Bewässerungsanlagen. Derartige Ziele waren auch aus der Luft mit anderen Zielen nicht zu verwechseln. Das Völkerrecht hat alle genannten Einrichtungen seit langem unter Schutz gestellt. Die Verwüstung ganzer Landesteile mit der Austilgung allen Lebens übertraf sowohl in ihrer barbarischen Wirkung als auch in der militärischen Sinnlosigkeit alle anderen in den Konventionen zur Regelung des völkerrechtlichen Kriegsrechts geregelten Tatbestände.« Und: »Von Anfang ihrer verbrecherischen Politik in Indochina an versuchten die USA, ihre Politik mit einer Schwemme von Lügen zu rechtfertigen. Allein das Pentagon gab seit Jahren mehr als 500 Millionen Dollar jährlich allein zu Propagandazwecken für die Rechtfertigung der US-Verbrechen in Indochina aus. Im Jahre 1970 betrug die Summe 900 Millionen Dollar.«

Rechtsanwalt Heldmann erklärte auf die Frage des Gerichts, welchen Beweiswert die von Schily benannten amerikanischen Zeugen für den Prozeß hätten, die beantragte Beweiserhebung sei von »prozeßentscheidender Bedeutung«. Die Vereinigten Staaten hätten Verbrechen gegen den Frieden, Kriegsverbrechen und Verbrechen gegen die Menschlichkeit begangen. Heldmann benannte damit Anklagepunkte des alliierten Nürnberger Tribunals gegen die deutschen Hauptkriegsverbrecher. Die Taten seien auch vom Territorium der Bundesrepublik Deutschland aus mit Wissen und Duldung der Bundesregierung begangen worden. Daher könne die Rechtsfrage entscheidungserheblich sein, »ob seinerzeitige Gewaltanwendung gegen bestimmte militärische Einrichtungen der USA auf dem Territorium der Bundesrepublik, so Bombenangriffe auf die US-Stützpunkte in Frankfurt und Heidelberg, gerechtfertigt waren; bejahendenfalls schließlich kämen wir zu dem weiteren Ergebnis, daß es für das Urteil in diesem Prozeß auf die Beweisführung im Sinne der Anklage nicht ankommt«.

Der Anwalt nimmt letztlich für die Angeklagten ein individuelles Widerstandsrecht in Anspruch, da der deutsche Staat sich den Rechtsverletzungen der Vereinigten Staaten nicht widersetzt habe.

Erwartungsgemäß verzichtet der Senat auf die beantragte Zeugenvernehmung.

Handfesteren Stoff bietet der Frankfurter Metallbildner Dierk H., der Bombenhüllen für die RAF gebaut hat. Der für die Verteidigung überraschend präsentierte 38 Jahre alte Zeuge gibt an, er habe geglaubt, für ein Filmprojekt zu arbeiten. Ein gewisser Erwin habe ihm von dem Projekt eines in Südamerika spielenden Films erzählt, für den die Attrappen von Bomben gebraucht würden. Erst durch das Titelbild des »Spiegel« vom 29. Mai 1972, auf dem RAF-Bomben zu sehen waren, will H. erkannt haben, was und für wen er gedreht und gefräst hat. Die Bereitschaft der Bundesanwaltschaft, so viel Naivität zu glauben und mit Nicht-Verfolgung H.s zu honorieren, gerät ebenso unter Beschuß der Verteidigung wie später die Schonung von Gerhard Ernst M. Dieses RAF-Mitglied wurde gemeinsam mit Ulrike Meinhof verhaftet und war bereit, mit den Ermittlungsbehörden zusammenzuarbeiten. Auf seinen Angaben basieren Kenntnisse über Strukturen, Pläne und Taten der Organisation, deren Protagonisten auf der Anklagebank sitzen.

H. und M. sind selbst in hohem Maß verdächtig, an Verbrechen der RAF beteiligt gewesen zu sein, M. ist wegen Zugehörigkeit zu einer kriminellen Vereinigung, Beihilfe zum Mord, Urkundenfälschung und Waffendelikten bereits zu zehn Jahren Freiheitsstrafe verurteilt. Doch er ist zusätzlich belastet durch die Aussage von Margit Schiller, die gesehen haben will, wie M. in der Nacht zum 22. Oktober 1971 in Hamburg einen Polizeibeamten erschoß. Nach dem Eindruck der Verteidigung in Stammheim hat die Bundesanwaltschaft diesen Mann als »Kronzeugen« ausgewählt, eine Figur, die es im angelsächsischen, nicht aber im damaligen deutschen Prozeßrecht gibt: Dem Täter, der den Behörden bei der Aufklärung eines komplexen Geflechts von Straftaten und bei der Überführung der Schuldigen hilft, wird justitielles Entgegenkommen bis hin zur Straffreiheit in Aussicht gestellt. M.s Vernehmung, in der er freundlich und beflissen auf Fragen der Anklagebehörde antwortet, aber einsilbig und patzig wird, wenn die Verteidiger am Zug sind, stützt allem Anschein nach den Verdacht, daß wieder einmal nach Sonderrecht verhandelt wird.

Es ist freilich kein Neuland, das die Justiz betritt, sondern eine Grauzone. Immer wieder einmal kommt es vor, daß abtrünnige Bandenmitglieder gegen ihre Komplizen aussagen, und die Gerichte haben auch darin Übung, solchen Zeugen mit besonderer Aufmerksamkeit zu begegnen und an ihre Glaubwürdigkeit strenge Maßstäbe anzulegen. Die Versuchung eines Mittäters im Zeugenstand ist groß, nicht nur Insiderwissen preiszugeben, sondern in einer Mischung aus Selbstreinigung und Hoffnung auf Entgegenkommen der Justiz die ehemaligen Komplizen ärger zu belasten, als es der Wahrheit entspricht.

M., der im Herbst 1971 zur RAF stieß, äußerte sich zu fünf Tatkomplexen und belastete die Angeklagten. Der Anschlag auf das Hauptquartier des V. Corps der US-Army in Frankfurt gehe auf eine Idee von Gudrun Ensslin zurück. Sie, Baader, Raspe und Meins hätten eine als Geschenk verpackte und mit Blumen verzierte Bombe in einer Telefonzelle auf dem seinerzeit frei zugänglichen Armee-Gelände am ehemaligen Bürogebäude der IG Farben deponiert. Als der Sprengsatz explodierte, wurde ein Soldat getötet.

Ensslin, Meins und Baader seien verantwortlich für einen Anschlag auf das Landeskriminalamt in München. Angela Luther und Irmgard Möller hätten eine Bombe vor der Polizeidirektion in Augsburg deponiert. Der Anschlag auf das Hamburger Axel-Springer-Haus gehe auf Initiative Ulrike Meinhofs zurück, sie habe sich gegen Baader durchgesetzt, der eingewandt habe, die Avantgarde des Proletariats dürfe keine Arbeiter zusammenbomben. An der Tat seien Siegfried Hausner, Klaus Jünschke und Ilse Stachowiak beteiligt gewesen. Das Attentat auf Bundesrichter Buddenberg, dessen Ehefrau durch eine unter dem Auto plazierte Bombe schwer verletzt wurde, war laut M. die gemeinsame Planung und Ausführung von Raspe, Baader und Meins. Der Anschlag auf ein weiteres amerikanisches Armee-Hauptquartier, diesmal in Heidelberg, gehe auf Luther, Möller, Meins und Baader zurück.

Die Aussage hilft der Anklagevertretung aus der juristischen Verlegenheit, zwar die Taten zu kennen und die RAF-Bekennerschreiben, aber die für eine Verurteilung notwendige Zuordnung zu bestimmten Angeklagten nicht leisten zu können. M., so empfanden es Prozeßbeobachter, brachte der Bundesanwaltschaft den Durchbruch. Die auf der Hand liegenden Fragen von Journalisten, ob dem Zeugen für die strafrechtliche Behandlung seiner eigenen Tatbeiträge Versprechungen gemacht worden seien, beantwortete Generalbundesanwalt Buback mit dem allgemeinen Hinweis, daß jeder geständige Täter von Gesetzes wegen mit Strafminderung rechnen dürfe. Daß es vielleicht doch nicht ganz so sachlich zugegangen sein mag, läßt sich aus dem Mangel an Interesse mutmaßen, mit dem die Bundesanwaltschaft die von Verteidiger Hans Heinz Heldmann verlesene Aussage Margit Schillers aufnahm, die ihrem ehemaligen Komplizen einen Mord zuschreibt. Viel mehr Aufmerksamkeit finden M.s Darstellungen über die ausgeschlossenen Anwälte Croissant, Groenewold und Ströbele und andere Verteidiger aus dem Baader-Meinhof-Komplex. Unbeeindruckt von dem öffentlich vorgetragenen Mordvorwurf »erzählte er oft mehr, als man ihn fragte«, heißt es in einem zeitgenössischen Pressebericht.

Zeuge in Doppelfunktion

Rechtsanwalt Ströbele, sagt M., habe Sprengstoffrezepte aus Jordanien beschafft und Wankelmütige auf Kurs zu bringen versucht. Von Plottnitz habe sich als »engagierter RAF-Psychologe« erwiesen und Mut zugesprochen, Siegfried Haag als Kurier für Baader Nachrichten gegeben. Croissant sei »Handlungsreisender in Sachen Ensslin« gewesen und habe mit seinem Kompagnon Jörg Lang der RAF das neue Mitglied Siegfried Hausner zugeführt. Mit einem Wort: M. war nicht nur der Kronzeuge gegen die Angeklagten, sondern auch gegen deren Verteidiger. Die zum Prozeß zugelassenen Anwälte versuchten wenigstens die Ungereimtheiten aufzuklären, die sich daraus ergaben, daß es über M. als »geheim« klassifizierte Akten gab. In zähen Antragsschlachten gelang dies schließlich, wobei sich zeigte, daß der Sperrvermerk das Resultat gemeinsamer Absprache zwischen Bundesjustizministerium, Generalbundesanwalt und Bundeskriminalamt war, Behörden somit, die sich in das gerichtsförmige Verfahren eingemischt hatten.

Strafprozessual geschützt war M. zusätzlich durch die Vorschrift, daß sich niemand selbst vor Gericht zu belasten braucht. Jedesmal, wenn die Verteidigung Näheres wissen wollte – in der Absicht natürlich, Widersprüche aufzudecken und die Glaubwürdigkeit des Zeugen zu erschüttern –, konnte sich M. auf sein Zeugnisverweigerungsrecht berufen.

Von dem, was M. über die RAF preisgab, ist, trotz aller Mutmaßungen über seinen Kronzeugenstatus, wenig widerlegt worden. Hanno Kühnert, ein Staatsanwalt, der Journalist wurde, kommentierte in der Süddeutschen Zeitung die Problematik: »Die Bundesanwaltschaft steht mit ihrem Zeugen, so glaubwürdig er in seinen Aussagen über die Gruppe sein mag, nicht gut da. Sie muß den Anschein bekämpfen, daß ihr die Zeugenaussage M.s die Vernebelung eines Polizistenmordes, zumindest aber dessen Nichtverfolgung, wert wäre.«

Zeitlich zwischen den Aussagen der Hauptbelastungszeugen H. und M. ließ der Selbstmord Ulrike Meinhofs den linken Straßenprotest aufflammen. Die Gefangene wurde am 8. Mai 1976, einem Sonntag, stranguliert in ihrer Zelle gefunden. Sie hatte ein Handtuch in Streifen gerissen, daraus ein Seil gewunden, das eine Ende um den Hals geknüpft und das andere am Fenster befestigt. Es gab keinen Abschiedsbrief. Den Tod der Journalistin, die zur Schlagzeile geworden war, werteten weite Kreise der Linken als staatlichen Mord, Straßenschlachten tobten wie seit den Jahren der APO nicht mehr, in Frankfurt flogen Molotow-Cocktails und verletzten einen Polizeibeamten schwer.

Ulrike Meinhof hatte bereits 1974 notiert: »Sollte es jemals heißen, ich hätte Selbstmord gemacht, so war es Mord – äußere Gewalteinwirkung – oder totaler Widerstand.« Die handschriftliche Notiz ist in Astrid Prolls Buch »Hans und Grete« faksimiliert publiziert. Jan-Carl Raspe erklärte im Prozeß: »Wir glauben, daß Ulrike hingerichtet worden ist. Wir wissen nicht wie, aber wir wissen, von wem, und wir können das Kalkül der Methode bestimmen. Es war eine kalt konzipierte Hinrichtung – wie Holger Meins hingerichtet worden ist, wie Siegfried Hausner hingerichtet worden ist. Hätte sich Ulrike entschlossen zu sterben, weil sie es als letzte Möglichkeit sah, sich – revolutionäre Identität – gegen die langsame Zerstörung ihres Willens in der Agonie der Isolation zu behaupten, hätte sie es uns gesagt, auf jeden Fall Andreas. So war ihr Verhältnis zueinander.« Dies darf bezweifelt werden. Es gibt Baader-Notizen, in denen Meinhof und Ensslin als »fürchterlich desorientierte Schweine« beschimpft werden, die »inzwischen eine Belastung geworden« seien. Auch ein Kassiber an Meinhof, in dem es heißt, sie solle die Fresse halten oder zum Teufel gehen, läßt nicht eben an ein geschwisterlich verbundenes Paar denken, von dem Raspe redete: »Die ganze Zeit war ihr Signal Intensität und Zärtlichkeit, Sensibilität und Genauigkeit.«

Kollegenpost

Die Serie von Aufregungen, die dem Prozeß in Stammheim schadeten, war durch den Tod in der Zelle und die heiß umstrittenen Zeugenauftritte nicht beendet. Anfang 1977 kam heraus, daß Senatsvorsitzender Prinzing Akten an den Bundesgerichtshof und dort zu Händen von Bundesrichter Albrecht Mayer geleitet hatte, einen Richter ausgerechnet jenes Gerichts, das als Beschwerde- und Revisionsinstanz für den Stammheimer Terroristenprozeß zuständig war. Die Post, die an Mayer abging, enthielt Material, das noch nicht in der Hauptverhandlung erörtert worden war, das geeignet schien, Rechtsanwalt Schily im Mißkredit zu bringen, und das Bundesrichter Mayer skandalöserweise auch noch, wie anfangs beschrieben, an den Chefredakteur der Tageszeitung »Die Welt« weitergab. Obwohl dies alles bekannt und die Befangenheit Prinzings ausreichend begründet wurde, blieb der Richter zunächst Senatsvorsitzender. Einige Tage später, am 20. Januar 1977, hat der Befangenheitsantrag von Pflichtverteidiger Manfred Künzel – es ist der 81. dieser Art – Erfolg. Prinzing hatte ein an sich schon beanstandbares Telefonat mit Rechtsanwalt Künzel geführt und darin erkennen lassen, daß er Aussagen der Angeklagten Ensslin nicht ernst nimmt: »Das kommt doch alles von Rechtsanwalt Schily.«

Während Richter Eberhard Foth sich als neuer Vorsitzender einigermaßen erfolgreich um die Verbesserung des Prozeßklimas bemüht, versetzt im März das Bekanntwerden von Abhörmaßnahmen dem Verfahren den letzten schweren Schlag. Die baden-württembergischen Minister der Justiz, Traugott Bender, und des Inneren, Karl Schieß, hatten über einen längeren Zeitraum geheime Mikrofone im Stammheimer Gefängnis installieren lassen und nicht nur die Gefangenen, sondern auch deren Anwälte belauscht. Eine juristisch windige Begründung griff auf rechtfertigenden Notstand zurück, eine Vorschrift, zu der auch nach damals geltender Rechtsmeinung staatliche Instanzen Zuflucht nicht suchen dürfen. Die Wahlverteidiger verließen den Verhandlungssaal und betraten ihn nie mehr. Am 28. April verkündete Richter Foth die lebenslange Freiheitsstrafe für Baader, Ensslin und Raspe.

Echo in der Öffentlichkeit

Gerhard Mauz schrieb im »Spiegel« über Stammheim:

»Das Klima der Erbitterung und endlich des Hasses läßt sich nicht schildern. Die Atmosphäre war beispiellos. Zuletzt litten alle Verfahrensbeteiligten, den Eindruck mußte man gewinnen, an der ›Stammheimer Krankheit‹, an dem Zwang, alles für möglich zu halten, sogar Gift im Kaffee. Diese Hauptverhandlung hat krank gemacht, sie war eine Krankheit.« Die Verteidigung sei an dem Desaster nicht unbeteiligt gewesen, doch trage das Gericht die Schuld daran, wenn die Anwälte das Gefühl haben mußten, es werde verworfen, was immer sie unternähmen. Die Flut erfolgloser Ablehnungen wegen Besorgnis der Befangenheit habe die öffentliche Meinung über die Verteidigung in Stuttgart-Stammheim am negativsten beeinflußt: »Das sah sich wie Verschleppung, wie Sabotage an, je notwendiger es wurde.« Immerhin, diese Hoffnung hat Mauz, seit Stammheim werde überlegter und engagierter verteidigt.

Im »Deutschen Allgemeinen Sonntagsblatt« resümierte Werner Birkenmaier: »Was so verbissen begonnen hatte, manchmal sogar unter Verletzung anwaltlicher Standesregeln, endete in Resignation und Müdigkeit. Die Auseinandersetzung mit dem Vorsitzenden Prinzing hatte die Prozeßbeteiligten zermürbt. Nur weil ihm der Vorsitzende Richter Foth folgte, läßt sich ermessen, wie dieser Prozeß auch – und das heißt besser – zu führen gewesen wäre. Prinzing hatte sich als Engel mit dem Flammenschwert verstanden, der die freiheitlich-demokratische Grundordnung gegen Terroristen verteidigen muß. Er interpretierte seine Rolle politisch und übersah, was sich Anwälte erlauben können: Für ihre Mandanten zu kämpfen und deren Standpunkt entschieden vorzutragen. Dieses Selbstverständnis Prinzings, das Gegenteil richterlicher Zurückhaltung, hat ihn in einen Dauerkonflikt mit den Wahlverteidigern getrieben.« Es sei, so schreibt der Prozeßbeobachter, im Dunkel geblieben, wer wann welchen Tatbeitrag geleistet habe. Das Gericht habe nicht lange gefackelt und aus Indizien die Mittäterschaft aller Angeklagter an allen Taten konstatiert.

In dem selbst umgelegten Korsett, sich trotz der unverkennbaren soziologischen und historischen Bezüge auf die rein rechtlichen Aspekte des RAF-Phänomens zu beschränken, hat der Stammheimer Prozeß fast nichts zur Klärung der Fragen beigetragen, wie es zu der unheimlichen Kollektivbildung junger Leute hatte kommen können. Der Haß der Angeklagten gegen die Bundesrepublik Deutschland, ihre Organe und Repräsentanten, gegen ihr Wirtschaftssystem und nicht zuletzt ihre Lebensgewohnheiten wurde kühl konstatiert, nach Wurzeln und Wegen aber nicht gefragt. Das Gericht hätte dies leisten können, dürfen und, wie manche sagen, auch müssen. So aber, wie der Prozeß geführt wurde, ist die subjektive Tatseite nur unzulänglich beleuchtet worden. Das Gericht hat nicht wissen wollen, warum die Angeklagten den bewaffneten Kampf als den alleinigen Ausweg betrachteten. In einem kleineren Teil der veröffentlichten Meinung spiegelte sich Kritik am Prozeßergebnis wider. Die meisten Pressestimmen griffen eher die lange Verfahrensdauer an oder problematisierten das Thema einer Justiz, die sich von Angeklagten und ihren Anwälten habe vorführen lassen.

Man wird jedoch Birkenmaier zustimmen, wenn er sagt, das Stammheimer Verfahren haben eine bleibende Bedeutung wie kaum ein anderes in der politischen Geschichte der Bundesrepublik Deutschland. »Daß dieser Prozeß mit einem Urteil endete und nicht vorher an seinen Verfahrensmängeln zerbrach, ist gerade nach dem Mord an Generalbundesanwalt Buback besonders wichtig. Wäre er gescheitert, so wäre das Verhältnis dieser Gesellschaft zu ihrer Justiz unweigerlich in eine schwere Krise geraten, sofern die Öffentlichkeit ihr Vertrauen in den Rechtsstaat nicht überhaupt verloren hätte.«

Die Rechtsstaat-Probe wurde nicht ohne Verluste bestanden. Der Makel von gesetzlichen Vorschriften, die auf ein bestimmtes Verfahren zurechtgeschneidert waren, blieb dauerhaft. Kontaktsperregesetz und der Paragraph über die terroristische Vereinigung sind bis heute in Kraft. Der Fall, für den Gefangene völlig von Kontakten mit der Außenwelt abzuriegeln wären, ist seit dem Deutschen Herbst nicht wieder eingetreten. Verteidiger sind seit Stammheim nicht wieder ausgeschlossen worden. Mag sein, daß sich Rechtsanwälte auch nie wieder derart von ihren Mandanten haben einspannen lassen, daß sie der Justiz Veranlassung zu drastischen Gegenmaßnahmen gaben. Aber die Instrumente liegen noch immer bereit, wenn auch im hintersten Eck des Justizgebäudes.

Als Tragödie wird man den tatsächlich eingetretenen Erfolg der Kampagnen gegen die Isolationsfolter bezeichnen können. Sie haben in ihrem Appell an die Humanität, die selbst dem Staatsfeind zukommen muß, unzählige Gutgläubige zur Solidarisierung mit Menschen gebracht, die diese Bezeugungen von Mitmenschlichkeit nicht gelohnt haben. Die nicht selten verzerrte Darstellung vom Schmachten der RAF-Gefangenen im Folterverließ hat die kriminelle Energie der Nachfolger erhöht und ihnen erleichtert, eine scheinheilige Aura von gerechtem Handeln im Kriminellen aufzubauen.

Zu den tragischen Aspekten gehört auch, daß es Justiz und Strafvollzug nicht gelingen konnte, der Propaganda den Wind aus den Segeln zu nehmen. Das Nachgeben in Form von Hafterleichterungen für die RAF-Leute bis hin zu Verhältnissen, die vor dem großen Rest der in Stammheim sitzenden Gefangenen mit Ausreden, Beschwichtigungen und Lügen verborgen werden mußten, hat es letztlich ermöglicht, daß Waffen in den siebenten Stock gelangen konnten, daß aus Radios Gegensprechanlagen wurden und daß der Selbstmord als letzter Akt einer unsäglichen Legende von Volkskämpfern inszeniert werden konnte, die unter den Stiefeln eines brutalen Staates zertreten wurden.

Tragisch ist die Figur des stellvertretenden Vollzugsleiters Horst Bubeck, der seinem Biographen Oesterle preisgab: »Heute weiß ich, daß ich in meinem ganzen Leben für keinen Menschen so oft gelogen habe, lügen *mußte,* wie für Andreas Baader.«

Alle Vergünstigungen, die den Gefangenen eingeräumt wurden, haben nach Ansicht des Vollzugspraktikers nicht etwa die befürchtete Eskalation verhindert, sondern im Gegenteil in die totale Obstruktion geführt. Nie zuvor war in einem deutschen Gefängnis gestattet worden, daß männliche und weibliche Gefangene gemeinsam Zeit verbringen konnten, und selbst so etwas Banales wie ein Fernsehapparat in der Zelle war seinerzeit ein Novum, von dem die anderen Häftlinge im Stammheimer Gefängnis, denen täglich zwei Stunden vor der Gemeinschaftsglotze gewährt wurden, natürlich nichts erfahren durften.

Der Mord an Siegfried Buback war ein Racheakt, die Morde an Jürgen Ponto und Hanns-Martin Schleyer wurden begangen, um die RAF-Gründer aus dem Stammheimer Gefängnis zu befreien, wie zuvor der Terrorüberfall auf die deutsche Botschaft in Stokkholm. Baader, Meinhof, Ensslin, Raspe starben von eigener Hand, Meins ist elend verhungert. Dies war die schauerliche Bilanz einer Vereinigung, die sich mit Berechtigung weder rot, noch eine Armee, noch eine Fraktion hätte nennen dürfen. Auf ihr Konto gehen tote und verletzte amerikanische Soldaten und ein grassierender Irrsinn, der Waffengewalt in einem freien Land diskutierbar machen sollte.

Daß Juristen übernommen haben, all diesen niederdrückenden Tatsachen zum Trotz auch für solche Täter auf der Einhaltung rechtsstaatlicher Regeln, Normen und Errungenschaften zu bestehen, ist leicht mißzuverstehen und mißverstanden worden. Einige

Verteidiger haben durch radikales Getöse und Verunglimpfung der Justiz, wenige gar durch nachgewiesene Komplizenschaft zur öffentlichen Leichtfertigkeit beigetragen, Angeklagte und Anwälte in ein und dieselbe Abfalltonne zu werfen. Damals ist vernachlässigt worden, daß der Einsatz für Rechtsstaatlichkeit gerade dann erforderlich ist, wenn einem Menschen schwere Verbrechen vorgeworfen werden. Gerade in solchen Fällen, in denen das Urteil klar auf der Hand zu liegen scheint, sind rechtliche Wachsamkeit und das Einhalten der Regeln mit allem erlaubten Nachdruck zu fordern. Rechtstaatlichkeit gegenüber dem angeklagten, scheinbar schon überführten Täter wird von einer über Verbrechen entsetzten und empörten Öffentlichkeit leicht verwechselt mit Nachsicht. Doch es ist keine Vergünstigung, die dem Angeklagten gewährt wird, wenn er oder sein Verteidiger in allen Phasen eines Verfahrens vorträgt, was ihnen wichtig scheint. Sich zu rechtfertigen, ist das Recht des Beschuldigten. Er hat keine Wahrheitspflicht, er darf die Regeln verletzen, der Staat darf es nicht. Es sind Justiz und Staat, die auf den Grundlagen des Rechts ruhen, das um der eigenen Existenz willen eingehalten werden muß. Der Rechtsstaat schützt mit Konstruktionen wie der Unschuldsvermutung oder dem fairen Verfahren oder dem Verbot unerlaubter Verhörmethoden nicht den Rechtsbrecher, er schützt sich selbst. Auch und gerade deswegen, weil rechtsstaatliche Grundsätze keine Selbstverständlichkeiten sind, sondern abstrakte Ableitungen. Sie sind der Gefährdung durch eine Haltung des Nicht-Genau-Nehmens regelmäßig dann ausgesetzt, wenn die Tat eines Verbrechers – zum Beispiel eines Kindermörders – die Öffentlichkeit erregt und sie sehr schnell bereit ist zu vergessen, daß die im Grundgesetz an erste Stelle stehende Würde des Menschen auch dem zusteht, der sie selbst mißachtet.

Kapitel 8
ENTSPANNUNG

Stammheim stand aus Sicht linker Anwälte stellvertretend für viele Prozesse und schlechte Erfahrungen. Es dämmerte, daß Erlebnisse von Schwierigkeiten und formalen Niederlagen nutzbar gemacht werden können, man begann darüber nachzudenken, wie die oft beschworene Solidarität eine über den Rang von öffentlichem Protest und gelegentlicher Presseverlautbarung hinaus gehende Form gewinnen könnte. Die bestehenden Standesorganisationen, dies hatten Linksanwälte häufig gespürt, mochten sich nicht solidarisieren. Eine eigene Organisation schien Zukunft zu haben. Im Dezember 1978 unterzeichneten 34 Rechtsanwälte und Hochschullehrer aus Hannover, Bremen, Frankfurt, München, Berlin und einigen anderen Städten den Aufruf zur Gründung einer neuen bundesweiten Anwaltsvereinigung. Darin heißt es nach allgemeinen Thesen über die Einschränkung von bürgerlichen Freiheitsrechten: »Der Strafverteidigung werden zunehmend Fesseln angelegt. Angstfreie Verteidigung, vor allem in politischen Verfahren, ist seltener geworden. Rechtsanwälte, die sich unerschrocken für ihre Mandanten einsetzen, sind in Gefahr, Ehrengerichts- oder Strafverfahren ausgesetzt zu werden. Es zeigen sich Tendenzen, die Anwaltschaft beamtenähnlich an den Staat zu binden. Es gibt bisher keine bundesweite Anwaltsvereinigung, die sich diesen Entwicklungen entschieden entgegengestellt hätte. Deshalb müssen diejenigen Rechtsanwälte sich jetzt zusammenfinden, die bereit sind, die ›freie Advokatur‹ zu verteidigen. Es geht nicht darum, zu den bestehenden Standesvertretungen eine Gegenorganisation zu schaffen. Es gilt vielmehr – anders als diese – nicht Standesinteressen zu vertreten, sondern die Beistandsfunktion des Rechtsanwalts für den Bürger gegen staatlichen und wirtschaftlichen Machtanspruch zu verwirklichen. 30 000 bundesdeutsche Rechtsanwälte können nicht mit einer Zunge sprechen. Die Meinungsvielfalt unter ihnen muß vielmehr für die demokratische Gesellschaft nutzbar gemacht werden.«

Zu den Unterzeichnern gehören die Professoren Erhard Denninger und Ulrich Preuß, viele inzwischen bekannte Linksanwälte wie von Plottnitz, Hannover und Schily, linke Sozialdemokraten, insbesondere aus Niedersachsen – unter ihnen der zunächst bei Holtfort als Referendar tätige, dann zeitweise auf dem Briefkopf geführte Rechtsanwalt sowie Bundesvorsitzende der Jungsozialisten Gerhard Schröder, der Jahre später wegen Nicht-Zahlung des Mitgliedsbeitrages ausgeschlossen wird.

Die Befürchtungen, die Standortbeschreibung und die Forderungen des Aufrufs sind nicht neu, doch der gegenüber manch früher vernommenen wütenden Exkursen geradezu moderate Ton und der Akzent, der mit der Formulierung über die Freiheitlichkeit »unserer« Republik gesetzt ist, läßt einen neuen Kurs erkennen.

Es waren vielleicht sechshundert, damit etwa 3 Prozent der Ende der siebziger Jahre in der Bundesrepublik aktiv tätigen Rechtsanwälte, die man mit einigem Recht Linksanwälte nennen konnte und die im Lauf der Jahre ein wenig stolz auf die etwas schräge Berufsbezeichnung geworden waren.

Anders jedoch als Teile ihrer Mandanten, die in der Kriminalität und damit im politischen Nichts gelandet waren, hatten sich bereits in den Jahren zuvor unter den Linksanwälten, insbesondere Strafverteidigern, Strömungen entwickelt, demokratische und systemverträgliche Wege zu suchen, sich in einer der Öffentlichkeit vermittelbaren Form mitzuteilen und Einfluß zu gewinnen.

Sie hatten zuvor als Einzelkämpfer, als Sozietäten, selten als Bürogemeinschaften ihre Konflikte mit dem Staat ausgetragen, sie hatten veröffentlicht, ihre Geschichten waren mehr oder weniger breit in Randpublikationen erschienen und sind von ihnen, meist aber von den als Herausgeber tätigen politischen Gruppierungen oft mit einem Unterton verfolgter Unschuld kommentiert worden. Zuhauf lagen solche Broschüren auf den Literaturtischen linker Politveranstaltungen, bei denen in trostlosen Sälen und nicht selten im Kampf mit streikenden Verstärkeranlagen der Zustand der Welt beklagt wurde. Eine breite Öffentlichkeit hatten weder die Protestierer im Saal noch die stummen Anklageschriften davor erreicht.

Der DAV, die etablierte, bis dahin einzige Berufsorganisation, in der ca. zwei Drittel der deutschen Anwälte Mitgliedsbeiträge zahlten, sah mit großer Skepsis, teilweise Abscheu und mitunter recht unkollegialem Ton auf die Abweichler herab.

Ein Eindruck davon, mehr als die berühmte kleine radikale Minderheit zu sein, hatten allerdings die linken Strafverteidiger in Berlin schon im Herbst 1975 erleben können. Otto Schily war in den frühen siebziger Jahren als Zweiter Vorsitzender der seit 1951 neu gegründeten und nicht mit dem DAV verbundenen »Vereinigung Berliner Strafverteidiger e.V.« gewählt worden. Der damalige 1. Vorsitzende Roos, dem man gute Beziehungen zur in Berlin marktbeherrschenden Springer-Presse nachsagte, beantragt im Spätsommer 1975 die Abwahl von Schily mit der pauschalen Behauptung: »Schily richtet den Rechtsstaat zugrunde.« Unterstützung erhält er insbesondere von Dulde, der im Mahler-Verfahren erstmalig sich vom Gericht – gegen den Protest der Wahlverteidiger – zusätzlich als sogenannter Zwangsverteidiger hatte bestellen lassen und u.a. sehr empört war über den Spruch: »Dulde und liquidiere.« Mahler soll ihn sogar einmal geohrfeigt haben. In der Versammlung wird intensiv über das Grundverständnis von Strafverteidigung diskutiert. Trotz der Drohung von Roos: Schily oder ich, scheitert der Abwahlantrag. Der gesamte Vorstand tritt daraufhin zurück.

Etwa 20 linksaußen verortete und linksliberale Anwälte treffen sich zur Vorbereitung der nächsten Versammlung im Büro von Ströbele. Roos kandidiert auf der Versammlung im Oktober 1975 alleine als 1. Vorsitzender, da die vorgesehene Gegenkandidatin Helen Bode, SPD, in Urlaub war. Die Abstimmung endet mit 39 zu 39 im Patt, woraufhin Roos mit seinen Anhängern den Saal verläßt. Bode wird daraufhin in Abwesenheit zur 1. Vorsitzenden gewählt (später wird sie die Übernahme des Amtes ausschlagen), Schily zum 2. Vorsitzenden; Schriftführer wird Dr. Dombeck, später Präsident der Bundesrechtsanwaltskammer, sowie Jungfer als Kassierer.

Roos gründet den »Verband Berliner Verteidiger«, den er später wegen mißbräuchlicher Benutzung des Begriffes »Verband« umbenennen muß in »Berliner Strafverteidiger«; Der »Berliner Anwaltsverein« versucht die alte »Vereinigung Berliner Strafverteidiger« nun als »Linksverein« zu diffamieren – vergeblich. Die Neu-Gründung, selten mehr als 15 Mitglieder stark, sollte sich wenige Jahre später auflösen. Roos wird noch von Interesse sein als Wahlverteidiger von Jürgen Bodeux, ein Zeuge, der sowohl im Schmücker-Prozeß als auch in der Aktion Winterreise eine zwielichtige Rolle als Kronzeuge spielen sollte.

Als dann 20 Jahre später der Vorstand der »Vereinigung Berliner Strafverteidiger« in einem siebenseitigen Schreiben in scharfer Form Bedenken gegen die von ihrem Vereinsmitglied Schily maßgeblich vorangetriebene Änderung des Grundrechtes auf Asyl äußert und um Stellungnahme bittet, reagierte Schily mit Austritt – eine Begründung fehlt.

Die »Vereinigung Berliner Strafverteidiger«, inzwischen auf ca. 200 Mitglieder angewachsen, wählt im Januar 1976 das CDU-Mitglied Dietrich Herrmann zum 1. Vorsitzenden und beteiligt sich bald aktiv zusammen mit der »Hamburger Arbeitsgemeinschaft für Strafverteidiger« sowie der »Vereinigung niedersächsischer Strafverteidiger« an Vorbereitung und Durchführung des 1. Strafverteidigertages im Mai 1977 in Hannover. Stolz wird bei späteren Jubiläen betont, man habe trotz verschiedener politischer Herkunft immer solidarisch zusammenarbeiten können.

Neue Entwicklung

Nicht zufällig wird seit Mitte der siebziger Jahre ausgerechnet Hannover zum zentralen Ort der Neu-Entwicklung bei den Linksanwälten. Dies lag maßgeblich an einem Mann: Rechtsanwalt und Notar Werner Holtfort. Geboren 1920, Wehrmachts-Offizier hoch zu Pferde, Liebhaber von Degenduellen und Zinnsoldaten, eher klein, schlank, immer sehr konservativ gekleidet, bis auf ein merkwürdiges weinrotes Mantel-Cape, stets mit dunkler Hornbrille und korrekt gekämmtem Haar. Noch 1990, bei Holtforts 70. Geburtstag, wird sich Gerhard Schröder in seiner Laudatio an dessen furchteinflößenden riesigen Eichenschreibtisch mit geschnitzten Löwenfüßen erinnern, aber auch seine Freude äußern über Holtforts Geburtstagsgeschenk, eine Festschrift mit dem schönen Titel »Rechtspolitik mit aufrechtem Gang«.

Holtfort stach extrem ab von ihn seit Mitte der 70er Jahre nicht selten begleitenden Linksanwälten, die oft noch mit langen Haaren, Vollbärten, der traditionellen Blue Jeans – auch wenn die Auftritte eines Rolf Pohle in München mit Cowboy-Stiefeln, Texas-Hemd und in der Robe einer zierlichen Anwältin inzwischen Geschichte geworden waren – ihren Abstand zur bürgerlichen Welt demonstrativ zeigten.

Doch wenn Holtfort sprach, geschah das die linken Zuhörer verblüffende Wunder. Immer im höflichen Ton bleibend zeigte er sich umfassend informiert über alle Probleme der Linksanwälte, orientierte sich strikt an den Prinzipien von Demokratie und Rechtsstaat und scheute sich nicht, allen – auch seiner SPD (er war auch in der »Arbeitsgemeinschaft sozialdemokratischer Juristen« sowie der »Humanistischen Union« aktiv) – unmißverständlich die Leviten zu lesen.

Zermürbt und enttäuscht von seiner Arbeit in den traditionellen Organisationen von Anwalts- bzw. Notarkammer und DAV hatte er in Hannover Gleichgesinnte um sich geschart. Dazu gehörte auch das CDU-Mitglied Hermann Husmann, der mit seinem schon in den 60er Jahren gegründeten Verein »Freie Advokatur e.V.« nur wenig Zulauf hatte verzeichnen können.

Die nahegelegene Evangelische Akademie in Loccum hatte dann im April 1975 eine Tagung zum Thema erlebt: Der Rechtsanwalt – Interessenvertreter, Unternehmer, Organ der Rechtspflege«, an dem sich u.a. Josef Augstein (der ein Jahr später im Sammelband »Terrorismus contra Rechtsstaat« einen nachdenklichen Aufsatz zum Thema veröffentlichen sollte), Mauz vom »Spiegel« und Pfenningsdorf (SPD; MdL) beteiligten und wo von seiten der vor 1940 Geborenen intensiv über die von den Linksanwälten aufgeworfenen Fragen diskutiert wurde.

Statt den damals geäußerten Schlagworten des deutschen Richterbundes vom »marxistischen Rollenverständnis« und vom »Anwalt als Klassenkämpfer« nachzugehen und sich den Kopf über die »Abwehr von Verfahrenssabotage« zu zerbrechen, wurde hier inhaltlich die Bedeutung, Rolle, Aufgabe des Rechtsanwaltes, insbesondere des Strafverteidigers, erörtert und am Ende der Begriff geprägt vom Anwalt als »Rechtshelfer sozialer Gegenmacht«.

Im März 1976 gründete Holtfort mit ca. 20 Gesinnungsgenossen, die im berühmten »Holtfort-Keller« durchaus auch der Geselligkeit gefrönt hatten, die »Vereinigung niedersächsischer Strafverteidiger e.V.«.

Und damit war auch ein Ansatzpunkt gegeben, an dem z. B. der vom Berufsverbot und langer Haftstrafe bedrohte Groenewold Ansprechpartner finden konnte.

Groenewold, bereits 1965 als Anwalt zugelassen, war es auch, der schon immer über die Organisierung der Linksverteidiger nachgedacht hatte, aber – Rechtsanwälte, insbesondere Strafverteidiger in ihrer Rolle meist als Einzelkämpfer vor Gericht, sind nun mal Individualisten und deshalb extrem organisationsfeindlich – lange erfolglos geblieben war. Am 21./22. März 1976 aber hatte er Erfolg: Sein Aufruf zur Einrichtung eines zentralen Treffens auf informeller Basis aller interessierten Anwälte (Anwältinnen spielten schon wegen ihrer geringen Zahl von höchstens 15 Prozent keine wichtige Rolle), unterstützt von Golzem, Frankfurt, und Spangenberg, Berlin, folgten an die 100 Teilnehmer.

Später berichtet er: »Diese zentralen Treffen wurden von Anwälten besucht, die damals in politischen Strafsachen tätig waren. Wir beschäftigten uns mit Haftbedingungen, mit Gerichtsentscheidungen, mit Verfolgungsmaßnahmen gegen Anwälte und mit Strafverfahren gegen die Stammheim-Anwälte. Es gab dazu auch Referate. Außerdem hatte ich für die Anwälte ein neues Anwaltsinfo eingerichtet, durch das Gerichtsentscheidungen, Referate, Presseberichte über Reden der Bundesminister und Polizeipräsidenten und Presseberichte aus dem In- und Ausland verteilt wurden. Auf diese Weise, durch den gemeinsamen Informationsstand, erhielt die Zusammenarbeit Kohärenz. Über die zentralen Treffen wurden außerdem Kontakte zu ausländischen Anwaltsorganisationen vermittelt, zu denen wir eingeladen wurden. Der Beginn dieser Treffen wurde durch den Konflikt mit der Anwaltsgruppe um Klaus Croissant bestimmt. Beim ersten Treffen verlangten Croissant und seine damaligen Mitverteidiger, die dem KBW nahe standen, das Vorhaben zu stoppen und die Anwälte statt dessen zu einem Prozeßkomitee um den Stammheimprozeß konstituieren zu lassen. Das wurde mit Mehrheit abgelehnt.«

Vom richtungsweisenden 2. Treffen am 8. Mai 1976 existiert ein Gedächtnisprotokoll:

»Der Tagungsraum konnte nicht eingehalten werden; statt dessen trafen sich etwa 80 Personen in einem kleinen, und deshalb bald völlig überfüllten Saal in einem Frankfurter Bürgerhaus. Dort kam es zu einer Diskussion über die Frage, wer an dem Termin teilnehmen bzw. stimmberechtigt sein soll. Golzem vom Anwaltskollektiv (Gesprächsleitung) bezeichnete in einem Beitrag die etwa fünf bis acht jungen Leute im Gefolge von Croissant als »Stimmvieh«. Darauf sprang Croissant auf, schrie, das ist ja Faschismus und gab Golzem eine Ohrfeige. Daraufhin zogen alle – außer Croissant und Gefolge – aus dem Saal. Sie trafen sich dann in einem Raum in der Uni, die bereits vorsorglich angemietet worden war.

Golzem berichtete nun von einem Vorfall vom 1. Prozeßtag in Düsseldorf (Stockholm-Prozeß): Er hatte bereits im November mit seinem Mandanten Taufer Schwierigkeiten und auch Probleme, bei dieser Tat zu verteidigen. Es war mit dem Mandanten seit dieser Zeit abgesprochen, daß er zwar sein Verteidiger bleibt, nicht aber in der Hauptverhandlung auftritt. Als es nun um die Frage ging, daß die vier Wahlverteidiger zu Pflichtverteidigern bestellt werden sollten, hielt Croissant eine Rede und sagte, die Einschüchterung gehe schon so weit, daß Kollegen nicht mehr den Mut hätten, im Gerichtssaal aufzutreten. Als der Richter fragte, ob er damit jemanden Bestimmtes meine, sagte Croissant: »Ja, Herrn Golzem«, und regte an, die Erklärung von Golzem über sein Nicht-Auftreten zu verlesen, was dann auch geschah.

Es folgte eine Diskussion über die Tagesordnung. Gewisse Einigkeit herrschte dann auch darüber, daß an diesen Treffen nur Rechtsanwälte und Referendare, die mit politischen Prozessen befaßt sind, eingeladen werden. Die Frage, ob Croissant auch eingeladen werden soll, wurde diskutiert ohne eine klare Entscheidung.

Die Linie war etwa: Er wird informiert, wenn er kommt, muß die Basis der Zusammenarbeit mit ihm festgelegt werden.

Als Tagesordnung wurde nach der Mittagspause beschlossen:

1. Berufsverbote/Ausschließung für Anwälte, Referendare.

2. Gutachten mit Schriftsätzen für verschiedene Punkte über die politische Repression in der BRD an die UN-Menschenrechtskommission.

3. Diskussions-Gruppe über Stammheim auf dem Pfingst-Treffen vom Sozialistischen Büro in Offenbach.

Ad 1. Das Büro Spangenberg in Berlin dient als Informationszentrale für diesen Punkt. Alle Informationen sollen dort gespeichert werden und abrufbereit sein. Ein längerer Beitrag über diesen Punkt ist beim Büro-Spangenberg für die Zeitschrift »Kritische Justiz« in Vorbereitung.

Sinnvoll erschien es, einzelne Fälle herauszugreifen und dazu eine Kampagne zu führen. Dazu wurde der Fall Groenewold ausgewählt. Er war der erste Fall, hatte seit 1973 vorläufiges Berufsverbot, und Generalbundesanwalt Buback hatte in seinem Spiegel-Interview angekündigt, daß noch in diesem Jahr das Verfahren gegen ihn laufen soll. Neu ist dabei auch eine ganz massive Bedrohung und Einschüchterung der meist unpolitischen Angestellten vom Büro. Eine wurde wegen ihres Diktat-Zeichens als technische Leiterin des Unternehmens tituliert, ihr wurde gedroht, daß sie in den Knast kommen kann und sie nicht weiß, wo ihr Kind hinkommen soll, außerdem könnten »die (Büro Groenewold)auch nicht ewig für sie zahlen«. Die Sache käme vor den 3. Strafsenat des BGH, und sie wüßte, daß dort eine rauhe Gangart herrsche etc. Die Angestellten wurden erkennungsdienstlich behandelt, die Adressen in ihren Adreßbüchern aufgesucht bzw. überwacht…«

Neben diesen noch zwölfmal meist in Frankfurt stattfindenden »Zentralen Treffen« (bald »Bundesliga« genannt) unterstützt und vorbereitet durch den sogenannten »Groenewold-Verteiler« (jeweils ein Kopier-Konvolut mit Infos, relevanten Urteilen, Zeitungsartikeln etc.), bilden sich rasch in fast allen Bundesländern regionale Treffen (»Regionalliga«), was dann mit der Gründung des Republikanischen Anwaltsvereins in Frühjahr 1979 sein Ende fand.

Noch sind wir im Jahr 1976: Am 9. Mai, ein Tag nach dem 2. Zentralen Treffen, stirbt Ulrike Meinhof, erhängt in ihrer Zelle in Stammheim. Die Verteidiger reagierten auf einer Pressekonferenz scharf. Sie sprachen von »Mord«, »anonymem Mord«, »institutionellem Mord« und verlangten die Einrichtung einer internationalen Untersuchungskommission zur Klärung der Todesursache.

Die Äußerungen der Anwälte waren sicher zu voreilig und zum Teil überzogen. Dennoch blieb die Forderung nach einer Untersuchungskommission legitim, selbst für den Fall, daß Ulrike Meinhof tatsächlich einen Selbstmord begangen hat, denn immerhin war sie der staatlichen Gewalt unterworfen und auch die Haftbedingungen könnten einen Selbstmord mitverursacht haben.

Als es nach dem Tod von Ulrike Meinhof zu schweren Auseinandersetzungen zwischen Demonstranten und der Polizei kam, wurden die Anwälte dafür verantwortlich gemacht. Ähnlich wie am 15./16. Mai 1976 die »Süddeutsche Zeitung« reagierte fast die gesamte Presse.

»Ausgebeuteter Tod einer Symbolfigur«, Untertitel: »Die Meinhof-Anwälte sind an den Anschlägen und Ausschreitungen mitschuldig«, hieß es in der Überschrift eines Kommentars von Robert Leicht. Und weiter: »Der Tod von Ulrike Meinhof – dunkler Abschluß eines bitteren Lehrstücks hätte durchaus zum Anlaß eines öffentlichen Nachdenkens werden können. ... Aber das, was ihre (angeblichen?) Freunde und Verteidigung herausgeschlagen haben, war auf teuflische Weise konsequent: Kampf um jeden Preis und mit allen Mitteln. Jegliches Mitgefühl selbst über noch so tiefe Gräben hinweg ... wurde in dem Augenblick desavouiert, als nicht einmal die Anwälte davor zurückscheuten, diesen Tod auf schamlose Weise zum Kampf gegen die Justiz auszubeuten.«

Doch die bundesweiten Meinhof-Demonstrationen – Joschka Fischer: »Wir standen am Abgrund« – führen zum Reflexionsprozeß bei der gesamten Linken. Am 5. Juni appelliert Fischer am Ende seiner Rede auf dem Frankfurter Pfingstkongreß, den bewaffneten Kampf aufzugeben: »Gerade weil unsere Solidarität den

Genossen im Untergrund gehört, weil wir uns mit ihnen so eng verbunden fühlen, fordern wir sie von hier aus auf, Schluß zu machen mit diesem Todestrip, runter zu kommen von ihrer ›bewaffneten Selbstisolation‹, die Bomben wegzulegen und die Steine und einen Widerstand, der ein anderes Leben meint, wieder aufzunehmen.«

Staatliche Repression

Die Fälle von Repressionsmaßnahmen von Staatsseite, die die Ausbildung von Juristen alleine vornimmt, hatten sich Mitte der 70er Jahre massiv gehäuft: sei es Verweigerung der Zulassung zum 1. Staatsexamen, dann zum Referendariat, dann zum 2. Staatsexamen, schließlich zur Anwaltschaft (insbesondere die Fälle der Frankfurter Anwälte Knöss und Düx werden bitter registriert); Durchsuchungen von Kanzleien, Telefonüberwachung, Ausbildungsverbote, Anlegen von Sonderakten, Verschlußakten, Berufsverbote, Inhaftierungen und Strafverfahren etwa gegen einen Dortmunder Anwalt wegen Falschaussage, weil er als Zeuge erklärt hatte, eine Äußerung seines Mandanten in einer Prozeßpause nicht gehört zu haben.

Bei den Ehrengerichten laufen die Prozesse an. Aus dem diesbezüglichen Humor eines Hans Heinz Heldmann in seinem Schreiben an die Staatsanwaltschaft zu seinen Anklagen in Ehrengerichtsverfahren: »…Ich schlage Ihnen vor, daß wir zunächst die fälligen Ergänzungslieferungen auf den neuesten Stand anwachsen lassen, Sie dann, damit wir uns nicht innig in pausenlose Korrespondenz verstricken (Sie wissen doch – in Stammheim habe ich allen Mund voll zu tun), das große Abrechnungsschreiben hergeben und ich alsdann der Bundesanwaltschaft Gesamtrückschau gebührend würdige …« wird Ernst. Schily soll sich am Ende mit über 80 solcher Verfahren konfrontiert sehen.

Generalbundesanwalt Buback erklärt in einem »Spiegel«-Interview sein Verständnis vom Rechtsstaat: »Der Staatsschutz lebt davon, daß er von Leuten wahrgenommen wird, die sich dafür engagieren. Und Leute, die sich wie Herold und ich dafür einsetzen, die finden immer einen Weg. Wenn sie eine gesetzliche Regelung haben und sie mal strapazieren müssen, funktionieren die ja meistens doch nicht.«

Der »Stern« startet eine kritische Serie: »Aufrüstung gegen die Freiheit«.

Das Belgische Fernsehen vergleicht die Bundesrepublik mit den totalitären Staaten Chile, Spanien, dem Iran und zieht Parallelen zwischen der deutschen Wirklichkeit 1976 und dem Beginn der Hitlerzeit 1933.

Die CDU wirbt: »Freiheit statt Sozialismus«.

Der französische Sozialistenführer François Mitterrand gibt den deutschen Genossen den »freundschaftlichen, aber ernsten Rat«, den Radikalenerlaß, den er ein Berufsverbot nennt, schleunigst abzuschaffen.

Die SPD wirbt: »Freiheit durch sozialen Fortschritt«.

Die konservative »Times« schreibt: »Gefährlicher Rechtsruck in Deutschland«. Die Schweizer »Tribune de Genève« fragt, »ob der Staat, der auf den Ruinen des Nazismus errichtet wurde, grundlegende, demokratische Prinzipien aufgeben wird?«

Doch die Linksanwälte erleben auch ein erstaunliches Phänomen: Trotz, wohl eher aber gerade wegen des massiven Drucks von Staatsseite wächst insbesondere die Zahl der Referendare, die sich zu ihnen bekennen. Ende 1976 listet die Frankfurter »Regionalliga« 83 Adressen (37 Anwälte, 27 Referendare, 3 Studenten, 1 Fachhochschullehrer) auf. Die Kammerversammlung Hamburg fordert die Rücknahme der vor wenigen Monaten neu eingeführten und von ihr damals noch tolerierten Regelungen auf dem Gebiet der Strafrechts und Strafprozeßrechts.

Im März 1977 unterschreiben fast alle namhaften Strafrechtsprofessoren eine Stellungnahme, in der die Abhörmaßnahmen in Stammheim als Verstoß gegen das geltende Recht gewertet werden.

Der 1. Strafverteidigertag in Hannover im Mai 1977, angeregt und ausgerichtet von der im Jahr zuvor gegründeten »Vereinigung niedersächsischer Strafverteidiger e.V.« wurde der zentrale Einschnitt, auch Erfahrungswert für die dann erfolgte nunmehr formelle Organisierung der Linksanwälte. Die Eigenständigkeit des jährlich stattfindenden »Strafverteidigertages« bleibt trotz späterer massiver Einreihungsversuche des DAV bis heute gewahrt.

Schon im Vorfeld des Kongresses wird der Konflikt mit dem DAV überdeutlich. Die Organisatoren des 1. Strafverteidigertages, die sich zunächst als Ergänzung zum großen Verband verstehen, der es versäume, Verteidigerinteressen in Staat und Gesellschaft nachhaltig zu vertreten, laden den Vorsitzenden des mit dem DAV-verbundenen »Deutsche Strafverteidiger e.V.«, Rechtsanwalt Erich Schmidt-Leichner, einen Verteidiger aus Frankfurt, der schon im Dritten Reich als Jurist tätig gewesen war, ein, den Eröffnungsvortrag zu halten.

Holtfort schrieb rückblickend: »Das und überhaupt der verpönte Veranstaltungszweck aber wirkten wie ein Schlag aufs Wespennest.« Der DAV habe nichts unversucht gelassen, die Zusammenkunft zu hintertreiben, etwa durch öffentliche Erklärungen, es handele sich um ein Treffen ultralinker Juristen. Brangsch drohte gegen den Titel: »Strafverteidigertag 1977« mit einer einstweiligen Verfügung. Schmidt-Leichner ließ drei Tage vor Kongreßbeginn mitteilen, er werde sein Referat »Schutz durch das Strafrecht – Schutz vor dem Strafrecht: Verteidigung im Widerstreit« nun doch nicht halten. Seine Ansichten könnten von Schily mit vorgetragen werden.

Fast titelgleich organisiert der DAV im Oktober desselben Jahres die 1. Deutsche Strafverteidigertagung in Bonn, auf der bei nur wenigen Dutzend Teilnehmern das traditionelle Bild des Strafverteidigers nachgezeichnet wird. Aufgabe sei es, in Ausübung eines staatlich gebundenen Vertrauensberufes in erster Linie im Sinne der staatlichen Rechtsordnung zu agieren und für die zügige Durchführung von Strafverfahren, die Beachtung der Würde des Gerichts und für die Vermittlung der Einsichtigkeit des Urteils gegenüber seinen Mandanten zu sorgen.

Solche Bestätigung anwaltlicher Traditionen entsprach nicht mehr den intellektuellen Strömungen und den Erfahrungen der schwierigen Jahre, die Justiz und Anwälte mit- und gegeneinander durchwandert hatten. Gerhard Mauz umriß beim RAV, wie sich ihm die Positionen und die sich daraus ergebenden Schwierigkeiten darstellten. Unter anderem führte er im »Spiegel« aus: »Der Zustand des Strafverfahrens ist ein Symptom des gesellschaftlichen Zustandes. Im Zustand des Strafverfahrens wird das Leiden an den gesellschaftlichen Zuständen und das Aufbegehren gegen den gesellschaftlichen Zustand sichtbar. Das Sichtbarmachen des Zustandes des Strafverfahrens trägt nur mittelbar zur Veränderung des gesellschaftlichen Zustandes bei, indem es die Notwendigkeit von Veränderung sichtbar macht. Aber die Veränderungen, die dann auch im Gerichtssaal Platz greifen und Wirkung tun – sie müssen in der Tat außerhalb des Gerichtssaals geschehen. Wir wissen heute, daß es nicht nur darum gehen kann, soviel Menschlichkeit wie möglich durchzusetzen. Menschlichkeit ist keine erschöpfende, ausreichende Begründung für Strafverteidigung. Es geht auch darum, die Unmenschlichkeit sichtbar zu machen, damit mehr Menschlichkeit möglich wird.«

Mauz fordert die Verteidiger auf, gegenüber der Gesellschaft die Voraussetzungen zu formulieren, unter denen Verteidigung möglich sei. Er wählt zur Verdeutlichung ein Bild: »Dem Chirurgen wird jedermann zugestehen, daß er erklärt, nicht operieren zu können, wenn man ihm das Messer verweigert. Diese Gesellschaft hat der Strafverteidigung zuzugestehen, daß sie Voraussetzungen definiert, ohne die Strafverteidigung nicht stattfindet, ohne die Strafverteidigung nur vorgetäuscht wird. Aus sogenannter Humanität und Liberalität wurde Strafverteidigung historisch zugestanden, nicht etwa aus einer sich tatsächlich wandelnden Auffassung vom Staat heraus. Das Zugeständnis der Zulassung von Strafverteidigung war sogar ein brillanter Vorwand, den Eindruck zu wecken, Freiheit, Gleichheit und Brüderlichkeit würden tatsächlich realisiert und nicht in Wahrheit nur auf eine neue, raffinierte Weise verweigert. Die Stellung der Strafverteidiger, so wie sie auch heute gewünscht wird, so wie sie zugelassen wird, so wie man sie genehmigt, ist eine begeleitende und auf keinen Fall eine hemmende Stellung. Es gibt ein interessantes Detail, das diesen Zustand deutlich macht. Das Detail besteht darin, daß ja auch die Strafverfolgungsbehörde um Entlastung bemüht zu sein hat. Dem Strafverteidiger galt von Anfang an ein Mißtrauen, das ihm auch für die ihm zugeschriebene Rolle keine vollständige Rollenkompetenz gewährte.«

Gegen Ende seines Referats, das sich mit den sozio-historischen Anpassungen und Wandlungen von Strafverteidigern befaßt, greift Mauz den Gedanken der unvollständigen Rolle dieser Anwälte nochmals auf: »Der Rechtstaat, dieses ist eine Voraussetzung für Strafverteidigung, hat Strafverteidigung zu ertragen. Es ist nicht zu fragen, wieviel Strafverteidigung der Staat vertragen kann. Wo diese Frage gestellt wird, wird Strafverteidigung nur begleitend geduldet. Wo Strafverteidigung kein Stachel sein kann und notfalls hemmende Wirkung haben darf, wird sie nur der Absicht unterworfen, die jeweilige Rechtsordnung absolut zu machen, sie von dem Verdacht zu befreien, sie könne relativ sein. Anlässe, sich die Frage zu stellen, ob Verteidigung noch möglich ist, gibt es die Fülle. Der Ausschluß von Angeklagten wurde geregelt. Wäre es nicht ehrlicher gewesen, dem Angeklagten zuzugestehen, daß er an dem Verfahren nicht teilnimmt, wenn er das Gericht nicht anerkennt, als ihm Szenen zuzumuten, die dann seinen Ausschluß rechtfertigen? Wäre es nicht sinnvoller gewesen, dieses zu tun, weil dann die Frage, wer nun eigentlich noch verteidigt, sehr viel einfacher hätte beantwortet werden können, als dies heute möglich ist. ... Wir haben eine existentielle Katastrophe hinter uns, die läutern muß; die beispielsweise den Blick für die Relativität aller Ordnungen und Regelungen und Vereinbarungen zu öffnen hat. Andere können gewisse Fehler begehen. Wenn wir diese Fehler begehen, dann gibt es für uns keine Rechtfertigung mehr. Wir haben Strafverteidigung unter Hitler erlebt. Wir haben in unserer Befassung mit Strafverteidigung zu bedenken, was wir erlebt haben. Wir haben eine Komplizenschaft der Strafverteidigung mit einer perversen Rechtsordnung erlebt, nach der wir der Strafverteidigung Widerstand gegen jeden Anschein von Komplizenschaft zu gestatten, ja sogar abzufordern haben. Wir haben zu erkennen und anzuerkennen, daß Strafverteidigung, der Erfahrung unter Hitler langsam bewußt werdend, gerade in diesem Land nicht länger justizbegleitend, sondern justizkritisch und justizhemmend zu sein hat, um nicht wieder dorthin zu geraten, wo man mitspielte.«

Selbstorganisation

So blieb den Linksanwälten der Weg der Selbstorganisation mit den bei manchen heimlich gefürchteten zwei Buchstaben e. V. für den beim Amtsgericht eingetragenen Verein nicht erspart.

Bei der »Vereinigung Hessischer Strafverteidiger e. V.« hieß es im Oktober 1978 zum Beispiel: »1. Präambel: Die Rechte des Anwalts und damit die Rechte der Mandanten sind durch staatliche Eingriffe, insbesondere auf dem Gebiet des Straf- und Strafprozeßrechts bedroht; in zunehmendem Maße werden durch neue Gesetze strafprozessuale Garantien beseitigt und der Beruf des Rechtsanwalts einer staatlichen Aufsicht und Kontrolle unterworfen. Anwaltliche Tätigkeit muß von jedem staatlichen Eingriff und jeder staatlichen Definition freigehalten werden, um der Aufgabe, staatlichen Eingriffen in die Freiheit der Bürger zu begegnen, gerecht werden zu können; der Rechtsanwalt muß seinen Beruf frei und von staatlichen Bindungen unabhängig, den Interessen des Mandanten verpflichtet, ausüben können. Jeder Eingriff in diese Freiheit des anwaltlichen Berufs bedeutet eine Einschränkung der Rechte des Bürgers gegenüber dem Staat.«

Ein wenig überbetont erscheint der angebliche Antagonismus von Freiheit und Staat gewiß, doch verglichen mit früheren Texten justizkritischer Advokaten war die Präambel schon fast versöhnlich gehalten.

Die Frankfurter Rechtsanwaltskammer ist jetzt bereit, sich zu informieren; so richtet sie eine Anfrage an diese neue Organisation, und der junge Verein nimmt bald zu einem Problem Stellung, das die Verteidigung von solchen Angeklagten betrifft, die einem vom Gericht bestellten Verteidiger mißtrauen. Wie soll sich ein Pflichtverteidiger verhalten, dessen Mandant die Zusammenarbeit ablehnt? Wie soll sich ein Wahlverteidiger verhalten, dem der Mandant die Zusammenarbeit mit dem Pflichtverteidiger untersagt? Gibt es gesetzliche oder standesrechtliche Verpflichtungen, gleichwohl mit dem vom gemeinsamen Mandanten abgelehnten Kollegen zusammenzuarbeiten? Die »Hessische (von frechen Anwaltsgehilfinnen rasch in »Hässliche« umformuliert) Strafverteidigervereinigung« vertritt die Auffassung, da Grundlage jeder Verteidigung das Vertrauensverhältnis zwischen Anwalt und Mandant sein müsse, solle sich der bestellte Verteidiger zunächst um Vertrauen bemühen. Mißlinge dies – etwa deshalb, weil schon die Beiordnung durch das Gericht vom Angeklagten nicht akzeptiert wurde – bleibe nur, die Entpflichtung zu betreiben. Prozessuales Agieren ohne Vertrauen des Mandanten stelle eine grobe Pflichtverletzung dar. Wahl- oder Pflichtverteidigern, die das Vertrauen des Angeklagten genössen, könne man nicht empfehlen, mit vom Mandanten ungewünschten Kollegen zusammenzuarbeiten. Zur Frage gesetzlicher oder standesrechtlicher Verpflichtung zur Zusammenarbeit heißt es, eine solche Verpflichtung anzunehmen widerstritte der ersten Pflicht jedes Verteidigers, der Interessenvertreter seines Mandanten zu sein. Die Aufgabe des Strafverteidigers ist beschrieben als die eines einseitigen, streng parteilichen Interessenvertreters seines Mandanten. Der Anwalt müsse »aufmerksam die Einhaltung aller im Strafprozeß maßgeblichen Gesetzes- und Verfassungsvorschriften überwachen und nötigenfalls erkämpfen«.

Zwei Jahre nach dem fürchterlichen 1977, nach Deutschem Herbst und Bleierner Zeit, gingen 118 Rechtsanwälte zu einer erfolgversprechenderen Form der Offensive über – der Gründung des Republikanischen Anwaltsvereins (RAV).

Von vornherein nicht dabei sind die im KBW organisierten Anwälte: ca. 70, fachlich meist hervorragend qualifizierte Juristen, verbunden durch ihr Monatsorgan »Rote Robe«, die ihre Ziele durch Mitarbeit in den etablierten örtlichen Anwaltsvereinen des Deutschen Anwaltsvereins (DAV) zu verwirklichen hofften. Aktivitäten ihrer Gesinnungsgenossen in der »Vereinigung der Niedersächsischen Strafverteidiger e.V.« sollten bald zu einem erbitterten Streit mit dem auch in dieser Organisation tätigen Holtfort führen. Auch andere, immer noch am Ideal des Kommunismus/Sozialismus Orientierte, wollten zunächst nichts mit diesem »sozialdemokratischen, reformerischen Haufen« zu tun haben.

Man hatte wesentlich mehr Vereinsgründer erwartet. Doch in den Monaten zuvor – Holtfort war auf dem 2. Strafverteidigertag 1978 in Hamburg (mit 250, andere Quellen sprechen von 340 Teilnehmern, wieder sehr gut besucht und durch wegweisende Reden von Hannover, Holtfort und Mauz geadelt) nur pauschal aufgefordert worden, die Gründung einer bundesweiten Anwaltsvereinigung vorzubereiten – war es zu erbitterten Kontroversen über die inhaltliche Ausgestaltung des neuen Vereins gekommen. Während Holtfort eine neue Anwaltsorganisation plante, die neben dem – zunächst natürlich zentralen – Strafrecht auch alle für linke Anwälte relevanten Aufgabenbereiche wie Ausländerrecht, Mietrecht, Familienrecht, Sozialrecht, das keimhafte Umweltrecht und dgl. umfassen sollte, wollten andere die neue Organisation als Dachorganisation der bestehenden bzw. in Planung begriffenen regionalen Strafverteidigervereinigungen auf das Strafrecht konzentrieren mit der Möglichkeit, dies dann auf weitere Rechtsgebiete auszuweiten. Auch blieb eine Reihe potentieller Mitglieder zunächst auf Distanz, da ihnen das Ganze zu sehr nach SPD roch.

Bis zum heutigen Tag bleibt das Verhältnis des RAV zu den Strafverteidigervereinigungen, die vor einigen Jahren nicht nur wegen der Durchführung ihres jährlichen und mit meist 300 bis 400 Teilnehmern erstaunlich gut besuchten Strafverteidigertages eine eigene Dachorganisation »Strafverteidigervereinigungen e.V.« mit heutigem Sitz in Berlin gegründet haben, etwas gespannt.

So gründeten sie also Anfang 1979 in Hannover eine weitere Vereinigung zur Verteidigung der Freien Advokatur.

Darin hieß es noch einmal, bürgerliche Freiheitsrechte seien in Gefahr, es häuften sich die Einschränkungen von Schutzrechten angeklagter Bürger, es bestehe eine Tendenz, die freien Rechtsanwälte stärker an den Staat zu binden. Dem sei entgegenzuwirken, die bestehenden Standesorganisationen, insbesondere der Deutsche Anwaltsverein (DAV) leiste dies nicht. Der Name »Republikanischer Anwaltsverein« (RAV) – der Vorschlag kam von Schily – sollte an den »Republikanischen Richterbund« der Weimarer Zeit erinnern, als sich Juristen gegen noch dem Geist und dem Gesellschaftsbild der Kaiserzeit anhängende Kollegen verbanden. Holtfort wurde Vorsitzender, Hannover 2. Vorsitzender, Dagmar Driest, Eschen, Groenewold, Husmann, Preuß, Wächtler und Schily vervollständigten den Vorstand. Eschen sagte dem »Spiegel«, der einen wohlwollenden Artikel brachte, die Mitglieder des RAV wollten sich »nicht in erster Linie damit befassen, wie sie die Gebühren erhöhen und wie sie ihr Vermögen anlegen können, sondern damit, wie sie ihre Mandanten vor staatlichen Übergriffen schützen können«. Holtfort formulierte eine Absage an den Begriff des Organs der Rechtspflege und an ein Bild vom Rechtsanwalt, das noch aus dem Kaiserreich herrühre. Vorständler ließen sich mit kernigen Sätzen zitieren: »Es geht darum, den Kernbereich der Verfassung zu verteidigen«, sagte der junge Schily, man müsse »den Anhängern des Obrigkeitsstaates ihre Zuchtrute entwinden« der ältere Holtfort.

In der RAV-Präambel heißt es: »Die Vereinigung stellt sich in die Tradition des Kampfes um die Freie Advokatur und um ein demokratisches Recht. Recht ist Instrument der Begründung und Sicherung von Herrschaft. Es ist aber auch eine Waffe, sich gegen Herrschaft zur Wehr zu setzen. Das Recht in dieser Weise zugunsten des Schwächeren zu nutzen und zu entwickeln, ist Ziel der Vereinigung.« Und an anderer Stelle: »Aber nicht nur staatliche Gewalt, sondern auch gesellschaftliche und wirtschaftliche Macht bedient sich der Form des Rechts. Wichtige Aufgabe des Anwalts ist es auch hier, die Interessen wirtschaftlich und sozial Schwacher wahrzunehmen, so vor allem auf den Gebieten des Arbeitsrechts, Mietrechts, Familienrechts, des Rechtes der Allgemeinen Geschäftsbedingungen.«

Der größte Teil der RAV-Mitglieder waren Anwälte, die aus der Studentenbewegung hervorgegangen waren. Sie hatten bereits praktische Erfahrung im Bestehen der Schwierigkeiten, die sich aus dem zähen Verfolgen von Zielen, wie sie in der Präambel theoretisch beschrieben sind, immer wieder ergeben hatten. Groenewold, einer der nicht mehr ganz so jungen Linksanwälte, beschrieb es einigermaßen hochgestimmt so: »Mit der Studentenbewegung hatte ein neues Anwalts-Selbstverständnis in die Gerichtssäle Einzug gehalten. Die Anwälte machten ihr Verhalten nicht mehr vom Wohlwollen des Gerichtsvorsitzenden abhängig. Sie sahen ihre Aufgabe nicht darin, den Richter bei der Etablierung des Sachverhalts, also der vom Gericht festzustellenden Wahrheit zu unterstützen. Diese Anwälte waren bereit, die individuellen Rechte, die gesundheitliche Integrität und die politischen Ansichten ihrer Mandanten mit allen Kräften zu schützen. Oft teilten sie die politischen Ansichten ihrer Mandanten über einzelne Themen, so zum Beispiel über den Charakter der deutschen Justiz und deren nicht unterbrochene Kontinuität seit der Nazizeit, oder sie teilten die Ansichten über politische Unterdrückung, über die Verfassungswidrigkeit von Maßnahmen oder über den Charakter des Vietnam-Krieges. Sie waren deshalb auch bereit, ihre Mandanten dabei zu unterstützen, diesen Ansichten, die zugleich Motiv der politischen Straftaten waren, vor Gericht Gehör zu verschaffen. Jedoch auch dann, wenn sie die Ansichten ihrer Mandanten nicht teilten, beriefen sie sich auf die Menschlichkeit und die Menschenrechte und Bewegungen wie Amnesty International. Diese Anwälte waren stark in der Verteidigung, sie waren fleißig, sie zeigten Haltung. Aber sie waren wenig an politischer Macht interessiert. Im Grund waren sie auch organisationsfeindlich.«

Im Vorwort zu dem Band »Strafverteidiger als Interessenvertreter«, der kurz nach Gründung des RAV erschien, schrieb Holtfort unter anderem im Rückblick auf die Verdächtigungen, denen Kollegen ausgesetzt waren, und die vor und während des Stammheim-Prozesses zuungunsten der Verteidigung verschärften Gesetze, man sei gut beraten, keinen Unterschied darin zu machen, welches Vertrauen man in die Erklärung von Richtern und Staatsanwälten einerseits und von Verteidigern andererseits setze. »Sicherlich hat jeder Berufsstand Mitglieder, die ihre Berufspflichten verletzen oder gar kriminell werden können. Wir wissen zum Beispiel von dem Richter, der verhängte Bußgelder auf dem Umweg über einen von ihm mitbegründeten privatrechtlichen Verein zum Teil als Vortrags- oder Gutachtergebühren in die eigene Tasche leitete. Wir wissen von einem Staatsanwalt, der mit der Unterwelt zusammenarbeitete. Wir wissen von einem Leiter einer Strafvollzugsbehörde, der seine Dienstpistole auf den Kellner richtete, um der Zahlung seiner Zeche in einer Nachtbar zu entgehen. Wir wissen von einem Polizeibeamten, der sich durch einen Bankraub bereicherte. So wissen wir auch von dem Rechtsanwalt, der zum Zwecke der Erpressung eine Geisel entführte, und von dem, der seinen Beruf aufgab, um Terrorist im Untergrund zu werden. Gewiß wird es auch Rechtsanwälte geben, die ihre beruflichen Pflichten mißachten. Das alles ist nicht neu. Neu ist nur, daß wegen eines immer wieder möglichen Mißbrauchs von Menschenrechten diese selbst zur Disposition des Gesetzgebers stehen sollen. Neu ist, daß aus Gründen vermeintlicher Staatsräson ein ganzer Berufsstand unter Verdachtsvorbehalt gesetzt, daß prinzipiell auf fast jedes terroristische Verbrechen mit weiteren gesetzlichen Sanktionen gegen Verteidiger reagiert wird.«

Folgerichtig setzte sich der neue Anwaltsverein für die Aufhebung von Vorschriften ein, die unter dem Eindruck der terroristischen Bedrohung ins Gesetz aufgenommen worden waren. Dies ist jedoch – mit marginalen Ausnahmen wie der Aufhebung der §§ 88a und 90a StGB – weder 1979 noch später gelungen. Ein SPD-Parteitag, aufmerksam gemacht durch den RAV, befaßte sich mit dem Thema »Anti-Terror-Gesetze«, die Arbeitsgemeinschaft Sozialdemokratischer Juristen (ASJ) forderte unter dem Aspekt der Waffengleichheit von Staatsanwaltschaft und Verteidigung die Abschaffung, und in der FDP kursiert zeitweise ein Thesenpapier, die vielleicht doch mit zu heißer Nadel gestrickten Gesetze müßten »auf den Prüfstand«.

Die üblichen Sorgen

Zur Geschichte des ersten Jahres des RAV gehört, daß sich die Zahl der Mitglieder bundesweit zwar mehr als verdoppelte und sich bei etwa 800 einpendelte, es aber auch die üblichen Sorgen gab, mit denen neu gegründete Vereine, zumal jene mit individualistischen Mitgliedern, regelmäßig zu kämpfen haben. Ein Dokument solchen Verdrusses ist der Brief des Frankfurter Rechtsanwalts Weider an seinen Kollegen Groenewold. Darin wird die Organisation der Geschäftsstelle als »lahm« beklagt und als nicht in der Lage, die Arbeit zu koordinieren oder gar Impulse zu setzen. Inhaltlich habe sich der Verein auf ein paar Presse-Erklärungen beschränkt. »Der Anspruch, rechtspolitisch fundiert tätig zu werden, ist bisher nicht erfüllt. Es müßten zum Beispiel die Tendenzen und Entwicklungen in bestimmten Bereichen, zum Beispiel in sogenannten Terroristen-Verfahren 1970 – 1980 mit einer immer fortschreitenden Entrechtung von Verteidiger und Angeklagten, das Selbstverständnis des Rechtsanwalts/Verteidigers, die durch das Standesrecht gezogenen Grenzen, die von den Strafgerichten inzwischen definierte Abgrenzung zulässiger Verteidigertätigkeit und strafbarer Unterstützung einer Vereinigung nach § 129 StGB und vieles mehr, aufgearbeitet werden.«

Weider, dessen Mängelliste noch viel länger ist, muß zudem einräumen, daß außer ihm an dem Frankfurter RAV-Treffen nur noch zwei Kollegen teilgenommen hatten. Der Zusage eines erfahrenen Kollegen, in der Zentrale in Hannover die Aufgabe des Geschäftsführers wahrzunehmen, dringend notwendig in dieser Zeit, wird nicht eingehalten; die mit Verzögerung dann eingestellten Referendare sind überfordert. Prominente Vorstandsmitglieder bleiben von vornherein oder mit der Zeit den Sitzungen fern; Hannover, der erst den »Holtfort-Keller« als Tagungsort nicht gefunden und dann auf einer weiteren Vorstandssitzung – trotz Organisierung eines damals schwer aufzutreibenden doppelten Espressos – wieder eingeschlafen war, teilt mit, daß er seine Kräfte wohl überschätzt habe.

Immerhin heißt es im Geschäftsbericht am Ende des Jahres 1980 hoffnungsvoll, noch nie in den letzten zehn Jahren sei der Raum für progressive und liberale Rechtsanwälte so groß wie gerade jetzt gewesen, eine menschliche und freiheitliche Rechtspolitik anzusteuern. Der Verein hatte Kontakt zur SPD/FDP-Regierung aufgenommen, und Wolfgang Zeitler erklärte als Vizepräsident des Bundesverfassungsgerichts öffentlich, Justizpolitik könne nicht mehr gegen Funktionäre der Anwaltschaft durchgesetzt werden.

Nicht nur die Anwaltschaft, die Politik selbst formiert sich neu. Während der Gründungszeit des RAV tritt die Partei »Die Grünen« auf den Plan. Sie gibt sich das Motto »ökologisch, basisdemokratisch, sozial, gewaltfrei«. Einige der Linksanwälte engagieren sich, nehmen bald wichtige Führungsfunktionen ein. Im Rahmen der Personalpolitik unterlassen es aber die Verantwortlichen weitgehend, für ihre Partei das Potential dieser, für das politische Geschäft gut ausgebildeten, nunmehr Erfahrenen und durch ihre Vita ausreichend legitimierten Gruppe auszuschöpfen.

Nebenbei war als Reaktion auf die freiwillige Selbstkontrolle der gesamten Presse bei der Schleyer-Entführung eine neue Tageszeitung namens »tageszeitung« entstanden, von Rechtsanwalt Ströbele mitgegründet. Links orientierte Rechtsanwälte hatten es in diesem Blatt wesentlich leichter, ausführlich zu Wort zu kommen als in etablierten Publikationen, die nach Klagen der RAV dessen Presseerklärungen weitgehend ignorierten. Bemerkenswert auch die Fülle juristischer Zeitschriften mit links-orientierten Redaktionen wie »Kritische Justiz«, »einspruch«, »Demokratie und Recht«, »Vorgänge«, »Cilip«, »Rote Robe« und schließlich die fach-orientierten »Der Strafverteidiger« und »Der Ausländerrundbrief«.

Was nun zur Debatte steht und nicht mehr nur Gegenstand lärmender Polemik und Gegenpolemik ist, legt Herausgeber Holtfort 1979 im Vorwort zu »Strafverteidiger als Interessenvertreter« ausführlich dar. Angesichts heute auftauchender terroristischer Bedrohung und einer in Teilen der Politik und der Öffentlichkeit deutlich spürbaren Tendenz, es diesem Feind gegenüber nicht allzu rechtsstaatlich genau zu nehmen, haben die vor einem Vierteljahrhundert formulierten Gedanken ihre Aktualität bewahrt. Die Gefahr für den Berufstand der Strafverteidiger sieht Holtfort in der zwar nicht belegbaren, aber gleichwohl weit verbreiteten Auffassung, Gewaltkriminalität lasse sich durch die Einschränkung der freien Advokatur bekämpfen. Der Autor führt Beispiele an wie das des Rechtsanwalts Schily, der aufgrund eines – nie bewiesenen – Verdachtes von der Verteidigung Gudruns Ensslins ausgeschlossen werden sollte, und kann auf extreme Vorschläge wie den von Golo Mann verweisen, der in politischen Strafverfahren die Verteidigerwahl ganz habe abschaffen wollen, oder auf den Senatsvorsitzenden des Berliner Kammergerichts Friedrich Geus, der im Prozeß um die Entführung von Peter Lorenz geäußert habe, es komme nicht darauf an, daß zwischen Verteidiger und Mandant ein Vertrauensverhältnis bestehe. Verteidiger würden vielmehr bestellt, um die ordnungsgemäße Durchführung des Verfahrens zu gewährleisten.

Rechtsanwälte, die sich gegen den Trend stellten und politische Mandate übernähmen, seien staatlichen und gesellschaftlichen Sanktionen ausgesetzt: »Diese Verteidiger haben mit nächtlichen anonymen Morddrohungen zu rechnen. Sie werden durch die Presse diffamiert. Die Praxisräume werden ihnen gekündigt. Die zum Ausgleich solcher Prozeßvertretungen unentbehrlichen wirtschaftlich lukrativeren Mandate werden ihnen ebenso entzogen wie der Schutz der Kollegialität.« So habe Rechtsanwalt Ludwig Schirmeyer berichtet, bei erfolgreicher Verteidigung von NS-Angeklagten klopften ihm Kollegen anerkennend für Engagement und juristischen Scharfsinn auf die Schulter. Setze er dieselben Talente für Terrorverdächtige ein, schneide und meide man ihn. Rechtsanwälte hätten Angst, Mandate zu übernehmen, die ihnen nur berufliche und private Nachteile einbrächten. Holtfort gibt zu bedenken, daß es das Ende von Strafverteidigung bedeute, wenn bereits die Übernahme eines Mandats Heldentum verlange. Es seien Auswege aus einer fast hoffnungslos erscheinenden Situation zu suchen, »um unser aller willen, damit Rechtskultur und Menschenrecht nicht durch mißverstandene Staatsräson zugrunde gehen«. Ein Churchill-Zitat bringt das politisch wie juristisch gleichermaßen belangvolle Problem auf die so leicht zu verstehende und so schwer zu verwirklichende Formel: »Die Größe eines Volkes zeigt sich darin, wie es seine Verbrecher behandelt.« Dem Sinn nach fügen die Anwälte des RAV hinzu, auch die Behandlung von umstrittenen Rechtsanwälten, insbesondere Strafverteidigern, könne man gut als ein Indikator für die Befindlichkeit des Gemeinwesens nutzen.

Es geht ihnen neben vielen anderen Zielen darum zu erreichen, daß die Unschuldsvermutung für den nicht verurteilten Verdächtigen Geltung behält. Niemand außer einem Gericht hat das Recht zum Schuldspruch. Vor und während des Prozesses haben die an ihm Beteiligten, aber auch Außenstehende die Möglichkeit im Auge zu behalten, daß der Angeklagte unschuldig sein könnte. Dieses Prinzip, dessen lauter Gegner die öffentliche Vorverurteilung ist, wird häufig mißachtet, regelmäßig im Zusammenhang mit sensationell wirkenden Verbrechen.

Es läßt sich einwenden, daß es in Fällen von terroristischen Gewalttätern, die sich selbst ihrer Taten als Gruppe rühmen, zum individuellen Tatbeitrag aber schweigen, schwerfallen mag, von Unschuldsvermutung zu sprechen. Der Einwand verkennt, daß die Selbstbezichtigung oder ein Geständnis nicht die ausschließliche Basis einer Urteils darstellt. Mit besten Gründen – sonst würde man bei der Folter-Praxis des Mittelalters bleiben – darf jeder Angeklagte ohne Nachteile für sich zur Anklage schweigen, so daß die

Überprüfung anhand objektiver Beweise und Zeugenaussagen erforderlich ist, ehe die Schuld festgestellt und die Strafe verhängt wird.

Den Tätern der RAF und ihren Anwälten ist aus Empörung, Abscheu, politischer Gegnerschaft, ideologischem Standpunkt und sicher nicht zuletzt tief empfundenem Haß die Unschuldsvermutung nicht selten vorenthalten worden. An diesem Vorgang, der ein gesellschaftliches Phänomen war und bis heute in vergleichbaren Fällen ebenso zu bemerken ist, waren auch Fachjuristen beteiligt. Nicht nur die Bundesanwaltschaft und der Gesetzgeber haben sich am unfröhlichen Jagen auf Linksanwälte beteiligt und sie mit den Waffen des Strafrechts und des Standesrechts bekämpft, auch der Deutsche Anwaltsverein (DAV) als die größte Standesorganisation hat bis in die späten 70er Jahre kaum Töne der Zurückhaltung vernehmen lassen, sondern eher die schlichte These von den schwarzen Schafen in den eigenen sauberen Reihen vertreten.

Höhepunkt ist ein Artikel am 21. April 1976 im »Spandauer Volksblatt«, basierend auf einer DAV-Presseerklärung, in dem es am Schluß heißt: »Der Anwaltsverein ist ... dringend daran interessiert, das ›echt Verdächtige so schnell und so gründlich wie möglich aus dem Beruf und insbesondere aus diesem Strafverfahren‹ (dies bezieht sich auf ein Verfahren gegen Inge Viett in Berlin, d. V.), ausgeschlossen werden. Um einer globalen Diskriminierung von Strafverteidigern insgesamt entgegenzuwirken, habe man die verantwortlichen Stellen um eine Klärung gebeten, warum gegen die als verdächtig bezeichneten Rechtsanwälte nicht mit den erforderlichen Mitteln – insbesondere Inhaftierung – vorgegangen werde.«

Die Bemühungen einer Gruppe von Linksanwälten, auf einer DAV-Mitgliederversammlung in München im Mai 1977 die Problematik des drohenden Berufsverbots gegen einen Augsburger Kollegen allein wegen dessen Mitgliedschaft in der KPD/AO zu thematisieren, werden abgeblockt. Mit dem vermeintlich galanten Hinweis an eine junge Kollegin, sie solle sich doch nicht so aufregen, das schade nur ihrem Teint, und seiner Bemerkung über Rechtsanwalt Jerzy Montag, heute MdB für die Grünen, er erinnere ihn an das berühmte Schlachtgemälde aus dem Ersten Weltkrieg vom letzten Matrosen auf dem untergehenden Schiff, der die deutsche Flagge schwenkt, kann DAV-Geschäftsführer Brangsch nicht überzeugen.

Mit Ablehnung reagierte im Frühjahr 1979 auch der DAV-Vorsitzende Rabe, der die RAV-Gründung als »bunten Ballon, aus dem die Luft bald heraus sein wird« gewertet hatte, auf die Bitte Holtforts nach einem öffentlichen Disput.

Damit soll nicht gesagt werden, daß dies aus unehrenhaften Motiven geschah. Auf Distanz zu Kollegen zu gehen, die den Verdacht des Rechtsbruchs oder des standeswidrigen Verhaltens erregen, ist aber eine Frage sowohl des Maßes als auch des Zeitpunkts. Zu schnell und zu heftig, möchte man nach all den Jahren und ohne Groll sagen, hat seinerzeit der DAV reagiert. Bei seiner Jahresversammlung 1977 legte er eine Entschließung vor: »Die Mitgliederversammlung verurteilt mit aller Schärfe die sinnlosen Gewalttaten terroristischer Vereinigungen. Der Deutsche Anwaltsverein distanziert sich ganz entschieden von Anwälten, die sich zum Komplizen ihres Mandanten machen. Nach den geltenden gesetzlichen Bestimmungen ist unter anderem in einem beschleunigten Verfahren der Ausschluß solcher Anwälte von der Verteidigung sowie ein vorläufiges Berufsverbot durch die staatlichen Gerichte möglich. Zur Verteidigung unserer Rechtsordnung genügt die konsequente und rechtzeitige Ausschöpfung der vorhandenen gesetzlichen Möglichkeiten. Das wirksamste Mittel zur Bekämpfung jeder strafbaren Handlung ist die schnelle Aufklärung und die Ergreifung der Täter. Die dafür erforderlichen personellen, sachlichen und organisatorischen Voraussetzungen müssen weiter verbessert werden. Die Mitgliederversammlung des DAV warnt dringend davor, zum Zweck der Bekämpfung des Terrorismus unsere rechtsstaatlichen Garantien einzuschränken; gerade solche Einschränkungen herbeizuführen, ist Ziel der Terroristen. Zu den rechtsstaatlichen Garantien gehört die ungehinderte Verteidigung des bis zu seiner rechtskräftigen

Verurteilung als unschuldig geltenden Beschuldigten. Eine wirksame Verteidigung ist nicht mehr möglich, wenn nun auch noch der mündliche Kontakt zwischen dem Verteidiger und seinem Mandanten überwacht wird.« Nun folgten Sätze, die Linksanwälte besonders erbosten: »Es ist besser, einen konspirativen Verteidiger auszuschließen und dem Beschuldigten die Verteidigung durch einen unverdächtigen Anwalt zu garantieren. Es mag angebracht sein, nach den inzwischen vorliegenden Erfahrungen die Möglichkeit der Ausschließung des konspirativen Verteidigers zu erweitern.« Einige Monate später griff DAV-Präsident Helmut Wagner in einem Beitrag für »Der freie Beruf« Linksanwälte an. Sie verbreiteten »mit durchsichtigen Gründen« über ausländische Massenmedien die These, der deutsche Rechtsstaat sei im Verfall begriffen. Was die Einschränkung von Verteidigerrechten angehe, so hätten vergleichende Studien gezeigt, daß sich ähnliche oder sogar einschneidendere Regelungen in anderen europäischen Staaten fänden, deren rechtsstaatliche Verfassung niemand bezweifle.

»Das Unerhörte zu Gehör bringen«

Was darf die Verteidigung? Und dürfen Staat und Justiz über die Grenzen von Strafrechtsbestimmungen hinausgehen?

Zur Verdeutlichung eines komplizierten Sachverhalts sei an eine lange zurückliegende Debatte in Justizkreisen und weit darüber hinaus in der Öffentlichkeit erinnert. Auch in ihr ging es um die Frage: Was darf die Verteidigung? 1964 hatte in einem Prozeß vor dem Landgericht Hannover der Verteidiger eines wegen Beihilfe zum Mord an Juden in Konzentrationslagern angeklagten ehemaligen SS-Mannes im Plädoyer dessen Auffassung vorgetragen, es lägen keine Mordmerkmale vor. Der Haupttäter Hitler nämlich habe nicht aus verwerflichen Motiven töten lassen. Dies war ein Skandal, und es bewirkte wenig, daß der Schwurgerichtsvorsitzende erklärte, der Angeklagte und sein Verteidiger seien berechtigt vorzutragen, was sie für nötig hielten und hätten »im Rahmen der verfassungsrechtlich garantierten Freiheit der Meinungsäußerung das Recht (haben), das vorzutragen, was sie zur Verteidigung für richtig halten«. Die Rechtsanwaltskammer beantragte ein ehrengerichtliches Verfahren, der zuständige Oberstaatsanwalt lehnte ab. Begründung: »Die Gerechtigkeit wäre in Gefahr und die Rechtsstaatlichkeit bedroht, wenn ein Verteidiger in seinem Vorbringen beschränkt werden könnte, ganz gleich, was er vorträgt.«

Der angesehene Rechtspolitiker Adolf Arndt, Bundestagsabgeordneter der SPD, schrieb aus Anlaß des Falles Sätze, die dem Zitatenschatz vieler Strafverteidiger hinzugefügt worden sind: »Mit der Grenze, daß die Art der Prozeßführung nicht sittenwidrig sein und der Anwalt nicht darauf ausgehen darf, Sittenwidriges durchzusetzen, muß die Freiheit der Verteidigung radikal sein, hat sie auch notfalls das Unerhörte zu Gehör zu bringen, denn sie dient der Wahrheit und dem Recht dadurch, daß sie vorbehaltlos in Frage stellt, was wahr und was rechtens ist. Nicht oft genug kann daran erinnert werden, daß Freiheit eine Last ist, hier um der kontradiktorischen Prüfung von Wahrheit und Recht willen die Last, unser Ohr auch dem schier Unerträglichen nicht zu verschließen. Versuche, zum Schutz der Selbstachtung Peinliches nicht zu Wort kommen zu lassen, helfen nicht der Wahrheit, sondern zielen auf ihre Unterdrückung. Das Verlangen, eine solche Stimme im Gerichtssaal zum Schweigen zu bringen, fordert etwas Verfassungswidriges.«

Unerhörtes, schier Unerträgliches und Peinliches – alle drei Kategorien treffen gewiß auf Äußerungen zu, die Hitlers Absicht, jüdische Menschen und andere »Untermenschen« in seinem Herrschaftsbereich auszurotten, aus der Sphäre des Verbrechens in eine der irgendwie rechtfertigbaren Politik zu rücken. Arndt fordert die radikale Freiheit der Verteidigung nicht, um dem Unrechtsstandpunkt zum Durchbruch zu verhelfen, sondern in der Absicht, der anstößig klar formulierten Unwahrheit die Wahrheit entgegensetzen zu können. Am Beispiel der – um das mindeste zu sagen – grob falschen Auffassung, Hitlers Politik sei nicht verwerflich, läßt sich leicht erkennen, wie schwer es im Einzelfall fallen mag, einen als unerträglich empfundenen Standpunkt zu ertragen.

Der Deutsche Anwaltsverein hat die Äußerung seines Kollegen denn auch nicht unkommentiert hingenommen, sich noch im laufenden Verfahren geäußert und erklärt, wenn der Verteidiger die Ansicht seines Mandanten nicht teile, so habe er ihm nicht genutzt, indem er sie vertreten habe. Handele es sich um des Anwalts eigene Auffassung, so habe er seine Stellung als Verteidiger gröblich mißbraucht. Diese anständige Haltung, die dem Unerhörten entgegengesetzt wird, entlastet indessen nicht von der grundsätzlichen Schwierigkeit, daß Freiheit, wie Arndt formuliert, eine Last sein kann. Sie abzuschütteln ist eine bleibende Versuchung, der in ungezählten Strafverfahren gegen politisch motivierte Täter nachgegeben worden ist, wenn die politischen Auffassungen allgemein als anstößig, verbrecherisch und damit unerträglich erschienen.

Der Rigorismus des Freiheitsgedankens, wie ihn Arndt vorträgt, wurzelt in seinem Verständnis des Grundgesetzes, einer vorbildlichen Verfassung, die der Rechtspolitiker als beständige Herausforderung betrachtet. Demokratie lasse sich nicht durch »Geordnetheit im Staat anordnen und weder durch Rechtssicherheit noch durch eine Mißdeutung der Gesetzlichkeit in Befehl und Gehorsam bewahren. Ihrem Wesen nach ist die demokratische Verfassung evokativ und bleibt deshalb unausgefüllt, solange ihr nicht die Bereitschaft antwortet, die Eigenverantwortung für die politische Zukunft selbständig und bewußt mit zu übernehmen. Diese Antwort wird von jedermann, aber nicht im Sinne des Gehorsams, sondern im Sinne des Berufenseins geschuldet, auch von der Richterschaft, die erst durch das Wagnis eines Rechtswert-Denkens diesem Ruf gerecht wird. Dieses Rechtswert-Denken ist nicht illusionärer Art, sondern ist ein auf den wirklichen Menschen bezogenes Wirklichkeitsdenken. Es erkennt den Menschen als freiheitsfähig dadurch, daß er durch sein eigenes Handeln etwas in die Wirklichkeit rufen kann, was es zuvor so noch nicht gegeben hat.«

Das Zitat ist einem Vortrag entnommen, den Arndt im Oktober

1959 in einer öffentlichen Veranstaltung der Arbeitsgemeinschaft Sozialdemokratischer Juristen gehalten hat.

Stimme für Vernunft und Maß

Die ganze Palette der Reformgedanken nutzte Holtfort als RAV-Vorsitzender in einem Schreiben an den Hamburger Ersten Bürgermeister Hans-Ulrich Klose, den er um Intervention zugunsten Groenewolds bittet. Gegen den von der Strafjustiz zu zwei Jahren Bewährungsstrafe verurteilten Anwalt ist das ehrengerichtliche Verfahren noch nicht abgeschlossen, in dem es um ein fünfjähriges Berufsverbot geht. Die Hamburger Staatsanwaltschaft strebt ein dauerndes Verbot der Anwaltstätigkeit an und hat Berufung gegen die zeitliche Begrenzung eingelegt. Holtfort schreibt im August 1979 unter anderem: »Ich möchte gern die Frage behandeln, ob es nicht geboten erscheint, daß die staatsanwaltschaftliche Berufung zurückgenommen werde. Auch respektiere ich durchaus das Prinzip, daß von der Weisungsbefugnis des Generalstaatsanwalts nur sparsam und in wirklich wichtigen Fällen Gebrauch zu machen ist. Wenn ich dennoch der Überzeugung bin, daß vorliegend ausnahmsweise ein Ehrengerichtsverfahren gegen einen Rechtsanwalt im Senat der Freien und Hansestadt Hamburg behandelt werden solle, so mag daraus die große politische Bedeutung erhellen, die ich dieser Sache beimesse. Gegen das Urteil des Ehrengerichts vom 6. Juli, Herrn Groenewold für die Dauer von fünf Jahren die Vertretung in Strafsachen zu verbieten, ist von beiden Seiten Berufung eingelegt worden. Die Berufung der Staatsanwaltschaft beim Hanseatischen Oberlandesgericht Hamburg hat das Ziel, Herrn Groenewold aus der Rechtsanwaltschaft auszuschließen. Ich schweige darüber, ob ich das juristisch für vertretbar halte. Ich bitte lediglich, folgende Erwägungen in Betracht zu ziehen:

Wie ich glaube, läßt sich Innere Sicherheit am besten durch eine Rechtsordnung gewährleisten, an die sich alle Bürger innerlich gebunden fühlen, die einem freiheitlichen, humanen und toleranten Rechtsstaat anhängen. Das beste Rezept für die Innere Sicherheit dürfte eine offene und zum Dialog fähige Gesellschaft sein. Gerade der kritische, politisch engagierte Bürger darf nicht durch Maßnahmen der Gesetzgebung und der Justizpraxis das Vertrauen verlieren, daß es möglich ist, unsere Gesellschaft auf normativ gelenktem Weg zu verbessern, das Vertrauen darin, daß der Staat auch gesellschaftlichen Initiativen und Innovationen offenstehe. Überaus gefährlich für eine Gesellschaft wie die unsere wären Signale, daß der Staat auf nonkonformistische Meinungsäußerungen und abweichendes Verhalten mit dem Abbau von Liberalität reagierte.

Auch ein Teil unserer Rechtsanwälte – und zwar nicht ausschließlich, aber vorzüglich aus der Studentenbewegung hervorgegangene und in politischen Strafprozessen tätige – haben gesellschaftliche Alternativen und Innovationen angeboten, nämlich für die Funktion des Anwalts, die ja in der Tat durchaus in einer demokratischen Gesellschaft andere sein könnten, als es das aus dem Obrigkeitsstaat tradierte anwaltliche Berufsbild nahelegt. Hierauf hat der Staat nicht nur durch das Aufgeben seiner Absicht reagiert, demnächst mit einer Gesamtreform das deutsche Strafrecht zu liberalisieren. Er hat vielmehr durch einschneidende Beschränkungen der Strafverteidigung mit einer Illiberalisierung dieses Prozeßrechts ... überreagiert.

Herr Groenewold ist ausweislich der Gründe des Strafurteils des Hanseatischen Oberlandesgerichts vom 10. Juli einer der von mir genannten Rechtsanwälte, die es mit derartigen Innovationen versucht haben. Dabei hat er freilich nach Meinung des Strafsenats in geringem Umfang die (freilich wohl fließenden) Grenzen der erlaubten Strafverteidigung überschritten und in diesem Umfange eine kriminelle Vereinigung unterstützt.« Holtfort zitiert nun aus dem Urteil und verschiedenen Presseveröffentlichungen, um dann fortzufahren: »Der politische Terrorismus der jüngsten Zeit und die daraus erwachsenden Strafverfahren sind eine Herausforderung nicht nur für die Gesellschaft. Sie sind es auch für die Justiz, und diese war ihr nicht immer gewachsen. Die Art, wie zum Beispiel Herr Vorsitzender Richter am OLG Dr. Prinzing die Verhandlungen im Baader-Meinhof-Prozeß geführt hat, ist von vielen, auch von mir, sehr nachdenklich, aber auch pointiert kritisiert worden. Genosse Hans-Jochen Vogel hat dazu im Bundestag ausgeführt, daß man Herrn Dr. Prinzing nicht nur kritisieren sollte: ›Er hat sich auf Neuland bewegt und verdient deshalb besonderen Schutz!‹ Der Bundesrichter Herr Dr. Albrecht Mayer stand vorm Richterdienstgericht des BGH, weil er den Versuch unternommen hatte, durch Publizierung noch nicht zum Gegenstand mündlicher Verhandlung gemachter Teile aus Strafakten ein Vergehen gemäß § 353d, Ziff. 3 StGB (Verletzung des Dienstgeheimnisses) zu begehen. Das Richterdienstgericht hat es aber für richtig gehalten, unter den obwaltenden Umständen von jeder Disziplinarmaßnahme abzusehen.

Ich würde es bedauern, wenn in dieser Situation Justizjuristen mit zweierlei Maß gemessen würden, je nachdem, ob sie Richter oder ob sie Rechtsanwälte sind. Würden nämlich nur Rechtsanwälte, die sich auf Neuland begeben (was nach dem Bundesjustizminister bei Richtern besonderen Schutz verdient) … unter die volle Schärfe des Gesetzes gestellt, so könnte das sehr wohl geeignet sein, Mißtrauen in die Staatsgewalt hervorzurufen oder gar zu vermehren.

Ich halte deshalb dafür, daß eine Rücknahme der Berufung der Staatsanwaltschaft ein Signal wäre, welches die angespannte und verkrampfte Situation auf dem Gebiet politischer Strafprozesse lösen könnte. Zugleich würde ein solches Signal meiner Überzeugung nach dazu beitragen, gerade die aus der Studentenbewegung hervorgegangenen, in diesen politischen Prozessen tätigen oder sonst kritisch engagierten Rechtsanwälte, aber auch Juristen im Ausbildungsstadium, aus ihrer mißtrauischen und abgekehrten Haltung dem Staat gegenüber zu befreien und sie in unsere Gesellschaft zu integrieren.«

Ob auf Holtforts Intervention hin oder aus anderen Gründen: Die Staatsanwaltschaft hat darauf verzichtet, Groenewolds Ausschluß aus der Anwaltschaft zu betreiben.

Groenewold sei noch einmal zitiert. In seiner umfassenden Prozeßerklärung vor dem Hamburger Landgericht, vor dem er wegen Unterstützung einer kriminellen Vereinigung angeklagt war, sagte er 1978 über sein Verständnis des Verteidigers: »Als Rechtsanwälte stehen Strafverteidiger zwischen dem Strafverfolgungsanspruch des Staates und dem Verteidigungsinteresse des Mandanten. Auf welcher Seite sie stehen sollen, auf der Seite des Mandanten oder auf der Seite des Staates als Teil der Strafverfolgung, kann nicht umstritten sein. In dem Ehrengerichtsverfahren gegen mich hat Staatsanwalt Lilie erklärt, ein Rechtsanwalt müsse sich entscheiden, ob er auf der Seite des Täters stünde oder auf der Seite des Staates. Er kam zu dem Ergebnis, daß ein Rechtsanwalt ›in dieser schweren Zeit‹ auf der Seite des Staates stehen müsse. Dies ist nicht meine Auffassung. Ein Anwalt hat auf der Seite des Rechts und seines Mandanten und des Rechts seines Mandanten zu stehen. Dies ist die Auffassung, die wir auch im führenden Handbuch für Strafverteidiger von Hans Dahs finden. Darin heißt es, daß Verteidigung Kampf sei, Kampf für die Individualrechte des Beschuldigten gegen den Strafanspruch des Staates. Der Verteidiger habe im Strafprozeß einseitig, parteilich zu sein. Noch auf dem Anwaltstag 1977 in München, an dem ich teilgenommen habe, hat Hans Dahs jun. auf die Pflicht des Verteidigers hingewiesen, dem Strafanspruch des Staates entgegenzutreten. Dies ist das Bild des Strafverteidigers, das auch der frühere Generalbundesanwalt Güde 1961 im Anwaltsblatt hochgehalten hat. Ich zitiere: ›Natürliche Parteilichkeit kennzeichnet genau die Aufgabe, die dem Verteidiger im Strafprozeß gesetzt ist.‹ Güde sagt auch: ›Die in Deutschland gelegentlich unternommenen Versuche, dem Verteidiger als einem Organ der Rechtspflege darüber hinaus eine Pflicht zur aktiven Mitwirkung an der Wahrheitsfindung aufzuerlegen, haben sich mit Recht nicht durchsetzen können.‹«

Groenewold hob hervor, daß die »natürliche Parteilichkeit« des Strafverteidigers auch die vom Strafgesetz gezogenen Grenzen habe, daß also eine Verteidigung mit kriminellen Mitteln nicht in Be-

4. Strafverteidigertag München

2.–4. 5. 1980 Künstlerhaus am Lenbachplatz

Ergebnisse

tracht kommt. Dies aber war gerade die stets bestrittene, aber reale Gefahr, in der sich Verteidiger von Terrorismusverdächtigen in den siebziger Jahren befanden: kriminell instrumentalisiert zu werden von ihren Mandanten.

Dem Hamburger Anwalt ist dies, wie im Urteil festgestellt wurde, dadurch passiert, daß er in dem weitgefächerten Info-System, das er für seine Mandanten aufbaute, Schriften mit eindeutig strafbarem Inhalt übersah oder durchgehen ließ. Andere Verteidiger, denen die Strafverfolgung erspart blieb, haben gesprächsweise nach Jahr und Tag eingeräumt, daß sie Bedenken, die sie gegen Aufträge ihrer Mandanten hätten haben müssen, damals zurückstellten; sei es aus politischer Solidarität, sei es aus dem Gefühl heraus, die staatlichen Stellen verhielten sich auch nicht sehr korrekt. Während der Hungerstreikkampagnen etwa, so berichtete ein Anwalt, sei er im In- und Ausland Leuten begegnet, nach deren Identität er lieber nicht gefragt habe. Und heute frage er nicht, ob solche Kontakte vom Prinzip der natürlichen Parteilichkeit geadelt gewesen seien.

Das geradezu gierige Aufgreifen noch des geringsten Verdachtsmoments, wozu im Zweifelsfall eine Meinungsäußerung wie z. B. ein Spruch eines Anwaltes von der »bundesrepublikanischen Rechts-Unordnung«, das ein Strafverfahren auslöste, genügen mochte, hörte Anfang der achtziger Jahre auf.

Zum 5. Strafverteidigertag versammelten sich im Mai 1981 rund 700 Anwälte sowie die Creme der Strafrechtsprofessoren in Berlin, an der Abschlußdiskussion nahm Richter Helmut Plambeck teil, der, noch gar nicht so lange her, in Hamburg das Urteil gegen Groenewold mit zwei Jahren Freiheitsstrafe und 75 000 Mark Geldstrafe verkündet hatte. Der Bundesjustizminister und der Generalbundesanwalt schickten Grußworte. Die Tagung befaßte sich mit dem Makel der Nichtverfolgung justitiellen Unrechts in der Nazi-Diktatur und den Haftbedingungen in Hochsicherheitstrakten. Anders als früher reagierten die zuständigen Landesjustizminister nicht mit schroffer Ablehnung jeder Diskussion, sondern sagten Prüfung zu.

Rechtsanwalt Wächtler schreibt zehn Jahre später:

»Mit diesem 5. Strafverteidigertag 1981 ist die erste Phase der Strafverteidigertage abgeschlossen. Die ›bleierne Zeit‹ scheint beendet, die unmittelbare Existenzbedrohung vieler in politischen Verfahren tätiger Verteidiger vorbei. Ausdruck dieser Entspannung ist der Beschluß des BverfG vom 8.3.1983, mit dem eine Reihe von zum Teil seit 1976 schwebenden Berufsverbotsverfahren gegen Rechtsanwälte wegen ihrer politischen Gesinnung beendet werden und klargestellt wird, daß eine beamtenrechtliche Kontrolle der Anwälte mit Art. 12 GG nicht vereinbar ist. Zugleich artikuliert dieser Strafverteidigertag einen heute schwer nachzuvollziehenden Optimismus in die künftige Entwicklung und die Offenheit des Gesetzgebers für die erarbeiteten Resolutionen und Vorschläge.«

Nach Europa

Kontakte über Grenzen hinweg hatten sich schon Anfang der 70er Jahre entwickelt, als zunächst Strafverteidiger aus dem noch von Franco beherrschten Spanien (Baskenland), dann weitere aus Italien, Frankreich und England eine europäische Internationalisierung und dabei auch die Solidarität ihrer deutschen Kollegen gesucht hatten. Zum Glück beherrschten einige die relevanten Sprachen so gut, daß sie aktiv in Prozessen auftreten konnten – doch die Belastungen der Kontakte durch die Sprachbarrieren blieben, auch die meist privat erfolgte Finanzierung bildete ein schwieriges Thema. Auch hier war Groenewold die zentrale Figur, wovon er dann – ergänzt durch die Unterstützung amerikanischer Kollegen – später in seinem eigenen Strafprozeß profitieren konnte.

Der RAV wurde im Lauf der Zeit Mitglied in der Organisation Europäische Demokratische Anwälte, die eine breite Debatte unter bisher nur westeuropäischen Anwälten führt. Es sind die alten Themen der Rechte und Pflichten von Strafverteidigern, die unter den Aspekten eines noch nicht bestehenden, aber zu bildenden europäischen Rechtsraumes diskutiert werden. Es liegt ein weiter Weg vor den Anwälten, doch sie haben auch schon ein ganzes Stück zurückgelegt.

Wie es einmal war, schilderte Rechtsanwalt Golzem in einem Vortrag, den er 2001 über europäische Strafrechtsfragen gehalten hat: »Im Jahre 1977 reisten Uwe Maeffert und ich in ein kleines Nest mit dem Namen Bourgoin Jallieux, irgendwo zwischen Lyon und den französischen Alpen gelegen. Sechs junge Deutsche standen dort wegen ihrer Teilnahme an der Demonstration gegen den neu errichteten Atomreaktor Super Phenix vor einem französischen Einzelrichter zur Aburteilung im Schnellverfahren (flagrant délit). Sie sollten offensichtlich stellvertretend für alle diejenigen, die Gewalt angewendet hatten, bestraft werden. Nach unserer Auffassung diente das Verfahren auch der Entlastung der (Polizeitruppe) CRS, deren Übungsgranaten einen französischen Lehrer getötet und andere Demonstranten schwer verletzt hatten. Uwe Maeffert und ich sollten vor dem Richter in dem Städtchen als Verteidiger neben den französischen Kollegen auftreten, was wir dann auch taten, und zwar so, wie wir es in Demonstrationsprozessen vor deutschen Gerichten gelernt hatten.

Es wurde der längste Hauptverhandlungstag, den ich je erlebt hatte. Er dauerte von Samstag 9 Uhr bis Sonntag 10 Uhr, also 25 Stunden. Wir befragten 51 Zeugen – vor allem Uwe Maeffert, wie man sich denken kann; ich durfte das alles übersetzen, weil die beiden älteren Herrschaften, die als Dolmetscher bestellt waren, dem prozessualen Geschehen alsbald nicht mehr gewachsen waren. Als alle 51 Zeugen vernommen waren, stand fest, daß es einen Beweis für die Teilnahme der Angeklagten an Gewalttätigkeiten nicht gab.

Während der Beweisaufnahme hatten auch die französischen Kollegen Fragen gestellt, aber bei weitem nicht so ausführlich wie wir. Ich hatte den Eindruck, daß sie das fast ein wenig widerwillig taten, offenbar vor allem unter dem Eindruck unserer Befragung. Ihre große Stunde kam dann nach der Beweisaufnahme – irgendwann in der Nacht zum Sonntag; das war die Stunde der Advokaten! Die Plädoyers waren kleine rhetorische Meisterwerke und dauerten ihre Zeit – wie immer im französischen Strafprozeß. Ihnen zuzuhören war auch nach einer zirka fünfzehnstündigen Beweisaufnahme ein besonderes Vergnügen, weil es nämlich sehr politische und polemische Reden gegen die manipulative Pressearbeit und die repressive und gewalttätige Politik der Exekutive waren: Eloquent, im Ton durchweg schneidend bis höhnisch, mimisch eindrucksvoll unterlegt und dem Inhalt nach gnadenlos.

Als ich dann morgens um 6 Uhr einem immer wieder einnickenden Staatsanwalt, einem erschöpften Publikum, längst eingeschlafenen Journalisten, aber einem hellwachen Richter meine Beweiswürdigung vortragen durfte, fiel dies vergleichsweise nüchtern, ja trocken aus, was nicht nur den Schwierigkeiten mit dem Französischen zuzuschreiben war, sondern auch hier im Plädoyer der anderen Art des Arbeitens als Strafverteidiger. Eine politische Analyse und Polemik waren uns zwar nicht fremd, wenn wir in politischen Strafverfahren plädierten – trotzdem, die französischen Kollegen holten da ganz anders aus, als wir das gewohnt waren.«

Der Richter hat die Angeklagten mit einem »entgegen unseren Erwartungen« differenzierten und moderaten Urteil bedacht, und eine die Verhandlung als Zuhörerin beobachtende Richterin, die für die Vollstreckung zuständig war, entließ die Verurteilten, soweit Freiheitsstrafen verhängt waren, nach drei Monaten aus dem Gefängnis. Golzem: »Unsere Zusammenarbeit mit den französischen Kollegen, damals waren das natürlich zudem ›Genossen‹, war also in doppelter Weise erfolgreich: Wir hatten voneinander gelernt und unsere jeweiligen Fähigkeiten zum Nutzen der Mandanten kumulativ zur Geltung gebracht.«

Das Bundesverfassungsgericht hat im März 2004 in einem Urteil die Grenzen einer grundsätzlich möglichen Bestrafung von Verteidigern im Zusammenhang mit dem Geldwäschegesetz aus dem Jahr 1999 festgelegt. Die Richter des Zweiten Senats äußern sich in der Entscheidung auch zum Beruf des Rechtsanwalts und seiner Stellung innerhalb des Justizsystems und der Gesellschaft. Es gilt:

»Die durch den Grundsatz der freien Advokatur gekennzeichnete anwaltliche Berufsausübung unterliegt unter der Herrschaft des Grundgesetzes der freien und unreglementierten Selbstbestimmung des einzelnen Rechtsanwalts. Der Schutz der anwaltlichen Berufsausübung vor staatlicher Kontrolle und Bevormundung liegt dabei nicht nur im individuellen Interesse des einzelnen Rechtsanwalts oder des einzelnen Rechtsuchenden, sondern im Interesse der Allgemeinheit an einer wirksamen und geordneten Rechtspflege. Der Schutz des Artikels 12 Absatz 1 Grundgesetz (Freiheit der Berufsausübung) umfaßt auch die Strafverteidigung, die zu den wesentlichen Berufsaufgaben eines Rechtsanwalts zählt. Die Institution der Strafverteidigung ist außerdem durch das Rechtsstaatsprinzip des Grundgesetzes gefordert. Unter der Geltung des Rechtsstaatsprinzips des Grundgesetzes muß der Strafprozeß fair ausgestaltet sein. Der Beschuldigte hat einen verfassungsrechtlichen Anspruch, sich von einem Anwalt seiner Wahl und seines Vertrauens verteidigen zu lassen. Nur wenn der Beschuldigte auf die Verschwiegenheit seines Verteidigers zählen kann, ist die Vorbedingung für das Entstehen eines Vertrauensverhältnisses geschaffen, ohne die Strafverteidigung nicht wirkungsvoll sein kann.«

Einen derart den hohen Rang der Rechtsanwalts und damit des Strafverteidigers innerhalb der Rechtsordnung der Bundesrepublik beschreibenden Text der höchsten Richter hätten sich die Linksanwälte der siebziger Jahre gewünscht. Sie waren es ja, die unerschrocken trotz Verdächtigung und Strafverfolgung, trotz Medienschelte und nicht zuletzt belastet von dem Mißtrauen der eigenen Mandanten für die Freiheit der Advokatur eintraten. Sie haben auf der Fairneß des Verfahrens bestanden und in einer aufgeregten Zeit, in der die Tendenz unübersehbar war, zu schnellen Urteilen zu kommen, die Einhaltung der prozessualen Regeln und das Aufrechterhalten der Unschuldsvermutung bis zum Schluß angemahnt.

Daß die Verfassungsrichter sich zur Institution und zur Bedeutung der Strafverteidigung grundsätzlich gerade in einem Zusammenhang äußern, als es ums Materielle ging, um Anwaltshonorare, die Mandanten möglicherweise aus eben den strafbaren

Handlungen bestritten, deretwegen sie vor Gericht standen, mögen pessimistische Kritiker als Zeichen einer Zeit betrachten, die sich allein aus dem Wert des Geldes definiert. Für alle anderen sind die Sätze Mut machende Erinnerung an Grundlagen des Zusammenlebens.

LITERATURVERZEICHNIS

Zahlreiche im folgenden aufgeführte Publikationen sind erschienen in Form einer Broschüre, dabei oft ohne Impressum, in einem längst geschlossenen Kleinverlag oder als Eigendruck im Selbstverlag, so daß diese heute nicht mehr oder nur schwierig zugänglich sind; diese Texte sind gekennzeichnet mit dem Begriff [Broschüre]. Außerdem wird im Buch gelegentlich Bezug genommen auf nicht veröffentlichte Dokumente. Interessenten für diese Quellen können sich wenden an H. Brunn unter mail@ra-brunn.de.

Agnoli, Johannes u. a. : ...da ist nur noch freizusprechen, Die Verteidigungsreden im Berliner Mescalero-Prozeß, Hamburg, 1979

Ahues, Rainer (Hrsg.): Zum Verhältnis des Rechtsanwalts zu Staat und Verfassung, ein Beitrag von Rechtsanwälten aus Nordrhein-Westfalen, Dortmund, 1977 [Broschüre]

Ahues, Rainer (Hrsg.): Wie aus einem Strafverteidiger über einen Zeugen ein Angeklagter wird; Informationen zum Prozeß wegen uneidlicher Falschaussage gegen RA Flint, Dortmund, o. J. [1979], [Broschüre]

Albrecht, Peter-Alexis: Die vergessene Freiheit, Strafrechtsprinzipien in der europäischen Sicherheitsdebatte, Berliner Wissenschaft Verlag, Berlin, 2003

Alles unter Verschluß, »Butzbacher Anstaltsleiter ermordet« u. a., herausgegeben von AStA Frankfurt am Main, Frankfurt am Main, 1977 [Broschüre]

Anonym: Der Baader-Meinhof-Report. Dokumente – Analysen – Zusammenhänge. Aus den Akten des Bundeskriminalamtes der »Sonderkommission Bonn« und dem Bundesamt für Verfassungsschutz, Hase und Koehler, Mainz, 1972

aufruhr, widerstand gegen repression und § 129a, materialien und texte zur diskussion, herausgegeben vom ID-Archiv im internationalen Institut für Sozialgeschichte, Amsterdam, 1991 [Broschüre]

Augstein, J.; Benseler; v. Beyme; Doebel; Horchem; Mensing; Rasehorn; Wassermann: Terrorismus contra Rechtsstaat, Luchterhand Verlag, Darmstadt, 1976

Ausschaltung Politischer Verteidigung, Dokumentation zu den Ehrengerichtsverfahren gegen Rechtsanwälte aus dem Raum Ffm, Da + Hd, herausgegeben von der Regionalinitiative politischer Verteidiger und AStA Uni Ffm, Frankfurt am Main, 1977, [Broschüre]

Ausschluß der Verteidigung – wie und warum, Dokumente und Analysen zur politischen Strafjustiz seit 1945, Rote Hilfe Westberlin, Merve Verlag, Berlin, 1975

Aust, Stefan: Der Baader Meinhof Komplex, Hoffmann und Campe, 2.Auflage, Hamburg, 1986

Bahr-Jendges, Jutta; Frommann, Rainer; Heldmann, Hans Heinz (Hrsg.): Die Vollstreckung der Entkleidungsordnung, Verteidigerausschluß durch Sitzungspolizei. Zum 2. Prozeß gegen Irmgard Möller Bremen, o. J. [1978] [Broschüre]

Baufeldt, Werner u. a (Hrsg.): Die Einschränkung der Verteidigung im Strafprozeß, eine Dokumentation Hamburger Juristen, 2. Auflage, Hamburg, 1976 [Broschüre]

Baufeldt, Werner u. a. (Hrsg.): Die Verteidigung auf der Anklagebank, Informationen über Ehrengerichts- und Strafverfahren gegen Verteidiger in politischen Strafsachen, Dokumentation Hamburger Rechtsanwälte, Hamburg, 1977 [Broschüre]

Beemann, Günter; Grünwald, Gerald; Hassemer, Winfried; Krauß, Detlef; Lüderssen, Klaus; Naucke, Wolfgang; Rudolphi, Hans-Joachim, Welp, Jürgen (Hrsg.): Die Verteidigung, Gesetzentwurf, Arbeitskreis Strafprozeßreform, Müller-Verlag, Heidelberg, 1979

Berufsverbot gegen Verteidiger, Stellungnahme zur Anklageschrift gegen RA Hans-Christian Ströbele, herausgegeben von Henning Spangenberg, Berlin, 1977 [Broschüre]

Berufsverbotsverfahren gegen den kommunistischen Rechtsanwalt F. Gildemeier, Politische Reihe Unterdrückung in der BRD und Westberlin Nr. 4, herausgegeben von der KPD, Köln, 1977

Boemer u. a. (Hrsg.): Wo Unrecht zur Recht wird, wird Widerstand zur Pflicht, Protokoll einer Podiumsdiskussion, Oberbaum Verlag, Berlin, 1978

Böll, Heinrich: Die verlorene Ehre der Katharina Blum, Kiepenheuer & Witsch, Köln, 1976

Böll, Heinrich u. a.: Die Erschießung des Georg von Rauch, Wagenbach Verlag, Berlin, 1978

Brückner, Peter: Ulrike Marie Meinhof und die deutschen Verhältnisse, Wagenbach Verlag, Berlin, 1978

Brückner, Peter: Versuch, uns und anderen die Bundesrepublik zu erklären, Wagenbach Verlag Berlin, 1978

Brückner, Peter/Krovoza, Alfred: Staatsfeinde, Innerstaatliche Feinderklärung in der BRD, Wagenbach-Verlag, Berlin 1972

Croissant, Claus; Groenewold, Kurt; Preuß, Ulrich K.; Schily, Otto; Ströbele, Hans-Christian: Politische Prozesse ohne Verteidigung, Wagenbach Verlag, Berlin 1976

Das Diskussionsverbot, eine Geschichte der Zensur, aufgeschrieben und vorgestellt anlässlich der ersten 88a-Prozesse, Politische Buchhandlung u. a., Bochum, 1977 [Broschüre]

Das Urteil – Ende des Schmücker Prozesses, herausgegeben von der Vereinigung Berliner Strafverteidiger, [Berlin] 1991

Dass du untergehst wenn du dich nicht wehrst das wirst du doch einsehen, Ein Bericht über Gertraud Will, Trikont Verlag, München, 1976 [Broschüre]

Demski, Eva: Scheintod, Hanser Verlag, München, 1984

Der Blinde Fleck; die Linke, die RAF und der Staat, Verlag Neue Kritik, Frankfurt am Main, 1978

Der Fall Jörg Lang, Anwaltsverfolgung in der Bundesrepublik, herausgegeben von der RAV, Hannover, 1986 [Broschüre]

Der mißhandelte Rechtsstaat in Erfahrung und Urteil bei den deutschen Schriftstellern, Rechtsanwälten und Richtern, Kiepenheuer & Witsch, Köln, 1977

Der Oldenburger Buback-Prozeß, »Kirschkern« Buchversand, Berlin, 1979

Der Prozeß gegen Klaus Croissant. Erklärungen, Anträge, Dokumente, Verlag fantasia-druck, Stuttgart, 1979 [Broschüre]

Der Tod der Ulrike Meinhof. Bericht der internationalen Untersuchungskommission, herausgegeben von der Internationalen Untersuchungskommission, Paris; dt. Ausgabe iva-verlag bernd polke GmbH, Tübingen, 1979 [Broschüre]

Der Tote Trakt ist ein Folterinstrument, Analyse und Dokumente, herausgegeben vom Komitee gegen Folter an politischen Gefangenen in der BRD, Hamburg, 1974 [Broschüre]

Dethloff, Klaus; Golzem, Armin; Hannover, Heinrich; Heiermann, Wolfgang; Niepel, Frank; Otto, Roland; Roth, Karl-Heinz (Hrsg.): Ein ganz gewöhnlicher Mordprozeß. Das politische Umfeld des Prozesses gegen Roland Otto, Karl Heinz Roth und Werner Sauber, Rotbuch Verlag, Berlin, 1978

Die Ausschaltung der Verteidigung der politischen Gefangenen. Dokumentation, herausgegeben vom Komitee gegen Folter an politischen Gefangenen in der BRD, Hamburg, 1974 [Broschüre]

Die Strafrechtspflege als Gesundbrunnen. Der Fall des Richters de Somoskeoy; eine Dokumentation, herausgegeben von der RAV, Konkret Literatur o. O. [Hamburg], o. J. [1980]

Dokumentation des Disziplinarverfahrens gegen Prof. Dr. Gerhard Schneider 1974 – 1978, Frankfurt am Main, 1979 [Broschüre]

Dokumentation über die Demonstrationen in München Ostern 1968, herausgegeben von Rechtshilfe der Außerparlamentarischen Opposition, München, 1968 [Broschüre]

Dokumentation über die Fahndungsmaßnahmen im Zusammenhang mit der Lorenz-Entführung, herausgegeben von Humanistische Union/Landesverband Berlin, 2. Auflage 1975 [Broschüre]

Dokumentation über die Verhöre beim Senat für Schulwesen in Westberlin, herausgegeben vom Wahlbündnis Demokraten/Sozialisten – Rote Hilfe, Uni Trier, o. O. [Trier]; o. J. [1973/74] [Broschüre]

Dokumentation zur Kontaktsperre, herausgegeben von Rainer Elferding, Berlin, o. J. [1977/78] [Broschüre]

Douma, Eva: Deutsche Anwälte zwischen Demokratie und Diktatur 1930 – 1955, Fischer Verlag, Frankfurt am Main, 1998

Ehrengerichtsverfahren gegen RA Wolfgang Conradis, Berichte und Dokumente, Duisburg, o. J. [1979] [Broschüre]

Ehrig, Hans-Joachim; Kempf, Eberhardt; Mäffert, Uwe: Der Nürnberger Komm-Prozeß, Konkret Literatur Verlag, o. J. [1981/82]

Ein Buch wird verboten. Bommi Baumann Dokumentation, Trikont Verlag, München, 1979

Engelmann/Wallraff, Ihr da oben, wir da unten, Kiepenheuer & Witsch, Köln, 1973

Enzensberger, Hans Magnus (Hrsg.), Kursbuch 1, Suhrkamp, Frankfurt, 1965

Enzensberger, Hans Magnus (Hrsg.), Kursbuch 9, Suhrkamp, Frankfurt, 1967

Enzensberger, Hans Magnus (Hrsg.), Kursbuch 10, Suhrkamp, Frankfurt, 1967

Enzensberger, Hans Magnus (Hrsg.), Kursbuch 12, Suhrkamp, Frankfurt, 1968

Enzensberger, Hans Magnus (Hrsg.), Kursbuch 32, Rotbuch, Berlin, 1972

Eschen, K.; Huth, J.; Fabricius-Brand, M. (Hrsg.): »Linke« Anwaltschaft von der APO bis heute. Chancen und Versäumnisse, Theurer Verlag, Köln, 1988

Fabricius-Brand, M.; Isermann, E.; Seifert, J.; Spoo, E. (Hrsg.), Rechtspolitik »mit aufrechtem Gang«. Werner Holtfort zum 70. Geburtstag, Nomos Verlag, Baden-Baden, 1990

Folter durch Sensorische Deprivation – an politischen Gefangenen, – Folterforschung in Hamburg, – Foltertraining beim Militär. Analyse und Dokumente, herausgegeben vom Komitee gegen Folter an polit. Gefangenen in der BRD, Hamburg, 1974 [Broschüre]

Folter in der BRD. Zur Situation der politischen Gefangenen (=Kursbuch 32), Berlin, 1973

Freiheit für Horst Mahler, herausgegeben von Rote Hilfe und KPD, o. O. [Köln], o. J. [1975] [Broschüre]

Genosse Günther Routhier ist tot, die Polizei hat ihn erschlagen. Dokumentation, herausgegeben von KPD/ML, Dortmund, o. J. [1974] [Broschüre]

Glaser, Hermann (Hrsg.): Die Nürnberger Massenverhaftungen, rororo aktuell, Hamburg, 1981

Gössner, Rolf: Das Anti-Terror System, VSA Verlag, Hamburg, 1991

Gräßle-Münscher, Josef: Der Tatbestand der kriminellen Vereinigung (§129 StGB) aus historischer und systematischer Sicht. Dissertation, München, 1982

Groenewold, Kurt u. a. (Hrsg.): Informationen zur Anklage des Generalbundesanwaltes gegen Rechtsanwalt Kurt Groenewold als Verteidiger der Gefangenen aus der RAF, Hamburg, 1976 [Broschüre]

Groenewold, Kurt, Angeklagt als Verteidiger (Reihe: Dokumentationen), Attica Verlag, 1978

Haffner, Sebastian: Geschichte eines Deutschen. Die Erinnerungen 1914 – 1933, dtv, München, 2002

Hannover, Heinrich; Holtfort, Werner; Mauz, Gerhard: Strafverteidigung und Anwaltsorganisation, Herausgeber RAV, Europäische Verlagsanstalt, Frankfurt am Main, 1979

Hannover, Heinrich: Die Republik vor Gericht, 1975 – 1995, Erinnerungen eines unbequemen Rechtsanwalts, Aufbau-Verlag, Berlin, 1999

Hannover, Heinrich: Die Republik vor Gericht, 1954 – 1975, Erinnerungen eines unbequemen Rechtsanwalts, Aufbau-Verlag, Berlin, 1998

Hannover, Heinrich: Terroristenprozesse, Erfahrungen und Erkenntnisse eines Strafverteidigers, VSA Verlag, Hamburg, 1991

Hat sich die Republik verändert? Terrorismus im Spiegel der Presse, o. O., 1978 [Broschüre]

Häusler, Bernd: Der unendliche Kronzeuge – Szenen aus dem Schmücker-Prozeß, Transit Verlag, Berlin, 1987

Hochhuth, Rolf: Juristen. 3 Akte für sieben Spieler, Rowohlt Verlag, Hamburg, 1979

Hochsicherheitstrakt und Menschenwürde, Brief an den Justizsenator, Podiumsdiskussion, Beschluß des Kammergerichtes, herausgegeben von Vereinigung Berliner Strafverteidiger, Berlin, 1980

Hofer, Walter (Hrsg.), Der Nationalsozialismus, Fischer, Frankfurt, 1957

Holtfort, Werner (Hrsg.): Strafverteidiger als Interessenvertreter, Berufsbild und Tätigkeitsfeld, Luchterhand Verlag, Darmstadt, 1979

Husmann, Das Recht des Anwaltes auf freie Meinungsäußerung, Libertas Verlagsges., Würzburg, 1970 [Broschüre]

3. Internationales Russell-Tribunal. Zur Situation der Menschenrechte in der Bundesrepublik Deutschland, Band 1, Rotbuch-Verlag, Berlin, 1978

Internationales Russell Tribunal, Berichte 1, herausgegeben vom Sekretariat des Tribunals, »kirschkern« Buchversand, Berlin, 1977

Internationales Russell Tribunal, Berichte 2, herausgegeben vom Sekretariat des Tribunals, »kirschkern« Buchversand, Berlin, 1978

Jahnn, Hans Henny: Die Trümmer des Gewissens. Der staubige Regenbogen, Drama, Hoffmann & Campe, Hamburg, 1974

»Jeder kann der nächste sein« – Dokumentation der polizeilichen Todesschüsse seit 1971 und ihre Legitimation, J.-Reents-Verlag, Hamburg, 1978

Kämpft mit gegen den Radikalenerlaß, Bericht über die Verhinderung des Berufsverbots gegen Professor Gerhard Bauer, FU Berlin, herausgegeben vom Solidaritätskomitee am Fachbereich 16, o. O. [Berlin] o. J. [1977]

Kein Berufsverbot für RA Gildemeier, herausgegeben vom Komitee gegen Berufsverbote, Gewerkschaftsausschlüsse und politische Entlassungen, Augsburg, o. O. [Augsburg], o. J. [1975] [Broschüre]

Keine Auslieferung von Astrid Proll in deutsche Isolationshaft, herausgegeben von der Pressegruppe zur Verhinderung der Auslieferung von Astrid Proll, Berlin o. J. [1979] [Broschüre]

Koch, Peter/Oldmanns, Reimar: SOS – Sicherheit – Ordnung – Staatsgewalt, STERN-Buch, Hamburg, 1978

Koenen, Gerd: Das rote Jahrzehnt. Unsere kleine deutsche Kulturrevolution 1967 – 1977, Kiepenheuer & Witsch, Köln, 2001

Koenen, Gerd: Vesper, Ensslin, Baader. Urszenen des deutschen Terrorismus, Kiepenheuer & Witsch, Köln, 2003

Kontaktsperre, Mannheim, o. J. [1978] [Broschüre]

Kraushaar, Wolfgang: 1968 als Mythos, Chiffre und Zäsur, Hamburger Edition HIS, Hamburg, 2000

Kraushaar, Wolfgang: Frankfurter Schule und Studentenbewegung, 1946 bis 1995, Band 1, Chronik, Rogner & Bernhard bei Zweitausendundeins, Hamburg, 2. Auflage, 1998

Kraushaar, Wolfgang: 1968, das Jahr, das alles verändert hat, Piper, München, 1998

Kraushaar, Wolfgang: Linke Geisterfahrer, Denkanstöße für eine antitotalitäre Linke, Verlag Neue Kritik, Frankfurt am Main, 2001

Krebs, Mario: Ulrike Meinhof – ein Leben im Widerspruch, rororo aktuell, Hamburg 1988

Ladwig-Winters, Simone: Anwalt ohne Recht. Das Schicksal jüdischer Rechtsanwälte in Berlin nach 1933, be.bra Verlag, Berlin, 1998

Langbein, Hermann, Der Auschwitzprozeß, EVA, Frankfurt/Wien, 1965

Leben gegen Gewalt (=Kursbuch 51), Berlin, 1978

»Linke« Anwaltschaft, von der APO bis heute, Chancen und Versäumnisse, Theurer Verlag, Köln, 1988

Mäffert, Uwe: Vernehmung eines Polizeispitzels, herausgegeben von RAV, Hannover, 1981 [Broschüre]

Mäffert, Uwe: Polizeiliche Zeugenbetreuung, Europäische Verlagsanstalt, Frankfurt am Main, 1989 [Broschüre}

Mäffert, Uwe: Strafjustiz, Vom Niedergang des Rechts auf Verteidigung, Rasch und Röhrig-Verlag, Hamburg, 1989

[Mahler, Horst]: Die Verstrickungen des meineidigen Kronzeugen Ruhland und der Berliner Justiz wegen Mahler, o. O. [Berlin], o. J. [1977/78] [Broschüre]

Mahler, Horst: Erklärungen, Beiträge und Stellungnahmen aus dem Gefängnis, herausgegeben von Rote Hilfe, Köln, 1976 [Broschüre]

Marx, Karl: Das Kapital, Frankfurt, 1969

Material zum Antrag auf Wiederaufnahme des Strafprozesses gegen P.P. Zahl, herausgegeben von Initiativgruppe P.P. Zahl c/o Verlag Neue Kritik, Frankfurt am Main, 1980 [Broschüre]

Materialien zum Berufsverbot, Reihe Roter Pauker, Broschüre, herausgegeben von Sozialistisches Büro/Sozialistischer Lehrerbund, Offenbach, 2. Auflage, 1972

Menschenrechtsverletzungen. Leseheft zur BRD 77/78, herausgegeben von Arbeitsgruppe zum Dritten Russell-Tribunal, Stuttgart, o. O.[Stuttgart], 1978 [Broschüre]

Mitscherlich, Alexander, Fred Mieleke: Das Diktat der Menschenverachtung, Schneider, Heidelberg, 1947

Moabiter Landrecht. Eine Dokumentation, Berliner Strafverteidiger Vereinigung, [Berlin], 1991

Mosler, Peter: Was wir wollten, was wir wurden. »Studentenrevolte – 10 Jahre danach«, rororo, Hamburg, 1977

Müller, Ingo Rechtsstaat und Strafverfahren, Europäische Verlagsanstalt, Frankfurt am Main, 1980

Mündemann, Matthias: Die 68er … und was aus ihnen geworden ist, Heyne Verlag, München, 1988

Naumann, Bernd: Auschwitz, Frankfurt, 1968

Negt, Oskar u. a.: Klassenjustiz, herausgegeben von Sub-Juristen, Rosa Luxemburg Verlag, Köln, 1973 [Broschüre]

Negt, Oskar: Keine Demokratie ohne Sozialismus, Über den Zusammenhang von Politik, Geschichte und Moral, edition suhrkamp, Frankfurt am Main, 2. Auflage, 1977

Nolte, Ernst: Die faschistischen Bewegungen, Deutscher Taschenbuch-Verlag, München, 1966

Nolte, Ernst: Der Faschismus in seiner Epoche, Piper, München, 1963

Oesterle, Kurt: Stammheim. Die Geschichte des Vollzugsbeamten Horst Bubeck, Klöpfer & Meyer, Tübingen, 2003

Overath, Margot: Drachenzähne: Terroristen & Richter«, Band 3, VSA Verlag, Hamburg, 1991

§ 129a StGB, Verteidiger berichten über aktuelle Verfahren, herausgegeben von Strafverteidiger Vereinigungen, Köln, 1991 [Broschüre]

Patienten an die Front oder die verlorene Ehre der freien Advokatur und dem ganzen Dikasterium, herausgegeben von der Gruppe Justiz, Knast, Psychiatrie Göttingen, o. O., 1978 [Broschüre]

Pearman, Moshe: Die Festnahme des Adolf Eichmann, S. Fischer, Frankfurt, 1961

Peschel-Gutzeit, Lore-Maria (Hrsg.): Das Nürnberger Juristen-Urteil von 1947, Historischer Zusammenhang und aktuelle Bezüge, Nomos-Verlag, Baden-Baden, 1996

Philipp Müller, Der Polizeimord in Essen, Weltkreis Verlag, 1977

Plädoyers in der Strafsache gegen Rechtsanwalt Kurt Groenewold, Attica Verlag, Hamburg, 1978; inzwischen EVA, Frankfurt am Main

Polizeimaßnahmen, Polizeientwicklung, Polizeigesetzgebung, Band I, 1. Konzepte der »Inneren Sicherheit«, 2. Zentralisierung der Polizei, 3. Umrüstung der Polizei, 4. Schußwaffengebrauch und gezielter Todesschuß, herausgegeben von Initiativen gegen das Einheitliche Polizeigesetz aus Dortmund, Frankfurt, Hamburg, Mainz, München und Westberlin, o. O., o. J. [1978/79]

Polizeimaßnahmen, Polizeientwicklung, Polizeigesetzgebung, Band II, 5. Überwachungsstaat; 6. Atomstaat – Polizeistaat?; 7. Justiz und Polizei, Hrsg. Initiativen gegen das Einheitliche Polizeigesetz aus Dortmund, Frankfurt, Hamburg, Mainz, München und Westberlin, o. O., o. J. [1979]

Poliakov, León/Wulf, Joseph: Das Dritte Reich und seine Diener, Ullstein, Frankfurt, 1983

Proll, Astrid: Hans und Grete. Die RAF 67-77, Steidl, Göttingen, 1998

RA Härdle, angeklagt für die Verteidigung, Heidelberg, 1979 [Broschüre]

Rasehorn, Theo: Justizkritik in der Weimarer Republik, Das Beispiel der Zeitschrift »Justiz«, Campus Verlag, Frankfurt/New York, 1985

Reinecke, Stefan: Otto Schily. Vom RAF-Anwalt zum Innenminister, Hoffmann & Campe, Hamburg, 2003

Rolin, Olivier: Die Papiertiger von Paris, Blessing-Verlag, München, 2003

Roth, Wolfgang; Matthäus, Ingrid; Lasse, Dieter; Haas, Walter (Hrsg.): Schwarzbuch: Franz Josef Strauß, Kiepenheuer & Witsch, Köln, 1972

Rühmann, Frank: Anwaltsverfolgung in der Bundesrepublik 1971 – 1976, Verlag Neue Politik, Hamburg, 1977

Schenk, Dieter: Der Chef, Hoffmann & Campe, Hamburg, 1998

Scherer, Marie-Luise, Der Akkordeonspieler. Wahre Geschichten aus vier Jahreszeiten, Eichborn, Frankfurt, 2004

Schily, Otto/ Ströbele, Christian: Plädoyer einer politischen Verteidigung, Rote Hilfe Info, Merve Verlag, Berlin, 1973 [Broschüre]

Schmidt, Christian: Wir sind die Wahnsinnigen, Joschka Fischer und seine Frankfurter Gang, Econ-Verlag, München, 1999

Schneider, Heinz-Jürgen; Schwarz, Erika; Schwarz, Josef: Die Rechtsanwälte der Roten Hilfe Deutschlands, Politische Strafverteidiger der Weimarer Republik, Pahl-Rugenstein-Verlag, Bonn, 2002

Schultz, Hans Eberhard: von Stammheim nach düsseldorf, inszenierung des schauprozesses gegen 20 KurdInnen durch den Generalbundesanwalt, o. O., 1989 [Broschüre]

Seifert, Jürgen: Grundgesetz und Restauration, Neuausgabe 1975, 2. Auflage, Luchterhand Verlag, Darmstadt, 1974

Sie würden uns gerne im Knast begraben – zur Solidarität mit den politischen Gefangenen in der BRD und Westberlin und zur Auseinandersetzung mit dem 2. Juni 1967 – 10 Jahre danach, herausgegeben vom AStA der PH Westberlin, Komitee gegen Berufsverbote und politische Disziplinierungen, radikal-sozialistische Zeitung für Westberlin, KB/Gruppe Westberlin; Sozialistischer Studentenbund, Berlin, 1977, [Broschüre]

Sieburg, Friedrich: Robespierre, Deutsche Verlagsanstalt, Stuttgart, 1958

Sofortige Einstellung des Verfahrens gegen Rechtsanwalt Härdle, Heidelberg, o. J. [1978] [Broschüre]

Solidarität mit den Angeklagten der Bonner Thieu-Prozesse, 10. April 1973: Widerstand gegen den Thieu Besuch – 3. Mai 1978: Beginn der Thieu-Prozesse, Broschüre, Hrsg. Komitee zur Unterstützung der Angeklagten der Bonner Thieu-Prozesse Broschüre, KPD-Verlag, o. J. [1978] o. O, [Köln] [Broschüre]

Spaßguerilla, o. O. [Berlin], o. J., [1982] [Broschüre]

Staat und Gewalt. Beiträge der Diskussionsveranstaltung in der PH Berlin vom 25.10.1977, herausgegeben von Berliner Herausgeber der »Buback-Nachrufes«, Berlin, 1977 [Broschüre]

Staatsschutzprozess. Das Terrorurteil muß fallen!, herausgegeben von KPD, Regionalkomitee Westberlin der KPD/Landesvorstand Westberlin der ROTEN HILFE, Berlin; o. O. [Berlin]; o. J. [1976]

Staff, Ilse (Hrsg.): Justiz im Dritten Reich. Eine Dokumentation, Fischer, Frankfurt, 1964

Stamer, Sabine: Cohn-Bendit. Die Biographie, Europa Verlag, Hamburg, 2001

Stammheim, Kontaktsperre, Croissant. Die demokratische Öffentlichkeit protestiert, herausgegeben von Initiativkomitee Arbeiterhilfe, Hamburg, o. J. [1977/78] [Broschüre]

»Stark sein – stärker werden«. Zur Demonstration am 4.4.81 in München, o.O. [München], o. Jg. [1984] [Broschüre]

Statt einer Festschrift – Dokumente zur Abhör-Affäre RA Arnold, herausgegeben von RAV, Regionalgruppe Oberbayern/Schwaben, München, 1979 [Broschüre]

Strafverfahrensänderungsgesetz 1979, herausgegeben von RAV, Hannover, 1979, [Broschüre]

Stuberger, Ulf (Hrsg.): »In der Strafsache gegen Andreas Baader, Ulrike Meinhof, Jan-Karl Raspe, Gudrun Ensslin wegen Mordes u. a.«. Dokumente aus dem Prozeß, Syndikat Verlag, Frankfurt am Main, 1977

Timm, Uwe: Heißer Sommer. Roman, dtv, 2. Auflage 2001

Timm, Uwe: Rot, Kiepenheuer & Witsch, Köln, 3. Auflage , 2001

Tochtermann, Erwin: Die Leichen im Keller der bayerischen Justiz, Verlag Bayerischer Informationsdienst, München, 1983

Tolmein, Oliver: »RAF – das war für uns Befreiung«. Ein Gespräch mit Irmgard Möller über bewaffneten Kampf, Knast und die Linke, 3.Auflage, Konkret Literatur Verlag, Hamburg, 2002

Traditionen deutscher Justiz. Große politische Prozesse der Weimarer Zeit, Wagenbach Verlag, Berlin, 1978

»Über die Reinhaltung der Anwaltschaft«, Radikalenerlaß für Rechtsanwälte?, herausgegeben von Initiative Bayrischer Strafverteidiger e.V., o. O. [München], 1978 [Broschüre]

Vesper, Bernward: Die Reise, März bei Zweitausendeins, Jossa, 1977

Victor Henry de Someskeoy, Richter am Kölner Landgericht, herausgegeben von Rote Hilfe e.V., Köln, 1977 [Broschüre]

Vinke, Hermann, Gabriele Witt (Hrsg.), Die Anti-Terror-Debatten im Parlament, rororo, Hamburg, 1978

Von all dem haben wir nichts gewusst. Über den 17./18.10.1977 in Stammheim und Mogadischu, herausgegeben von Ermittlungsinitiative Frankfurt über die Vorgänge am 17./18.10.1977 in Stammheim o. O. [Frankfurt am Main], o. J. [1977/78] [Broschüre]

Vultejus, Ulrich: Aus dem Inneren der Justiz, Verlag Lax, Hildesheim, 1998

Wächtler, Hartmut, Gaugel, Annemarie; Bendler, Wolfgang (Hrsg.): Zum Alltag der politischen Strafjustiz in der BRD, Beiträge deutscher Strafverteidiger auf einer Veranstaltung anlässlich des 51. deutschen Juristentages in Stuttgart am 16.9.1976, München, 1976 [Broschüre]

Weiss, Heipe: Fuchstanz. Roman, dipa-Verlag, Frankfurt am Main, 1996

Wenzel, Roth u. a.: Zerstörung – Terror – Folter im Namen des Gesetzes, mega-flugschrift Nr. 1, Frankfurt, 1974

Wesel, Uwe: Die verspielte Revolution. 1968 und die Folgen, Blessing Verlag, München, 2002

Wildt, Michael: Generation des Unbedingten. Das Führungskorps des Reichssicherheitshauptamtes, Hamburger Edition HIS Verlag, Hamburg, 2002

Zoller (Hrsg.): Aktiver Streik, Melzer, Darmstadt, 1968

Zur Zwangsernährung verpflichtet? Ein Ratgeber bei medizinischen und juristischen Fragen, herausgegeben von der Ärztegruppe Berlin (W) für eine ausreichende medizinische Versorgung in den Haftanstalten, dem Marburger Bund, Landesverband Berlin und der Vereinigung Berliner Strafverteidiger, Verlagsgesellschaft Gesundheit mbH, Berlin, 1981

Zwangsverteidigung und Standesrecht, Dokumente zum Ehrengerichtsverfahren gegen unsere Vorstandsmitglieder wegen Abgabe einer Presseerklärung, herausgegeben von Vereinigung Berliner Strafverteidiger, Berlin, 1981

20 Jahre Deutscher Herbst. Analysen, Recherchen, Interviews, Debatten, Dokumente von 1977 – 1997, taz-Journal, Berlin, 1997